Allgemeines

Reisepraktisches

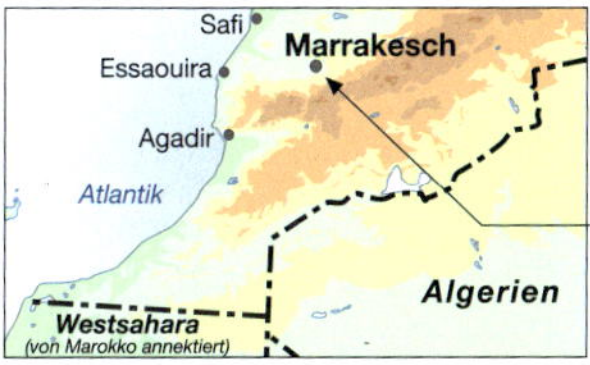

Marrakesch

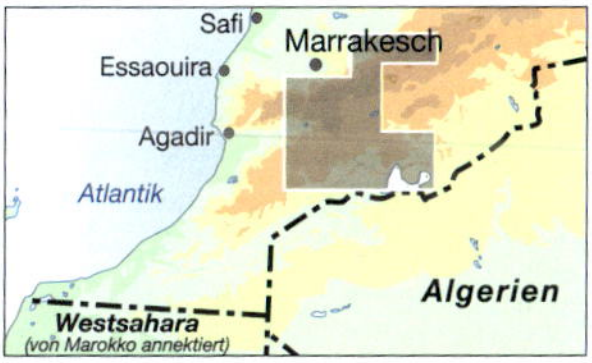

Bergregionen im Hohen Atlas

Dades- und Draa-Tal

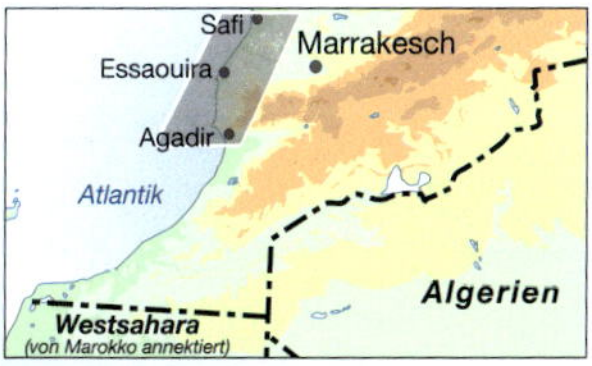

Atlantikküste

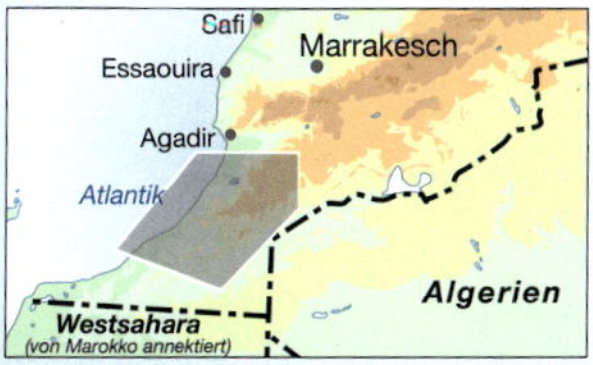

Tafraoute und der Süden

Text und Recherche: Lutz Redecker
Redaktion und Layout: Nona-Andreea Kolle
Fotos: alle Jacopo Righi außer S. 9, 13, 16, 19, 25, 30, 33, 57, 60, 79, 153 (Lutz Redecker)
Covermotive: oben: Im Dades-Tal
unten: Der Hafen von Essaouira
(beide Jacopo Righi)
Covergestaltung: Karl Serwotka
Karten: Kim Vanselow, Judit Ladik, Hana Gundel

Mein besonderer Dank geht an Jochen Grashäuser, der mir Teile seiner Recherche zur Verfügung gestellt hat. Des Weiteren danke ich Anne Schmücker, Hanna Siegenthaler, Martin Küburz, Edi Kunz, Dr. Gert Becker, Joussef und Somiha Echaria, Aziz Hazai, Jawad Elwali, Youssef Naciri, Nicole Arbousset, Abdellatif Ait Ben Abdallah, Dr. El Manira Rochdi, Marco Bovicini, Olivia Mazzocchi, Rolf-Dieter Venzlaff, Malikam Grasshoff, Fatima Mernissi, Beatrice Buschor, Manfred Fahnert, Kurt Rainer, Aziz Moubarik, Mahmoud Mohiydine, Mohamed Bouamrane, Rachid Gounair, Ali Lobidy, Mohamed Brahim, Johannes Müller-Koch, Karin Witzke, Regina Kräh, Thomas Kasan, Peter und Suin Kohle.

ISBN 978-3-89953-361-3

1. Auflage 2008

SÜDMAROKKO

Lutz Redecker

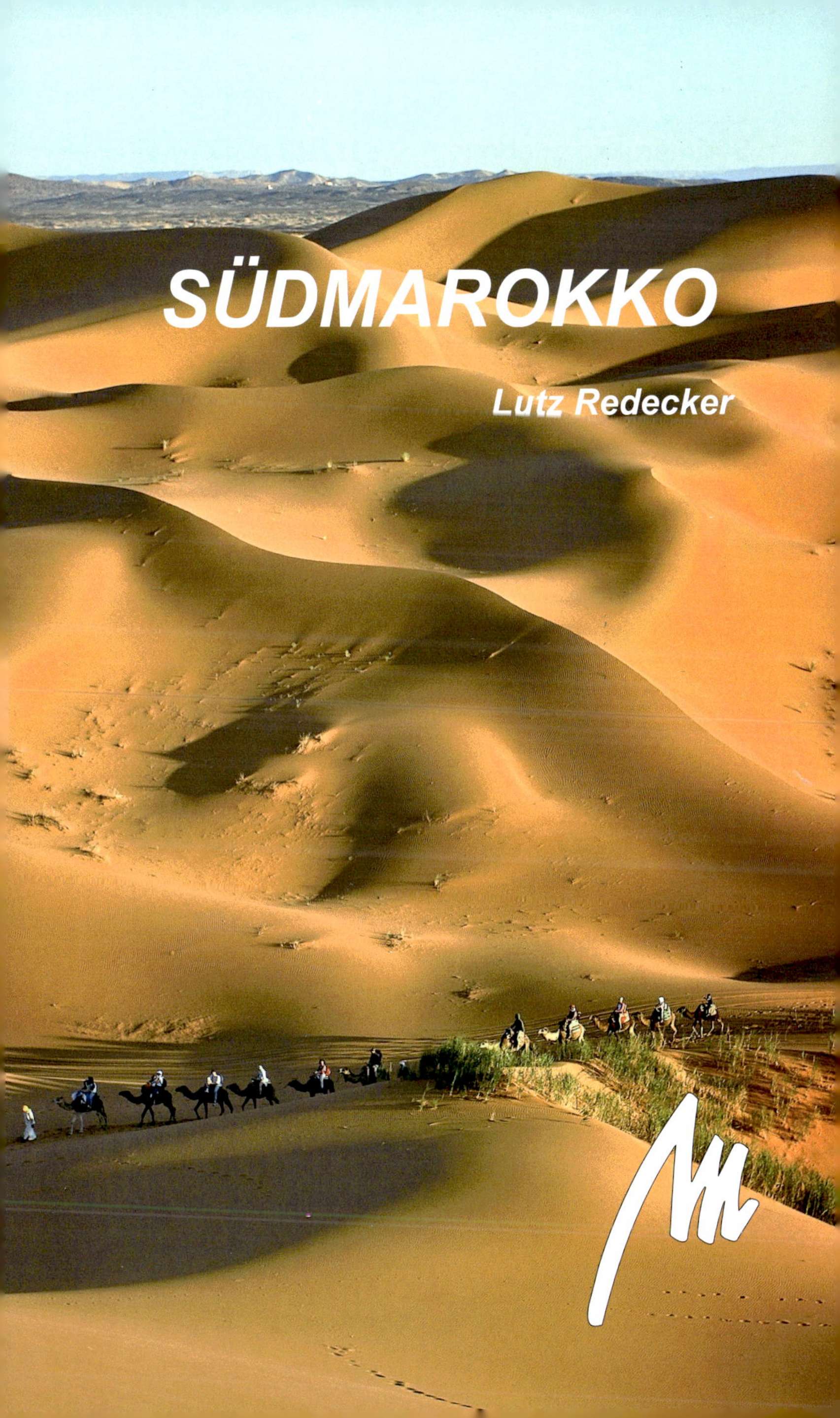

INHALT

Von Ouarzazate über Tinerhir nach Merzouga ... 166

Agadir ... 193

Von Agadir nach Essaouira und Safi ... 203

Tafraoute und der Süden ... 235

Register ... 262

Kartenverzeichnis

Zeichenerklärung für die Karten und Pläne

Alles im Kasten

Was haben Sie entdeckt?

Haben Sie eine schöne Wanderung, ein gutes Restaurant oder eine nette Herberge entdeckt? Wenn Sie Ergänzungen oder Verbesserungsvorschläge zu diesem Buch haben bzw. aktuelle Änderungen feststellen, lassen Sie es uns bitte wissen. Ihr Tipp kommt der nächsten Auflage zugute. Schreiben Sie an:

Lutz Redecker

Stichwort „Südmarokko“

Michael Müller Verlag GmbH

Gerberei 19

91054 Erlangen

lutz.redecker@
michael-mueller-verlag.de

Wüste und Gebirge bei Merzouga

Südmarokko erleben …

… das heißt, Natur pur erleben: die Atlantikküste mit ihren kilometerlangen Sandstränden, Sanddünen wie aus dem sprichwörtlichen Bilderbuch und abgelegenen, fast menschenleeren Buchten; die schneebedeckten Gipfel des Hohen Atlas, weich-grüne, von Steinwüsten umgebene Oasen, blühende Mimosen- und Mandelhaine, schattige Palmen-Plantagen …

Doch Marokko ist groß, die Städte sind nicht mit Highways verbunden, das Fortkommen ist zeitraubender als in Mitteleuropa. So ist es unmöglich, das Land auf einer Zwei-Wochen-Spritztour abzuhaken und zugleich einen Erholungseffekt mit nach Hause zu nehmen. Wer weniger Zeit hat, sollte also überlegen, was er sehen und erfahren will: Gebirge, Wüste oder Oasen, berberische Ursprünglichkeit, modernes Freizeitambiente oder die alten Städte.

Wer sich für einen Badeaufenthalt am Atlantik entscheidet, sollte nicht enttäuscht sein, dass „maroc typic" an der Küste nur begrenzt anzutreffen ist. Die großen Städte sind die modernsten des Landes, ihre malerischen Altstädte, die Medinas, oft von wenig fotogenen Neustädten eingeschnürt. Das Landleben maghrebinischer Prägung ist in den Gebirgen des Mittleren und Hohen Atlas anzutreffen: abgelegene Berberdörfer, Nomadenzelte und Wochenmärkte unter den Gipfeln der Dreitausender. Und der Süden Marokkos ist das Land der Kasbahs und Wehrdörfer – die gewaltigen Lehmburgen in Palmenoasen und die ersten Sanddünen der gewaltigen Wüste geben am ehesten einen Eindruck von der großen Vergangenheit des Südens.

Felsenküste südlich von Mirleft

Neben diesen Naturschönheiten – besonders in den ländlichen Regionen – ist in Marokko immer noch die Exotik einer Mischbevölkerung spürbar, die oft noch unbeirrt ihren Traditionen folgt. Die berberisch-islamische Kultur in Südmarokko hat ihre ganz eigenen Ausdrucksformen hervorgebracht. Ein Spaziergang durch das Gassenlabyrinth der Medina von Marrakesch oder Essaouira ist voller Überraschungen: Stadtpaläste und Riads, Medresen und Mausoleen sind Zeugen einer Vergangenheit, die sich inzwischen mit neuen Lebensformen zu einer faszinierenden Gegenwart vernetzt. Aber vor allem abseits der etablierten touristischen Zentren kann man neue Wege gehen und authentische Eindrücke sammeln. Denn das Herz des Landes schlägt fernab des Atlantiks in den ländlichen Souks, den Königsstädten und den Hochplateaus mit den Kasbahs.

Von den Ländern des Maghreb ist Marokko neben Tunesien das am leichtesten zugängliche, und die schrittweise Öffnung des Landes unter dem jungen König Mohammed VI. ist sicher ein hoffnungsvolles Signal für eine Zukunft mit mehr sozialer Gerechtigkeit und weniger Armut. Insofern ist der Tourismus ein großer Hoffnungsträger, nicht nur als Devisenbringer für die touristischen Zentren, sondern auch für die lokalen Traditionen. Insbesondere für Individualreisende öffnen sich damit über einen reinen Badeurlaub hinaus neue Horizonte.

Wer bereit ist, sich auf Marokko einzulassen, kann tiefe Einsichten über die vielfältigen, kunterbunten Formen orientalischen Lebens gewinnen, eine alte und verborgene Kultur erleben und unvergessliche Eindrücke mit nach Hause nehmen. Eine ausgedehnte Tour durch das Land kann, wenn auch mit Strapazen verbunden, zum Erlebnis werden, in dem man nicht nur geographisches Neuland entdecken, sondern auch in der Auseinandersetzung mit dem Fremden viel über sich selbst erfahren kann.

Ait Benhaddou: qualitätsvolles Kunsthandwerk

Die Highlights

Strände, Baden, Wassersport

Mit Ausnahme von Agadir sind die Strände noch nicht übermäßig mit touristischen Einrichtungen verbaut. Es gibt sogar noch unendlich lange Strände fernab jeglicher Zivilisation, und andernorts lädt gerade mal ein kleines Restaurant zum Imbiss ein. Die folgende Auflistung mit Klassifikation nach den Merkmalen Besucherdichte (°), Freizeitangebot inklusive Cafés und Restaurants (+) und Naturbelassenheit (*) will zeigen, was Sie im Einzelnen erwartet.

Küste von Safi in südlicher Richtung nach Dar-Caid Hadji: Am Cap Safi wurden in den letzten Jahren neue Schotterwege und Zugänge zum Meer geschaffen. Die Bucht bei Dar-Caid Hadji ist gut für Wanderungen und Birdwatching geeignet. Souira Kèdima ist ein Fischerort mit Lokalkolorit, sehr einfachen Restaurants und einer Flotte kleiner Fischerboote. Vormittags kann direkt bei den Fischern gekauft werden.

Cap Safi (°/+), Dar-Caid Hadji (**), Souira Kèdima (°/+)

Die Region um Essaouira: Nördlich von Essaouira gibt es einige Pisten, die zu kleinen Stränden führen. Bei Moulay-Bouzerktoun befindet sich ein windumkämpfter großer Strand. Südlich von Diabat kann man zu Fuß oder mit dem Pferd einen über 10 km langen unberührten Abschnitt bis nach Cap Sim und Sidi Kaouki erkunden.

Moulay-Bouzerktoun (**), Essaouira (°°/+++/*), Diabat (+/**), Cap Sim (***)

Von Sidi Kaouki nach Had Simmou auf der neuen Seitenstraße zur N 1: Dieser ausgesprochen schöne Straßenabschnitt ist eigentlich zu schade, um ihn mit dem

Teppiche in allen Formen und Farben

Auto zu erkunden. Da hier bis vor kurzem nur eine Piste existierte, ist die Straße immer noch sehr wenig befahren. Gleich hinter Sidi Kaouki beginnt der kaum frequentierte Abschnitt der langen Bucht mit traumhaften menschenleeren Stränden, weiter südlich Cap Tafelney, umgeben von einer markanten Küste. Im Bereich der Flussmündungen wird Landwirtschaft betrieben. Versteckte Pisten führen ans Meer.
Sidi Kaouki (°/+/***), Cap Tafelney (**)

Immesouane: Ein Vorzeige-Fischerort mit einer kleinen Surfergemeinde und wenigen Unterkünften. Der Tourismus fällt kaum ins Gewicht. Vom Ort kann man hervorragende Wanderungen nach Süden unternehmen. Es gibt eine tägliche Fischauktion, und es kann fangfrischer Fisch gekauft werden.
Immesouane (+/**)

Von Tamanar nach Tamri: Die N 1 bietet hier einige ihrer schönsten Streckenabschnitte mit großartigen Panoramablicken auf die teilweise steile Küste und das Inland. Wenige Bademöglichkeiten. Einige nur mit Allradantrieb befahrbare Pisten führen ans Meer mit teilweise fantastischen Badebuchten, aber ohne Infrastruktur.

Von Cap Rihr nach Agadir: Die hiesigen Orte liegen im Einzugsbereich von Agadir, haben sich in den letzten Jahren immer weiter touristisch entwickelt und bieten inzwischen Freizeiteinrichtungen und Unterkünfte. Große Buchten und gute, teilweise windgeschützte Bademöglichkeiten.
Cap Rhir (+/**), Aghroud (°/+/**), Taghazoute (°/++/*), Tamrakht (°/++/*), Agadir (°°°/+++)

Von Tiznit über Sidi Moussa d'Aglou nach Sidi Ifni: Diese Strecke bietet etliche Küstenabschnitte mit großartigen Panoramen. Aglou Plage am Ortsende von Sidi Moussa d'Aglou hat eine Strandpromenade bekommen und wurde mit einigen Restaurants sanft erschlossen. Auf der Strecke nach Mirleft bzw. Sidi Ifni finden sich

immer wieder kleine, abgelegene Unterkünfte und Campingplätze. Steilküsten wechseln mit kleinen, teilweise schwer zugänglichen Buchten. Die Bucht von Legzira vor Sidi Ifni bietet spektakuläre, vom Meer umtoste Felsarkaden.
Sidi R'bat (°/+/**), Sidi Moussa d'Aglou (°/+/**), Mirleft (°/+/**), Legzira (+/***), Sidi Ifni (°/+)

Von Guelmim nach Fort Bou-Jerif und zur Plage Blanche: Für Strandfans und Liebhaber der Einsamkeit ein unvergessliches Erlebnis. Die Plage Blanche bietet Lichtspiele und Windgeräusche in unendlichen Nuancen.
Foum Assaka (**), Plage Blanche (***), Tan-Tan Plage (°/+/*)

Der wenig bekannte Süden …

… für Landschaftsgenießer und Kilometerfresser

Der große Süden lockt mit einer Reihe spektakulärer, wenig befahrener Routen mit fantastischen Panoramen. Tatsächlich lassen sich Kilometer ohne Ende abreißen.

Von Safi nach Agadir: Für die Strecke braucht es je nach Verkehrsdichte mindestens fünf Stunden. Der erste Teil nach Essaouira ist wenig befahren, teilweise werden gerade Straßenschäden beseitigt. Nach Essaouira folgt die Region mit der größten Dichte an Arganbäumen. Zwischen Tamanar und Cap Rihr erreicht der Ausläufer des Hohen Atlas den Atlantik. Hinter Immesouane nähert sich die Straße wieder dem Meer mit weiten Panoramablicken auf die Küste.

Von Tiznit über Sidi Moussa d'Aglou nach Sidi Ifni: Fast ein Muss – immer noch kaum touristisch erschlossen, finden sich hier viele versteckte Ortschaften und Küstenabschnitte mit Panoramablicken.

Von Sidi Ifni nach Foum Assaka und zur Plage Blanche: Dieser Streckenabschnitt ist eine Herausforderung für Off-Roader. Zu erreichen ist die Strecke über die recht desolate Piste von Sidi Ifni oder über den inzwischen geteerten Abschnitt über Bou-Jerif nach Foum Assaka.

Von Guelmim über Tan-Tan nach Tarfaya: Diese Schnuppertour für „Endlose-Weite-Gefühle" führt direkt zur Station des ehemaligen Aéropostale-Fliegers Antoine de Saint-Exupéry in Tarfaya. 340 staubig-sandige Kilometer von Guelmim entfernt, kann hier die Westsahara „vorgekostet" werden, nach Dakhla sind es von hier „nur" noch 430 km. Ab El Ouadia verläuft die Straße nach Afkennir an Salzfeldern, hohen Sanddünen und den letzten Hügeln vorbei, bis nur noch plane Sandebenen mit dürren Grasbüscheln folgt – dabei das blaue Meer im Westen immer im Blick.

Von Guelmim über Akka, Tata, Foum-Zguid, Tazenakht, Agdz, Ouarzazate, Taliouine, Igherm und Tafraoute nach Agadir: Die parallel hinter dem Anti-Atlas nach Osten verlaufende Route bietet Off-Road-Feeling auf Asphalt, Abgeschiedenheit, kaum belebte uralte Ksars (Wehrdörfer), Wüstenbastionen und Panoramen auf geologisch bizarren Formationen. Auf einem mächtigen Monolithen bei Amtoudi „verschmilzt" die Kasbah Id Aissa mit dem steinigen Untergrund. Von der südlichsten Strecke vor der Wüste – wenig befahrene 470 km bis Foum-Zguid – geht es in nördlicher Richtung über Tazenakht, das Zentrum der Teppichproduktion, zunächst nach Agdz mit seinen gut erhaltenen Kasbahs und weiter am Draa-Tal entlang zum kosmopolitischen Ouarzazate. Nach drei 1600-Meter-Pässen erreicht

Schaufenster am Dades

man schließlich in das fruchtbare Souss-Tal um Tafraoute und das kulturelle Zentrum der Schlöh-Berber.

Von Marrakesch über den Tizi-n-Tichka-Pass nach Ouarzazate, Agdz, Zagora, Tazzarine, Alnif, Rissani, Merzouga, Rissani, Erfoud, Tinejdad, Tinerhir, Boumalne und Skoura und zurück nach Marrakesch: Diese Route führt zu den wichtigsten Orten und historischen Sights des Südwestens bzw. über den im Winter gelegentlich verschneiten Tizi-n-Tichka-Pass zur *„Straße der Kasbahs"*. Von Zagora, dem früheren Tor nach Timbuktu, lassen sich eine Vielzahl von Touren unternehmen. Die wenig bekannte Querverbindung südlich des Djebel Saghro führt zu den Oasen des Tafilalet bis nach Merzouga und bietet unvergessliche Blicke auf 50 m hohe Sanddünen und besondere Unterkünfte am Erg Chebbi. Vom geschichtsträchtigen Sijilmassa bei Rissani geht es Richtung Tinerhir mit der riesigen Todra-Oase und der prächtigen Todra-Schlucht. Von Boumalne sind das Tal der Rosen und die reizvolle Dades-Schlucht gut zu erreichen. Weiter in Richtung Ouarzazate folgen am Dades-Tal markante Ortschaften und in Skoura einige alte Kasbahs, in denen übernachtet werden kann. Die Dades-Region ist ein Paradies für Off-Roader, Biker und Trekker.

Von Marrakesch nach Asni, Tizi-n-Test, Taroudannt, Agadir, Essaouira und Safi und zurück nach Marrakesch: Diese Pass-Route verbindet zwei klimatische Zonen – ab Taroudannt ist das milde Atlantikklima der belebten alten Stadt am Südrücken des Hohen Atlas zu spüren. Der Weg entlang der Küste bietet weite Panoramablicke aufs Meer, und die Städte im Inland bzw. am Atlantik vermitteln ganz unterschiedliche Eindrücke. Safi, ein Zentrum der Keramikherstellung, ist der touristisch am wenigsten erschlossene Ort mit einer lebendigen, wenig bekannten Medina. In der alten portugiesischen Festung hoch über der Stadt befindet sich heute ein einzigartiges Keramikmuseum.

Am Strand nach Essaouira

... für Pferdefans, Trekker, Biker und Surfer

Pferdetrekking: Besonders die Atlantikküste zwischen Essaouira und Agadir ist ein Paradies für mehrtägige Ausritte. Fast das ganze Jahr (mit Ausnahme des Hochsommers) kann dort geritten werden. Auch die Regionen um Ouarzazate und Marrakesch bieten Möglichkeiten. Und schon eine Schnuppertour auf einem für Reiter ausgebildeten geländesicheren Berberhengst vermittelt einzigartige Erfahrungen.

Kameltrekking: Ausritte sind im ganzen Süden möglich. Besonders reizvoll dafür sind Merzouga und der Erg Chebbi, die Region von Skoura, Tinerhir, Zagora, Agdz und Essaouira. Im Gegensatz zum Pferdetrekking können sich hier auch Anfänger – Muskelkater gratis – auf eine Tour einlassen.

Trekking: Eine Fortbewegungsart, die in Südmarokko in allen Varianten und Schwierigkeitsgraden erprobt werden kann. Anspruchsvolles Bergwandern ist in der Toubkal-Region mit ausgebildeten Bergwanderführern auch im Winter möglich. Einige der panoramareichen Berghütten des Club Alpine Français sind ganzjährig erreichbar. Azilal und das Ait-Bougmez-Tal sind zwei der reizvollsten Gebiete für mehrtägige Touren – man kann sogar über das M'Goun-Massiv bis zum Tal der Rosen und zur Dades-Schlucht wandern. Boumalne und Tinerhir bieten den Freunden der Dades- und der Todra-Schlucht unzählige Möglichkeiten für kleine oder längere Touren, auch mit professionellen Agenturen. Die Oasen von Skoura, Tinerhir, Zagora und Agdz lassen sich ohne große Kondition auch in kleinen Etappen erkunden. Und auch das prächtige Ammeln-Tal bei Tafraoute mit einem weiten Netz von Maultierpfaden ist eine ausgefallene Wanderregion.

Mountainbiking: Von Herbst bis Frühjahr sind die klimatischen Bedingungen dafür am besten. Viele Regionen können auch abseits der Hauptstraßen gut durchquert werden, und wer Pisten mag, kommt auf seine Kosten. Die reizvolle Strecke Tiznit–Anezi–Tafraoute–Igherm–Talouine lässt sich mit einer Piste über Ifri nach Tata kombinieren. Die Strecke Agdz–Zagora ist über die Piste östlich des Draa befahrbar, wo der Fortschritt bisher noch keine Spuren hinterlassen hat. Mountainbiker mit Kraftüberschuss fahren von Boumalne eine Rundtour über den Tizi-n-Tazazert-Pass (2200 m) nach Nekob und über zwei weitere Pässe hinter Alnif über Tinerhir zurück. Und wem die Zeit auf den einsamen Bergpisten davonläuft, verfrachtet das Bike in den erstbesten Bus und fährt zurück zum Startort. Die beste Straße für faszinierende Meerblicke mit wenig Verkehr verläuft von Sidi Moussa d'Aglou (Tiznit) über Sidi Ifni nach Bou-Jerif.

Surfen: Wer mit eigener Ausrüstung anreist, hat den Vorteil, die besten Spots mit viel Wind und Wellen (*) zwischen Agadir und Essaouira flexibel zu testen. Die Anzahl der Locations mit Vermietung von Surfboards (+) wird größer. Kitesurfequipment findet sich bisher allerdings nur in Agadir, Taghazoute und Essaouira. Folgende Hotspots sind zu nennen:

Moulay-Bouzerktoun (***), Essaouira (***/+++), Diabat (***), Sidi Kaouki (***/+), Cap Tafelney (*), Immesouane (**/++), Cap Rhir, nördlich Tamrir Plage (***), südlich La Bouilloire (**), Aghroud (**), Taghazoute, Anchor Point (***/+++), Tamrakht, Banana Beach (**/++), La Roche du Diable (***), Agadir (*/+++).

... und für Liebhaber alter Kulturen

Marrakesch, die Perle des Südens, und andere geschichtsträchtige Orte: Die alte und sich heute verjüngende Metropole des Südens ist ein Schmelztiegel der Traditionen und Völker. Eine Stadt voller Gegensätze und intensiver sinnlicher Eindrücke, mit architektonischen Sights, Museen und Sammlungen von internationalem

Von der Welt verlassen: Ksar Tamnougalt bei Agdz

Rang. Auf dem legendären Djemaa-el-Fna und in den Souks bzw. in versteckten Quartieren kann man handwerklich und künstlerisch wertvolle Schätze suchen und finden. Doch nicht nur die Altstadt von Marrakesch ist als UNESCO-Kulturerbe klassifiziert, auch der Medina von Essaouira und den Kasbahs von Ait Benhaddou oder Amtoudi wurde diese Ehre zuteil. Die Dichte an sehenswerten Baudenkmälern ist erheblich, und auch Städte wie Taroudannt, Tafraoute oder Tiznit sind weit mehr als einen Tagesausflug wert.

Die Kultur der Berber: Die Berber nennen sich selbst *Amazigh* („freie Männer"), und ein Besuch der ländlichen Regionen im Süden Marokkos lehrt schnell, was damit gemeint ist. In den Städten weitgehend in das moderne Leben integriert, leben immer noch viele Berber land- und erdverbunden in den Weiten des Südens, nur wenig eingebunden in den kulturellen Mainstream islamischer Prägung. Wer über Land fährt, lernt archaische Lebensweisen kennen und kann innerhalb von Stunden eine Zeitreise in das vorletzte Jahrhundert machen.

Viel Geschmiedetes: Place des Ferblantiers, Marrakesch

Kasbahs und Agadire: Besonders im 20. Jahrhundert wurden die alten Wohn- und Wehrburgen mystifiziert. Unter dem legendären Glaoui-Pascha, der sich ab 1912 mit den Franzosen verbündet hatte, fand ein erbitterter Kampf gegen die königstreuen Caids in ihren Kasbahs statt. Nicht zuletzt das touristische Interesse führt heute dazu, dass die vielen Burgen an der *Straße der Kasbahs* erhalten bleiben. Von Ait Benhaddou über Skoura nach Tinerhir und von Agdz nach Zagora kommen Liebhaber dieser Baukunst auf ihre Kosten. Einige spektakuläre Kasbahs wie Telouet oder Id Aissa thronen jedoch fernab der großen Routen. Unweit von Tafraoute liegt der mächtige, steingemauerte Agadir Tasguent.

Kunsthandwerkliche Traditionen: Wer heute durch Marokko reist, findet in jeder Region spezielle Traditionen, die weitergeführt und lebendig gehalten werden. Die staatlich kontrollierten *Ensembles Artisanaux,* die Handwerkskooperationen der großen Städte, garantieren Qualität zu fairen Preisen und fördern mehr denn je die Ausbildung junger Menschen. Und in den Souks und den Medinas der Städte kann nicht nur alles Erdenkbare eingekauft werden – mit Auge und Ohr man kann auch die vitale Andersartigkeit des marokkanischen Alltags bestaunen.

Landschaft & Geographie

Südmarokko liegt annährend auf dem Breitengrad der Kanarischen Inseln, die Entfernung von Agadir nach Las Palmas beträgt weniger als 800 km. Marokko erstreckt sich zwischen dem 23. und 36. Breitengrad, wird im Osten von Algerien und im Süden von Mauretanien begrenzt.

Marokkos Atlantikküste zieht sich von Tanger südlich bis nach Tan-Tan und La Gouira auf einer Strecke von über 2000 km. Von Tan-Tan geht das Meer in die unwirtliche Wüste der von Marokko besetzten Westsahara über, ein Gebiet von 710.800 km², während ohne die Westsahara die Landesfläche 458.700 km² beträgt.

Das Atlas-Gebirgsmassiv befindet sich in Tunesien, Algerien und Marokko. Der Mittlere Atlas bildet den südlichen Abschluss, der nach Westen den bevölkerungsreichsten Teil des Königreichs umschließt. Die von Südwest nach Nordost verlaufende Gebirgskette des Hohen Atlas (bis 4100 m) und des Mittleren Atlas (um 3000 m) geht im Osten in das ostmarokkanische Hochplateau über (ab 1300 m). Am Nordrand der Sahara baut sich hingegen der Anti-Atlas (bis 2300 m) auf, in dessen Westen sich die fruchtbare Souss-Ebene erstreckt.

Klima und Reisezeit

Das Wetter an der *Atlantikküste* ist geprägt vom kalten Kanarenstrom, der die Tagestemperaturen auch im Sommer selten höher als 25° C klettern lässt. Die Wassertemperaturen liegen zwischen Dezember und März selten unter 16° C, im Sommer aber auch nicht über 20° C. Dennoch kann Agadir mit 300 Sonnentagen im Jahr werben – ein Wert, der von den benachbarten Städten an der Südküste nur wenig unterschritten wird. Der Winter an der Küste ist mild, mit jährlichen Niederschlägen von weniger als 500 mm – wobei die Niederschlagsmenge tendenziell immer weniger wird.

Hinter dem atlantischen Küstengebiet beginnt der Einflussbereich des *afrikanischen Kontinentalklimas* mit starken Temperaturschwankungen. In Marrakesch steigt das Thermometer im Juli und August auf über 40° C und fällt im Winter gelegentlich auch unter 0° C – eine Jahreszeit, in der die Bergkuppen im Süden schneebedeckt sind. Im Landesinneren – nicht nur in der Wüste – ist generell mit extremeren Temperaturen zu rechnen, auf den östlich gelegenen Hochplateaus mit trockenem Steppenklima und oftmals heftigem Wind.

Die *Atlasketten* sind die Klimascheide des Landes. An den bis zu 4000 m hohen Bergmassiven regnen im Winter und Frühjahr die feuchten Luftmassen ab, die vom

Klimawandel in Marokko

Die zunehmenden Trockenperioden sind ein enormes Problem für die marokkanische Landwirtschaft. Zwar haben die günstigen Witterungsbedingungen im Jahr 2006 zu einer Ertragssteigerung von 114 % geführt, doch hat das Jahr 2007 mit fehlenden Niederschlägen wieder die Zeit der schlechten Ernten in das Gedächtnis gerufen.

Im Winter führen stoßartige Schauer gelegentlich zu Überschwemmungen, den Rest des Jahres bleibt es trocken – ein bekanntes Szenario in Südmarokko, das die Erosion beschleunigt und Millionen von Kubikmetern Erde an die Staudämme schwemmt – vom gesamten Wassereinzugsgebiet des Landes (ca. 20 Millionen Hektar) sind daher immer mehr Teile gefährdet. Auf vielen dieser Flächen werden nun Bäume gepflanzt und Dämme errichtet, um so den fruchtbaren Boden zu halten.

Dabei wird das Wasser immer weniger, während die exportorientierte Landwirtschaft über 80 % der verfügbaren Wasserressourcen verbraucht. Haben die Menschen zu wenig Wasser, bohren sie Brunnen. Dann sinkt der Grundwasserspiegel weiter ab. Und während die Brunnen immer tiefer gegraben werden und der Grundwasserspiegel weiter sinkt, wächst die Bevölkerung des Landes. Hinzu kommt, dass Kläranlagen fehlen. Die Folgen sind gesundheitliche Risiken und eine massive Verschmutzung der Trinkwasserressourcen in den Großstädten.

Nach Expertenmeinung ist der Prozess der Wüstenbildung nicht mehr umkehrbar. Und so trifft die marokkanische Regierung derzeit Maßnahmen, diesen Prozess zumindest abzubremsen. Schließlich führt ein fortschreitendes Ungleichgewicht der Ökosysteme und der Rückgang der Wasserressourcen nicht nur zum Verlust von Weideflächen und landwirtschaftlicher Vielfalt – es behindert die gesamte gesellschaftliche Produktivität.

Der Schutz der knapper werdenden Wasserressourcen ist ein wichtiger Bestandteil der marokkanisch-deutschen Zusammenarbeit. Dabei unterstützt die Gesellschaft für Technische Zusammenarbeit (GTZ) Marokko vor allem im Kampf gegen die Ausbreitung der Wüste. In einem Modellversuch des marokkanischen Forstministeriums wird in einigen Gebieten Südmarokkos Feuerholz zum Kochen durch kostenlos verteilte Solar- oder Gasöfen ersetzt. In neuen Hotelprojekten wird mit Meerwasserentsalzungsanlagen experimentiert. Und ein großzügiges Wiederaufforstungsprogramm mit über 50 Millionen Bäumen soll die Bodenerosion eindämmen und die Ausbreitung der Wüste aufhalten.

Pflanzenvielfalt in Souss-Massa

Nordwest-Atlantik kommen. So trennen die Atlas-Gebirge das ausgeglichene atlantische Klima vom heißen Wind der Sahara, dem Schirokko. Dieser periodisch ins Land fallende Wüstenwind lässt das Thermometer innerhalb von Stunden um 20° C steigen. Eindrucksvoll ist die üppige Vegetation und die landwirtschaftliche Blüte westlich des Anti-Atlas bzw. der Souss-Ebene, die sich südlich von Agadir landeinwärts erstreckt und von diesem günstigen Mikroklima profitiert. Oftmals gibt es hier in Meernähe Nebel, der durch das Aufeinanderprallen warmer Inlandsluft mit dem Kanarenstrom entsteht und so die Pflanzenwelt auch in den regenfreien Monaten unterstützt.

Reisezeit: Während es im Sommer, besonders im August, rund um die großen nordmarokkanischen Städte am Meer voll wird, sind in Südmarokko selbst zur Ferienzeit lediglich die Buchten von Agadir und Essaouira stärker frequentiert. Doch außerhalb der stadtnahen Bereiche findet man schnell Ruhe und Abgeschiedenheit – ideal für einen Badeurlaub ohne großen Rummel. Das Inland sollte man im Sommer dagegen meiden, Temperaturen über 40° C sind dann keine Seltenheit.

Frühjahrsbeginn und später Herbst bieten hingegen ideale Bedingungen für Touren, Exkursionen und Wanderungen. Auch die Städte der Südküste zeigen sich dann von ihrer besten Seite, die historischen Sehenswürdigkeiten (insbesondere von Marrakesch) sind weniger frequentiert, der Tourismus fällt weniger ins Gewicht. Auch die Wintermonate sind für Städtetouren und Exkursionen geeignet, zumal Tiefdruckausläufer selten sind und sich nicht lange halten.

Pflanzenwelt

Südmarokko ist unterhalb des Atlas-Gebirges bis zu den Trockenregionen der Wüsten geprägt von mediterraner Strauchvegetation – immergrüne Pflanzen, die sich durch kleine Blätter, Wachsüberzug und Haarbewuchs gegen Austrocknung schützen. Einige Büsche und Sträucher der mediterranen Macchia sind Lorbeer, Rosmarin, Ginster, Kreuzdorn, Thymian und Rutenkraut.

Weiter im Süden gedeihen Stein- und Korkeiche, Zeder, Thujabaum, Pistazie, Oleander, Tamariske, Aleppokiefer und Olivenbaum. All diese Arten müssen dem Schirokko widerstehen und sind so in ganz unterschiedlicher Dichte anzutreffen. Der Argan- oder marokkanische Eisenholzbaum findet sich von Sidi Ifni bis in die Region von Essaouira und hat sich hervorragend an mögliche Trockenperioden angepasst (→ Diabat/Arganöl). Die Atlas-Zeder zieht hingegen ein etwas höheres, nicht zu trockenes Terrain vor.

Auf den Hochplateaus des Mittleren und des Hohen Atlas vollzieht sich der Übergang zur ostmarokkanischen Steppe. Dort findet sich das langblättrige Halfa-Gras, das inzwischen zur Papierherstellung genutzt wird. Die typische Oasenpflanze, die hoch aufragende Dattelpalme, ist eine der wichtigsten Kulturpflanzen. Kakteen bzw. Sukkulentengewächse bekommt man ebenso zu sehen wie die farben- und formenreichen Disteln in vielen Varianten. In den trockenen Regionen wachsen vor allem Dornsträucher, etwa der Dornbusch, Tamarisken, Kameldorn, Salzbusch und Dornpolsterpflanzen.

Die meisten marokkanischen Kulturpflanzen sind importiert: Karthager und Punier brachten Wein, Mandeln, Oliven, Walnüsse und Granatäpfel in den Maghreb. Die arabische Invasion erweiterte das Angebot um Baumwolle, Reis, Aprikosen, Zitrusfrüchte, indischen Hanf (der Haschisch-Grundstoff), Spinat, Artischocken und Pfeffer. Nach der Entdeckung der Neuen Welt kamen über die in Spanien ansässigen Mauren Agaven, Tomaten und Kartoffeln sowie Mais, Bohnen und Gurkenkürbisse ins Land. Die Franzosen bereicherten den Süden um den Eukalyptusbaum, aus dessen Rinde und Samenkapseln Bonbons produziert werden. Neben Oliven-, Feigen- und Arganbäumen finden sich etwa im Souss vielerorts Kirsch-, Apfel- oder Birnbäume. Auch Rosen sind sehr beliebt und werden wie die Orangenschale zu Duftkonzentraten verarbeitet. Die wichtigsten Getreidesorten sind Gerste (in allen höheren Gebieten) und Weizen. Der grüne Tee wird importiert, während Minze in keinem Garten fehlt. Einen Boom erleben die marokkanische Zuckerrübe und das Zuckerrohr: In vielen Raffinerien wird der Süßstoff national produziert, um sich von teuren Importen unabhängig zu machen.

Tierwelt

Besonders für die Vogelbeobachtung bietet Südmarokko zahllose Möglichkeiten: Entlang der Atlantikküste brüten und schnäbeln Möwen, Kormorane, Reiher und Flamingos, um die bekanntesten zu nennen. Im Winter gesellen sich zu den ansässigen Dauerkolonien europäische Zugvögel. Zu den Zentren des gefiederten Volks zählen der Nationalpark Souss-Massa südlich von Agadir, das Reservat der Purpur-Inseln vor Essaouira und die Banc d'Argui südlich von Tarfaya, der größte Brutplatz Westafrikas. Adler, Falken und Bussarde ziehen ihre Kreise über den Gebirgen, der Geier freut sich in der Wüste auf Aas, Kolkraben krächzen überall im Land.

Auch Insekten lieben Marokko. Schmetterlinge, Libellen, Grillen und Käfer – etwa die häufig anzutreffenden Skarabäus-Arten – leben hier in ungekannter Vielfalt. Zur Plage wird mehr und mehr die Heuschrecke, die bekanntlich in den gefürchteten Schwärmen auftritt.

Bei den Reptilien fallen Echsen (etwa die Smaragd-Eidechse), kleine und große Chamäleons sowie die häufig anzutreffenden Landschildkröten auf. Hinzu kommen Wüstenrenner, der Berberskink und der mauretanische Mauergecko, der am liebsten in Lampennähe nachts an Wänden und Decken unterwegs ist. Der nacht-

Die Wüstenschiffe warten

aktive Skorpion fühlt sich besonders in der Steinwelt der warmen Bergregionen heimisch, morgens schläft er bei Gelegenheit in Touristenschuhen ein – man sollte also aufpassen. Schlangen sind im ganzen Land heimisch, doch sind sie selten und scheu. Die sehr giftigen Puff- und Levante-Ottern sind gottlob meist nur zusammen mit Beschwörern zu bewundern. In der Oase lebt die harmlose Kapuzennatter, überall jedoch die Hornviper, deren Biss gefährlich ist.

Zu den Nagetieren zählt das gestreifte Zieselhörnchen, das u. a. im Souss-Massa-Nationalpark heimisch ist, das etwas kleinere Atlashörnchen mit weißen Streifen an der Flanke und buschigem Schwanz, das an der gesamten Küste verbreitet ist, und die schnelle und deswegen schwer zu erkennende Sandrennmaus. Zu den noch nicht ausgerotteten Raubtieren zählen Dachs, Luchs, Schakal, die Hyäne und der Feknek (Wüstenfuchs), die in den Steppen- und Wüstengebieten leben.

Huftiere, die frei durchs Land galoppieren, sind das Mufflon (ein Wildschaf), nur noch vereinzelte Exemplare der Antilope und das knorrige Wildschwein. Die anderen Huftiere wie Kamel, Schaf, Ziege, Rind, Esel, Muli, Pferd und Büffel hat sich der Mensch untertan gemacht. Am Rande der Gesellschaft geduldete Tiere sind Katze und Hund, und das Federvieh dient dem Verzehr.

Exotischer für Europäer sind die in Marokko lebenden Affen: Paviane und Magots (Berberaffen) – eine schwanzlose Makakenart, die in ansehnlichen Scharen schwer zugängliche Bergschluchten bevölkert.

In Bächen und Seen tummeln sich Speisefische wie Forelle, Barsch, Barbe und Hecht. Sardine, Thunfisch, Rotbarsch, Hai- und Tintenfisch – um die wichtigsten zu nennen – können beim Tauchen im Meer oder auf den Fischmärkten fangfrisch bestaunt werden. Hinzu kommen Krusten- und Schalentiere wie Seeigel, Muscheln, Langusten, Krabben – und auch Wasserschildkröten.

Die Menschen

Bevölkerung

Die Bevölkerung Marokkos besteht vor allem aus Amazigh (Berbern) und Arabern. Erstere bevölkerten lange vor den Römern das Land, während die Ausbreitung des Islams in der Folgezeit in mehreren Wellen stattfand. Gesichert ist, dass zur Zeit der islamischen Eroberung ab dem 7. Jahrhundert die Berber den größten Bevölkerungsanteil stellten. Als Idriss I. sein arabisches Fürstentum begründete, waren die Araber nur im Norden ansässig. Zwischen dem 7. und 13. Jahrhundert kam es zu recht brutalen Eroberungsfeldzügen der Araber. Mit dem 20. Jh. haben vor allem Mischehen zwischen den in den vorangegangenen Jahrhunderten nur zaghaft zusammenwachsenden Gruppen zu der heutigen Bevölkerungsstruktur geführt.

Die marokkanischen Berber gehören zu verschiedenen Stammesgruppen, die sich sprachlich und äußerlich unterscheiden. Drei Dialekte finden sich dabei: Das *Tarifit* der Rifis im Rifgebirge, das *Tamazight* der Berber im westlichen Mittleren Atlas und im Hohen Atlas sowie das *Tachelheit* der Schlöh-Berber (→ Wissenswertes A–Z/Sprache) im westlichen Hohen Atlas, im Anti-Atlas und im Souss-Gebiet. Besonders im Süden Marokkos sprechen bis heute noch viele Menschen neben dem Arabischen einen Berberdialekt als Muttersprache. Verhältnismäßig reine Berberstämme leben noch in den Gebirgen des Atlas. In den zum Atlantik hinlaufenden Ebenen vermischten sich bereits vor dem 20. Jahrhundert arabische Beduinen mit den Berbern. Es ist interessant zu sehen, dass dort die Männer Familienoberhaupt sind – ganz im Gegensatz zu den alten matriarchalisch organisierten Berbergruppen. So betrachtet, kann die Familienorganisation also Auskunft über den Grad der Islamisierung geben.

Stolze Berber

Berber hat seine Wurzel im Wort *Barbar*, womit die alten Griechen ursprünglich all jene bezeichneten, die kein Griechisch sprachen – seinen negativen Beiklang bekam der „Barbar" erst später. Berber ist also eigentlich eine Fremdbezeichnung, die heute angesichts des wachsenden Selbstbewusstseins dieser Volksgruppe gegenüber der Eigenbezeichnung *Amazigh* („freier Mann") mehr und mehr in den Hintergrund tritt. Dieses Selbstbewusstsein zeigt sich heute auch im Alltagsleben: So werden die Nachrichten mehrmals täglich in Amazigh ausgestrahlt, neue Kulturzentren eröffnen (bis hin nach Frankreich), und selbst Soaps werden inzwischen in Amazigh-Sprache produziert. Nach vorsichtiger Schätzung leben im gesamten Maghreb von Marokko bis weit über Algerien hinaus etwa 25 Millionen Berber, ein großer Teil lebt in Marokko: 40 % der Gesamtbevölkerung sind Amazigh.

Aktuelle Informationen über Literatur, Musik und Kunst der Berber finden sich auf der Webseite www.mondeberbere.com.

Für die Berber gilt, was der berühmte Schauspieler Omar Sharif für die arabische Gesellschaft generell feststellte: Die Grundlage des Zusammenlebens ist der Stamm.

Kalligraphie

Mentalität und Gepflogenheiten seien nur aus diesem Blickwinkel heraus zu verstehen. Ein Stamm unterteilt sich in mehrere Clans oder Sippen. Die Sippen sind durch Familienzugehörigkeit (bei geringer Islamisierung kann das Familienoberhaupt auch eine Frau sein) zu gegenseitiger Solidarität verpflichtet, die Clans durch ihre Stammeszugehörigkeit. Die Mitglieder eines Stammes wohnen auf dem Stammesgebiet, die einzelnen Clans leben verstreut in Dörfern und Siedlungen, die von nur wenigen, untereinander verwandten Großfamilien bewohnt werden. Eine über die Stammesgrenzen hinausgehende Berber-Identität war daher nie besonders ausgeprägt, nur bei starken Bedrohungen von außen kam es zu größerer Solidarisierung. Die über 800-jährige Geschichte der Berber zwischen Islamisierung des Maghreb und den osmanischen Einfällen zu Beginn des 16. Jh. sind daher aus dieser Perspektive zu verstehen.

Einen Riss im Verhältnis zu den Arabern gab es durch die Intrigen der französischen Kolonialpolitik nach 1930. Damals sollten mit dem sogenannten Berber-Dahir-Dekret die Berber dem Einfluss des (arabischen) Sultans entzogen werden, um sie für die französischen Interessen einzuspannen und mit ihrer Hilfe den arabischen Norden besser kontrollieren zu können. Der Berberfürst Glaoui-Pascha Thami el-Glaoui wurde mit großen Machtbefugnissen sowie Waffen und Geld ausgestattet, womit er in Marrakesch bis zum Ende des französischen Protektorats gewaltsam regierte.

Araber und Berber in Marokko haben sich mit der fortschreitenden Industrialisierung des Landes in den letzten Jahrzehnten weiter angenähert, eine klare Grenzlinie zwischen diesen Bevölkerungsgruppen ist nicht mehr festzustellen. Dies gilt besonders für den Norden des Landes, wo der wirtschaftliche Erfolg dazu beiträgt, die kulturellen Differenzen zu überbrücken. Im ländlichen Süden mit seinen archaischen Strukturen, traditioneller Landwirtschaft und traditioneller Tierhaltung ist es vor allem das starke Glaubensband des Islam, das nach außen verbindet.

Die Familie

Was die Familienstruktur angeht, ist in Marokko ein deutlicher Unterschied zwischen Land- und Stadtbevölkerung sowie zwischen Arabern und Berbern festzustellen. Während in den großen Städten die Kleinfamilie nach europäischem Muster im Kommen ist und sogar individuelle Lebensstile fern der Familie gewählt werden, so hat die Familie vor allem im ländlichen Südmarokko immer noch eine ungleich höhere Bedeutung als in Westeuropa – sie ist die Grundlage allen sozialen Lebens. Im islamischen Familienverbund ist der Patriarch unumschränkter Herrscher.

Juden und Araber in Marokko

Die letzte Synagoge ist längst geschlossen. Wer beten will, muss nach Casablanca oder Marrakesch fahren. Im Wüstenwind verweht sind die Oasen-Gemeinden am Rande der Sahara oder auf dem Land – Gemeinschaften, die teilweise auf jahrhundertealte Traditionen zurückblicken konnten. Nur noch ein paar Namen erinnern an sie sowie Reste jüdischer Friedhöfe oder Grabmäler von Rabbinern, die noch in Ehren gehalten werden.

Dass die Geschichte Marokkos untrennbar mit ihrer jüdischen Minderheit verbunden ist, ist wenig bekannt – besonders die Zeit vor der Vertreibung von Mauren und Juden aus dem „Paradies Andalusien" im Zuge der bis 1492 andauernden *Reconquista,* des Kampfs des (christlichen) Spaniens gegen die Araber. Die ersten jüdischen Siedler kamen im Gefolge der phönizischen und karthagischen Händler ins Land. Seit den Idrissiden (788–920), deren Sultan den Juden Schutz gewährte, folgten mehrere Einwanderungswellen, und bald bildeten jüdische Gelehrte, Kaufleute und Kunsthandwerker einen bedeutenden Bevölkerungsanteil in den nördlichen Städten, besonders in Fès. Später waren es ihre wirtschaftlichen Kontakte zu den europäischen Seefahrern, Diplomaten und Herrschern, von denen besonders Marokkos Hafenstädte profitierten. Überall arbeiteten sich die Juden in wichtige Positionen hoch, sie waren erfolgreiche Geschäftsleute, Ärzte, Schmuckschmiede und Händler.

1862 wurden sie den Muslimen gesetzlich gleichgestellt, und diese Toleranz des marokkanischen Königshauses gegenüber der jüdischen Minderheit ist von Kontinuität geprägt – sie reicht von Mohammed V. (1927–1961) über Hassan II. (1961–1999), der im Zweiten Weltkrieg 300.000 Juden Schutz gewährte, bis zum heutigen König Mohammed VI.

Einen schmerzhaften Einschnitt markierte der israelische Sechs-Tage-Krieg 1967. Auf Druck der Arabischen Liga stellte sich Marokko gegen Israel und provozierte damit die Flucht von vielen tausend jüdischen Familien. Heute leben nur noch 6000 Juden in Marokko. Der frühere marokkanische Tourismusminister, Serge Berdugo, sieht hier eine „historische Aufgabe", da sich in Marokko doch gezeigt habe, dass Juden und Araber ohne große Probleme zusammenleben können. Und diese Jahrhunderte alte friedliche Koexistenz könne für die Lösung des Nahostkonflikts genutzt werden.

Auch der Wirtschaftsberater des marokkanischen Königs, der Finanzier André Azoulay, macht sich seit Jahrzehnten für Frieden und Dialog zwischen Muslimen und Juden stark. Als arabischer Jude erfuhr er die Fronten zwischen den beiden Kulturen am eigenen Leib. Doch nicht die Unterschiede in der Religion, sondern der israelisch-palästinensische Konflikt sind für Azoulay das „Schlüsselsymbol für die Kluft zwischen den westlichen und muslimischen Gesellschaften".

Familienoberhaupt

In Berber-Großfamilien hat die Großmutter noch starken Einfluss – was ebenfalls im ländlichen Süden gut zu beobachten ist. Hier findet sich ein deutlicher Hinweis auf die matriarchale Organisation der alten Berberstämme. Einsame Entscheidungen eines Familienmitglieds über das eigene Leben sind hier immer noch unüblich, alle wichtigen Angelegenheiten werden im Kreise der Lieben durchgesprochen. Ist die Familie dagegen – *Inscha 'Allah,* dann eben nicht.

Verbesserte Stellung der Frau: In der Herbstsitzung des Parlaments im Oktober 2003 kündigte König Mohammed VI. eine grundlegende Erneuerung der traditionellen Familiengesetze (Mudawana) an: Mann und Frau sollten praktisch gleichgestellt werden. Im Januar 2004 wird der Gesetzesentwurf nach langen Debatten einstimmig von beiden Kammern des Parlaments verabschiedet. Die wichtigsten Eckpunkte: Die Familie soll fortan „unter der Verantwortung beider Ehepartner", nicht nur der des Mannes stehen. Das Mindestalter für Eheschließungen wird für beide auf 18 Jahre (bisher 15 für Frauen) festgelegt. Junge Frauen dürfen nicht mehr gegen ihren Willen verheiratet werden. Die Polygamie wird zwar nicht ausdrücklich verboten, aber eingeschränkt, indem sie von der Zustimmung der ersten Frau, eines Richters und weiteren Bedingungen abhängig gemacht wird. Ein Mann kann seine Frau nicht mehr „verstoßen", er muss vor einen Scheidungsrichter gehen. Auch die Frauen haben jetzt das Recht, eine Scheidung und auch das Sorgerecht für ihre Kinder zu beantragen. Die Gehorsamspflicht der Frau wird abgeschafft, und eine Frau kann künftig ihren Mann wegen häuslicher Gewalt, Untreue oder finanzieller Vernachlässigung verklagen.

Für Marokko, das nach Tunesien und dem Libanon das dritte Land in der arabischen Welt ist, das den Frauen solche Rechte gibt, kommt das Maßnahmenbündel des Königs einer gesellschaftspolitischen Revolution von oben gleich. Und

Mohammed VI., Monarch und „Oberhaupt der Gläubigen", setzt, wie auch die Wahlen 2007 gezeigt haben, seine Politik konsequent gegen extremistische Gruppierungen durch.

Bildung

Obwohl 1963 die allgemeine Schulpflicht eingeführt wurde, liegt die Einschulungsquote nach inoffizieller Schätzung immer noch unter 80 %. Der Grund: Besonders die Mädchen müssen in den armen und schwer zugänglichen Regionen zum Familieneinkommen beitragen. Berücksichtigt man, wie viele Menschen in solchen Regionen leben, wird die Analphabetenquote von rund 50 % verständlich. Das Schulsystem ist nach französischem Vorbild strukturiert (écoles primaires/écoles secondaires), doch viele Kinder verlassen schon nach der *école primaire* die Schule, obwohl kein Schulgeld gezahlt werden muss. Offizielle Unterrichtssprache ist Arabisch, in der Sekundärstufe können Französisch und andere Sprachen gewählt werden. Französischkenntnisse gelten als ein Muss für qualifizierte Arbeitsplätze, die Arbeitslosenquote unter Akademikern ist trotzdem sehr hoch – und das bei einem eklatanten Mangel an Lehrern.

Der Islam in Marokko

Der wichtigste Satz des Korans besagt: „Es gibt keinen anderen Gott als Allah, und Mohammed ist sein Prophet." Allah ist für den Moslem der einzige, unteilbare Gott. Und Mohammed war der letzte seiner Propheten, zu denen auch Noah, Abraham, Moses, Jakobus, David und Jesus zählen – doch Mohammed vertraute Gott seine endgültige Botschaft an, die für jeden Moslem für alle Zeiten bindend ist. 99 % der marokkanischen Bevölkerung bekennen sich zum sunnitischen Islam (arab. „Ergebung in Gottes Willen"). Das verbleibende Prozent repräsentiert die religiösen Minderheiten: Juden, Christen und geistige Bruderschaften.

Der marokkanische Alltag ist stark vom Islam geprägt – ohne die Grundpfeiler des islamischen Glaubens ist Marokko nicht zu verstehen. Nach islamischer Lehre lenkt Allah die Welt und den Einzelnen. Der gläubige Moslem akzeptiert Gottes Willen und unterwirft sich in seinem Denken und Handeln den Gesetzen Gottes. Unmittelbare Folge ist – für den christlichen Kulturkreis schwer nachvollziehbar – die Schicksalsergebenheit des Moslems: *Kismet,* Allah hat es so gewollt, da kann man nichts machen. Die Offenbarungen Gottes wurden in Suren aufgezeichnet und im Koran, dem Gegenstück zu Bibel und Thora, zusammengefasst. Mohammed selbst war übrigens Analphabet, weshalb seine Anhänger die Aufzeichnungen für ihn besorgten. Der Koran gilt übrigens als eines der poetischsten Werke in arabischer Sprache.

Ursprünglich sollte der Koran das einzig gültige Gesetz sein, er war die Grundlage für das islamische Gesetzbuch, die *Scharia.* An sie ist nach der islamischen Lehre jede Regierung gebunden, ebenso die Rechtsprechung und alle wissenschaftlichen Disziplinen. Aber nicht nur in Marokko, auch in anderen islamischen Ländern wird der Koran heute durch weltliche (westlich geprägte) Gesetze eingeschränkt. Dieses Rechtsverständnis ist dem Empfinden des frommen Moslems fremd und stößt auf den Widerstand orthodox-islamischer Kreise – Konfliktthemen sind beispielsweise die Stellung der Frau, die sexuelle Moral, Umgang mit Alkohol und Kleidungsvorschriften.

Das Leben des Moslems ist durch eine feste Ordnung von Geboten und Verboten geregelt, die es strikt zu befolgen gilt. Die fünf wichtigsten Gebote umfassen die

Religiöse Chiffren in Tiznit

fünf täglichen Gebete, die täglichen Waschungen, die Almosengabe an Bedürftige, das Einhalten des Fastenmonats Ramadan und die Pilgerfahrt nach Mekka – wobei einige Gebote Spielraum lassen: So braucht der Moslem seine Pilgerfahrt nur dann zu machen, wenn ihm das (finanziell) möglich ist; die Waschungen können notfalls auch ohne Wasser, also ritualisiert ausgeführt werden.

Gute und böse Geister: Trotz Islamisierung hielt sich der berberische Volksglaube über die Jahrhunderte und bildet – von islamischen Rechtsgelehrten und dem Königshausteils geduldet, teils (erfolglos) bekämpft – einen wichtigen Bestandteil des Islams marokkanischer Prägung. So gibt es Zauberer und Wahrsager, den bösen Blick, unheilvolle Plätze und jede Menge *Djinns* – gute und böse Geister, mit denen man sich besser gut stellen sollte. Zu den Mitteln, um sich zu schützen, gehören beispielsweise Beschwörungsformeln, Amulette, die gespreizte Hand und Henna, das in bestimmten Mustern auf Gesicht und Hände aufgetragen wird.

Der Sufismus: Eine weitere marokkanische Besonderheit ist die Heiligenverehrung. Schon seit der Frühzeit des Islam sorgten verschiedene *Sufi-Orden* für Elemente, die der offiziellen Religion fehlten – Musik, Poesie und Tanz sollen der mystischen Ekstase und der geistigen Vereinigung mit Allah dienen. Ihre bedeutendsten Lehrer werden als Heilige verehrt, ihre Gräber sind bis heute Ziel von Wallfahrten. Denn diesen Heiligen, den *Marabuts*, werden außergewöhnliche Kräfte zugeschrieben, weil sie mit den göttlichen Wirkkräften in Verbindung stehen. So glauben überzeugte Pilger an die *Braka*, die „heilbringende Aura", die gleichsam angezapft werden kann: Werden Wohnstätte, Grab oder Gegenstände aus dem persönlichen Besitz des Heiligen berührt, überträgt sich seine Aura auf den Pilger.

Die bekanntesten Sufi-Persönlichkeiten, wie etwa Moulay Idriss, der Gründer des ersten marokkanischen Staates, sowie Vertreter der „heiligen Schulen" und Bruderschaften werden weit über ihre Heimatregion hinaus verehrt (→ Wissenswertes A–Z/Sufismus).

Ramadan: Der heilige Fastenmonat wird alljährlich in Rabat mit Böllerschüssen feierlich „eingeläutet", natürlich live in Radio und Fernsehen übertragen. Von Neumond bis Neumond, also etwa einen Monat, sollen die Menschen sich rückbesinnen und darin erinnern, dass jede Speise von Gott ist. Beim Fasten werden den Menschen ihre Sünden verziehen, heißt es. Dabei bedeutet Fasten keineswegs Verzicht auf Ausgelassenheit – das Feiern ist vielmehr ein zentraler Bestandteil des Ramadan, und das passiert nachts, denn die Fasten-Gebote gelten nur von Sonnenaufgang bis Sonnenuntergang. So verbringen viele Gläubige 29 bis 30 Nächte im Ramadan-Rausch, der auch für die Ungläubigen einen Monat lang zu spüren ist: im öffentlichen Leben, bei den Öffnungszeiten, im Arbeitsalltag (→ Wissenswertes A–Z/Feiertage).

Geschichte

680	Erste Eroberung Marokkos durch die Araber, nachdem Phönizier und Karthager, Byzantiner und Römer das Land über Jahrhunderte geprägt hatten
788	Dynastie des Idrissiden: Idriss I. wird in Volubilis zum König ausgerufen – seit diesem Zeitpunkt gilt Marokko als Nation
809	Idriss II. gründet die Stadt Fès
1062–1147	Almoravidische Dynastie
1061–1107	Herrschaft von Youssef Ben Tachfine, der Marrakesch gründet
1147	Almohadische Dynastie
1184–1199	Herrschaft von Yacoub el Mansour, der Rabat zur Hauptstadt macht und Marokko zur größten Ausdehnung verhilft: Algerien, Tunesien, Libyen und Andalusien gehören nun zum Reich. Bau der Koutoubia in Marrakesch und der Giralda in Sevilla
1269	Merinidische Dynastie
1269–1286	Herrschaft von Abou Youssef Yacoub, Bau von Fès el Jedid
1331–1351	Herrschaft von Abou Hassan
1415	Portugal erobert Ceuta
1554	Saadinische Dynastie
1578	Die Dreikönigsschlacht beendet die Vorherrschaft Portugals
1578–1603	Herrschaft von Ahmed el Mansour
1595	Bau der Saaditen-Grabmäler in Marrakesch – heute das letzte Relikt des von Moulay Ismail zerstörten Dar el Badi, des „unvergleichlichen Königspalasts" von El Mansour
1659	Alaouitische Dynastie
1672–1727	Unter Moulay Ismail, dem despotischen Alaouiten-Herrscher, wird Meknès ausgebaut und schwer befestigt. Moulays 150.000 Mann starkes Heer erobert Tanger von den Briten zurück und vertreibt die Piraten aus Rabat und Salé
Ab 1600	Spanier und Malteser bauen Besitzungen im Norden Marokkos aus, das Osmanische Reich kontrolliert den Norden des Maghreb
1760	Sidi Mohammed gründet Essaouira, baut den Hafen von Casablanca aus und fördert den Außenhandel. Wirtschaftliches Chaos und Thronstreitigkeiten werden überwunden
1792	Unter Sidi Mohammeds Nachfolger, Moulay Silmane, flammen Berberaufstände und religiöse Konflikte auf

1822	Moulay Abd Rahman versucht, Marokko gegen den Einfluss der Europäer abzugrenzen
1830	Mit der Eroberung Algeriens durch Frankreich wächst das Interesse Großbritanniens, Spaniens, Frankreichs und Deutschlands an Marokko
1844	Krieg mit Frankreich nach der misslungenen Unterstützung der Aufstände in Algerien. Niederlage der Marokkaner und Frieden von Tanger (1845)
1880	Spanische Besetzung von Tétouan und Sidi Ifni
1894–1908	Auf der Konferenz von Madrid sichern die europäischen Mächte ihre Handelsinteressen ab. Heftige Unruhen destabilisieren das Land unter dem umstrittenen alaouitischen Herrscher Abd el Aziz
1905–1906	Spanien und Frankreich teilen in geheimen Verhandlungen ihre Interessensgebiete in Marokko auf. Kaiser Wilhelm II. besucht Tanger (1905) und fordert die Souveränität des Landes, um deutsche Wirtschaftsinteressen abzusichern. Auf der Konferenz von Algeciras (1906) erklären die europäischen Mächte und die USA Marokko zum wirtschaftlich „offenen Markt"
1911	Die Entsendung des deutschen Kanonenbootes „Panther" nach Agadir kann die Vorherrschaft Frankreichs nicht aufhalten
1912	Marokko wird französisches Protektorat
1927	Mohammed V. besteigt den Thron
1956	Nationale Unabhängigkeit Marokkos
1961	Hassan II. besteigt den Thron
1971	Volksentscheid für die neue Verfassung
1975	Der grüne Volksmarsch „Marche Verte" in die Westsahara
1993	Einweihung der Moschee Hassan II. in Casablanca
1999	Mohammed VI. besteigt den Thron
2000	Der neue König treibt die gesellschaftliche und wirtschaftliche Liberalisierung voran. Erste Vorlagen zum Frauen- und Familienrecht
2001	Verhandlungen zwischen Marokko und der Unabhängigkeitsbewegung der Sahraouis, der Polisario, scheitern, eine Teilautonomie wird als inakzeptabel bezeichnet Weltklimaschutzkonferenz in Marrakesch
2002	Spannungen mit Spanien bezüglich der illegalen Einwanderung Opposition kritisiert das neue Pressegesetz
2003	In Casablanca tötet ein Anschlag islamischer Extremisten 44 Menschen. Die Drahtzieher werden zwei Monate später verurteilt. Die alten Familiengesetze werden reformiert, die rechtliche Gleichstellung von Mann und Frau wird eingeführt
2004	Ein schweres Erdbeben verwüstet die Stadt Al Hoceima an der Mittelmeerküste
2005	Die ausländischen Investitionen übersteigen 200 Milliarden Euro, besonders im Tourismus geht der Staat zahlreiche neue Projekte an
2006	Ausreichende Niederschläge in weiten Teilen des Landes führen zu einer Rekordernte
2007	Im marokkanischen Abgeordnetenhaus wird die nationalkonservative Istiqlal mit 52 Sitzen die stärkste Partei

Frühe Anfänge

Seit dem 3. Jahrtausend v. Chr. besiedeln vor allem Vieh züchtende Nomadenstämme den Süden Marokkos, während einige sesshafte Gruppen in künstlerisch wertvollen Felsbildern (etwa bei Oukaimeden im Hohen Atlas, bei Fam el Hisn im Draa-Tal, in Tata oder Kheneg Tafagount bei Akka) ihre Spuren hinterlassen. Am Beginn der Antike wird Marokko für die griechische Mythologie interessant: Als die Griechen im 5. Jh. v. Chr. über die phönizischen Seefahrer von der Existenz Nordafrikas erfahren, beziehen sie das Land in ihr Weltbild ein. Am äußersten Rand der flachen Erdscheibe gelegen, begrenzt von der unendlichen Weite des Ozeans, musste hier, am Ende der mediterranen Welt, der Himmel beginnen. Die „Säulen des Herkules" – der Fels von Gibraltar und der Punto Blanco bei Ceuta – begrenzen den irdischen Raum. Hier, an der Trennlinie zwischen Himmel und Erde, agieren die Götter, Halbgötter und menschlichen Helden der griechischen Sage. Die von Odysseus geschmähte Calypso lauert mit finstren Gedanken vor Ceuta, und der etwas tumbe Riese Atlas traut sich bis heute nicht, den Himmel loszulassen, dessen Gewicht ihm schwer und schwerer auf den Schultern lastet.

Von Phöniziern, Karthagern und Römern

Ab dem 11. Jh. v. Chr. bauen die Phönizier Handelsniederlassungen entlang der Nordküste Afrikas und haben die ersten Kontakte zu den Berbern. Der verwegene karthagische Seefahrer Hanno, Admiral, Geschichtsschreiber, Städtegründer und Kaufmann, umsegelt um 450 v. Chr. ganz Nordafrika und gründet entlang der marokkanischen Atlantikküste die Städte Tanger, Salé und Essaouira. Mit der Besetzung Karthagos gelingt es den Römern, das Gebiet des heutigen Marokko mit Teilen Algeriens 42 n. Chr. zur römischen Provinz *Mauretania Tingitana* zusammenzufügen.

Nach dem Tod des Berberkönigs Juba I. holt Kaiser Augustus 46 v. Chr. dessen kleinen Sohn Juba II. nach Rom. Der wird am Kaiserhof erzogen, 25 v. Chr. vermählt Augustus den inzwischen in allen römisch-hellenistischen Wissenschaften gebildeten Berberspross mit der Kleopatra-Tochter Selene und übergibt ihm als Hochzeitsgeschenk die Verwaltung von Mauretanien. Der junge Berberkönig bringt das ihm anvertraute Reich im Sinne Roms auf Vordermann. Er baut die heruntergekommenen phönizisch-karthagischen Gründungen zu modernen Stützpunkten aus, lässt neue Städte errichten und überzieht den Norden Marokkos mit einem Netz römischer Feldlager, die den wichtigen Transportweg vom Atlantik ins Mittelmeer überwachen. Rund um die festen Lager werden Berber angesiedelt, die zunächst in friedlicher Koexistenz mit den Kolonialherren Handel treiben. Im Süden sichert Juba II. sein Reich durch einen römischen Grenzwall vor den Überfällen der Sahara-Nomaden. Innerhalb weniger Jahre steigt das Königreich Mauretanien zum wichtigen Nachschublager und Spezialitäten-Lieferanten des Weltreichs auf. Getreide, Öl, gesalzene Fische, Elfenbein, Sklaven, Gold und Holz gehen als Tributzahlungen nach Rom. Köstliche mauretanische Fischpaste ist fester Bestandteil auf dem Speiseplan römischer Gourmets, und die besonders gefürchteten afrikanischen Reitersoldaten verstärken die römischen Kohorten an Rhein, Donau und Euphrat.

Ein Vorstoß der Vandalen (429 n. Chr.) über Gibraltar, die sich mit den Berbern verbünden, wird zwar von den Truppen des oströmischen Kaisers Justinian (533 n. Chr.) zurückgeschlagen, der schleichende Untergang des Imperium Romanum und damit der Abzug aus dem Maghreb ist aber unaufhaltsam. Zurück bleiben jedoch erstmals Elemente einer christlich-jüdischen Kultur. Ab Ende des 7. Jh. beginnt die Vorherrschaft der Araber, schwertschwingend und missionierend. Ein Großteil der Berbervölker übernimmt von nun an den Islam als Religion, ohne dabei jedoch die eigenen Kulturen und Gebräuche aufzugeben. Die Araber nennen dieses Gebiet *Al-Maghrib* – den Westen.

Die arabischen Dynastien – der Weg nach „Al Andalous“

Die Aufstände nordafrikanischer Berber gegen die Araber haben Erfolg, auf marokkanischem Boden bilden sich unabhängige kleine Fürstentümer. Das siegreiche Berbergeschlecht der Almoraviden (1062–1147) verlegt die Hauptstadt von Fès nach Marrakesch. Von hier aus werden Eroberungszüge auf das spanische Festland organisiert, das bis zum Ebro (Andalusien) eingenommen wird. Das maurische Spanien sinkt zur Provinz herab, das einstige Nomadengeschlecht der Almoraviden übernimmt Elemente der maurischen Kultur.

Der nun vorherrschende andalusische Einfluss wirkt sich besonders auf geistigem und kulturellem Gebiet aus. Für Kunsthandwerk und Architektur ist es die Geburtsstunde des „maurischen Stils“, der sich bis in die Gegenwart überall entfaltet.

Marrakesch erstrahlt in prächtigem Glanz, und der Einfluss raffinierten, filigranen Architektur der iberischen Mauren erobert den Hof. Doch in der vierten Almoraviden-Generation unter Tachfin Ibn Ali (1142) erlahmt die alte Kraft des Geschlechts vollständig, der Unterhalt des großen Hofs ist ein kostspieliges Vergnügen geworden, das auch durch höhere Steuern nicht weiter finanziert werden kann – den Herrschern wird nachgesagt, dass sie der Wollust und einem ungezügelten Luxusleben frönen.

Dem Almohaden-Herrscher und religiösen Hardliner Ibn Toumert (gest. 1130), von einer mehrjährigen religiösen Reise eben zurückgekehrt, gelingt es, die meisten

Eine außerordentliche Festung: Bastion von Essaouira

Masmouda-Stämme im Hohen Atlas zum „heiligen Krieg" gegen die gottlosen und dekadenten Almoraviden zu mobilisieren. Von Tinmal, dem Hauptsitz der neuen Bewegung, ziehen die „Bekenner der göttlichen Einheit" unter Ibn Toumerts Schüler und kriegerischem Nachfolger Abd el Moumen plündernd und mordend in die Haouz-Ebene und vertreiben die Almoraviden aus ihren Palästen. 1147 fällt Marrakesch nach mehreren Belagerungen und wird größtenteils zerstört. In den folgenden Jahren kommt der maurische Stil in der Architektur zur vollen Entfaltung.

Abd el Moumen lässt Marrakesch wieder zu einer prachtvollen Königsstadt ausbauen und vereinigt Zug um Zug Marokko mit Algerien, Tunesien, Tripolitanien (Libyen) und „Al Andalous", Andalusien. Unter seinem Enkel Yacoub el Mansour (1184–1199) erreicht das Königreich Marokko die größte Ausdehnung seiner Geschichte. Das Minarett der Koutoubia-Moschee in Marrakesch wird vollendet, Wissenschaften und schöne Künste geben sich in der Almohaden-Hochburg ein Stelldichein.

Doch mit dem Tod el Mansours beginnt der langsame Verfall der Dynastie, der gestrenge Almohaden-Staat verliert seine puritanische Unschuld. Die üppige Lebenslust der Mauren, die vor der spanischen Reconquista (anti-arabische, christliche Widerstandsbewegung der spanischen Fürsten) nach Nordafrika fliehen, besticht auch die Nachfahren der eifernden Heilssucher. Immer aufwendiger werden die Bauten, immer genusssüchtiger und dekadenter die Herrscher. Die Almohaden entfremden sich von den religiösen Idealen Ibn Toumerts derart, dass sich ihre Statthalter in Tunesien und Algerien von ihnen lossagen und sie nicht mehr als Kalifen, als Nachfolger des Propheten Mohammed, anerkennen.

Stammesrebellionen und Familienzwistigkeiten beschleunigen den Untergang: Al Andalous (Andalusien) zerfällt in größere und kleinere Stadtstaaten, die iberischen Muslime flüchten nach Marokko, und 1250 wird Fès von dem aus Marokkos Osten kommenden Stamm der *Meriniden* erobert. Die letzten Almohaden nennen sich noch Könige und sitzen in Marrakesch fest, doch die Fäden der Macht gehen in neue Hände über: Von Fès aus regiert schon das Meriniden-Geschlecht über einen Großteil des Reichs, 1269 ziehen seine Truppen unter Führung von Abou Youssouf Yacoub in Marrakesch ein. In einem letzten Gemetzel werden die Almohaden 1276 in ihrer Fluchtburg Tinmal niedergemacht – die Geschichte ihrer Dynastie endet dort, wo sie begonnen hatte.

Meriniden, Quattasiden und Invasoren aus Spanien und Portugal

Fès mit der neuen Herrscherstadt Fès el Jedid wird zur Residenzstadt des Meriniden-Reichs, Marokko steigt zur größten und stärksten Militärmacht im arabischen Westen auf. Die Herrscher gewinnen das Volk durch eine großzügige Baupolitik, sie spendieren Moscheen, Spitäler, Fonduks (Herbergen) und vor allem Medresen (Hochschulen) – Fès wird zur religiös-geistigen Metropole des Islam. Nach einigen Thronfolgerwirren gelingt es dem Meriniden Abou Hassan Ali (1331–1351) und seinem Sohn Abou Inan Faris (1351–1358), das verflossene Großimperium der Almohaden für kurze Zeit neu erstrahlen zu lassen.

Palais de la Bahia, Marrakesch

Doch alle Versuche, Al Andalous zurückzuerobern, schlagen fehl, im Gegenteil: Spanier und Portugiesen setzen sich an den marokkanischen Küsten fest. 1399 zerstören die Spanier im Rahmen einer Strafexpedition Tétouan, 1415 wird Ceuta von den Portugiesen erobert. Bis die Herrschaft der Meriniden zu Ende ist, werden etliche befestigte „Handelsstützpunkte" der europäischen Seemächte mit Gewalt eröffnet und wieder geschlossen.

Abou Inans gewaltsamer Tod 1358 erschüttert das Gebäude der Meriniden-Herrschaft. Inan hinterlässt nur ein paar bartlose Jünglinge, in deren Namen die Quattasiden, Verwandte der Meriniden, als Wesire (oberste Minister) die Zügel der Macht an sich reißen. Erst nach dem Tod des Quattasiden-Statthalters von Salé, Abou Jahia, übernimmt der letzte Merinide Abd el Haqq 1458 die Regierungsgeschäfte – nachdem er alle Vormünder und fast die ganze Verwandtschaft gemeuchelt hat.

Abd el Haqq herrscht sieben Jahre, bis er 1465 einen entscheidenden Fehler macht. Da der Staatssäckel leer ist, stellt er die Besoldung und Steuerfreiheit der im Volk verehrten Marabuts (→ Wissenswertes A–Z) ein und lädt sich den Ruf der Gottlosigkeit aufs Haupt. Während eines Aufstands der Fèser Stadtbevölkerung wird er ermordet, sein Reich zerfällt. Zwar regieren in den nächsten acht Jahrzehnten drei überlebende Quattasiden in Fès, doch sie sind machtlos. In den Bergen herrschen

Berberstämme oder religiöse Bruderschaften, die Städte leben ihr eigenes Leben. In endlosen Fehden lässt das städtische Patriziat seine privaten Scharmützel um die Vorherrschaft stellvertretend von kurdischen und andalusischen Söldnern ausfechten, die Macht des Makhzen, des Königs, ist gebrochen, die spanische Reconquista und portugiesische Kriegskaufleute werden immer mächtiger.

Um an der Macht zu bleiben, versuchen die letzten Quattasiden mit Portugal und Spanien zu kooperieren, sogar der deutsche Kaiser wird um Hilfe angefleht. Umsonst. 1492 fällt Granada an die Christen, die sich fortan mehr und mehr auch an den marokkanischen Küsten festsetzen.

Die Saadier: Dreikönigsschlacht und Feldzug nach Timbuktu

Während sich die Quattasiden in Fès noch am Thron festhalten, nützen die aus Arabien eingewanderten *Banu Sa'd*, Abkömmlinge des Propheten Mohammed, die Gunst der Stunde und etablieren im Souss ein unabhängiges Fürstentum mit der Hauptstadt Taroudannt. Bald kontrollieren sie die ergiebigen Handelswege für Gold und Sklaven und kämpfen im Namen Allahs erfolgreich gegen die Portugiesen. Die Banu Sa'd-Sippe erfreut sich großen Zulaufs – unter ihrer Führerschaft werden die Stämme des Südens gewonnen, und einflussreiche Mystiker und Marabuts schließen sich ihrer Sache an. 1521 erobert der Saadier Ahmed el Araj Marrakesch und ruft es zur Hauptstadt aus. Sein Nachfolger Mohammed as Saih (1541–1557) kann 1554 den letzten Quattasiden aus Fès verjagen und den Kalifentitel annehmen, Marrakesch bleibt Königssitz.

Wieder macht sich ein Geschlecht an die Festigung seiner Herrschaft. Schutzmaßnahmen gegen die Reconquista werden vorangetrieben, der Einfall der Türken wird aufgehalten: Durch ein Bündnis ausgerechnet mit Spanien gelingt es, die von Konstantinopel bis Algier hemmungslos regierenden Osmanen im Schach zu halten. Der dritte Feind, Portugal, wird 1578 in der *Dreikönigsschlacht* vernichtend geschlagen. Innenpolitisch gelingt es den Saadiern, die weltlichen Machtgelüste der religiösen Bruderschaften durch eine Söldnertruppe im Zaum zu halten und ein verlässlich funktionierendes Steuersystem zu installieren. Mit Ahmed el Mansour, dem Eroberer, ist der Höhepunkt saadischer Prachtentfaltung erreicht: Der Sieger der Dreikönigsschlacht bricht zum Feldzug in das Königreich Gao auf und erobert Timbuktu. Mit unermesslichen Schätzen und einer schwarzen Elitetruppe kehrt er nach Marrakesch zurück und macht sich an den liebevollen Ausbau seiner Hauptstadt. 25 Jahre Frieden und relativer Wohlstand kehren in Marokko ein.

Die Alaouiten

Nach dem Tod el Mansours 1603 zerfällt das Saadier-Reich nach den üblichen Thronstreitigkeiten in zwei Teile, die von Marrakesch und seit 1610 auch noch von Fès aus regiert werden. Es ist die Zeit politischer Wirren, in der rebellierende Berberstämme, Bruderschaften und autonome Piratenrepubliken die Herrschaft der Saadier außer Kontrolle geraten lassen. Bis 1659 folgt ein saadischer Sultan dem anderen. Marokko ist inzwischen in ein unüberschaubares Gewirr von halb religiösen, halb weltlichen Herrschaftsbereichen, Stammesfürstentümern und Stadtstaaten zerfallen. Ohne nennenswerte Hindernisse und dank geschickter Bündnispolitik übernehmen die *Filalis,* aus dem Tafilalet kommende Alaouiten, aus dem Tafilalet die Regierungsgeschäfte. Aus diesem arabischen Stamm, der sich auf die Linie Mohammeds beruft, stammen auch die heutigen Vertreter des marokkanischen

Königshauses. Sie wählen das ehrwürdige Fès als Königsstadt, und herrschen seit 1666 über das Land. Unter dem legendären Herrscher Moulay Ismail (1672–1727) werden bis 1720 fast alle von Portugiesen und Spaniern besetzten Häfen zurückerobert, nur Melilla, Sidi Ifni und Ceuta bleiben in spanischer Hand.

Die internen Konflikte nach Moulay Ismails Tod kann Sidi Mohammed, ein Förderer des Außenhandels und Begründer Essaouiras (1760), kurzzeitig unter Kontrolle halten, sie flammen nach seinem Tod (1792) unter Moulay Silmane aber wieder auf. Auch sein Nachfolger Moulay Abd Rahman (1822–1859) hat kaum Erfolg bei der Schlichtung der Unruhen im Land, Marokko ist quasi unregierbar; seine Strategie der Abschottung gegen die europäischen Mächte stärkt lediglich die Kolonialpolitik Frankreichs und Spaniens: Frankreich erobert Algerien, die von Marokko unterstützten aufständischen Algerier werden brutal niedergeschlagen. Gedemütigt muss Marokko den Friedensvertrag von Tanger unterzeichnen. Frankreich setzt seine wirtschaftlichen Interessen schonungslos durch, Moulay Hassan (1873–1894) hat dem wenig entgegenzusetzen. Frankreichs Pläne, Marokko zu besetzen, werden aber vom starken Spanien zunächst blockiert, das 1880 Tétouan und Sidi Ifni besetzt.

Französisches Protektorat

Mit der Konferenz von Algecira (1906) wird der französische Einfluss auf Marokko besiegelt, nachdem Deutschlands Ambitionen, Bergbaulizenzen für Mannesmann zu bekommen, abgewiesen wurden. Auch die Entsendung des Kanonenbootes „Panther" nach Agadir (1911) ändert daran nichts, Deutschland muss sich als Entschädigung mit Gebieten in Zentralafrika begnügen. Ein mächtiges französisches Expeditionskorps besetzt die Städte Casablanca, Rabat, Safi, Agadir und Essaouira. Im März 1912 wird Marokko zum französischen Protektorat, das Rifgebirge und die Provinz Ifni im Süden Marokkos fallen an Spanien. Für die Marokkaner bedeutet das den Verkauf eines Teils der islamischen Welt an die Christen. Aufstände gegen die Eindringlinge folgen im ganzen Land. Im Ersten Weltkrieg sind die Militärkapazitäten Frankreichs erst einmal anderweitig gebunden, und so dauert die Befriedung ihrer „Schutzzone" über 20 Jahre.

Die Zerstörung der „République Rifienne": Zwar geht die Kolonisierung der Städte und der westlichen Ebene zügig voran, doch in den unwegsamen Berggebieten und im Süden des Landes wird der Widerstand der Bevölkerung erst nach und nach (bis 1934) durch Bomberstaffeln und (in der Presse totgeschwiegenen) massiven Giftgaseinsatz gebrochen. 27.000 französische Legionäre überleben die Militäraktionen nicht, die marokkanischen Toten werden auf etwa 500.000 geschätzt.

Im Norden Marokkos bekommen die Spanier 1920 enorme Probleme. Hier haben sich die Rifkabylen unter ihrem legendären Anführer Abd el Krim zum Widerstand zusammengeschlossen und vernichten 1921 das 20.000 Mann starke spanische Afrikaheer. Mit Ausnahme von Tétouan und den Küstenstädten befindet sich die spanische Zone fünf Jahre in der Hand der Rebellen, die im Februar 1922 die *République Rifienne* unter der Führung von Abd el Krim ausrufen. Nach einem militärischen Triumphzug steht er mit seinen Berbertruppen 1926 plötzlich 20 km vor dem französischen Fès. Erst in dieser heiklen Situation arbeiten die beiden Kolonialmächte zusammen. Unter der „Wucht der eisernen Zivilisation" – Abd el Krim meint den massiven Einsatz von Giftgas und die 250.000 Kolonial-Söldner, die gnadenlos nach dem Prinzip der verbrannten Erde arbeiten – bricht der Widerstand der Rifis noch im gleichen Jahr zusammen.

„No hay muros en la costa" – Von Piraten und Freibeutern

Schon in der Antike sind sie gefürchtet. Phönizische und karthagische Handelsfahrer, römische Konsuln und sogar die wasserscheuen Vandalen wissen, was ihnen droht, wenn die schwarze Flagge der Piraten am Horizont erscheint. Doch erst ab 1610, mit der Vertreibung der Mauren aus Spanien, beginnt die Ära der organisierten Seeräuberei, die das Mittelmeer und die Atlantikküste über mehr als zwei Jahrhunderte zum Tummelplatz islamischer Piraten macht. Der Grund: Hunderttausende von Mauren müssen nach der Niederschlagung des Maurenaufstands Spanien verlassen. Sie fliehen hinüber nach Nordafrika, wo sie von ihren islamischen Glaubensbrüdern zwar freundlich aufgenommen werden, doch infolge ihrer Mittellosigkeit bald in arge Not geraten. Angeheizt von Marabuts, die den Heiligen Krieg predigen, sehen sie in ihrem Hass gegen die Spanier, die jetzt ihre Paläste bewohnen, nur einen Weg – die Piraterie. Es entstehen die großen Seeräuberstädte (Asilah, Larache), die Piratenrepubliken (Rabat/Salé) und die Seeräuberreiche unter osmanischer Hoheit: Algier, Tunis, Tripolis. Fast unangefochten beherrschen sie die Wogen der Meere. Von ihren Schlupfwinkeln ziehen die maurischen Raubschiffe plündernd die schwer zu schützende spanische Küste entlang bis hinauf in die Provence oder nach England. Und sie rauben, was sie finden – neben Gold, Silber und Stoffen auch Menschen, vorzugsweise Christentöchter, mit denen sie die Harems der Herrscher des Morgenlandes beliefern.

Besonders lukrativ entwickelt sich der Menschenhandel, und das Modell der Lösegeldzahlungen funktioniert: Je höher der Rang des Gefangenen, desto größer der Umsatz. Mitte des 17. Jahrhunderts wird der Seeraub zum Gewohnheitsrecht und die Piraterie zu einem Akt der Staatshoheit. Denn das hungrige Auge der Sultane fällt bald auf die gefüllten Piratenkassen, an denen sie durch Umsatzprämien beteiligt sind. Das staatlich sanktionierte Korsarentum islamischer Prägung ist geboren, und oft ist der Seeraub die einzige Einkommensquelle der Herrscher. Die schwer anzugreifenden Seeräubernester und die Eifersüchteleien um Einflusssphären verhindern einen gemeinsamen Vergeltungsfeldzug der seefahrenden europäischen Nationen, der dem Spuk ein Ende bereiten könnte. In Mafiamanier kassieren Piraten und Sultane Schutzgelder von Handelsstädten und Nationen. Noch 1825 lässt sich Sultan Abd er Rachman beim Rat der Hansestadt Hamburg in Erinnerung rufen: Sollte das gewünschte Bakschisch noch länger ausbleiben, könne er für die Unversehrtheit der hanseatischen Flotte nicht weiter garantieren.

1829 wird das letzte europäische Schiff (unter österreichischer Flagge) vor Asilah von Piraten gekapert. Die folgende Vergeltungsaktion von Frankreich, Spanien und der heutigen Alpenrepublik beendet die glorreiche Ära des muselmanischen Seeraubs. Den neuen, wendigeren Schiffen und der modernen Waffentechnik sind die Piraten auf Dauer nicht gewachsen. England und Spanien stellen die Tributzahlungen an die marokkanische Krone ein, Frankreich macht sich über das Piratenreich von Algier her (1830). Doch die Furcht vor den islamischen Kaperern hält an – noch 1850 wird in norddeutschen Kirchen für die Errettung deutscher Seeleute aus afrikanischer Gefangenschaft gebetet und Geld gesammelt. Und das spanische Pendant zur deutschen Redewendung „Die Luft ist rein" lautet bis heute: „No hay muros en la costa" – „Keine Mauren an der Küste".

Kolonialpolitik und Intrigen: 1927 stirbt Sultan Moulay Youssef, der 15 Jahre regiert hat, sein Sohn Mohammed V. muss nun die Verträge mit den Franzosen unterzeichnen. Während Frankreichs Legionäre für Ruhe sorgen, geht der Aufbau der kolonial gelenkten Wirtschaft voran. Straßen, Häfen, Eisenbahnen und die Industrialisierung des Bergbaus schaffen erste Ansätze einer Infrastruktur zur besseren Ausbeutung des Landes. Immer mehr französische Siedler *(colons)* kommen, die riesige Ländereien zu Spottpreisen aufkaufen. Sie bringen neue Agrartechniken und Kulturpflanzen mit und vertreiben die Kleinbauern in die Städte. Während die reiche europäische Bevölkerung meist neben den Medinas in gepflegten, neuen Städten wohnt *(villes nouvelles)*, leben hinter den mittelalterlichen Mauern der überfüllten Altstädte und in den frisch entstehenden Slums viele unzufriedene Menschen, die auch zur Keimzelle des neuen politischen Widerstands werden.

Nicht mehr vereinzelte Stämme, sondern landesweite Organisationen stehen bald hinter den Unruhen – die Marokkaner entdecken ihr Nationalgefühl. Das *Berberedikt* von 1930 (das durch die Einräumung großzügiger Stammesrechte die Berber von den Arabern entzweien will) und eine wohlberechnete Politik der Verleihung von Privilegien an Kollaborateure wie El Glaoui, den Pascha von Marrakesch, sollen helfen, die französische Herrschaft abzusichern. Die Opposition, die nur für eine gewissenhafte Auslegung des Protektoratsvertrags eintritt, wandert in die Gefängnisse. Bis zur Invasion der US-amerikanischen Truppen im Zweiten Weltkrieg (1942) kontrollieren die Franzosen und ihre marokkanischen Günstlinge den Maghreb. Als marokkanische Soldaten an der Seite der USA und des befreiten Frankreichs gegen die Nazis kämpfen, werden die Stimmen lauter, die nicht nur Reformen, sondern eine Auflösung des Protektorats fordern.

Berberaufstand von 1952

Kampf um Selbstbestimmung: 1947 hält Mohammed V. in Tanger ein historische Rede über das Selbstbestimmungsrecht der Völker, die landesweit auf Beifall stößt. Die nationale Bewegung fasst jetzt in allen Schichten und in (fast) jedem Stamm Fuß. Nach Gesprächen mit dem amerikanischen Präsidenten Roosevelt wird die Unabhängigkeitspartei Istiqlal aus der Taufe gehoben. Doch die Bauern und Stämme wagen vorerst nicht, gegen die Frankreich-freundlichen Scheichs und Landesfürsten aufzubegehren. Erfolgreicher ist die Istiqlal in den Städten, dort gewinnt sie vor allem im fortschrittlichen, national gesinnten Bürgertum Anhänger. Mohammed V. wird zur Symbolfigur der nationalen Unabhängigkeit. Als Wortführer der marokkanischen Interessen widersetzt er sich immer häufiger den Anordnungen des französischen Generalresidenten. Die Franzosen reagieren mit Presseverboten, Masseninhaftierungen,

Landesverweisen. 1952 gipfeln die Unruhen in einem Generalstreik. Frankreich mobilisiert all seine marokkanischen Verbündeten – neben dem Pascha von Marrakesch 270 weitere Kaids und Paschas – und schickt den „Sultan der Istiqlal" ins Exil nach Madagaskar.

Rückkehr von Mohammed V. und Hassan II. aus dem Exil

Die folgenden drei Jahre regiert der von Frankreich eingesetzte Analphabet Ben Arafa, und es herrscht offener Bürgerkrieg. Attentate, Sabotage, Demonstrationen und Angriffe auf französische Siedler wechseln mit französischen Gegenschlägen ab. Der Höhepunkt der blutigen Auseinandersetzungen ist 1955 erreicht. In zwei Tagen sterben in der Gegend von Oued Zem über 1000 französische Siedler unter den Händen des aufgebrachten Mobs einen qualvollen Tod. Todesschwadronen mächtiger Colons und Terroristen im Auftrag Frankreichs ziehen neben der regulären Armee ihrerseits mordend durch Marokko. Doch Kriegsrecht, Einkerkerungen und Todesstrafen bleiben gegen den Aufruhr machtlos. Internationale Proteste (selbst die spanischen Mitbesatzer verurteilen die französische Härte), die liberal-sozialistische Opposition im eigenen Land, der verschärfte marokkanische Guerillakampf und der politische Druck der USA zwingen General de Gaulle Ende 1955 zur Aufgabe.

Im November 1955 darf Mohammed V. aus dem Exil zurückkehren, seine Landsleute bereiten ihm in Rabat einen begeisterten Empfang. Zwei Wochen später ist die erste marokkanische Regierungsmannschaft komplett. Am 2. März 1956 unterschreibt Mohammed V. die Unabhängigkeitserklärung, und Marokko ist nach 44 Jahren wieder ein souveränes Königreich – am 16. Mai ertönt im Radio anstelle der Marseillaise zum ersten Mal die marokkanische Nationalhymne.

Marokko nach 1956

Konflikt um die Westsahara: Außenpolitisch gerät Marokko bald in Konflikt mit Algerien: Beide Staaten stellen Gebietsansprüche auf Mauretanien und große Teile der Sahara. 1970 erkennt Marokko die Islamische Republik Mauretanien offiziell an, fordert aber wenig später das Gebiet des ehemaligen Spanisch-Sahara, das durch Funde großer Phosphatvorkommen für spanische Unternehmen immer interessanter geworden ist. 1975 wird das Gebiet in einem Abkommen zwischen Marokko und Mauretanien verwaltungsmäßig aufgeteilt, wobei die Bodenschätze von beiden Ländern genutzt werden sollen. Marokko gliedert die Sahara-Gebiete nach einem legendären Volksmarsch, dem *Marche verte,* im Juni 1975 in sein Staatsgebiet ein. Zeitgleich jedoch wird von der Volksfront *Polisario,* die von Algerien und Libyen unterstützt wird, die Demokratische Arabische Republik Sahara, die sogenannte Westsahara, ausgerufen. Dieser Konflikt zieht jahrelange blutige Auseinandersetzungen mit den marokkanischen Truppen nach sich. Als Mauretanien 1979 die Republik

Sahara anerkennt und sich aus diesen Gebieten zurückzieht, annektiert Marokko auch diesen Teil von Westsahara. An die 100.000 Menschen fliehen aus dem Gebiet in die algerische Wüstenregion Tindouf. Erst Anfang der 1990er Jahre kann durch internationale Vermittlung ein Waffenstillstand ausgehandelt werden. Die für 1997 vereinbarte Volksabstimmung über die Selbstbestimmung der Sahraouis hängt bis heute in der Luft. Eine vom UN-Sicherheitsrat vorgelegte Teilautonomie wird von Spanien und der Polisario abgelehnt. Vor allem vor dem Hintergrund der Ölreserven des 284.000 Quadratkilometer großen Wüstengebietes erhält das Gerangel um die Volksabstimmung eine andere Dimension – es geht hier um „vitale Interessen" des Landes. Rabat investiert seit einigen Jahren in die Infrastruktur und fördert die Arbeitsmigration in diese Region.

Demokratisierung: Innenpolitisch hatte sich der autoritäre Regent Hassan II. seit 1961 mit Forderungen nach einer Demokratisierung des Landes und sozialen Unruhen auseinanderzusetzen. Menschenrechtsorganisationen warfen dem marokkanischen König vor, er würde politisch Andersdenkende foltern und ermorden lassen. 1992 tritt eine neue Verfassung in Kraft, die dem Parlament mehr Vollmachten zugesteht, die Führungsrolle des Regenten jedoch unangetastet lässt. Die Wahlen in den 1990er Jahren bringen der konservativen Regierungspartei wiederholt herbe Verluste. 1996 wird ein Zwei-Kammer-Parlament eingeführt, 1997 werden Parlamentsabgeordnete erstmals direkt vom Volk gewählt.

Ein moderner König: Seit Juli 1999 ist Mohammed VI. nach dem Tod seines Vaters Hassan II. Marokkos neuer König. Mohammed VI. leitet weitreichende Reformen ein und gilt vielen als Hoffnungsträger einer Politik, die demokratische Reformen verwirklicht und die große Armut aufzuheben sucht. So gründet er die regierungsunabhängige humanitäre Hilfsorganisation „Mohammed VI." und reist unermüdlich in die entferntesten Regionen Marokkos, um sich über die sozialen und wirtschaftlichen Probleme zu informieren. In einem legendären Times-Interview im Frühjahr 2000 stellt er gar fest „ ... dass es an der Zeit wäre, dass die Regierung dem Volk diene und nicht wie in der Vergangenheit das Volk der Regierung".

Den Worten folgen Taten: Die 2004 verabschiedete Familienrechtsreform, die Marokko weit von anderen islamischen Ländern abhebt, hebt die Zwangsehe auf, führt ein Klagerecht für Frauen bei Scheidungen ein und verändert das Familienrecht in weiteren Details zugunsten der Frau (→ Die Menschen/Die Familie). Die 2005 gegründete *Initiative Nationale pour le Développement Humain* ist eine groß angelegte Kampagne, die sich die Verbesserung der wirtschaftlichen und sozialen Situation der armen und benachteiligten Bevölkerungsgruppen auf die Fahne geschrieben hat. Über weitere Reformen in Sachen staatlicher Verantwortung, transparenter Wahlen und Pressefreiheit wird in Marokko heute inzwischen bemerkenswert offen diskutiert.

Ein Blick auf das Marokko von heute zeigt besonders im fortschrittlichen Casablanca und Marrakesch eine kulturelle Annäherung an Europa, die sich aber auch in den kleineren Städten langsam vollzieht. Verbesserte Einkommen, Komfort, Mode, Massenmedien, Kino, Konsum – das sind heute Gesprächsthemen vieler Marokkaner. Eine Modernisierung des Landes, die seit 2001 einhergeht mit einer expandierenden Wirtschaft und einer wachsenden touristischen Infrastruktur. Und wie in etlichen westlichen Ländern geht dabei die Wahlbeteiligung – im September 2007 siegte die nationalkonservative Partei Istiqlal im Abgeordnetenhaus – kontinuierlich zurück, nur 37 % der Wahlberechtigten gingen zu der von Beobachtern als transparent bezeichneten Wahl.

Der Fischfang ist eine wichtige Einkommensquelle

Staat & Wirtschaft

Staat

Marokko ist eine „konstitutionelle, demokratische und soziale Monarchie" (Artikel 1 der Verfassung). Staatsoberhaupt ist der König, der mit Machtfülle ausgestattet ist: Er ist Oberbefehlshaber der Armee, ernennt den Premierminister und das Kabinett, bestimmt den Zeitpunkt der Parlamentswahlen und kann das Parlament auflösen. Die Regierung muss sich gegenüber dem König verantworten. Alle politischen Fragen werden im Ministerrat behandelt, den der König bestimmt und dem er vorsitzt. 1996 wurde ein neues Zweikammer-Parlament gebildet, das sich aus der *Chambre des Représentants* und der *Chambre des Conseillers* zusammensetzt, wobei die 325 Abgeordneten der ersten Kammer für fünf Jahre direkt, die der zweiten Kammer in einem komplizierten Wahlverfahren gewählt werden.

Im nächsten Schritt muss der König einen Ministerpräsidenten nominieren, der seinerseits zur Regierungsbildung auf eine Mehrheit im neuen Abgeordnetenhaus angewiesen ist. Die im Oktober 2007 gebildete Regierungskoalition, zu der neben Istiqlal, die Union Socialiste des Forces Populaires (USFP) sowie die Parti du progrès et du socialisme (PPS) zählen, hat mit 186 Sitzen eine noch stabilere Mehrheit als 2002. Zudem wurde ein Antiterror-Gesetz verabschiedet, das dem Staat weitgehende sicherheitspolitische Rechte einräumt; Armee und Polizei sind dementsprechend straff organisiert. Die ca. 200.000 Mann starke Armee ist gut ausgebildet, der Verteidigungshaushalt beträgt ca. 5 % des Bruttoinlandsprodukts.

Wirtschaft

Das jährliche Pro-Kopf-Einkommen des Durchschnittsmarokkaners lag laut Welthandelsorganisation WTO 2006 bei 1400 US-Dollar. Dabei sind von den 30 Millionen Marokkanern ca. 50 % unter 30 Jahre jung, die Arbeitslosenquote liegt offiziell bei 15 %, die Jugendarbeitslosigkeit beträgt in den Städten mindestens 25 %. Der seit 1996 gesetzlich vorgeschriebene Mindestlohn von monatlich 3000 DH (etwa 300 €) wird selten erreicht, weshalb die Menschen besonders in den Städten versuchen, ihr spärliches Einkommen durch Nebenjobs aufzustocken: als mobile Händler, als Küchenbetreiber, als Aufpasser und Ähnliches. Die geschätzte Quote dieser steuerlich nicht erfassbaren Arbeit liegt bei 25 % des Bruttoinlandsprodukts. Aber auch Beamte, Polizisten und Politiker sind Nebenverdiensten nicht abgeneigt, z. B. in Form kleiner Gefälligkeiten, die sich vergüten lassen ...

Die Landwirtschaft spielt für die Selbstversorgung immer noch eine große Rolle, nur etwa 60 % der agrarischen Fläche werden z. B. für den kommerziellen Anbau von Getreide, Mais, Tomaten, Zuckerrüben, Kartoffeln, Orangen, Zitronen, Mandarinen genutzt. Fast die Hälfte der Bevölkerung lebt von Fischfang und Landwirtschaft, wobei beim Fischfang der Handel vor der Selbstversorgung klar überwiegt.

Dem gegenüber stehen die Forderungen der Weltbank nach einer Liberalisierung der Wirtschaft, um so mehr ausländisches Kapital anzuziehen. Inzwischen schlagen die ausländischen Direktinvestitionen mit jährlich über 2 Milliarden Euro zu Buche. 2004 wurden Güter im Wert von 10 Milliarden US-Dollar exportiert, der Import betrug fast 18 Milliarden US-Dollar. Größter Handelspartner Marokkos ist die EU. Wichtigstes Exportgut ist Phosphat, das u. a aus der Westsahara kommt – als weltweit wichtigster Anbieter fördert Marokko jährlich ca. 25 Mio. t. Doch die Weltmarktpreise für Phosphat fallen, während der steigende Rohölpreis die Außenhandelsbilanz belastet.

Ein weiteres wichtiges Standbein ist die Textilherstellung, die allerdings mit der weitaus billigeren Konkurrenz in China kaum mithalten kann. Die Lebensmittelverarbeitung ist mit 13,5 % am BIP (2006) ein bedeutender Industriesektor. Stark exportorientiert ist hier die Fischerei, beim Export von Sardinenkonserven ist Marokko der weltweit zweitgrößte Anbieter. Bei Gemüse und Zitrusfrüchten ist der große Konkurrent Spanien, das den EU-Binnenmarkt dominiert und die marokkanischen Exporte in die EU behindert. Daneben wird die Erschließung erneuerbarer Energien verstärkt gefördert, auch um die defizitäre Außenhandelsbilanz zu korrigieren (→ Landschaft & Geographie/Klimawandel in Marokko).

Der Tourismus ist nach der Phosphatwirtschaft und den Überweisungen marokkanischer Gastarbeiter mit annähernd 8 % des Bruttoinlandsprodukts inzwischen die drittwichtigste Devisenquelle des Landes. Die Deutschen sind nach den Franzosen und noch vor den Spaniern die wichtigste Besuchergruppe. Besonders Südmarokko verzeichnet im Tourismus seit einigen Jahren kontinuierliche Zuwachsraten, was den marokkanischen Staat ermutigt, touristische Großprojekte zu fördern. Investitionsanreize für nationale und internationale Hotelketten sollen dazu beitragen, mit einem Bündel von Maßnahmen (→ Von Agadir nach Essaouira und Safi/Vision 2010) die Zahl der Touristen bis 2010 auf 10 Millionen jährlich zu steigern. 2004 besuchten 5,5 Millionen Menschen Marokko, davon rund 2 Millionen marokkanische Gastarbeiter.

Moderne Hotelarchitektur

Kunst & Kultur

Marokko ist mit Zeugnissen der arabischen und der berberischen (Bau-)Kunst gesegnet. Im Norden des Landes sind die maurischen Städte mit ihren wuchtigen Stadtwällen, orientalischen Wohnvierteln, Brunnen, Märchenpalästen und reich geschmückten Moscheen zu bewundern. Im Süden verzaubert die Tonarchitektur der Wehrburgen mit ihrer exotischen Stimmung. Einige bedeutende Baudenkmäler werden seit einigen Jahren meist mit internationalen Spendengeldern renoviert, an vielen Zeugnissen maghrebinischer Kultur nagt jedoch der Zahn der Zeit.

Baukunst der Berber

Die vollkommenste Kunstform der Berber ist die Architektur. In ihr spiegeln sich Wohnkultur, Verteidigungsbereitschaft und Landschaftsgestaltung. Die Ursprünge der mächtigen Festungen aus getrocknetem Lehm, Bruchstein und Bambus reichen in uralte Zeiten zurück, dieselben trutzigen Wohnburgen wurden in Kanaan und im Zweistromland gebaut, doch nur im Jemen und in Marokko haben sich die archaischen Wolkenkratzer erhalten – Sinnbilder einer „wie zeitlos verharrenden Welt“ (Canetti).

„Castles in the Sand“: Unter der arabischen Sammelbezeichnung „Kasbah“ werden der Einfachheit halber alle Arten von Lehmburgen zusammengefasst, doch die Berber unterscheiden genau zwischen ihren befestigten Bauten: In Wehrdörfern *(ksar)* wohnen Stämme und Sippen in Familien eng zusammen, in Wehr- und Speicherburgen (*agadir* – der Begriff wird nur südlich des Hohen Atlas verwendet und bezeichnet aus Felssteinen gebaute, mit Lehmputz versehene Burgen) wird gewohnt und werden Vorräte sicher aufbewahrt, in der Familien- oder Sippenburg *(tighremt)* residieren wohlhabende Clans innerhalb der Dorfgemeinschaft, der sog. Ksar-Gemeinschaft (→ Von Ouarzazate über Tinerhir nach Merzouga/Die Straße der Kasbahs).

Hauptbaumaterial ist der Lehm. Er wird ausgestochen, mit Wasser und Maisstroh vermischt und zu einem Brei verrührt. Die Masse wird in einen unten offenen Verschalungskasten aus Holz gefüllt, der auf dem schon fertigen Mauerwerk bereitsteht. Ist das Lehmgemisch in der Sonne getrocknet, wird der Kasten entfernt. Die langen Knüppel, auf denen er stand, werden aus der Wand gezogen, über das neu erstellte Mauerstück gelegt, der leere Kasten wieder darauf gestellt, um erneut gefüllt zu werden usw. So entstehen die vielen kleinen Rundlöcher in den Lehmwänden, die nur bei repräsentativen Bauten verputzt werden – was auf den ersten Blick als Ornament erscheint, entpuppt sich als bautechnische Notwendigkeit.

Die kleinen Ziegel werden aus dem selben Material gefertigt wie ein ganzes Mauerwerk, doch sind sie wesentlich härter. Sie dienen, vor allem in den oberen Stockwerken, der Dekoration der Fassade. Darüber hinaus haben sie eine magische Funktion: Zu geometrischen Mustern angeordnet, die im Sonnenlicht kontrastreich zur Wirkung kommen, sollen sie Unglück und Feinde fernhalten. Nicht so aufwendig wie die Ziegeldekors sind die in den Lehm geritzten Ornamente, deren Muster nach Stamm und Zweck der Magie wechselt. Die Araber bereicherten die geometrischen Formen der Berber, doch hatten sie keinen wesentlichen Einfluss auf das berberische Kunstschaffen.

Die gebräuchlichste Kasbah bzw. Familienburg ist dreistöckig, besitzt einen Eingang, vier Ecktürme – und kilometerweise Zinnen. In einem davon befindet sich die Treppe zu den oberen Stockwerken. Im Erdgeschoss, meist ein einziger großer Raum, sind die Tiere untergebracht, werden Feldgeräte gelagert und Getreide gespeichert. Der erste Stock dient der Aufbewahrung der Vorräte und der Unterbringung des Gesindes, im obersten Stockwerk wohnt die Familie – hier sind die Räume weiß gekalkt und je nach Geldbeutel mit Teppichen, Polstern und Truhen ausgestattet. Stühle sind unbekannt. Die prächtigsten Feudalburgen sind in den Wohngemächern der Herrschaft mit feinem, farbenfrohem Dekor ausgeschmückt – naturfarbenes, bemaltes Zedernholz, Gipsstuck und Mosaiken.

Maurische Baukunst

Zwischen Eroberung und Reconquista: Die Kunst des Islam ist eng mit der Religion verknüpft. Sie verbietet dem künstlerisch Schaffenden figürliche Darstellungen von Mensch und Tier, weil das Abbilden der Geschöpfe Allahs ein lästerlicher Verstoß gegen die Souveränität des Schöpfers sei. Das Bilderverbot, das allerdings erst 200 Jahre nach Mohammed eingeführt wurde, gilt im Prinzip bis heute. Durch den Wegfall der gestaltenden Kunstformen wie Malerei oder Bildhauerei beschränkt sich die islamische Kunst auf Architektur und ornamentales Schmuckwerk. Die Errichtung von Sakralbauten war ein Gebot des Glaubens, und für die Palastbauten beschäftigte die weltliche Oberschicht eigene Baumeister.

Erlernt haben die Araber die Baukunst von Persern, Byzantinern und Römern. Im Verlauf ihrer Eroberungszüge eigneten sie sich die Kunstelemente an, die ihnen und ihrer Religion am meisten entsprachen. Als die Araber auf die Iberische Halbinsel vordrangen, schufen sie in Spanien einen eigenen Stil, der sich im westlichen Islam durchsetzte und den Namen *maurisch* erhielt (maurus, lat. dunkelhäutig; spielt auf den Gegensatz zum christlichen, „hellhäutigen" Spanien an). Unter den Almoraviden und Almohaden kam diese Kunstform nach Marokko. Die Meriniden und die vor der Reconquista flüchtenden Mauren (→ Geschichte) gaben ihr neue Impulse und brachten sie in Nordafrika zu voller Blüte.

Moschee von Tin Mal

Der „Adel des Bogens": Der maurische Baustil zeichnet sich durch die Vorliebe aus, sich in die Breite auszudehnen und wenig Wert auf die Gestaltung der Fassade zu legen. Nur das aufwendige, reich verzierte Portal bietet einen Vorgeschmack auf die Pracht im Inneren. Spielerisch leicht streben hier die Wände dem Dach entgegen, das scheinbar schwerelos auf ihnen ruht. Der Betrachter verliert sich im wogenden Meer des Dekors, und der Blick fällt zufällig auf ein Hufeisenfenster: Dieses charakteristischstes Element der maurischen Baukunst in der Form „einer aufstrebenden Kerzenflamme" verleiht „dem leeren Raum eine besondere Eigenschaft". Und „Adel des Bogens" ist in der Tat hochkarätig: „Ein solches Werk (der Hufeisenbogen) ist frei von allen menschlichen Zufälligkeiten, und deshalb befriedigt es auch den menschlichen Geist" (Titus Burckhardt). Der Höhepunkt dieser zweidimensionalen Baukunst – das Ausschmücken einer ebenen Fläche – und die wohl größte ureigene Schöpfung islamischer Kunst ist die *Arabeske* (→ Wissenswertes A–Z). Hier ist das Eigenleben des Ornaments auf die Spitze getrieben – das Motiv entwickelt sich aus sich selbst und kehrt ohne Anfang und Ende wieder in sich zurück.

Das Kalifat von Cordoba: Natürlich spiegelte die maurische Kunst in Marokko, obwohl in ihren Grundelementen immer gleich, die Geschmäcker der verschiedenen Epochen. Während der schlichte, zweckgebundene Stil der asketischen Almoraviden des 11. Jahrhunderts sich gegen den verschwenderischen Formenreichtum des maurischen Spanien bewusst absetzte (Mauern und Stadttore von Marrakesch), übernahmen die Almohaden (12. Jh.) die ganze Eleganz und Pracht der arabischen Brüder von Cordoba, jener über 200 Jahre zuvor ausgewanderten Araber, die unter dem legendären Kalifat von Cordoba bis 1030 prächtige Bauten errichtet hatten. Ihre große Leistung war der Moscheenbau – die Moschee von Tinmal, der Hassan-Turm (Rabat), die Koutoubia-Moschee sowie das Agnaou-Tor in Marrakesch sind die bedeutendsten Bauten der Almohaden, die damit als die eigentlichen Begründer der maurischen Kunst in Marokko gelten.

Die Pracht der Meriniden: Das Geschlecht der Meriniden machte kulturgeschichtlich besonders im Medresenbau (→ unten) von sich reden. Ungeachtet der Kosten beschafften sie die gewünschten Materialien und engagierten die besten Künstler der Zeit. Die höheren Angestellten des Baugewerbes wurden fürstlich entlohnt, hatten luxuriöse Privatquartiere und wurden bei ihrer Arbeit mit Musik und Gesang unterhalten. Dafür revanchierten sie sich mit aufwendiger Ornamentalkunst, kunstvollen Aquädukten, dekorativen Brunnen, Fonduks, Bädern und Spitälern.

Mit den Meriniden endet die Blütezeit der maurischen Architektur. Die Saadier machen zwar noch mit einigen prächtigen Bauten (El-Badi-Palast und Saadier-Gräber in Marrakesch) auf sich aufmerksam, doch ebenso wie unter den nachfolgenden Alaouiten werden die klassischen Vorlagen nur noch kopiert oder ins Monumentale gesteigert (etwa die Königsstadt von Moulay Ismail in Meknès).

Moscheen und Medresen

Moscheen sind die Kirchen der Moslems. Doch im Unterschied zu den Gotteshäusern der Christen sind Moscheen keine geweihten Plätze, sie dienen allein der Anbetung Allahs. Zur Gebetszeit steigt der Muezzin (Gebetsausrufer) auf das Minarett (Moscheeturm) und ruft die Gläubigen zum Gebet. Vor der Moschee befinden sich Brunnen oder Wasserhähne, an denen die rituelle Waschung vor dem Gebet stattfindet. Das Innere der Moschee ist so gut wie leer. Teppiche oder Strohmatten bedecken den Boden. Eine Nische in der Wand, der Mihrab, zeigt die Gebetsrichtung nach Mekka an. In der Nähe des Mihrab steht der Minbar, der Predigtstuhl. Am Freitagnachmittag hält der Freitagsprediger auf dem Minbar die Festpredigt.

Ungeachtet der mächtigen militärischen und zivilen Bauprojekte in der Geschichte Marokkos stehen die Moscheen an erster Stelle und sind insofern mit dem christlichen Kirchenbau vergleichbar. So war die erst 1993 fertiggestellte, 25.000 Menschen fassende Moschee Hassans II. in Rabat das größte Projekt in der Baugeschichte des Maghreb. Die auch *Jemaas* bzw. *Freitagsmoscheen* genannten Gebäude sind auf rechteckigem oder quadratischem Grundriss errichtete mehrschiffige Hallenbauten. Dabei ist die Fassade schlicht gehalten, der Bau im Gassengewirr der Medina versteckt – erst im Inneren entfaltet sich die Pracht einer marokkanischen Moschee. Allerdings sind die einfacher gehaltenen Gebetsstätten gegenüber den künstlerisch aufwendigen Moscheen, die mit kostbaren Baumaterialien und üppigem Schmuck prunken, weit in der Mehrzahl.

Vielseitige Medresen: Zu größeren Moscheen gehören Gebäudekomplexe, die die Aufgaben wahrnehmen, die in der Gründerzeit des Islam noch in der Moschee selbst ausgeübt wurden. Früher zählten dazu auch Armenküche und Krankenhaus.

Oft ist der Moschee auch eine Medrese angegliedert. Medresen sind theologische Hochschulen des Islam, aber auch Gästehaus, Schule, Hospital, Bibliothek und Gebetsort in einem. Der Urtyp der Medrese hat ein imposantes Eingangsportal, Vorhalle und einen von Schlafzellen und Unterrichtsräumen umgebenen Innenhof. Zedernholzdecken, Stuck, Fayencen und geometrische Fliesenmuster bilden einen kühlen, morgenländischen Traum. Die ersten Medresen in Marokko wurden im 12. Jahrhundert gegründet. Anstoß war das Bestreben der Herrscher, den im Volk weit verbreiteten und für sie gefährlichen Marabutenkult (→ Wissenswertes A–Z/ Marabut) mit den Waffen der höheren Bildung einzudämmen.

Besondere Verdienste im Medresenbau erwarben sich die Meriniden. Neben Lesen, Rechnen, Schreiben und Religion wurden hier auch Logik und Metaphysik, Astronomie und Medizin gelehrt. An den Medresen wurde die Elite des Landes ausgebildet. Ein erfolgreicher Absolvent durfte sich Rechtsgelehrter *(ulomas)* nennen, er arbeitete als Richter *(caid)*, Gesetzkundiger *(mufti)*, Prediger *(hatib)* oder bekleidete ein hohes öffentliches Amt. Die Absolventen verwalteten das Land im Sinne der Sultane, und die ließen immer größere und prächtigere Eliteschulen errichten, die qualifizierten Nachwuchs ausbildeten. Da mochten andere nicht nachstehen: Für Familien von Rang war es heilige Pflicht, Stiftungen für den Erhalt und den Ausbau der Gebäude sowie für den Unterhalt der Professoren und Studenten ins Leben zu rufen. Heute sind die meisten Medresen längst geschlossen, ihre Aufgabe haben die staatlichen Universitäten übernommen.

Kunsthandwerk

Teppiche: Teppichkauf ist kein einfaches Thema, und wer etwas bessere Qualitäten sucht, wird sich vorher eingehend informieren. Und weil gute Teppiche teuer sind, gibt es rund um den Kauf große Verhandlungen und „Tee-Rituale". Zunächst ist zwischen gewobenen Teppichen und Knüpfteppichen (Kelims) zu unterscheiden. Kelims kommen aus der islamischen Tradition, werden inzwischen aber auch von Berbern hergestellt. Sie werden von den Berberstämmen in allen Regionen gefertigt. Bei den Berberteppichen (nicht zu verwechseln mit der deutschen Bezeichnung für marokkanische langhaarige Wollteppiche) ist in punkto Webdichte, Farben, Muster und Abschlüsse zu unterscheiden.

Die Wolle kann von Schaf, Ziege oder Kamel kommen, am kostbarsten ist Kamel-Schurwolle.

Phantasievoll sind die vielerorts auf Webstühlen hergestellten *hanbel* aus Wolle oder Naturseide (Viskose). Sie fallen besonders durch ihre vielgestaltige Symbolik auf. Es tauchen architektonisch inspirierte Muster, religiöse Motive, Tierbrandzeichen und vor allem magische Berber-Ornamente, wie Schutz gewährende und Glück bringende Rauten, auf. So sind die Teppiche aus der Chiadma und Rehamna aus der westlichen Haouz-Ebene rot bis gelbfarben und mit Pflanzen- und Tierornamenten, Rauten, Dreiecken und an Sternbilder erinnernde Linien geschmückt. Die Zemmour-Teppiche aus dem Mittleren Atlas sind für feinste geometrische Stickereien bekannt. Die Stickfäden der Rückseite werden dabei nicht vernäht. Die Teppiche der Region Tazenakht (→ Tazenakht/Teppichkunst) sind oft mit kräftigem orange- und gelbfarbenem Untergrund gewoben. Die Skala der Farbvariationen, an denen Kenner die Provenienz eines Teppichs erkennen, ist nahezu unbegrenzt.

Natürliche Schafwolle kann weiß, braun oder schwarz sein. Die kostbare Kamelhaarwolle für schwere Berberteppiche, die zum Beispiel südlich von Tafraoute mit Henna (für Rot-, Grün- und Brauntöne) behandelt wird, ist ursprünglich bräunlich. Blau wird durch in Kalkwasser gelöste Indigoblätter gewonnen, die getrockneten Pigmente werden mit dem dabei entstehenden Indigoweiß getränkt und oxidieren zu Blautönen.

Messing- und Kunstschmiede-Arbeiten: Wie sehr marokkanisches Kunsthandwerk – phantasievoll geschmiedete Gartenmöbel, Tische mit Keramikmosaiken und Lampen in allen erdenklichen Formen – fester Bestandteil vieler europäischer Einrichtungsgeschäfte geworden ist, fällt nach einem Marokko-Besuch spätestens beim Spaziergang durch die heimische Fußgängerzone auf. Ebenso auch die Tatsache, dass hier enorme Handelsspannen verdient werden, weil Arbeitszeit und Material viel weniger als im industrialisierten Norden kosten.

Viele Märkte bieten schönes Kunsthandwerk

Die harmonischen Formen und qualitativ hochwertigen Objekte werden seit Jahrhunderten in den Medinas hergestellt, wo es eigene Gässchen bzw. Quartiere für die unterschiedlichen Handwerkszweige gibt. Gerade die „neue Medina" in Agadir mit ihren hohen Qualitätskontrollen oder die Museen in Safi, Essaouira und Marrakesch dokumentieren eindrücklich, wie hohe künstlerische Qualität beschaffen ist.

Schmuck: Interessant ist vor allem der Silberschmuck. Goldschmuck ist weniger verbreitet, relativ teuer und trifft selten den europäischen Geschmack. Heute werden in Marokko Ringe, Ketten und Amulette mit einem ganz eigenen Repertoire an Formen und Dekors gefertigt. Traditionell war Schmuck Aussteuer und Prestigeobjekt zugleich. Eine Besonderheit sind Schmuckstücke, die Rauten und gleichschenklige Kreuze zeigen. Berberschmuck zeigt gelegentlich astrologische Konstellationen – er war eine Art Wüstenkompass.

Auf den Märkten wird heute allerdings auch Importware aus Indien angeboten. Die nach traditionellen marokkanischen Vorlagen hergestellten Imitate, die oft zusammen mit typisch indischem Schmuck die Regale füllen, sind daran zu erkennen, dass in Marokko nicht oder kaum erhältliche Schmucksteine (Lapislazuli, Türkis, Granat, Malachit u. a.) verwendet wurden. Sowohl Silber als auch die meist verwendeten Edelsteine kosten die Händler in Marokko deutlich mehr als importierte Ware.

Beim Berberschmuck ist der Silbergehalt kein entscheidendes Kriterium: Silber wird oft – auch traditionell – mit Zink legiert, erhält so eine etwas stumpfe Oberfläche und wird schwerer. Mit viel Aufwand werden besonders die mit Steinen geschmückten Dolche und Gewehre bearbeitet. Ein Alltagsgegenstand dagegen ist die silberne „Hand der Fatima", die böse Geister und Unglück abwehren soll. Der traditionell von männlichen Schmieden hergestellte Schmuck besitzt für die Berber

Islamische Kunst und westliche Malerei

Für viele europäische Künstler war seit *Auguste Delacroix* (1812–1868) die Begegnung mit Marokko ein unvergleichliches Erlebnis. Delacroix reiste 1831/32 nach Marokko und skizzierte, wo er nur konnte. Auf Grundlage dieser Skizzensammlung entstanden viele seiner großen exotischen Ölgemälde mit Leibeigenen, Paschas und Harems. Aber auch die Menschen auf den Märkten und Plätzen skizzierte er mit fotografischem Gedächtnis, um sie später auf die Leinwand zu bannen. Ihn faszinierten das Fremdartige, die unbekannte Kultur und die fremden Bräuche.

Jean Matisse (1869–1954) war derart vom morgenländischen Dekor vereinnahmt, dass er im Atelier für seine Frauenbildnisse ein marokkanisches Interieur aufbaute und seine Modelle mit orientalischen Stoffen einkleidete. Das Ornament und seine Dynamik wurden mit den Jahren immer wichtiger für ihn. Matisse' Besuch in Algerien 1906 war bereits ein erster Sprung in diese andersartige Welt. Die Wintermonate 1911/12 und 1912/13 verbrachte der Künstler in Nordmarokko und fühlte sich tiefer in diese Welt ein, die ihn längst nicht mehr losgelassen hatte.

In der Keramik, in Stuck- und Schnitzarbeiten hatte die islamische Handwerkskunst das nicht-figürliche Dekor zur Perfektion entwickelt. In Paris widmeten sich um das Jahr 1900 Ausstellungen im Musée des Arts décoratifs der islamischen Kultur. Die umfangreiche islamische Sammlung des Louvre wurde von Künstlern und Kunstklassen ebenso gern besucht wie die Räume der arabischen Länder auf der Pariser Weltausstellung. Die „Sprache der Dekoration", wie Matisse sie nannte, sollte, ausgedrückt durch → Arabesken, abstrakte Muster und wenig Inhalte, den geistigen Rhythmus dieser religiösen Kunst erkennen lassen, die sich dem Gebot unterwirft, auf Abbilder des Propheten und von Menschen zu verzichten. Dieser unendliche Formenreichtum floraler Muster und geometrischer Stilisierungen in den Palästen, Medresen und Moscheen waren für die Künstler ein Sinnbild für den Überfluss der Schöpfung.

Künstleratelier in Sidi Kaouki

magische Kraft – und die Schmiede ihrerseits magische Kräfte (→ Tiznit/Amulette aus Silber).

Keramik: Marokkanische Keramik ist in den letzten 30 Jahren ein wichtiges Exportgut geworden und kommt vor allem aus Fès, Meknès, Marrakesch und Safi, in Marrakesch gibt es eine große Auswahl an Tischen mit Keramikeinlagen. Wer sich für Keramik interessiert, findet in diesen Städten eine große Auswahl von guter bis sehr guter Qualität. Dabei sind die regionalen Stile leicht zu unterscheiden. Der spielerische Stil des Geschirrs aus Safi unterscheidet sich auch in der Farbgebung von dem geometrischen Stil in vielen Blautönen aus Fès. Die Tonerde aus Safi ist reich an Eisenoxyd, das die Festigkeit der gebrannten Arbeiten erhöht.

Musik

Die Musik Marokkos wurde nie aufgezeichnet, sie wird nach Gehör gespielt. Die alten Texte werden mündlich überliefert oder in Liedersammlungen niedergeschrieben, deren berühmteste die von El Haik aus Tétouan ist (11. Jh.). Traditionelle marokkanische Musik erfreut sich in allen Bevölkerungsschichten ungebrochen größter Beliebtheit. Im Überlandbus, in der engen Medinagasse, im Café oder am Strand – überall trällern aus Kassettenrekordern, stationären Radioempfängern und Ghettoblastern für den Europäer eigentümliche Melodien. Doch das geübte Ohr entdeckt hinter den rhythmisch geordneten, gesungenen oder gespielten Klängen stets wiederkehrende und kunstvoll verschlungene Variationen, die in der arabesken Ornamentik der Baukunst ihre Entsprechung haben. Neben der religiösen Musik *(sama),* die dem Lobpreis Allahs dient, ohne Instrumente auskommt und fünfmal täglich vom Minarett erklingt, gibt es die klassische andalusische Kunstmusik *(ala),* die arabische Volksmusik, die Gnaoua-Musik (→ Wissenswertes A–Z/Volkstänze; → Essaouira/Die Gnaoua-Musik) und die Musik der Berber.

Wissenswertes von A bis Z

Alkohol

In den Suren 2:216 und 5:592 erklärt der Prophet Mohammed Alkohol und Glücksspiel zu Geiseln des Satans, die unter Gläubigen nur Feindschaft und Hass säen und sie vom Gebet abhalten. Offizieller Kommentar des staatlichen Fremdenverkehrsamts: „Muslims ist der Alkoholgenuss streng untersagt. Heute halten sich aber viele Marokkaner nicht mehr an dieses Verbot." Doch das war eigentlich schon immer so: Zahlreiche Dichter fanden glühende Verse zum Lobpreis des Alkohols, der Hof gab sich luxuriösen Trinkgelagen hin, das einfache Volk wurde von Christen und Juden in deren teils ambulant geführten Weinhausern und Kneipen versorgt. Die Sitte des Weintrinkens hatte unter den Rifberbern seit Menschengedenken tiefe Wurzeln – der Chronist Leo Africanus beschreibt sie als verkommen vom vielen Weingenuss. Almohaden und Almoraviden gaben ihr Bestes, die reine Lehre des Islam zu verbreiten, doch in punkto Alkohol scheiterten sie; die Berber bekamen es sogar schriftlich, dass sie sich weiter benebeln dürfen. Erst im 17. Jh. wurde der Alkoholkonsum allmählich eingedämmt, der Weinanbau ging zurück – doch blieb der Rausch ein begehrter Zustand.

Selbst heute, angesichts verstärkter puritanischer Strömungen in der islamischen Welt, wird weiter getrunken, selbstverständlich nicht in dem Ausmaß wie im alkoholsüchtigen Europa. Der an europäischen Maßstäben orientierte Mittelstand schlürft dezent Aperitifs und Cocktails hinter verschlossenen Türen. Und die überfüllten Hinterzimmerbars der Kleinstädte oder die spiegelverglasten Trinkstätten Casablancas und Agadirs dienen oft nur einem Zweck: der Erlangung eines Vollrauschs. Für den Alkoholausschank ist eine (teure) Lizenz erforderlich – Alkoholisches teils europäischer, teils marokkanischer Provenienz findet sich in Bars und (gehobeneren) Restaurants, teils in Supermärkten oder speziellen Weinhandlungen.

Almosen

Bettler sein heißt, am Bodensatz der Gesellschaft zu vegetieren. Offiziell totgeschwiegen, werden Bettler meist nur am Hoteleingang und den Luxusboulevards vertrieben. Sie sind stillschweigend geduldet als Bedürftige am Rand der Gemeinschaft, denen der gläubige Moslem seit jeher Almosen gibt, weil es ihm sein Glaube vorschreibt. Das war so und das ist so, und Almosen sind das Einzige, das diese Menschen ohne Hoffnung und Perspektive knapp am Leben erhält.

Jeder Tourist wird irgendwie auf diese Armut reagieren: Augen weg und schnell vorbei ist eine Möglichkeit. Etwas geben eine andere. Es soll und darf niemandem vorgeschrieben werden, wie er zu reagieren hat, das muss jeder mit sich abmachen. Nur auf eines sei hingewiesen: Bettelkinder sind Kinder ohne Lebensperspektive. Ihr Job ist das Betteln, sie können, wenn sie gut sind und am richtigen Platz arbeiten, für die Landesverhältnisse sehr gut verdienen. Doch diese Tätigkeit hindert sie, etwas zu lernen. Die Zeit verrinnt, die Kinder werden langsam größer und erregen immer weniger Mitleid. Sie können nun weder lesen noch schreiben oder Schuhe machen oder sonstwas – der Weg ins soziale Abseits ist vorprogrammiert. Die Fragen sind also: Gebe ich einem Bettelkind Geld oder nicht? Was kann ich sinnvoll tun, falls ich wirklich helfen will?

Apotheken

In allen größeren Städten gibt es sie – ihr Zeichen ist das weiße Kreuz mit grüner Umrandung und der Aufschrift „Pharmacie". In den Großstädten liegen sie meist im Zentrum der Neustadt. Die Apotheken führen auch viele französische, schweizerische und deutsche Medikamente, die in Lizenz hergestellt werden. Die Arzneien sind ohne Rezept erhältlich und billiger als z. B. in Deutschland. Marokkanische Apotheken bieten darüber hinaus auch Artikel aus dem Hygienebereich an, die im Abendland in Drogerien verkauft werden. In den meisten Städten wird ein rotierender Nachtdienst unterhalten.

Arabeske

Die Arabeske ist eine Kombination von „entnaturalisierten", blütenartigen und linearen Gebilden, Wellen und Spiralen, die einen organischen Wuchs bzw. einen vergleichbaren Rhythmus spiegeln. Mit dieser kunstvollen Abstraktion und den Schriftornamenten umgingen die islamischen Künstler das Bilderverbot und schufen neue Inhalte. Das Ornament unterliegt nur seinem Gesetz, nimmt auf seine Struktur keine Rücksicht und wird in großen, geometrisch-abstrakten Mustern von Schriftbändern unterbrochen. Rosetten und Rankengewinde überziehen den Stuck, farbig komponierte Fliesen wechseln mit stilisierten Weinblättern. Neben dem stilisierten Wort „Allah" erscheint oft das Wort „Salam" (Frieden).

Arganöl → Diabat/Arganöl

Armut

Die Armut versteckt sich in Marokko oft hinter der Maske der Idylle. Im Wind raschelnde Palmen, glucksende Bewässerungsrinnen durch Gemüsegärten und eifrige Eselchen mit ausgebeulten Körben vermitteln das Bild ländlicher Gemütlichkeit, doch dahinter verbirgt sich ein oft mehr als karges Dasein. In und um die Städte wird eine deutlichere Sprache gesprochen: Zahllose Bettler auf den Straßen der Innenstädte, Arbeitslose vor leeren Kaffeehaustischchen und die Slums der Mittellosen machen die herrschende Armut optisch sichtbar. Laut Schätzungen der UN-Welternährungsorganisation FAO beträgt die Zahl der Arbeitslosen in den Städten etwa 30 %, eine Zahl die vielerorts überschritten wird.

Aller Reichtum ist Wasser

Ambulante Zigarettenhändler oder Windschutzscheibenreiniger werden von keiner Arbeitslosenstatistik erfasst, doch ist davon auszugehen, dass diese Kleinstdienstleister – und von ihnen gibt es viele – unter dem Existenzminimum leben. Auf dem Land ist die Arbeitslosenquote etwas geringer, doch sorgten und sorgen die Dürrejahre für einen unaufhörlichen Strom beschäftigungsloser Kleinbauern und Tagelöhner in die Städte.

Ein Großteil der Arbeitslosen ist aufgrund der sich verjüngenden Bevölkerung unter 25 Jahre alt. Für afrikanische Verhältnisse ist Marokko nur mittelarm, doch die Hälfte der Bevölkerung lebt an der Armutsgrenze (ein recht willkürlich berechneter Schreibtischbegriff) oder darunter. Neben Ägypten ist Marokko das ärmste Land im Mittelmeerraum.

Baden

Baden für Herren in Badehose ist absolut problemlos. Damen müssen sich darauf einstellen, dass sie auch im züchtigsten Bikini Interesse erregen. Nacktbaden ist für beide Geschlechter verboten, und man sollte nie davon ausgehen, dass ein Strand einsam und abgelegen ist: Der Orient hat viele, auch verborgene Augen, und was Touristen machen, ist für die Einheimischen (gerade in abgelegenen Gegenden) sehr interessant. Wer völlig nackt ertappt wird, muss mit Gefängnis oder Geldstrafen rechnen.

Bismallah

Dieser Gruß, beim Essen und feierlichen Momenten rezitiert, wird aus dem Koran so übersetzt: „Im Namen des barmherzigen Gottes: Lob sei Gott, dem Herrn der Menschen aller Welt, dem Barmherzigen und Gnädigen, der am Tag des jüngsten Gerichts regiert. Dir dienen wir und Dich bitten wir um Hilfe! Führe uns auf den Pfad derer, denen Du Hilfe erwiesen hast.“

Botschaften und Konsulate

• *Königlich-Marokkanische Botschaften*

In Deutschland: Niederwallstr. 39, D-10117 Berlin. ✆ 030-206124-0, ℻ 206124-20, www.marokko-botschaft.de.

In der Schweiz: Helvetiastr. 42, CH-3005 Bern. ✆ 031-35103-62, ℻ 35103-64.

In Österreich: Opernring 3-5, A-1010 Wien, ✆ 01-586-6650, ℻ 586-7667.

• *Botschaften und Konsulate in Marokko*

Deutsche Botschaft in Rabat, Zankat Madnine 7. ✆ 037-709662, Notfall-✆ 061-147059, www.rabat.diplo.de.

Deutsches Honorarkonsulat in Agadir, Rue de Madrid 6, Sect. Résidentiel. ✆ 028-84-1025, ℻ 84-0926.

Österreichische Botschaft in Rabat, Zankat Tiddas 2. ✆ 037-76-4003, ℻ 76-5425.

Österreichisches Generalkonsulat in Casablanca, Av. Hassan II Nr. 16, ✆ 02-2266904.

Schweizer Botschaft in Rabat, Square de Berkane. ✆ 037-2680-30, ℻ 2680-40.

Coopérative Artisanale

Die in allen größeren Städten anzutreffenden handwerklichen Kooperativen – oft auch *Ensemble Artisanal* genannt – sind auf Initiativen der staatlichen Handwerkskommission in den 1980er Jahren zurückzuführen. In dieser Zeit wurde beschlossen, diese Kooperativen besser zu unterstützen, Qualitätskriterien und Festpreise (mit kleinen Nachlässen bei größeren Einkäufen) besser zu kontrollieren und eine hohe Qualität der handwerklichen Arbeit zu gewährleisten. Die Medina in Agadir, das Ensemble Artisanal in Marrakesch und die Kooperativen in Essaouira (für Thuja, Arganöl u. a.) sind Beispiele dafür. Sie sind in der Regel nur bis 19 Uhr geöffnet und sonntags geschlossen.

Mit dem Fahrrad geht alles

Fair unterwegs

Kaum eine Tourismusbörse, die heute nicht auf die sozialen und ökologischen Folgen des Reisens hinweist. Dass inzwischen auch die Großen der Branche immer mehr auf diese Aspekte und auf eine faire Bezahlung im Gastgewerbe achten, ist erfreulich. Aber auch der Individualtourismus kann einen Beitrag leisten. Wichtig ist, trotz gelegentlicher Aufdringlichkeit in den Städten, zu verstehen, dass das Reisen in den Augen der Einheimischen ein Privileg ist, das mit Reichtum zu tun hat. Unter den vielen Anregungen, die sich mit dem Thema befassen, hat der Arbeitskreis Tourismus und Entwicklung (www.akte.ch) unter dem Motto „Fair Unterwegs" fünf Faustregeln entwickelt:

Zeit nehmen bedeutet, sich mit der Kultur des Gastlandes zu befassen und sich Zeit zu nehmen zum Erkunden der fremden Lebensweise. Wer bemüht ist, die Gastkultur zu verstehen, gewinnt eine bereichernde Perspektive.

Respekt vor Lebensgrundlagen bedeutet, Landschaft und Natur des Gastlandes nicht als Dekor, sondern als Lebensraum zu erkennen, dem man durch umweltfreundliches Verhalten mit Respekt begegnet.

Faire Preise, Nutzen für Einheimische, Fairer Austausch: Diese drei Forderungen sind eng miteinander verbunden. Wo der Wettbewerb die Preise drückt, möglichst bei lokalen Produzenten, Anbietern oder Veranstaltern direkt einkaufen oder buchen – beispielsweise Dienstleistungen wie den Fremdenführer oder die Unterkunft – und damit die direkte Teilhabe der Bevölkerung am Tourismus unterstützen.

Fantasia – edle Reiterspiele

Die Ursprünge des Reiterspiels sind tief in der Tradition der Beduinen verwurzelt. In der höfischen Gesellschaft des islamischen Mittelalters diente das ritterliche

Turnier dazu, dem Publikum die Ästhetik der kriegerischen Reitkunst vorzuführen. Die Spielregeln: 10 bis 20 Reiter sprengen im Galopp zu einer Art Scheinangriff vorwärts, reißen an einer vorher vereinbarten Stelle ihr Pferd scharf zurück und ballern zur Freude aller in die Luft (in alter Zeit warfen sie in diesem Moment fast lautlos ihren Speer), die Zuschauer werden dabei in Staub und Pulverdampf gehüllt. Diese sogenannten Fantasias werden bei religiösen Festen, den Moussems, sowie auf Hochzeiten und Volksfesten veranstaltet. Die bekanntesten Fantasias finden in Marrakesch im Rahmen des Folklorefestivals im Mai/Juni statt.

Eine alte Leidenschaft: edle Pferde

Wie in anderen islamischen Ländern wird auch in Marokko das Verhältnis zu den Pferden, den „Töchtern des Windes", besonders gepflegt, zumal der Koran dem Pferd eine große Bedeutung einräumt: „... auf der ganzen Erde sollst Du glücklich sein (...) denn Dir soll die Liebe werden des Herrn der Erde. Fliegen sollst Du ohne Flügel und siegen ohne Schwert." Legendäre Berühmtheit erlangte ein Hengst aus dem Gestüt Moulay Ismails, der als Geschenk 1730 an den Hof Ludwigs XV. kam. Der französische König verschmähte die Gabe, und das edle Tier musste am Montmartre ordinäre Lastkarren ziehen, bis ein britischer Händler das Pferd entdeckte und dem berühmten englischen Züchter Lord Goldophin verkaufte. Der legte mit diesem Hengst einen Grundstein der britischen Vollblutzucht.

Die Kunst der Pferdezucht wird bis in die Gegenwart von vielen Nomadenstämmen weitergeführt. Erlesene Zuchtpferde mit den charakteristischen Merkmalen der arabischstämmigen Berberhengste sind heute in den königlichen Reitclubs zu bewundern, mit etwas Glück auch in versteckten ländlichen Regionen – und natürlich bei den Fantasia-Reiterspielen.

Feiertage

Der Maghreb war das Land der drei Sonntage. Sonntags feiern die Christen, am Sabbat (Samstag) die Juden. Der Freitag ist der Sonntag der Moslems. Er ist der „Tag der Versammlung", der Tag, an dem Adam ins Paradies aufgenommen wurde und Mohammed Einzug in Medina hielt – und der Tag der Auferstehung wird ebenfalls ein Freitag sein. Doch durch die Europäisierung wurde auch in Marokko der Sonntag zum allgemeinen Ruhetag, an dem Läden, Banken und offizielle Stellen geschlossen sind. Traditionsbewusste Moslems – vor allem in abgelegenen Landesteilen – kommen damit noch nicht zurecht, sodass es immer wieder passieren kann, dass am Sonntag Geschäfte geöffnet haben, die zwei Tage zuvor geschlossen waren. Wichtig zu wissen: Der islamische Tag beginnt bei Sonnenuntergang des Vortags; ist also der Donnerstag ein Feiertag, beginnt er am Mittwoch bei Einbruch der Dunkelheit.

An großen religiösen Festtagen sind schon ab Mittag des Vortags alle Läden, Büros und Behörden geschlossen; an staatlichen (weltlichen) Feiertagen dagegen herrscht am Vortag normaler Betrieb.

Staatliche Feiertage

1. Januar: Neujahr

11. Januar: Jahrestag der Unabhängigkeitserklärung

1. Mai: Tag der Arbeit

14. August: „Allégeance de Oued Eddahab" – das Datum steht für die Reise Hassans II. nach Dakhla (Westsahara) 1981, wo er das Ziel eines „Groß-Marokko" vehement bekräftigte

20. August: „Révolution du Roi et du Peuple" – Tag der Volksunruhen 1953, als Mohammed V. von den Franzosen nach Madagaskar ins Exil geschickt wurde

21. August: Geburtstag von König Mohammed VI.

6. November: Jahrestag des Grünen Marsches von 1975

18. November: Tag der nationalen Unabhängigkeit; Rückkehr Mohammeds V. aus dem madagassischen Exil 1956

Religiöse Feiertage

Islamische Feiertage haben keinen feststehenden Termin. Der Grund dafür liegt im islamischen Mondkalender, nach dem die Geistlichkeit die Daten der religiösen Feste Jahr für Jahr neu bestimmt. Im Vergleich zu dem in Europa gültigen Gregorianischen Kalender weist der Mondkalender, über das Jahr betrachtet, eine Verkürzung von elf Tagen auf, islamische Feiertage werden jeweils also elf Tage früher gefeiert. Die wenigsten religiösen Feiertage sind auch staatlich festgelegt. Das bedeutet, dass der marokkanische Alltag mit geöffneten Geschäften und Banken den Fremden manchmal nicht ahnen lässt, dass an diesem Tag ein religiöses Fest stattfindet. In Marokko gibt es über die sechs islamischen Hauptfeiertage hinaus eine Unzahl lokaler Heiligenfeste (→ Moussems). Besonders erwähnenswerte islamische Feste sind:

Premier Moharrem: Der „erste Januar" des islamischen Kalenders, doch nicht mit unserem Neujahr identisch. An diesem Tag beginnt das neue islamische Jahr. Das Neujahrsfest wird für uns mit Verspätung – am 11. Tag des neuen Jahres – gefeiert, weil der Mondkalender nur 354 Tage besitzt.

Achoura: Das Neujahrsfest und gleichzeitig der Beginn des Hedjra-Jahres, ab dem der Beginn der diversen Pilgerfahrten ausgerechnet wird. Das Fest wird, vor allem von Kindern, fröhlich und teilweise maskiert begangen.

Ramadan: Der Fastenmonat ist mit der Fastenzeit der Christen vergleichbar, doch wird er vom gläubigen Moslem weitaus strenger eingehalten. 30 Tage lang darf dieser zwischen Sonnenaufgang und Sonnenuntergang nicht essen, trinken, rauchen oder Geschlechtsverkehr haben. Laut Koran beginnt der Fasttag, wenn man „in der

Ländlicher Komfort

Morgendämmerung einen weißen Faden von einem schwarzen unterscheiden kann". Nach Anbruch der Dunkelheit jedoch wird alles Versäumte ausgiebig nachgeholt. Weil auch der Ramadan ein beweglicher Termin im Kalender ist, kommt es vor, dass er mitten in den heißen Sommer fällt, was die Gläubigen dann besonders hart ankommt.

Selbstverständlich erhält man auch während des Ramadans Speisen in Geschäften und Restaurants, doch können die Öffnungszeiten eingeschränkt sein. Schwangeren, Gebrechlichen und Reisenden stellt der Koran das Fasten übrigens ins eigene Ermessen. Trotzdem sollte man gerade in konservativen Gegenden auf Rücksicht bedacht sein.

Aid es Seghir: Das „Kleine Hammelfest" bildet den Abschluss des Ramadan. Es ist mit dem christlichen „Fastenbrechen" vergleichbar. Das eintägige, fröhlich-ausgelassene Fest feiert die überstandene religiöse Diät mit dem Schlachten eines kleinen Hammels. Weil „Aid es Seghir" auch ein staatlicher Feiertag ist, sind an diesen Tagen Banken und Geschäfte geschlossen.

Aid el Kebir: Das viertägige Fest, das höchste im Islam, ist seiner Bedeutung nach mit dem christlichen Weihnachten vergleichbar. Hintergrund des Opferfestes ist die (auch biblische) Geschichte von Abraham, die sehr anschaulich den Begriff Islam („Ergebung in Gottes Willen") schildert: Gott verlangte von Abraham, ihm das Liebste zu geben, das er besaß, der darauf schweren Herzens bereit war, seinen Lieblingssohn Isaak zu opfern – was der Allmächtige dann gottlob verhinderte … Anlässlich des Aid el Kebir werden im ganzen Land Hammel, bei höherem sozialem Status auch Rinder und Ochsen geschlachtet. Arme Familien müssen mit einem Huhn vorlieb nehmen. Ein Drittel des Fleisches wird an Freunde, ein Drittel an die Armen verteilt, das letzte Drittel wird in der Familie verspeist. Für viele Familien ist das Opferfest heute noch ein echtes Opfer – sie sparen über Monate, um die Festkosten finanziell zu verkraften.

Mouloud: Der Geburtstag des Propheten Mohammed, und damit einer der wichtigsten Feiertage, wird immer am 12. März des islamischen Kalenders gefeiert. Die Moscheen füllen sich, und überall im Land lässt man den Propheten hochleben. Der Festtag ist auch Anlass für Geburtstagsfeierlichkeiten und viele Prozessionen – die bekannteste ist das Kerzenfest in Salé.

Auch Fotografen brauchen Pausen

Fotografieren/Filmen

Den Sonnenuntergang am Atlantik oder die güldenen Sanddünen gibt es problemlos, solange Sie keine Einheimischen als belebendes Motiv mit ablichten – erst dann wird es schwierig. Denn die gläubige Bevölkerung lebt nach der Lehre des Propheten, dass wir Ebenbilder Gottes sind und als solche keine Abbilder (bzw. Abzüge) von uns machen dürfen. Das 21. Jahrhundert hat dieses Gebot zwar längst aufgeweicht, doch in der Landbevölkerung, die einige Jahre hinter dem Videozeitalter lebt, ist immer noch die Meinung verbreitet, die Seele würde beim Ablichten der Person in der Kamera eingesperrt. Angemerkt sei, dass einige Dirhams dieses Glaubensgebot oft erschüttern. Wie auch immer: Porträts sollten immer nur mit ausdrücklicher Zustimmung gemacht werden.

Frauen unterwegs

Auf der Straße, in Teehäusern und Restaurants wird frau gerne angesprochen. Dabei kann es durchaus sein, dass dieses Interesse einfach nur auf Neugierde beruht, doch oft können sich Männer nur eines vorstellen, was eine alleinreisende Frau wohl sucht. Europäische Reklame und Filme haben viele Vertreter des „starken Geschlechts“ zu der falschen Vorstellung verleitet, dass ausländische Frauen erotische Annäherungen grundsätzlich erwarten. Unpassende Kleidung (kein BH, anregende T-Shirts, enge Jeans, aufregende Kleidchen ...) bekräftigen das Missverständnis, dass alleinreisende Frauen in Sachen Sex unterwegs sind. Daher ist zu empfehlen, möglichst sittsam angezogen herumzulaufen, keinen Blickkontakt zu Männern zu suchen und allgemein Distanz zu halten. Am nervenschonendsten aber ist vermutlich doch ein männlicher Reisebegleiter.

Fremdenverkehrsämter

- *In Deutschland* **Staatliches Marokkanisches Fremdenverkehrsamt**, 40210 Düsseldorf, Graf-Adolf-Str. 59. ✆ 0211-3705-51, -52, www.tourismus-in-marokko.de.
- *In Österreich* **Staatliches Marokkanisches Fremdenverkehrsamt**, A-1010 Wien, Kärntnerring 17, ✆ 01-5125326.
- *In der Schweiz* **Office National Marocain du Tourisme (ONMT)**, CH-8001 Zürich, Schiffslände 5, ✆ 01-2527316.
- *In Marokko (Hauptzentrale)* **Office National Marocain du Tourisme (ONMT)**, Rabat-Agdal, Angle Rue Oued Fès 31. ✆ 037-681531. www.tourism-in-marocco.com.
- *Weitere Infos* **Deutsch-Marokkanischer Freundeskreis**, unterstützt den interkulturellen Austausch; Gormannsstr. 11b, 41812 Erkelenz. ✆ 0243-942800, www.marokko.net.

Fundamentalismus

Marokko wird, wenn überhaupt, ausschließlich von islamischen Fundamentalisten angegangen. Seine staatliche Grundlage, so ihr Argument, sei nicht Gottes Gesetz, sondern eine weltliche Verfassung. Islamische Fundamentalisten werden in Marokko allerdings streng kontrolliert, zudem sind ihre Gruppierungen ziemlich zersplittert. Anders als im benachbarten Algerien spielen sie im politischen Leben Marokkos also eine eher geringe Rolle. Die Hoffnungslosigkeit der Armen, die in den „Bidonvilles", den Blechhüttensiedlungen am Rand der großen Städte, ungeachtet der wirtschaftlichen Entwicklung des Landes ihr Dasein fristen, ist natürlich Wasser auf die Mühlen der extremen Mullahs. So brachte die Untersuchung eines Schweizer Journalisten zutage, dass in den armen Vierteln Casablancas zwischen Armut und Orientierungslosigkeit und der Bereitschaft, fundamentalistische Gruppen zu unterstützen, ein Zusammenhang besteht. Sollte es der Politik gelingen, bessere Lebensbedingungen und Arbeitsplätze für diese Benachteiligten zu schaffen, könnte der Fundamentalismus in den Randvierteln der Millionenstädte seine Funktion als soziales Auffangbecken verlieren.

Geld

Marokkos Währung ist der Dirham (DH). Ein Dirham ist in 100 Centimes unterteilt. Es gibt Münzen zu 5, 10, 20 und 50 Centimes sowie zu 1 und 5 Dirham. Banknoten existieren im Wert von 5, 10, 50, 100 und 200 Dirham. Alle Geldgeschäfte in Dirham sollten in Marokko getätigt werden, denn die Wechselkurse außerhalb der Landesgrenzen sind deutlich ungünstiger, zudem ist die Ein- und Ausfuhr der Landeswährung offiziell untersagt. An den Grenzen gibt es Wechselstuben für den Rücktausch. Da Euros in Marokko durchaus geschätzt sind, können insbesondere größere Einkäufe nach Absprache auch in Euro getätigt werden.

Wechselkurs: 1 Dirham = 0,09 Euro; 1 Euro = 11,46 Dirham (Stand Februar 2008)

Gesundheit und Vorsorge

In Südmarokko findet sich ein für Nordeuropäer ungewohntes Klima, das deren Immunsystem belastet. Zu nennen sind hier vor allem die hoch stehende afrikanische Sonne, die scharfen Winde am Meer und in der Wüste sowie ein generell anderes „mikrobakterielles Klima" – drei Faktoren, die die meisten Urlaubskrankheiten in Marokko begünstigen (→ Landschaft & Geographie/Klima und Reisezeit).

Sonne und Hitze: Sonne bringt bekanntlich Wohlbefinden. Dass das gesunde Maß jedoch von der individuellen Konditionierung abhängt – Europäer sind weniger Sonne und weniger starke Sonne gewohnt –, wird oft vernachlässigt. So empfinden es Afrikaner als angenehm, am Strand in greller Sonne mit dicker Wollkleidung herumzulaufen, schützt sie den Körper doch vor Hitze – eine Lösung, die bei Mitteleuropäern freilich Schweißausbrüche hervorruft.

Wer sich in Südmarokko in der ersten Woche maximal 1–2 Stunden am Vormittag (vor 11 Uhr!) und 1–2 Stunden nach 16 Uhr bräunt und zu anderen Zeiten im Schatten oder drinnen aufhält, kann sich erholen. Im Sommerhalbjahr ist die Strahlung derart intensiv, dass auch ein Sonnenschirm kein Garant für ausreichenden Sonnenschutz ist. Besser sind überdachte Terrassen oder, wenn man sich im Freien aufhält, gut abdeckende Kleidung und etwa ein Strohhut, der eine gute Luftzirkulation ermöglicht.

Trinken: In der Wüste muss nicht nur der Flüssigkeitsverlust, sondern auch der Salzverlust bedacht werden. Manche Marokkaner gleichen Kamelen, die morgens und mittags einen Tee trinken und ihren Tagesbedarf damit abgedeckt haben. Für den Nordler dagegen sind in der Wüste zwei Liter Flüssigkeit alle sechs Stunden das absolute Minimum!

Kälte, Wind und Klimaanlagen: Marokko hat auch im Winterhalbjahr ein vielerorts angenehmes Klima. Anders aber – besonders in der Wüste – nach Sonnenuntergang. Für diese Zeit ist, auch bei einer Temperatur von 10° C, Vorsicht angebracht. Der scharfe Wind zu Beginn der Dämmerung auf den Hochplateaus Südmarokkos bringt selbst vielen Marokkanern eine Erkältung ein. Und diese wird man hier schwerer los als in unserem Winter. Vorbeugen ist also besser als leiden. Bewährt sind wollene Unterhemden, Wollsocken und atmungsaktives Schuhwerk, das schon mal im Einsatz war. Auch eine Wind-Regen-Jacke, inzwischen ein Erkennungsmerkmal für gut ausgerüstete Nordler, ist unverzichtbar.

Zugluft in Gebäuden, Cafés und Restaurants ist in Afrika Normalität. Auch hier kann ein unbedachter Aufenthalt Ohrenentzündung und Erkältung verursachen. Gleiches gilt für Klimaanlagen, die besser zu meiden sind, da sie den Organismus durcheinanderbringen und den Anpassungsprozess behindern. Vorsicht ist auch beim Baden im kalten Atlantik geboten bzw. beim Wind, der am Strand tobt und sehr schnell Abkühlung unter die feuchte Haut bringt. Wer nasses Zeitungspapier um eine Flasche wickelt und sie in den Wind stellt, kann das testen ...

Mikrobiotisches Klima: Escherichia-Coli-Bakterien sind nur ein bekannter Stamm, der Durchfall und Magenprobleme erzeugt. Das Problem liegt aber bei den vielen Bakterienstämmen, die unserer Magenflora nicht bekannt und daher gewöhnungsbedürftig sind. Diese Stämme leben in Küchen von Luxusrestaurants ebenso wie in Garküchen und suchen sich hier wie dort ihren Weg. Anders gesagt: Wer in seinen Ess- und Trinkgewohnheiten selten fremden Bakterienstämmen ausgesetzt ist, ist anfällig. Um widerstandsfähiger zu werden, sollte man die körperliche Gesamtverfassung unterstützen. Wer den Magen-Darm-Trakt erholen möchte, besorgt sich Enzyme, die auch das Immunsystem stärken. Wer vorsichtig ist, meidet Speiseeis, ungekochte Milchprodukte und Puddings, Mayonnaisen, Salate (außer Marocain-Salat, soweit mit gekochtem bzw. geschältem Gemüse), nicht durchgekochte Eier, Muscheln, Eiswürfel und mit Wasser verlängerte Fruchtsaft-Shakes (nicht frische Fruchtsäfte) und selbstverständlich Leitungswasser. Tee und Kaffeewasser sollte sprudelnd gekocht sein und Fleisch/Fisch immer durchgebraten. Auch Zucker, im

Süden heiß geliebt, belastet den Magen-Darm-Trakt. Und last, but not least: Es lohnt in jedem Fall, bei Lebensmitteln (besonders Fische), die nicht gut riechen oder schmecken, der Intuition zu folgen und nicht weiter zu essen.

Schutzimpfungen: Grundsätzlich ist zwischen einem Urlaub im Hotel mit wenig Kontakt zur Außenwelt und einer Reise in ländliche Regionen mit viel Kontakt zur Außenwelt, einschließlich der lokalen Küche, zu unterscheiden. Im letzten Fall ist es ratsam, sich vor Reiseantritt gegen Hepatitis A und vor allem gegen Kinderlähmung (Polio) impfen zu lassen. Eine Polio-Impfung schützt sieben bis zehn Jahre und ist für Marokko empfehlenswert, da das Polio-Virus dort noch verbreitet ist. Wer mit Kindern verreist, sollte sicher gehen, dass sie gegen Kinderlähmung geimpft sind. Ebenfalls empfehlenswert ist eine Schutzimpfung gegen Tetanus. Tuberkulose und Typhus dagegen sind in Marokko kaum verbreitet.

Literatur zur Selbstdiagnose: David Werner „Wo es keinen Arzt gibt"; Armin Wirth „Erste Hilfe unterwegs effektiv und praxisnah".

Krankenversicherung/Medikamente: Wer in Marokko Krankenversicherungsschutz haben will, braucht eine kurzfristige Auslandskrankenversicherung. Erfahrungsgemäß ist die Hilfe in den Krankenhäusern unbürokratisch und in kleineren Fällen kostenlos. Krankenscheine will hier keiner sehen. (Der Grüne Stern entspricht übrigens unserem Roten Kreuz.) Privatärzte hingegen berechnen ihre Hilfe nach Gebührenordnung und verlangen ein Honorar, das vom Patienten bezahlt und nach Vorlage der Quittung zuhause von der Versicherung zurückerstattet wird.

Grundsätzlich kann man in Marokko alle Arzneien kaufen, egal, ob rezeptpflichtig oder nicht. Viele europäische Pharmakonzerne produzieren ihre Medikamente, z. B. Antibiotika, hier bei einheimischen Firmen. Die Medikamente entsprechen in der Zusammensetzung den bekannten Präparaten, tragen oft aber einen anderen Namen und sind im Vergleich zu importierten Tabletten, Salben usw. preiswerter.

Guides

Nachdem in den 90er Jahren das Problem der sogenannten Faux Guides, der (oft aufdringlichen) nicht lizenzierten Führer, unüberschaubar wurde und die Zahl der Touristen ständig sank, tat eine Lösung not. Seitdem zertifiziert ein System mit staatlichen Prüfungen die *accompagnateurs de tourisme* (Reisebegleiter); sie müssen mindestens 23 Jahre alt sein, ein Diplom einer höheren Schule, Universität oder der Hochschule für Tourismus besitzen und zudem mindestens

Fremdenführer

Englisch oder Französisch sprechen. Wer die Prüfungen bestanden hat, erhält einen offiziellen Ausweis. Unterschieden wird zwischen Fremdenführern, die lokal arbeiten, und den erwähnten Reisebegleitern und Bergführern. Letztere müssen Kenntnisse über die Region nachweisen.

Die offiziellen Führer werden in großen Hotels und von den örtlichen Büros des Staatlichen Fremdenverkehrsamts (ONMT) vermittelt und kosten (ohne Trinkgeld) ca. 150–200 DH für einen halben Tag (→ Marrakesch/Arbeiten für Almosen?)

Hände

Die Hand gilt Marokkanern nicht nur als Greifwerkzeug, sondern als religiöses Symbol, das z. B. den bösen Blick abwehren kann. Die Hand kann aber auch beleidigen – die offene Handfläche gegen jemanden zu heben, ist eine Provokation. Das bei Begrüßungen und Gesprächen nicht enden wollende Händeschütteln und Festhalten geht auf einen Ausspruch des Propheten zurück und gilt als feine Sitte: „Wenn zwei Muslime einander treffen und ihre Hände ineinanderlegen, werden ihre Sünden vergeben sein, ehe sie voneinandergehen." Doch gilt das nur für die rechte Hand, mit der begrüßt und gegessen wird; die linke ist unrein.

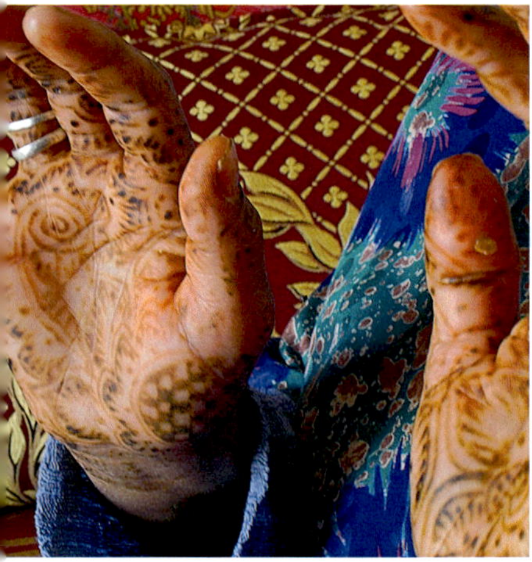

Hamam

Der Hamam ist das Dampfbad der Orientalen. Über den ganzen moslemischen Kulturkreis verbreitet, findet das islamische Reinlichkeitsempfinden im Hamam seine Vollendung. Das Badehaus ist eine wesentliche soziale Einrichtung, Grundpfeiler der Hygiene und nach einem ungeschriebenen Gesetz in jedem Stadtviertel vorgeschrieben. Jeder arabische Marktort besitzt einen Hamam, wo man aufgeweicht, durchgeknetet, abgerubbelt und massiert wird, bis man sich wie neugeboren fühlt. Diese Prozedur dient nicht nur der Sauberkeit, sondern auch der Gesundheit: Massagen regen den Kreislauf an. Die Geschlechter sind dabei natürlich streng getrennt, manchmal haben die Frauen einen eigenen Hamam. Ansonsten gelten separate Öffnungszeiten, wobei die Abendstunden oft den Frauen vorbehalten sind. In Marokko sind Badehäuser seltener als in der Türkei und dem arabischen Osten. Doch egal, wie heruntergekommen ihre Fassade sein kann – im Inneren ist in der Regel auch der älteste Hamam ein Juwel an Sauberkeit.

Jedes Hotel und jeder Riad kennt einen nahe gelegenen Hamam, wobei zu den örtlichen Hamams besonders in Marrakesch mehr und mehr auch teurere Varianten für die Fremden kommen (mit Eintrittspreisen ab 100 DH). In der Regel kostet der Eintritt ohne Anwendungen (Massagen etc.) um 20 DH. Hinzu kommen um die 30 DH für die Gommage, bei der die Haut porentief gereinigt bzw. die alte Haut abgeschrubbt – ein Service, der allerdings Geschmackssache ist. Massagen werden entweder direkt im Hamam durchgeführt oder (in Hotels und größeren Badehäusern) in separaten Nebenräumen. Handtuch und Badeanzug sollten mitgebracht werden, dagegen sollte man Wertgegenstände in der Unterkunft lassen.

Handeln

Wer in eine Preisverhandlung ohne echtes Kaufinteresse „nur so" einsteigt, begeht einen Affront. Sinnvoll ist es, einen für sich interessanten und für den Verkäufer gleichermaßen fairen Preis zu finden, indem man dem Erstgebot des Verkäufers ein Angebot entgegensetzt, das es ermöglicht, sich in der Mitte beim gewünschten Preis zu treffen. Wer sich lieber an Festpreisen orientiert, kauft in den Centres Artisanaux (z. B. in der Medina in Agadir) oder in Kooperativen, die meistens ebenso auf Festpreisbasis (mit kleineren Preisnachlässen) handeln.

Harem

Das arabische Wort *harim* bezeichnet einen unverletzlichen, unzugänglichen Ort. Ein Harem war der private Wohnbereich bessergestellter Bürger in einer patriarchalen Gesellschaft, in der es durchaus prestigeträchtig war, sich viele Frauen „leisten" zu können. Doch dieser unzugängliche Ort verführerischer Frauen, Stoff zahlloser Männerphantasien, ist nur im orientalischen Herrscherpalast zu finden. Dort sind die Frauengemächer von den Empfangsräumen der Männer durch einen (abschließbaren) Hof getrennt und haben meist einen separaten Eingang. Herrscherin des Harems war die Mutter des Herrschers, die oft mit dessen Lieblingsfrauen einen gnadenlosen Machtkampf führte. Und weil herrschaftliche Harems naturgemäß viel Geld kosten, ruinierten die Aufwendungen für Eunuchen, Zofen, Wachen, Sklaven und Ausstattung nicht selten sogar steinreiche Sultane und Kalifen.

Literaturtipp: „Der Harem in uns" von Fatima Mernissi.

Haretin

Sklaven aus Zentralafrika und aus dem Sudan, die als Fronarbeiter in die Oasen und an die Küste gebracht wurden. In Essaouira wurden Sklaven in großem Stil mit Süd- und Nordamerika gehandelt. Auch in Marokko wurden sie für schwere Arbeiten eingesetzt, ihre Nachkommen werden bis heute noch gelegentlich diskriminiert (→ Volkstänze/Gnaoua-Musik, → Essaouira/Gnaoua-Musik).

Haschisch

Die Kultur des Haschischrauchens ist in der arabischen Welt weit verbreitet. Die ersten Raucher waren Mönchsbruderschaften und Derwisch-Orden in Persien. Zweck: die Beförderung eines Zustands mystischer Ekstase. Diesen Zustand wollten bald auch die weltlichen Ekstasenfreunde kennen lernen, und das Haschischrauchen erhielt in der arabischen Welt den Stellenwert einer „Kulturdroge“ wie der Alkohol im christlichen Kulturkreis.

Grundstoff des Haschisch ist der indische Hanf (Cannabis indica), aus dessen Blätter- und Blütenharz die süßlich duftende Droge gewonnen wird. Das klebrige Puder auf den Pflanzenblättern wird über großen Sieben „abgestaubt“ und zu Platten gepresst, per Hand zu Klumpen geknetet oder in Alkohol gelöst zu Öl destilliert. Zum Rauchen mit Tabak vermischt, ergeben sich nach der Einnahme berauschende und halluzinierende Wirkungen. Verantwortlich dafür ist der Grundstoff Tetrahydrocannabinol (THC).

Wegen der hohen Erlöse kann in den ärmsten Gebirgsregionen Marokkos, in denen es kaum andere Verdienstmöglichkeiten gibt, eine Familie vom Anbau eines halben Hektars Cannabis leben. Und trotz Verbots sind Süchtige im ganzen Maghreb anzutreffen. „Die Raucher pflegen sich in kleineren Gruppen zumeist im Freien an abgelegenen Orten zu versammeln und geben sich schweigend, oft stundenlang, dem Haschischgenuss hin, ungeachtet des krampfartigen Hustens, zu dem der scharf beizende Rauch reizt“ (Lexikon der arabischen Welt). Neben dem Rauchen ist auch der Besitz und Handel mit Haschisch in Marokko offiziell untersagt.

Hygiene

Eingeweihte sprechen vom afrikanischen Standard und wissen, was gemeint ist. Die Fakten: Wer billig essen will, auf der Straße, auf dem Markt oder in einfachen Lokalen, sollte nicht von blitzblankem Geschirr ausgehen. Das stille Örtchen für danach besteht in billigen Unterkünften, auf Campingplätzen und in Restaurants aus einem Stehklo, das des Öfteren verstopft, verdreckt oder sonstwie unappetitlich ist. Klopapier ist selbst zu besorgen. Waschbecken fließen oft nicht ab und Duschen tröpfeln auch mal lustlos. Die sanitären Anlagen in Billighotels befinden sich auf der Etage, die Gäste bilden sozusagen eine Sanitärgemeinschaft. Warme Duschen kosten – falls überhaupt installiert – die landesübliche Gebühr von 5 bis 10 DH. Die preislich höheren Kategorien bieten selbstverständlich einen höheren Komfort mit eigenem Bad, gescheuertem Sitzklo, Handtuch und ansprechender Dusche/Wanne mit fließend Warm-/Kaltwasser. Dabei leiden 55 % der marokkanischen Bevölkerung unter akutem Wassermangel: Entweder steht ihnen nur Wasser minderer Qualität zur Verfügung (vom Trinken wird auch Einheimischen abgeraten) oder sie haben schlicht kaum Wasser.

Information im Internet

Eine kleine Auswahl wichtiger deutschsprachiger (D), französischsprachiger (F) und englischsprachiger (E) Portale:

www.maroc.net: Aktuelles zu Politik, Wirtschaft und Kultur (E/F)

www.tourism-in-morocco.com: Angebote im Tourismus, Aktuelles vom marokkanischen Tourismusministerium (E/F)

www.menara.net.ma: News, E-Mail-Server und marokkanisches Telefonbuch (F)

www.marokko.com: Tourismus, Kultur, Soziales, Politik (D)

www.mondeberbere.com: Portal zur Berberkultur (F)

Zahn gefällig?

www.marokko-ferien.de: breites deutschsprachiges Portal
www.agadir-ferien.de: Hotels und Riads in Marokko und Agadir (D)
www.agadir-net.com: Hotels in Agadir (D)
www.agadir.de: Hotels in Agadir (D)
www.riadomaroc.com: Riads in Marokko (F)
www.marrakech-riads: Riads in Marrakesch (F/E)
www.marrakech-medina.com: Riads in Marrakesch (F)
www.harmattan.ma: Reisen und Trekking ab Marrakesch (F)
www.marokko-per-rad.de: für Biker, die in entlegene Regionen fahren
www.terremaroc.com: Anbieterpool von Riads in Marrakesch (F)
www.marrakech-info.com: Riads und Hotels in Marrakesch (F)
www.essaouiranet.com: Riads und Hotels in Essaouira, Kulturelles (F/D)
www.ouarzazate.com: Hotels in Ouarzazate, Kulturelles (E/F)
www.atlas-activ-tours.de:Trekkinganbieter mit vielseitigem Programm (D)
www.reiseperlen.de: neben Wüstentouren auch Angebote für Eltern mit Kindern
www.hoteltomboctou.com: erfahrener Anbieter von Reisen in den Südosten, Tafilalet u. a. (D)
www.oncf.ma: Zugverbindungen und Preise der marokkanischen Staatsbahn (F)
www.ctm.co.ma: Busverbindungen des staatlichen Busunternehmens CTM (E/F/Spanisch)
www.travelmed.de: die digitale Reiseapotheke
www.weltreiseforum.de: Forum Weltreisender zu Reiseländern und wichtigen Themen (D)

Korruption

Käufliche Beamte und Politiker gab es zu allen Zeiten und überall. Der Unterschied zwischen dem europäischen Kulturkreis und dem islamischen ist kurz erklärt: Unsere Staatsdiener dürfen sich erstens nicht erwischen lassen und haben Zusatzeinnahmen zweitens nicht so nötig, da sie von ihrem Gehalt in der Regel gut leben können. Nicht so in Marokko. Als kleiner Beamter hat man zwar einen hohen sozialen Status, aber niedrige Bezüge. Ein Beispiel, das für alle kleineren Beamten und Angestellten im öffentlichen Dienst gilt: Ein kleiner Beamter verdient monatlich ca. 2000 DH, die Miete für seine Zweizimmerwohnung beträgt ca. 1000 DH

aufwärts, mit den restlichen 1000 DH muss er seine Familie durchbringen. Das ist unmöglich. Deshalb überwinden diskrete Briefumschläge mit Dirhamscheinen bürokratische Hürden und helfen, Anträge zügiger zu bearbeiten.
Diese Form des Einkommens ist seit Jahrhunderten üblich und war im gesellschaftlichen System vor der Besetzung durch die Kolonialmächte fest verankert. Und auch der moderne marokkanische Staat hält die Bezüge seiner kleineren Mitarbeiter so karg wie damals die Sultane. So bleibt dieses Erbe bestehen, mögen europäische Reisende auch noch so empört sein, dass erst Westzigaretten (für Bagatellanliegen) oder Bargeld den marokkanischen Amtsschimmel auf Trab bringen.

Landkarten

Die Karten „Carte touristique" unterschiedlicher Regionen des Hohen Atlas (Djebel Toubkal, Djebel Saghro, Djebel Siroua, Ait Morrhad u. a.) im Maßstab 1:100.000 sind prinzipiell beim Ministerium des Eaux et Forêts in Rabat erhältlich (www.acfcc.gov.ma, E-Mail dcart.sdec@acfcc.gov.ma). Leider ist dieser Behördenweg nicht sehr erfolgversprechend. Bleibt nur die Hoffnung, dass postalische Bestellungen in Zukunft möglich sind und die Verfügbarkeit der Karten sich wieder verbessert.

Die Karte des Geographen Herbert Popp von der Uni Bayreuth „Kulturtrekking im Hohen Atlas" (1:100.000) ist eine vorbildlich erläuterte Karte mit Unterkünften und Sehenswürdigkeiten der M'Goun-Region von Amtoudi bis zum Tal der Rosen (www.uni-bayreuth.de/departments/stadtgeo/maghreb-studien).

Der Daerr Expeditionsservice (www.daerr.de) hat zunächst mit der Toubkal-Region eine gute Wanderkarte (1:100.000) geschaffen, die deutlich über der Qualität der offiziellen marokkanischen Karten (s. o.) liegt. Zudem sind über den Daerr Expeditionsservice die nicht besonders gut zu lesenden russischen Generalstabskarten erhältlich. (1:100.000). Für viele im Buch besprochenen Regionen gibt es leider keine 1:100.000-Karten.

Empfehlenswert ist die neue Gesamtkarte von Marokko von Freytag & Berndt (1:900.000) (www.freytagberndt.com). Auch die im Maßstab 1:1.000.000 erhältliche Karte des „world mapping project" auf reißfestem Papier ist gut überarbeitet. Überall erhältlich in Marokko sind die französischen Straßenkarten von Michelin.

Literatur

Titel ohne ISBN-Nummer sind leicht unter dem Namen der Autoren zu finden, spezielle Titel sind u. a. über den Berliner Fachversand für islamische Literatur, den Orient Buch Basar, erhältlich (www.edition-orient.de).

Al-Azm, Sadik: **Das Unbehagen in der Moderne. Aufklärung im Islam**.

Brandes, Jörg-Dieter: **Geschichte der Berber**.

Crapanzano, Vincent: **Die Hamadsha**. Ethnopsychiatrische Untersuchungen in Marokko.

Clot, André: **Das maurische Spanien. 800 Jahre islamische Hochkultur in Al Andalus**.

Delahousse, Solène: **Le Tadelakt, un décor a la chaux**. Ed. Massin ISBN 2-7072-0476-5.

Endreß, Gerhard: **Der Islam. Eine Einführung in seine Geschichte**. München, Beck 1997, ISBN 3-406-42884-3.

Grünert, Angela: **Ramadan. Fasten mit allen Sinnen**.

Hureiki, Jacques: **Tuareg. Heilkunst und spirituelles Gleichgewicht**. Mit CD.

El-Shaarani, Munir: **Studienhefte der arabischen Kalligraphie**.

Seeling, Charlotte: **Gärten Marokkos**.

Khan, Vilayat Inayat: **Der Ruf des Derwisch**. Synthesis 2005, ISBN 3-922026-07-9.

Witteveen, Hendrikus J.: **Universaler Sufismus**. Heilbronn Verlag, 1998, ISBN 3-923000-92-8.

Perthes, Volker: **Geheime Gärten**. Die neue arabische Welt.

Rainer, Kurt: **Tasnacht – Teppichkunst und traditionelles Handwerk der Berber Südmarokkos**. ISBN 3-201-01715-9.

Ramirez, Francis: **Bijoux du Maroc**, ISBN 2-86770-154-6.

Schimmel, Annemarie: **Sufismus. Eine Einführung in die islamische Mystik**. Beck' sche Reihe Bd. 2129, ISBN 3-406-46028-3.

Schimmel, Annemarie: **Mystische Dimensionen des Islam. Die Geschichte des Sufismus**. Insel Taschenbücher Bd. 1715, ISBN 3-458-33415-7.

Seguin-Tsouli, Maria: **Das Marokko-Kochbuch**. Das Land und seine Küche – mit 85 Rezepten aus allen Regionen.

Shah, Idries: **Die Sufis. Botschaft der Derwische, Weisheit der Magier**. Diederichs Gelbe Reihe, Bd. 27, ISBN 3-424-00627-0.

Shah, Omar Ali: **Sufismus für den Alltag**. Diederichs Gelbe Reihe, Bd. 101, ISBN 3-424-00968-7.

Tibi, Bassam: **Der Islam und Deutschland**. Muslime in Deutschland.

Weiss, M. Walter: **Im Labyrinth der Träume und Basare**.

Wilbaux, Quentin: **Le secret des maisons-jardins**. ISBN 2-86770-130-9.

Maghreb

Der Westteil der arabischen Welt auf dem Boden Afrikas heißt *Maghreb*. Der Maghreb ist das klassische Siedlungsgebiet der Berber. Die sogenannten Maghrebstaaten sind Tunesien, Algerien und Marokko. Marokko als westlichstes Land des Maghreb wird von den Arabern *Maghreb el akhsar* genannt – Land im äußersten Westen.

Marabut

Der Marabut ist ein heiliger Mann (selten eine Frau) des Islam. Er hat sich vom weltlichen Leben zurückgezogen und gibt sich Gott im Gebet und Fasten hin. In den Augen des Volkes gilt ein Marabut wegen seines asketischen Lebens als Vermittler bei Allah und wird hoch geschätzt. Besonders im Maghreb ist diese Wertschätzung der Marabuts sehr verbreitet. Im späten Mittelalter gab es dort kaum eine Stadt, einen Stamm oder ein größeres Dorf ohne Marabut, an den sich das Volk in Zeiten der Not wandte, dessen Schiedsspruch es in Konflikten des Alltags annahm und von dem es Hilfe gegen die Obrigkeit erwartete. Oft waren die Marabuts Anstoß zum Entstehen religiöser Bruderschaften, die großen sozialen, politischen und sogar militärischen Einfluss gewannen. Starb oder stirbt ein Marabut, wird seine Grabstätte, meist ein einfacher, weiß getünchter Würfel *(koubba)*, manchmal ein prächtiges Mausoleum, ebenfalls „Marabut" genannt.

Heute ist der Heiligenschein der Marabuts etwas verblasst, doch das Vertrauen in ihre Hilfe hat sich wie andere alte Gebräuche einfacher Frömmigkeit im Volk bewahrt. Zu den Geburts-, Todes- oder Namenstagen der verstorbenen Heiligen werden → Moussems gefeiert, um ihre Wunder wirkende Kraft wird ganzjährig gebetet.

Medien

Presse: Seit der „Demokratisierung" 1977 ist der Vertrieb oppositioneller Zeitungen und Zeitschriften wieder erlaubt. Offiziell gibt es keine Pressezensur, doch der Einfluss königstreuer Kreise und vor allem die per Verfassung sanktionierte, allmächtige Stellung Mohammeds VI. (und früher besonders seines Vaters Hassan II.) sorgten bis vor einigen Jahren für eine weitgehend gleichgeschaltete Berichterstattung. Doch inzwischen besteht große Hoffnung auf den Ausbau einer fortschrittlichen Monarchie. So werden in Tageszeitungen und dem Nachrichtenmagazin „Maroc Hebdo International", dem marokkanischen Pendant des „Spiegel", zunehmend auch brisante Themen wie die Westsahara-Frage, sexuelle Emanzipation und Korruption diskutiert. Alle Verlage sitzen in Casablanca, Rabat oder Tanger, die Zeitungssprachen sind Arabisch und Französisch.

Funk und Fernsehen: Die *Radiodiffusion Télévision Marocaine* (RTM) in Rabat unterhält im Auftrag des Informationsministeriums das marokkanische Funk- und Fernsehwesen. Zahlreiche private TV-Sender strahlen Sendungen auf Arabisch, aber auch Französisch und der Berbersprache Tamazight aus. Via Satellit werden im ganzen Land der populäre arabische Kanal Al-Dschasira sowie westliche Programme, mit Vorliebe aus Frankreich, in die Haushalte geholt.

Im Radio finden sich drei Programme auf Arabisch (1. Programm), Französisch (2. Programm) und Berberisch, Spanisch und Englisch im 3. Programm. Zwei lokale Sender in Tanger erweitern das staatliche Ätherangebot: *Radio Meditérranée Internationale* (lokal, arabisch/französisch) und *Voice of America* (überregional, dem US-Konsulat angeschlossen, US-amerikanisch). Die Deutsche Welle ist auf 6075 KHz und 9545 KHz zu empfangen.

DVD: Real Live Soaps sind auch in Marokko der letzte Thrill und laufen überall Tag und Nacht. Dabei kommen 70 % der Mainstream-Filmproduktionen aus Ägypten, ein weiterer Teil aus Indien/Pakistan. Und die Kommunikation in Etablissements mit DVD-Geräten passt sich der Technik an: Die Mattscheibe ist Mittelpunkt des Geschehens, stumm glotzen die Gäste in die Kiste, das Gespräch ist erloschen.

Medina

Die Medinas sind die Altstädte der Städte mit verwinkelter, kaum begreifbarer Gliederung. Auf nichtarabische Betrachter wirken sie unübersichtlich und exotisch, weil sie chaotisch und unübersichtlich sind – doch ihr Organismus ist wohlorganisiert, Handel und Handwerk verkaufen nach Branchen sortiert ihre Produkte. Vom → Souk (Markt) strahlt das enge Gassengewirr mit vielen Sackgassen in die Wohnviertel aus – jedes für sich ummauert, mit einer eigenen Moschee, Schule, Bad, öffentlichem Brunnen und Bäcker. Ein eigenes Viertel in der Medina bildet die Mellah, das jüdische Viertel.

Melha ist arabisch und heißt Salz. Für die Araber war es bemerkenswert, dass Juden mit Salz handelten, und so tauften sie das jüdische Ghetto in den Medinas einfach *Mellah*. Die ersten Juden kamen mit phönizischen Seefahrern und Siedlern, weitere folgten mit der Arabisierung des Maghreb. Viele Juden waren angesehene Handwerker, Gold- und Silberschmiede, Bankiers und Großhändler, die oft und erfolgreich Geschäfte zwischen christlichen und muselmanischen Herrschern vermittelten. Die fruchtbare Koexistenz zwischen jüdischer und moslemischer Bevölkerung wurde erst im 16. Jh. mit der Zuweisung in eigene Stadtviertel einer Trennung unterworfen. Seit dem Sechs-Tage-Krieg 1967, in dem Marokko Partei gegen Israel ergriff, verließen viele jüdische Familien das Land, einkommensschwache marokkanische Mieter zogen in die Mellahs, die damit ihren Ghettocharakter nicht verloren, sondern eher verstärkten: Die Mellah ist heute das ärmlichste Viertel in der Medina, der Verfall ist an der Tagesordnung. (→ Die Menschen/Juden und Araber in Marokko)

Moussem

Moussem bezeichnet im arabischen Westen eine Feier zu Ehren des Geburtstags eines Heiligen, die alljährlich an der vermuteten oder tatsächlichen Grabstätte zelebriert wird. Nach speziellen Gebeten werden für die Nachkommen des Heiligen und/oder die Hüter des Grabmals Opfer dargebracht. Nach dem religiösen Ritual nehmen die Feierlichkeiten den Charakter eines ausgelassenen Volksfests an, mit Tänzen, Gesängen und gelegentlich einem Reiterspiel (→ Fantasia). Die Berber feiern neben diesen Geburtstagsfesten Erntebittfeste, ebenfalls Moussem genannt, die ebenfalls jährlich stattfinden und in enger Verbindung mit uralten Fruchtbarkeitsritualen stehen. Sehr verbreitet ist der Ritus der *taslit ounzar*, der Regenbraut: Von den Frauen wird eine als Braut gekleidete Puppe zu einem → Marabut (Grabstätte eines Heiligen) getragen und dabei um Regen gebetet. Eine weitere Zeremonie ist das feierliche Vergraben eines Granatapfels nach dem Pflügen, mit dem Wunsch, die nächste Ernte möge ebenso kornreich sein wie die vergrabene Frucht.

Heute haben die großen Moussems vor allem sozialen Charakter: Die Familie trifft sich wieder, man tauscht sich aus, knüpft neue Kontakte, die Dorfgemeinschaft stellt sich nach außen dar und stärkt ihr Gemeinschaftsgefühl.

Nomaden

Nomaden haben keinen festen Wohnsitz. In Marokko gibt es insbesondere im Süden ganzjährig nomadisierende Stämme. Die bekanntesten und äußerlich malerischsten sind die Kamelnomaden der Westsahara, die Reguibate, deren Zahl sich wegen ihres unsteten Lebenswandels schwer ermitteln lässt – zwischen 100.000 und 200.000 sollen es sein. Ihr Leben folgt einem jahreszeitlich bestimmten Rhythmus. Im Winter können die Hirten und Herden frei auf dem „hohen Meer" herumziehen und weit verstreut in der Wüste leben, relativ unbehindert von der sonstigen Abhängigkeit von Wasserstellen. Im Sommer konzentrieren sie sich in der engen Umgebung der Brunnen. Die Hirten, oft monatelang in einem für uns unvorstellbaren Terrain unterwegs und bis zu tausend Kilometer von ihren Herren entfernt, leben ohne jeden Luxus, „leicht bis auf die Kleidung" (Paul Bowles).

Die Hauptnahrung der Reguibate – und manchmal ihre einzige – ist Milch. Wenn sie knapp ist (bei anhaltender Trockenheit) und im Herbst (Deckung/Geburt) wird sie durch Fleisch ersetzt, das aber, um die Einkünfte nicht zu schmälern, nicht aus der Herde gewonnen wird, sondern auf der Jagd. Ansonsten tragen gelegentliche Einkäufe am Rand der Wandergebiete (Datteln, Gerste, Zucker, Hirse, Tee) oder, in günstigen, regenreichen Jahren, auch die Ernte in Anbaugebieten zur Ernährung bei. In mageren Jahren isst man Terfas (weißer saharischer Trüffel), sammelt Körner und Beeren oder jagt den Dhob (Uromastix). Und zur Not rauben die Reguibate auch mal die Eier der Ameisen aus ihren Hügeln.

Notfall & wichtige Telefonnummern

- *Polizei* ✆ 19
- *Gendarmerie Royale* ✆ 117
- *Touristenpolizei Marrakesch* ✆ 024-384601
- *Deutsche Botschaft in Rabat* ✆ 037-709662, Notfall-Nr. ✆ 061-147059, www.rabat.diplo.de
- *Deutsches Konsulat in Agadir* ✆ 028-84-1025, Fax 028-84-0926
- *Österreichische Botschaft in Rabat* ✆ 037-76-4003, Fax 037-76-5425
- *Schweizer Botschaft in Rabat* ✆ 037-2680-30, Fax 037-2680-40
- *Visa-Telefon bei Verlust* ✆ 022-437437
- *Amex-Telefon bei Verlust* ✆ 022-203552
- *Hilfe bei Krankheit* www.travelmed.de
- *Telefonauskunft national* ✆ 160
- *Telefonauskunft international* ✆ 120

Öffnungszeiten

Die im Buch genannten, sorgfältig recherchierten Öffnungszeiten sind die offiziell angegebenen; für deren Richtigkeit können wir jedoch keine Gewähr übernehmen.

Banken sind Montag bis Freitag von 8.30 bis 12 Uhr und von 14.30 bis 16.30 Uhr geöffnet, Samstag und Sonntag nur an internationalen Flughäfen und an den Landesgrenzen.

Behörden öffnen wochentags von 8.30 bis 12 Uhr und von 14.30 bis 16.30 Uhr, samstags und sonntags ist geschlossen. Erfahrungsgemäß öffnen die Behörden nach der Mittagspause erst um 15 Uhr wieder ihre Türen.

Für Banken und Behörden gilt: In den Sommermonaten ist die Mittagspause länger, dafür ist am Spätnachmittag länger offen. Nach 18 Uhr geht nichts mehr.

Geschäfte: Es gibt kein Ladenschlussgesetz, weshalb die Öffnungszeiten dem Willen der Ladenbetreiber unterworfen sind. Geschäfte, die erst nach 22 Uhr schließen, sind keine Seltenheit.

Museen: Mit lokalen Abweichungen oft von 9 bis 12 Uhr und von 14 bis 18 Uhr geöffnet. Ein Ruhetag am Montag ist selten.

Post: Wochentags von 8.30 bis 12 Uhr und von 14.30 bis 18.30 Uhr geöffnet, zudem am Samstag von 8.30 bis 12 Uhr.

Touristinformationen: Öffnungszeiten wie die Behörden.

Randonnées

Das französische Wort Randonnée (Wanderung) bezeichnet im Süden Marokkos jegliche Form von abenteuerlicher Exkursion zu Fuß, mit Allradfahrzeug, zu Pferd oder mit dem Motorrad. Eine Randonnée dauert mindestens einige Stunden, ist schweißtreibend und übersteigt die Anstrengungen einer Wanderung deutlich. Infos zu geführten bzw. von professionellen Anbietern veranstalteten Touren: → Reiseagenturen unter Marrakesch, Tinhir, Zagora, Tafraoute und Agadir.

Souk

Der Souk ist der Markt der arabischen Welt. In den Städten ist der Budenkomplex der Händler und Handwerker das Zentrum des öffentlichen Lebens. Nach Branchen streng sortiert, verkaufen sie in den Ladenzeilen der Gassen ihre Waren. Die bekanntesten und größten Souks im Süden finden sich in Marrakesch, Essaouira, Tiznit oder Taroudannt. Neben diesen Dauermärkten gibt es die Wochenmärkte, in Hadra beispielsweise den Sonntagsmarkt.

Der *ländliche Wochenmarkt* ist ein wichtiges Ereignis im gesellschaftlichen Leben der strukturschwachen Landregionen, die den Großteil Marokkos stellen. Neben dem Verkauf der lokalen Produkte sowie spezieller überregionaler Artikel ist der Wochenmarkt eine geschätzte und zuverlässige Börse für Klatsch und Tratsch. Denn neben dem Geschäft spielt die Unterhaltung eine tragende Rolle: Während Eier und Geflügel, Gemüse, Flechtarbeiten und Salz in Blöcken feilgeboten werden, sorgen wandernde Musikanten, Zahnzieher, Wunderheiler und Marktschreier für Kurzweil und Amüsement.

Sprache

Staatssprache ist Marokkanisch, die nordafrikanisch-marokkanische Dialektform des Hocharabischen. Inzwischen sprechen fast alle Berber (Berberinnen etwas weniger) neben ihrem gewohnten Berberdialekt fließend Marokkanisch. So unterschiedlich die drei großen Berber-Stämme sind, so unterschiedlich sind ihre Sprachen. Jeder Stamm spricht seinen eigenen, von den anderen Stämmen stark abweichenden Dialekt, es gibt keine gemeinsame Hochsprache. Der Rif-Berber plaudert in *Tarifit*, Schlöh-Berber unterhalten sich in *Taschelheit*, die Sprache der Beraber ist das *Tamazight*. Bekanntlich wird das Arabische von rechts nach links geschrieben, während die Berber, mit Ausnahme der Tuareg, keine eigene Schrift kennen. Gesetze, Märchen, Lebensweisheiten und uralte Riten überliefern die Berber mündlich von Generation zu Generation. Es ist kein einziges Buch in einer Berbersprache bekannt.

Die zweite marokkanische Amtssprache ist Französisch, die Sprache der Kolonialmacht bis 1955 (→ Geschichte). Die meisten Formulare und Verkehrsschilder sind zweisprachig, auch Beamte und Angestellte des öffentlichen Dienstes parlieren français. Französisch ist zudem die Sprache des Geschäftsmanns sowie

Umgangssprache der aufstrebenden Mittel- und Oberschicht. Die Sprache, in der sich Europäer und Marokkaner in der Regel unterhalten, ist deshalb Französisch – auch in der letzten Oase findet sich ein des Französischen mächtiger Bewohner. Von all dem einmal abgesehen: Gute Voraussetzungen für eine gelungene Kommunikation sind Höflichkeit, Geduld und unerschütterliche Gelassenheit. Salam aleikum – Friede sei mit Dir!

Stadt

Die ursprüngliche marokkanische Stadt ist die von einer Stadtmauer umgebene → Medina. Feste, für europäische Betrachter ungewöhnliche Einrichtungen sind die → *Mellah* (Judenviertel) und die *Kasbah* (Burgviertel) (→ Kunst & Kultur/ Baukunst der Berber). Mit der Kolonialisierung entwickelten sich – an die Medina angelehnt oder deutlich von ihr getrennt – die französischen/spanischen Neustädte (ville nouvelle). Die arabische Medina war den Franzosen unheimlich – zu Recht, war sie doch Hort des antikolonialen Widerstands. So bauten die Franzosen eine ihnen gemäße Stadt, übersichtlich, mit rechtwinkligen, breiten Straßen, auf denen Kanonengespanne fahren konnten. Die Verwaltung wurde in die Neustadt verlagert, das verkehrsintensive Gewerbe siedelte sich ebenfalls dort an. Und wer von der marokkanischen Mittelschicht es sich leisten konnte, zog von der Medina in die Neustadt, zurück blieben die Kleinhändler, Einmannbetriebe und Habenichtse, Landflüchtlinge besetzten den frei gewordenen Wohnraum. So verkamen die Medinas mehr und mehr, ganze Viertel verarmten und verslumten bis in die 90er Jahre. Eine Trendwende ist durch die steigenden Investitionen von Hoteliers und Ausländern zu verzeichnen, was wiederum das Interesse potenter inländischer Investoren weckt. Marrakesch und Essaouira sind Beispiele dafür, wie in den alten Vierteln neues Leben entstehen kann.

Sufismus

Safá bedeutet, rein sein von Unwissen, Aberglauben, Egoismus und Dogmatismus sowie frei zu sein von menschlichen Begrenzungen wie Rasse oder Nation. Der Sufismus zeigt das andere, das mystische Gesicht des Islam, das uns heute noch recht verborgen ist, obwohl der Sufismus im Islam immer eine große spirituelle Bedeutung hatte. Gott ist im Sufismus das Allumfassende, das einzig Existierende, und jede Schöpfung Gottes ist daher die Manifestation des göttlichen Prinzips. Dieses Prinzip kann nur unser Herz erkennen. Indem der Suchende, *murid,* jenseits der spröden Religion nach spiritueller Tiefe strebt, nähert er sich der Vereinigung mit dem Geliebten (Gott). Dieser Zustand bedeutet Reinheit und Ganzheit mit der göttlichen Einheit, *tawhid.* Der Sufismus spricht – jenseits aller Vorschriften und Gesetze – die emotionale Sphäre im Menschen an. Besonders die Dichtung und Kunst im Islam verdanken ihre Entfaltung dem Geist der Sufi-Tradition (→ Literatur).

Telefonieren

Zum Telefonieren bieten sich in den Städten die zahlreichen Telefonshops an. Im Vergleich zu Münz-Telefonen ist die Einheit mit einer Telefonkarte für Kartentelefone günstiger. Am günstigsten mit Telefonkarten ab 20 DH außerhalb der Bürozeiten. Bei längerem Aufenthalt lohnt es, einen Maroc-Telekom- oder Meditel-Chip für das Handy zu kaufen (ab 50 DH) inkl. Telefonnummer (00212 plus). Kartenchips sind nicht mit allen Handys kompatibel. Im Zweifelsfall ist es günstiger, aus Deutschland mit Billignummern angerufen zu werden.

Die Vorwahlnummern des marokkanischen Telefonnetzes wurden geändert:

bisheriger Vorwahlbereich 044 – neue Vorwahl 024
bisheriger Vorwahlbereich 048 – neue Vorwahl 028
bisheriger Vorwahlbereich 055 – neue Vorwahl 035

Telefonieren von Marokko nach Europa:

Vorwahl nach Deutschland: 0049
Vorwahl in die Schweiz: 0041
Vorwahl nach Österreich: 0043

Telefonieren von Europa nach Marokko:

Von Deutschland, Schweiz, Österreich: 00212
Wie bei uns üblich, entfällt nach der 00212 die Null der Ortsvorwahl.

Weitere wichtige Telefonnummern siehe oben → Notfall.

Transhumanz

Transhumanz ist die wissenschaftliche Bezeichnung für das Dasein der Halbnomaden: Ein Teil der Dorfbevölkerung ist immer rastlos unterwegs – im Sommer auf den Hochweiden des Mittleren und Hohen Atlas, im Winter in den gemäßigten Ebenen und Tälern. Im Auftrag großer, lokaler Herdenbesitzer wandern sie solange ganzjährig umher, bis sie durch eine frische Kraft aus ihrem Dorf ersetzt und in den Heimaturlaub geschickt werden. Die Weideflächen werden zwischen den Stämmen durch komplizierte, ausgewogene Vereinbarungen aufgeteilt, die Verletzung des Weiderechts führte bis vor einigen Jahrzehnten noch zu blutigen Kriegen. Heutzutage werden die Halbnomaden mehr und mehr durch gedungene Hirten ersetzt, die zusammen mit den Herden auf dem Lkw zu ihren Einsatzorten transportiert werden (→ Nomaden).

Trinkgeld

Der orientalische Begriff für Trinkgeld lautet *Bakschisch*. Damit ist nicht nur ein Geldgeschenk für Bettler gemeint, zu dem gläubige Moslems verpflichtet sind, sondern auch die Anerkennung für eine besondere Leistung. Neben Geld eignen sich für kleine Dienste (besonders auf dem Land) auch westliche Zigaretten als Trinkgeld.

In Marokko leben Tausende von Menschen vom Bakschisch für kleine Dienste wie das zusätzliche Bewachen eines Fahrzeugs auf einem amtlich bewachten Parkplatz. In den Statistiken werden sie als „verdeckte Arbeitslose“ nicht erfasst – das Trinkgeld sichert ihnen die Existenz.

Einige landesübliche Bakschisch-Tarife: Der Gepäckträger im Hotel trägt das Gepäck für etwa 5 bis 10 DH (je nach Kategorie) – dagegen fasst in Billighotels kein Boy zu. In Restaurants erwartet der Kellner etwa 10 % des endgültigen Rechnungsbetrags (in dem bereits 20 % Steuer enthalten sind). Taxifahrer runden gerne auf, das wachsame Auge des amtlichen Parkwächters ruht kurzzeitig für 1 DH und über Nacht für 3 bis 5 DH auf Ihrem Fahrzeug. Schuhputzer wienern für 2,50 DH. Und für kleine, meist von Kindern erwiesene Dienstleistungen (die man vielleicht gar nicht beanspruchen wollte) gibt es trotz Gequengel nur 1 DH.

Verbrechen und Nerven

Die Schwerpunkte der Illegalität sind Tanger, Tétouan, das Rif, Fès, Marrakesch und Casablanca. Je weiter südlich, desto ehrlicher werden die Leute, die Aufdringlichkeit lässt spürbar nach – Ausnahmen ausgenommen. Falls Sie etwas wissen wollen, fragen Sie einen Marokkaner, der sich Ihnen vorher nicht bekannt gemacht hat. Marokkaner sind nämlich durchaus freundliche, zurückhaltende, ausgesprochen hilfsbereite Leute. Doch diese werden Sie kaum von selbst ansprechen.

Neuralgische Punkte des Diebstahls sind Grenzen, Eisenbahnen, Souks, Campingplätze, Teppichläden eines Onkels und Rauschgifthöhlen. Die Spielarten, wie man um Geld oder Wertgegenstände erleichtert wird, sind orientalisch vielfältig. Wer eine Abteilung seines Denkens der Sicherheit widmet und auf sich und seine Sachen achtet, braucht sich nicht zu fürchten.

Volkstänze

Volkstänze finden meist anlässlich großer Festlichkeiten oder wichtiger Lokalereignisse statt – im Rahmen von Ernte-, Familien-, Heiligen- und neuerdings auch Folklorefesten. Berber/innen tanzen zu den Schlägen der *bendir*, mal einzeln, mal in Gruppen, mal nur die Frauen usw. Die Chance, Volkstänze hautnah zu erleben, gibt es bei der Wahl der „Miss Rose" auf dem Rosenfest der M'Gouna (Kelaa), beim Mandelblütenfest (ohne Miss-Wahl) in Tiznit, beim Dattelfest (ohne Miss-Wahl) in Erfoud sowie beim großen Folklorefestival in Marrakesch. Eine Auswahl der Tänze:

Ahouach: Ein ausschließlich von Frauen der Schlöh-Berber im Hohen Atlas aufgeführtes Swingvergnügen, bei dem die Frauen um die im Kreis sitzenden und musizierenden Männer tanzen. Männer und Frauen singen sich gegenseitig zu, der Rhythmus wird im Verlauf des Tanzes schneller und schneller.

Ahaidou: Männer und Frauen der Beraber im Mittleren Atlas tanzen im Wechselspiel der Geschlechter oder gemeinsam im Kreis. Den Rhythmus gibt das Tambourin, wahlweise bilden Zweizeiler und längere Gedichte den Gesang.

Ghiata: Dieser Kriegstanz wird nur von Männern bestritten, die zum Takt der Trommeln Kriegslärm, Hufgetrappel oder heisere Schlachtrufe imitieren und dabei Waffenkunststücke darbieten. Einst dienten die Ghiata-Tänze dem Aufheizen vor der Schlacht, heute enden sie meist mit Gewehrgeballere. Verbreitet sind sie vor allem im Rif.

Gnaoua: Extatischer Tanz der Haretin, der stark an brasilianische und karibische Sklaventänze erinnert. Die akrobatischen Tänze der ehemaligen Sklaven aus Westafrika sind ausgesprochen rhythmisch und kämpferisch, mit weit ausscherenden Fußsicheln und Überwürfen (→ Essaouira/Gnaoua-Musik).

Guedra: Der Tanz hat seinen Ursprung im Nomadenleben, das Parkett der Guedra ist das Beduinenzelt. Eine schwarz verschleierte Frau tanzt sich kniend in Ekstase und entledigt sich nach und nach ihrer Schleier. Der Guedra hat – besonders gegen Ende – stark erotischen Charakter und gilt im prüden Marokko als Touristenattraktion. Verbreitungsgebiet ist der Süden – touristisch in und um Goulimine, noch ursprünglicher bei M'Hamid.

Zaouia

Diese in Marokko beliebte Einrichtung bezeichnet den Sitz einer der zahlreichen religiösen Bruderschaften, die sich als Anhänger eines „Heiligen Mannes" (→ Mara-

Tee trinken und Zeit nehmen

but) verstehen. Die Bruderschaften lassen sich am ehesten mit den christlichen Ritterorden vergleichen, die ihr Schwert und ihre Macht für das Christentum einsetzten. Der jeweilige Stammsitz der diversen islamischen Glaubenskämpfer ist meist das Grab des Ordensstifters (marabut oder koubba), aus dem bisweilen ein Wehrkloster (ribat), oft eine Zaouia, eine Koranschule, entstand. Seit der französischen Besatzungszeit ging ihr politischer Einfluss fast gänzlich verloren, die Wehrklöster verfielen, doch die Zaouia-Schulen überall im Land sind wie je begehrte Pilgerziele.

Zeit

In Marokko vergeht die Zeit nach ihrem eigenen Rhythmus. Rein technisch hinkt sie im Winter der Mitteleuropäischen Zeit (MEZ) eine Stunde hinterher. In der MEZ-Sommerzeit beträgt die Zeitdifferenz sogar minus zwei Stunden.

Zucker

Die Nachteile seines übermäßigen Verzehrs – besonders im Tee und in industriellen Nahrungsmitteln – stoßen in Marokko auf taube Ohren. Weit verbreitet ist die Ansicht, dass Zucker „stark macht". Zur Zeit der Karawanen war Zucker ein begehrtes Handelsgut, das sogar gewichtsgleich gegen italienischen Marmor getauscht wurde. Als Gastgeschenk und Sinnbild für Wohlbefinden wird heute in ländlichen Regionen immer noch ein „Zuckerhut" mitgebracht – eine ein bis zwei Kilogramm schwere, phallusartige Zuckerstange. Demgegenüber unterscheiden sich die besseren Patisserien von den weniger guten durch mäßigen Zuckereinsatz. Übrigens: Wer an Magenverstimmung leidet, sollte Zucker strikt meiden.

Zoll

→ Anreise nach Südmarokko/Einreise

Störche lieben Kasbahs

Kleines Glossar: Arabische & französische Begriffe von A bis Z

Abou – Vater
Agadir – Speicherburg
Agdal – Garten
Ait – Präfix „Sohn von"
Allah – Gott
Almohaden – berberstämmige Muslimgruppe, die sich gegen die herrschenden Almoraviden (1147–1269) erhob
Almoraviden – radikale Muslimgruppe, die im 11. Jh. nach Spanien eindrang
Bab – Stadttor
Babouches – spitze Pantoffeln
Bakschisch – Gefälligkeitszahlung
Balak – Vorsicht!
Baraka – Segen, heilige Kraft
Beduinen – Wüstennomaden
Berber – den Norden Afrikas bewohnender Volksstamm
Borj – Festungsturm
Brochette – Fleischspieß
Cadi – Richter
Caid – Vorsteher (früher eines Stammes)
Calèche – Pferdekutsche
Cascades – Wasserfälle
Corniche – Küstenstraße
Couscous – Gericht aus Weizengrieß
Dayet – See
Dar – Stadthaus
Derb – Straße, Gasse
Djebel – Berg
Douar – Dorf
Erg – Wüste
Fantasia – Reiterspiel
Filali – Bewohner des Tafilalet
Foundouk – einfaches Hotel
Foum – enges Tal
Gada – Hochebene
Gafla – Karawane
Gare routière – Busbahnhof
Ghassoul – Lehmerde
Gite d'Etappe – einfache Bergunterkunft
Guedra – Frauentanz
Hajia – Pilger

Das genetische Erbe Zentralafrikas: die Haretin

Hamam – Dampfbad
Haouz – Ebene bei Marrakesch
Haretin – Abkömmlinge der schwarzstämmigen Sklaven
Harira – Gemüsesuppe
Harissa – scharfe Gewürzpaste
Igherm – Speicherburg
Jellabah – Gewand
Jemaa – Moschee
Kaftan – besticktes Frauenkleid
Khalifa – Nachfolger des Propheten
Karawanserei – ehemals Gasthof
Kasbah – Wohnburg
Kelaa – Festung
Khaima – Nomadenzelt
Koubba – Mausoleum
Koumiat – Krummdolch
Ksar – befestigtes Dorf
Maghreb(staaten) – Marokko, Algerien, Tunesien, Mauretanien, Libyen
Mahdi – Glaubenskrieger
Marabut – Heiligengrab, Heiliger
Medersa – theologische Hochschule
Medina – Altstadt
Mellah – jüdisches Stadtviertel
Meriniden – Herrscherdynastie von 1270–1454
Minarett – Turm einer Moschee
Minbar – Kanzel in einer Moschee
Moulay – Titel eines Adeligen
Moussem – Wallfahrt, Fest für einen lokalen Heiligen
Muezzin – Gebetsausrufer
Omajaden – Kalifendynastie
Oued – Fluss
Piseé Mauerfüllmaterial aus Lehm und Stroh
Polisario – Befreiungsorganisation der Westsahara
Ramadan – Fastenmonat im muslimischen Jahr
Riad – Stadthaus mit Hof und Garten
Roudani – Bewohner von Taroudannt
Saadier – Herrscherdynastie von 1554–1668
Said – „Glücklicher"
Sidi – Herr
Souk – Markt
Tizi – Bergpass
Tuareg – Bergnomaden der Sahara
Zaouia – Heiligengrab und Wahlfahrtsstätte

Anreise nach Südmarokko

Einreise- und Zollbestimmungen

Für einen Aufenthalt bis zu drei Monaten wird ein mindestens sechs Monate gültiger Reisepass benötigt. Jugendliche brauchen einen eigenen Reisepass, unter 16-Jährige einen Kinderausweis oder einen Eintrag im Pass der Eltern. Fahrräder, Computer, GPS-Geräte oder Surfbretter mussten früher deklariert werden, heute ist das nur noch in Ausnahmenfällen nötig. Verboten ist die Einfuhr von Funkgeräten, pornographischen Zeitschriften und derartigen DVDs. Die marokkanische Währung darf offiziell weder ein- noch ausgeführt werden. Mitgeführt werden dürfen 3 Flaschen Wein oder 1 Liter Wein und 1 Liter Branntwein sowie 200 Zigaretten oder 50 Zigarren oder 400 g Tabak.

Mit dem Flugzeug

Die Flugdauer von Deutschland, der Schweiz und Österreich beträgt vier bis fünf Stunden. Agadir wird von den bekannten Charterlinien angeflogen: Hapagfly, Condor, Atlas Blue, Air Berlin oder LTU. Linienflüge nach Casablanca gibt es bei allen namhaften Airlines. Royal Air Maroc fliegt von Frankfurt und Düsseldorf ebenfalls nach Casablanca.

Preiswerte Flüge bietet Hapagfly (ab Hamburg/Stuttgart nach Marrakesch und Agadir oneway ab 95 €, www.hapagfly.de), Atlas Blue (ab Paris oder Mailand nach Marokko, oneway ab 130 €, www.atlas-blue.com), Air Berlin (www.airberlin.com) und LTU fliegen ab Frankfurt/München nach Agadir (oneway ab 110 €, www.ltu.de). Günstige Angebote finden sich bei www.lastminute.com und www.ltur.com. Die

Angebote der Low-Budget-Gesellschaften wechseln jährlich. Agadir wird von den bekannten Charterlinien auch mit vielen attraktiven Offerten angeflogen – siehe Webseiten von Hapagfly, Condor, Atlas Blue, Air Berlin oder LTU.

Mit der Fähre

Zu erwähnen sind die Standardverbindungen von den spanischen Fährhäfen Algeciras und Tarifa nach Ceuta bzw. Tanger sowie von Malaga und Almeria nach Melilla bzw. Nador. Von Algeciras nach Tanger dauert die Überfahrt etwa zwei Stunden, von Tarifa geht es noch schneller. Zwei Personen mit Auto zahlen für die Hin- und Rückfahrt von Tarifa nach Tanger etwa ab 150 €. Wer mit Wohnmobil unterwegs ist, zahlt rund 250 €.

Inzwischen gibt es auch von Südfrankreich aus Low Budget-Angebote.

Detaillierte Infos zu den Fährverbindungen ab Spanien, Italien, Frankreich sowie Preisen: www.cemar.it/dest/faehren_marokko.htm sowie www.directferries.de/marokko.htm. Auf diesen Seiten sind auch Direktbuchungen möglich.

Unterwegs in Südmarokko

Die Angebote der etablierten Autovermieter (Europcar, Hertz u. a.) machen die Kombination von Flug und Mietwagen – Fly & Drive – erschwinglich und ermöglichen es, Südmarokko auch abseits touristischer Wege auf eigene Faust zu erkunden. Die Unterkünfte sind, wenn man nicht gerade im Hochsommer am Meer unterwegs ist, auch gut ohne Reservierung zu bekommen. Wer genug Zeit mitbringt, kann sich natürlich auch geruhsam mit Bus oder Bike fortbewegen.

Mit dem Auto

Wegen der erheblichen Anfahrtsdauer und der Fährpreise rentiert sich ein eigener Wagen nur bei längerem Aufenthalt. Mietwagen bekommt man vor Ort nicht nur in Agadir oder Marrakesch, sondern auch in den kleinen Städten. Zu beachten ist aber der technische Zustand der Fahrzeuge: Sind Ersatzrad und Wagenheber vorhanden, ist ein Ersatzkanister an Bord, wie ist der Zustand der Bremsen, sind die Reifen o. k.? Außerdem sollten Sie darauf achten, ob Sie pro gefahrenem Kilometer zur Kasse gebeten werden, ob die Mehrwertsteuer im Preis enthalten und wie es um den Versicherungsschutz bestellt ist. Wichtig: Nur bei schriftlich ausgehandelter Vollkaskoversicherung, wie sie die internationalen Anbieter in der Regel offerieren, besteht 100 % Versicherungsschutz bei Eigenverschulden, in anderen Fällen muss man selbst in die Börse greifen.

Kreditkarten werden akzeptiert. Ohne Kreditkarte ist mit einer hohen Kaution in bar zu rechnen. Die Mietdauer bezieht sich jeweils auf 24 Std., wobei es bei vielen Anbietern durchaus möglich ist, von Mittag bis Mittag einen Wagen zu leihen. Für einen längeren Verleih ist bei den kleinen Firmen ein Nachlass verhandelbar, bei den großen Firmen ist das seltener der Fall. Dafür kann der Pkw in anderen Städten abgegeben werden.

Generell sind die lokalen Anbieter flexibler als die großen Agenturen. Die Preisunterschiede spiegeln allerdings oft den unterschiedlichen Zustand der Fahrzeuge wider; so kostet ein Renault Clio z. B. zwischen 300 und 500 DH pro Tag. Das bisher meistvermietete Modell, der Fiat Uno, der gelegentlich sogar für 250 DH angeboten wird, verschwindet langsam vom Markt, japanische Kleinwagen treten an seine Stelle. Kraftstoff ist relativ günstig und kostet zwischen 8 und 10 DH/Liter. Wer im Südosten und in der Westsahara unterwegs ist, sollte auf den Benzinstand achten; in der Regel haben nur Orte über 1000 Einwohner eine Tankstelle. Wer hier sicher gehen will, erkundet sich in den Touristbüros der Städte.

Straßennetz: Anders als im Norden des Landes gibt es in Südmarokko keine Autobahnen. Die allesamt gebührenpflichtigen Autobahnen in Nordmarokko bedienen die Strecken Casablanca–Safi, Casablanca–Tanger und Fès–Marrakesch, ab 2008 ist voraussichtlich auch die Strecke von Agadir nach Marrakesch befahrbar. Das Straßennetz setzt sich aus Routes Nationales (N), Routes Régionales (R) und Routes Provinciales (P) zusammen. Die Routes Nationales sind meist in gutem Zustand, während es sich bei den Regional- und Provinzstraßen oft um Schlaglochpisten handelt. Auskunft über den Zustand von Straßen gibt leider nicht das bloße Kartenstudium – aktuelle Informationen darüber gibt die nächste Polizeistation.

Im Vergleich zu Nordmarokko finden sich im Süden deutlich mehr Straßen „dritter Ordnung", sprich Pisten, die nur für geländegängige Fahrzeuge passierbar sind. Diese Erfahrung – es sollte nicht gleich mit einer Wüstendurchquerung begonnen werden – erfordert natürlich ein gewisses Know-how und gutes Kartenmaterial. Eine weitere Option ist es, einen zuverlässigen Guide mitzunehmen, je nach Qualifikation ca. 300–400 DH/Tag (→ Marrakesch/Arbeiten für Almosen?). Zudem gibt es Routen und Touren im Off-Bereich, die nur mit gründlicher Vorbereitung befahren werden sollten.

Auf den Straßenkarten sind die Routes Nationales durchaus als solche erkennbar, leider sind jedoch auch viele neue Karten, was die Routes Régionales und Routes Provinciales betrifft, unzuverlässig. So können die Provinciale-Routen auch Pisten sein, die gelegentlich so schlecht sind, dass sie nur mit 4x4-Drive befahrbar sind. Auf der anderen Seite werden ständig Pisten asphaltiert, die somit Pkw-fähig, aber als solche noch nicht auf den Karten verzeichnet sind. Eine relativ zuverlässige Karte mit derartigen Eintragungen ist die Freytag & Berndt-Straßenkarte (www.freytagberndt.com).

Verkehrsregeln und Fahrverhalten: In Ortschaften sind 40 km/h zulässig, außerhalb 100 km/h, auf Autobahnen 130 km/h. Es besteht Anschnallpflicht und absolutes Alkoholverbot. Vorsicht ist an Ortseingängen und -ausfahrten angebracht: Polizisten kontrollieren hier gelegentlich Fahrzeugpapiere und auch die Geschwindigkeit. Wer tatsächlich einmal zu schnell gefahren ist, sollte lieber versuchen, sich mit Charme herauszureden, anstatt plumpe Bestechungsversuche zu starten. Wenn das Bußgeld unangemessen hoch erscheint (z. B. mehr als 100 € bei mittelschwerer Geschwindigkeitsübertretung), sollte man darauf bestehen, auf die Wache zu fahren. Gleiches betrifft Unfälle, wenn keine Polizei erscheint.

Für Marokkaner in ländlichen Regionen ist die Landstraße auch für wackelige Eselkarren und Mopeds der einzige Verbindungsweg – also besonders nachts vorsichtig fahren! Vorsicht ist auch beim Überholen geboten: Da der Straßenbelag gelegentlich zu wünschen übrig lässt, schwenken Fahrzeuge leicht zur Mitte aus. Auf Gebirgspässen bzw. in unübersichtlichen Kurven und beim Überholen darf und sollte gehupt werden.

Auch auf den unzähligen Nebenstraßen, auf denen selten Busse oder Taxis fahren, ist langsames Fahren von Vorteil – zum einen sind diese Straßen auf eineinhalb Pkw-Breiten ausgerichtet, zum anderen bremst es sich auf Rollsplit schlecht.

Gut ausgerüstet für die Pisten des Südens

In der Stadt wird grundsätzlich, wenn überhaupt, nur nach vorne geschaut – und auch dafür ist bei Eile oder intensiver Unterhaltung nicht viel Zeit. Dem ADAC-Hinweis, dass Fußgänger „oft auf unvorhersehbare Weise“ reagieren, sollte ernst genommen werden – und auch auf Esel und Kamele ausgeweitet werden. In der Regel sind die Tiere zwar an Verkehr gewöhnt, eine defensive Fahrweise ist dennoch hilfreich.

Mit Sammeltaxi oder Taxi

Sammeltaxis starten in der Nähe der Linienbus-Parkplätze und verkehren auf ähnlichen Linien wie die Busse, sind aber flexibler, was das Anhalten und Entladen betrifft. Zudem verkehren sie vor allem dort, wo keine Busse verkehren (Beispiel Tafilalet), nehmen flexibel neue Fahrgäste auf bzw. halten zum Aussteigen an. Meist sind Sammeltaxis, sofern keine Panne dazwischen kommt, fast so schnell wie private Pkws. Ähnlich wie im Club der Busfahrer gibt es aber auch hier gelegentliches Konkurrenzgebahren („... mein Taxi fährt schneller“), was aus den betagten Läufern flinke Platzhirsche macht. Ein Unterschied zu den Bussen ist, dass sich die Abfahrtzeit nach den verkauften Sitzplätzen richtet und das am meisten eingesetzte Mercedes-Diesel-Modell nur fünf Plätze hat. Wer also mehr Ellbogenfreiheit braucht oder früher abfahren möchte, kauft Sitzplätze dazu, so kann früher gestartet werden. In der Regel sind die Sammeltaxis schneller und preiswerter als die Überlandbusse und einen Inch bequemer, die modernen CTM- und Supratours-Busse ausgenommen. Ein ganzes Sammeltaxi für längere Strecken zu mieten ist Verhandlungssache, ebenfalls für individuell bestimmte Abschnitte, dagegen gibt es für Stadtverbindungen Festpreise (ca. 20–40 DH für 100 km, je nach Strecke).

Petit-Taxis dürfen sich nur in der Stadt bewegen, der zuvor ausgehandelte Fahrpreis wird hier von den Mitfahrern geteilt, nachts sind bis zu 50 % Zuschlag fällig. Bei längeren Stadtstrecken lohnt es, mehrere Angebote einzuholen und die Preise zu vergleichen (ab 10 DH für 2 km).

Mit dem Bus

Weil in Südmarokko kein Eisenbahnnetz existiert, werden die Verbindungen mit Überlandbussen der staatlichen Busgesellschaft CTM flächendeckend aufrechterhalten, wobei immer mehr Strecken von privaten Linien übernommen werden. Wer etwas Geduld, Sitzfleisch und Interesse an den Menschen mitbringt, kann sich auf den Busfahrten austauschen, ohne Arabisch zu können, und dabei unmittelbare Eindrücke gewinnen. Das Busfahren mit allen Tücken, Unbequemlichkeiten und unvorhersagbaren Ereignissen ist in Marokko wie auch in anderen afrikanischen Ländern eine Wirklichkeit für sich. Und weil das so ist, gibt es überzeugte „Busüberlandfahrer" und solche, die es nicht sind – oder es waren. Dem günstigen Ticketpreis stehen jedenfalls die genannten Tücken gegenüber. Doch dem Reisenden, der im isolierten Individualtaxi oder geliehenen Pkw reist, ist entgegenzuhalten, ein beachtliches Stück „authentisches" marokkanisches Leben erfahren zu können. Das Reisen mit dem Kollektivtaxi ist dieser Erfahrung am nächsten, das Szenario der Mitfahrer jedoch kleiner und die Dynamik eine andere (siehe oben).

Auf den Busbahnhöfen ist ein Heer von Ticket-Vermittlern unterwegs (ein gewisser wirtschaftlicher Sektor sozusagen), die antreffende Reisende zu den Bussen bzw. Ticketverkäufern geleiten und einige Centimes vom Verkäufer erhalten. Der Fahrpreis erhöht sich dadurch nicht. Es lohnt aber, vorher im Terminal die Abfahrtzeiten (www.ctm.ma) zu vergleichen; Reservierungen für viel befahrene, längere Strecken sollten dabei einen Tag im Voraus gebucht werden. In Sachen Pünktlichkeit liegen die komfortablen CTM-Busse bzw. Supratours auf gleicher Höhe mit der Deutschen Bahn. Es folgen S.A.T.A.S.-Busse und andere Private mit flexiblen Abfahrtszeiten.

Grundsätzlich gibt es kein verbrieftes Recht, zu einer gewissen Zeit am Zielort zu sein. Auch werden viele Privatbusse hoffnungslos überladen, obwohl es verboten ist, Stehplätze zu verkaufen. Die Langstreckenbusse der CTM sind mit Aircondition und nicht zu überhörenden Videogeräten versehen. Für alle Busse gilt: Gepäckstücke kosten immer einige Dirham zusätzlich. CTM hat sogar Billets für die Gepäckstücke eingeführt – ein Vorteil, weil Passagieren ein Gepäckstück klar zugeordnet werden kann. Auf längeren Strecken werden alle 3–5 Stunden Pausen – auch zum Essen – eingelegt. Es ist ratsam, auf diesen Strecken auf Mitreisende bzw. Hupsignale des Busfahrers zu achten, um die Weiterfahrt nicht zu verpassen. Die Fahrtgeschwindigkeit beträgt auf Hauptstrecken 90 km/h, der Preis zwischen 30 und 60 DH pro hundert Kilometer.

Mit der Eisenbahn

Die Hauptstrecken des marokkanischen Eisenbahnnetzes verbinden die Städte im Norden des Landes: Tanger–Casablanca–Rabat–Marrakesch (über Settat) und Casablanca–Meknès–Fès–Oujda–Safi. Das Schienennetz endet in Marrakesch bzw. Safi, ein geplanter Ausbau liegt in den Behördenschubladen. Die bahneigene Bus-Linie Supratours gehört zu den besseren Linien, verkehrt auf den Hauptverkehrsstrecken und wird in Marrakesch auf die Ankunfts-/Abfahrtszeiten der Züge abgestimmt. Zugfahren ist eine angenehme Alternative zum Busfahren, zumal die Züge pünktlich und weniger überladen sind als private Busse. Informationen zu Abfahrtzeiten vor Ort und unter www.oncf.ma.

Mit Fahrrad und Mountainbike

In Marokko ist das Fahrrad zunächst ein billiges Transportmittel, mit dem große Milchkannen, Gemüse, Fisch und Backbleche mal balancierend, mal auch schiebend fortbewegt werden. Auch wurden schon ganze Familien auf einem einzigen Fahrrad gesehen. In Marokko sind Fahrräder meist ältere Arbeitsgefährte, die oft nur rudimentär ausgestattet sind – funktionierende Bremsen, Licht oder Klingel sind Luxus.

In landschaftlich schönen Regionen kann nur in Hotels auf ein mietbares Bike gehofft werden, wobei der Zustand meist zu wünschen übrig lässt. Gute Bedingungen, mit dem Fahrrad auch längere Touren zu machen, gibt es besonders in der Region von Tafraoute und im Souss. Eine Tour über verlassene Straßen zur Zeit der Ginster- oder Mandelblüte im Frühjahr ist ein unvergessliches Erlebnis – die in diesem Buch vorgeschlagenen Routen im Dreieck Agadir–Tiznit–Tafraoute (bzw. Igherm) sind durch eine Vielzahl von Kombinationen erweiterbar, die einen tiefen Blick in diese ländliche Kultur ermöglichen. Wer hingegen in den Sommermonaten reist, muss sich auf die ganz frühen Morgenstunden beschränken. Von Juni bis September ist Südmarokko wegen der Temperaturen jedenfalls nicht als Bike-Destination zu empfehlen.

Wer sein Rad von zu Hause mitbringt, sollte bedenken, dass lange Touren auf dem Mountainbike sehr unbequem und robuste Tourenräder (dazu mindestens ein Ersatzreifen, Speichen, Ersatzkette, mehrere Schläuche) die bessere Wahl sind. Weil das Fahrrad in Marokko ein weit verbreitetes Fortbewegungsmittel ist, kann man im Fall von Reparaturen auch in kleineren Städten auf Hilfe zählen, in den größeren Städten sowieso.

Mit dem Pferd

Marokko ist ein Land mit großer Tradition in der Pferdezucht und im Umgang mit Pferden, Pferdetrekking ist daher weit verbreitet. Geritten wird in der Regel auf gut ausgebildeten Berberhengsten, die trittsicher und sehr geländeerfahren sind. Angeboten werden stundenweise Ausritte, Halbtags- und Ganztagstouren. Viele Pferdeliebhaber haben besonders Südmarokko als Reiseland entdeckt und buchen längere Trekkings bzw. Randonnées mit Übernachtung in Zelten. Die Küste Richtung Sidi Kaouki, Cap Tafelney bzw. Cap Rihr sowie das Hinterland von Essaouira gelten als vielseitige und interessanteste Region. Hier kann man über mehrere Tage am Meer reiten, die Etappen lassen sich mit Ausflügen ins Hinterland kombinieren. Auch nördlich von Agadir gibt es gute Möglichkeiten (→ Agadir und Essaouira).

Reisepraktisches

Mit dem Kamel

Kameltrekking ist eine relativ einfache Fortbewegungsart, die keinen körperlichen Einsatz verlangt. Wer Muskelkater hat, kann bei einer längeren Tour den Guides auch mal im Schritttempo zu Fuß folgen. Das Kamel stimmt auf das in Marokko übliche Zeitgefühl ein und vermittelt besonders bei längeren Touren in der Wüste eine ganz eigene Erfahrung. Draußen zu schlafen, am Feuer zu essen und für einige Tage im Rhythmus der Natur zu leben ist ein eindrückliches Erlebnis. Bekannte Trekking-Regionen sind das Draa-Tal, der Erg Chebbi und Essaouira, wo in Meernähe zwar oft mit Wind, aber – durch den kühlenden Golfstrom bedingt – keineswegs mit sengender Hitze zu rechnen ist. Kamele bzw. Kamelführer finden sich generell außerhalb der Bergregionen, wo bis heute die Mulis zu den wichtigen Transportmitteln zählen.

Trekking

Der Süden Marokkos ist eine sehr vielseitige Trekking-Region. Wer vollkommen abseits gelegene Regionen durchwandert, hat die Chance, nicht nur landschaftlich äußerst reizvolle Gegenden zu entdecken, die auf andere Weise nicht zu erschließen sind. Eine mehrtägige oder mehrwöchige Trekkingtour über Pisten – in Kombination mit Passagen im Kollektivtaxi oder Bus – kann den Blick für andere Lebenswelten schärfen. Mit ein paar Worten Arabisch findet sich unter Umständen auch dort ein Nachtlager, wo bisher kein Besucher hingelangte. Eine Alternative zum Trekking auf eigene Faust ist es, mit von lokalen Agenturen vermittelten Guides eine Tour zu machen. In den Bergen kommen neben der touristisch gut erschlossenen Toubkal-Region die von Taliouine erreichbare Region des Jbel Sioura, die Djebel-Saghro-Region, die Region des Anti-Atlas – besonders bei Tafraoute – sowie die Region von Azilal in Frage, um nur einige Möglichkeiten zu nennen.

Bergsteiger aus Europa haben in den letzten Jahren durch ihre Nachfrage im hübschen Ait-Bougmezz-Tal gute Möglichkeiten entstehen lassen. Wer in die hohen Bergregionen des Toubkal möchte, findet über die aufgeführten Vereinigungen lizenzierte Bergwanderführer (etwa in Agouti, El Kelaa M'Gouna, Boumalne, Imlil oder Oukaimeden), die mit Rat und Tat zu Seite stehen. Ein direkter Kontakt zu den Wanderführervereinigungen und zertifizierten Guides ist – im Gegensatz zu organisierten Ausflügen von Agenturen – sogar wünschenswert, zumal in diesem Fall „lokales Wissen" auch angemessen vergütet wird; ein Teil des Geldes geht hier direkt an die Guides. Bedacht werden sollte auch, dass gerade bei von Agenturen vermittelten Trekkingtouren und geführten Wanderungen, die Konkurrenz nicht nur groß ist, sondern Niedrigstpreise immer zu Lasten der lokalen Guides gehen. Diese sind in der Regel das schwächste Glied der Kette und werden meist schlecht bezahlt (→ Marrakesch/Arbeiten für Almosen?). Besitzer von Hotels und Gästehäusern können hier helfen, direkte Kontakte herzustellen. Zudem arbeiten viele lokale Guides mit dem Internet und sprechen oftmals neben Französisch auch Englisch oder Deutsch. Die *Délégation du Tourisme* (u. a. in Marrakesch, Agadir, Tafraoute, Ouarzazate) sowie die Büros der Bergwanderführer (s. o.) geben Auskünfte und vermitteln Adressen (weitere Infos in den Ortskapiteln). Wer professionell geführte Touren schon in Deutschland buchen möchte, wendet sich an Anbieter mit langjähriger Erfahrung wie Atlas-Activ-Tours (Liebenhofen 42, D-88287 Grünkraut, ✆ 0751-76934-0, ℻ 0751-76934-14, www.atlas-activ-tours.de) oder www.expeditionsbergsteigen.com (Beratung via E-Mail).

Stilvoller Riad in der Medina von Marrakesch

Übernachten

In Marokko gibt es vom 2-Sterne- bis zum 5-Sterne-Hotel eine staatlich geprüfte Klassifizierung. So gehören etwa bei 3 Sternen TV, Zimmertelefon und Minibar zum Standard, bei 4 Sternen sind die Zimmer zudem größer. In Südmarokko haben sich in den letzten Jahren die Hotel-Neueröffnungen der mittleren und oberen Kategorie von Agadir nach Marrakesch verlagert. Hinzu kommen Großprojekte an der Küste, die von multinationalen Hotelketten realisiert werden und dem europäischen 4-Sterne-Standard entsprechen.

Da sich nur ein Teil der marokkanischen Hotels staatlich prüfen lässt und die damit verbundenen Kosten auf sich nimmt, ist es unser Anliegen, attraktive und besondere Angebote zu beschreiben und die andernorts weniger berücksichtigten Unterkünfte zu kommentieren. Denn es gibt viele gute Individual- und Traveller-Unterkünfte, die Komfort und Ausstattung anderen Kriterien unterwerfen und sich daher nicht klassifizieren lassen. Eine fehlende Einordnung in das Sterne-System ist jedenfalls keineswegs ein Indiz für schlechte Qualität.

Durchschnittliche Doppelzimmer-Preise in klassifizierten Hotels:

***** 2000 DH

**** 450 DH

*** 300 DH

** 200 DH

Durchschnittliche Preise in nicht klassifizierten Häusern (mindestens 2 Personen):

– Riads 400 DH

– Clubhotels 700 DH

- Bungalows/Appartements 500 DH
- Einfachunterkünfte auf niedrigstem Standard 80 DH
- Campingplatzgebühren und Jugendherbergen 20 DH

Übernachten – nach Sternchen-Standard oder regionaltypisch?

Wer in Marokko eine angenehme Bleibe sucht, braucht sich nicht an der Sterne-Klassifizierung zu orientieren. Denn vielen Hotels der Mittelklasse geht es nicht darum, internationale Standards mit Pool, Fön und Fernseher zu imitieren, sondern die lokalen Besonderheiten architektonisch weiterzuführen. Kunst und Handwerk waren in Marokko nie getrennt, und die große Zahl künstlerisch ausgefallener Stadthäuser und Dars in den Medinas von Fès, Casablanca oder Marrakesch, seit jeher Kleinode eines intensiven künstlerischen Gestaltungswillens, hat sogar in der Literatur Spuren hinterlassen. Auffallend sind auch die Hotels in ländlichen Regionen wie Sidi Ifni oder Taroudannt, in denen gelegentlich noch der freundliche Geist der 70er Jahre weiterlebt und noch nicht durch aufwendige „Modernisierungsmaßnahmen" verscheucht ist.

Davon abgesehen wird es mit normalem Aufwand auch nicht möglich sein, eine zum Hotel umgebaute Kasbah so umzugestalten, dass damit ein Zwei- oder gar Drei-Sterne-Standard erreicht wird. Man hat also die Wahl zwischen einfachen Häusern mit Zimmern mit Bett und Tisch, aber ohne eigenem Bad, umgeben von uralten, über drei Etagen gebauten Stampflehmwänden, wie in der Auberge Dar el Hiba im Ksar von Tissergate. Oder man wählt eine auf alt getrimmte, gemauerte Kasbah – mit integrierter Kanalisation, geräumigen Zimmern, individuellen Bädern und kunstvollem Tadelakt-Verputz (mit Farbpigmenten gefärbter glatter Kalkverputz). Das Adjektiv „authentisch" trifft in diesem Fall jedoch nicht zu, weil diese Häuser nur das spiegeln, was man sich unter authentischer, lokaler Lebensweise vorstellt. Das „Unbequeme" und „Primitive" wird dabei ausgeblendet und durch fortschrittlichere Lösungen ersetzt.

Viele Unterkünfte vermitteln also eher eine Vorstellung von westlich verstandener orientalischer Lebensweise, von der angenommen wird, das sie den Gästen zusagt. Hinzu kommt, dass eingewanderte Ausländer Hotels und Maisons d'hôtes nach ihrer Vorstellung des Fremden gestalten, unterschiedliche Stile vermischen und gänzlich Neues schaffen. Viele Handwerker vollziehen diesen Sprung mit Leichtigkeit und schaffen mit alten und neuen Materialien, Formen und Farben mitunter faszinierende Unterkünfte. In ländlichen Regionen hingegen, wo die Mittel knapper sind, sorgen Phantasie und Improvisationsvermögen für originelle Lösungen, die Geld nicht unbedingt kaufen kann.

Bei den Berbern zählt eine minimalistische Ausstattung des Wohnbereichs, bei dem die Räume bis auf flache Sitzelemente vollkommen leer bleiben. Bei durchschnittlichen arabischen Haushalten – und es gibt viele Einfachhotels, die so ausschauen – dominieren weiche Möbel und Einrichtungsgegenstände mit blumigem Dekor und bisweilen grellen Farben. Die Ausstattung ist funktional und beschränkt sich auf ein großes Bett, einen Schrank und mit Glück ein Waschbecken. Für Europäer sind aber nicht nur die farblichen Details gewöhnungsbedürftig, bei den Einfachunterkünften kann es auch ein fehlendes Fenster zur Straße sein, was durch ein einziges Fenster zum Patio ersetzt wird, oder ein recht einfaches Badezimmer, das bei aller Sauberkeit fern vom gewohnten heimatlichen Standard ist ...

Besonders die Clubanlagen und besseren Hotels entsprechen europäischen Standards und übertreffen diese häufig in punkto handwerklicher und architektonischer Ausstattung. Appartements und zunehmend auch Riads werden von den Marokko-Spezialisten angeboten (→ Weblinks in den Ortskapiteln) während eine steigende Zahl kleiner und preiswerter Hotels sowie familiär geführter Häuser mindestens über E-Mail, oft sogar über eine Webseite verfügt und so direkt gebucht werden kann. Bei den günstigsten Doppelzimmern (um 100 DH) findet sich meist ein Waschbecken im Zimmer, Toilette und Dusche sind auf dem Flur.

In der Regel ist das (oft knappe) Frühstück nicht im Übernachtungspreis enthalten. In solchen Fällen empfiehlt es sich, in benachbarte Bars und Cafés auszuweichen – die Preise werden hier günstiger sein.

Zu bedenken ist auch, wie viel Ruhe gesucht wird. Die Medinas mit ihren Riads, Dars und Stadthotels bieten eine unvergessliche orientalische Geräuschkulisse, die für den einen inspirierend, für den anderen nervtötend sein kann. In diesem Fall reichen oft wenige Schritte vom Zentrum, um in einer Nebengasse eine ruhige, geborgene Bleibe zu finden.

Zu guter Letzt sei auf die „spielerische Komponente" bei der Preisgestaltung hingewiesen. Obwohl sich bei den Hotels der Trend, Preistafeln aufzuhängen, weiter durchsetzt, ist oftmals, besonders bei längerem Aufenthalt, ein kleiner Spielraum vorhanden. Und auch in der Nebensaison lässt sich ein Nachlass aushandeln – oder ein Frühstück, das eigentlich nicht im Preis enthalten ist.

Hotels und Restaurants in Marokko

Öffnungszeiten: Die meisten Restaurants und Hotels sind sieben Tage in der Woche geöffnet.

Adressen: Die im Buch verzeichneten Adressen haben oft keine Hausnummern: Straßen, besonders in den Medinas, führen keine Hausnummern, und oft haben die Gassen entweder keine oder gar mehrere Namen.

Telefon: Durch eine Umstellung im nationalen Telefonnetz haben viele Teilnehmer nur noch Handy-Telefonnummern. Einfache Restaurants haben kein Telefon.

Internetadressen: Bei der Auswahl der Informationen war es unser Anliegen, wenn möglich die Webseiten und E-Mail-Adressen anzugeben. Eine Kontaktaufnahme auf diesem Wege funktioniert inzwischen recht gut, wenn auch manchmal mit etwas Wartezeit. Da Faxgeräte oft fehlerhaft arbeiten oder gar nicht eingestellt sind, wurde auf Faxnummern verzichtet.

Einzelzimmer: Die meisten Riads und viele einfache Hotels haben nur Doppelzimmer im Angebot. Bei Einzelbelegung lässt sich vor allem in der Vor- und Nebensaison mit etwas Geschick ein Nachlass von bis zu 30 % aushandeln. Drei- und Viersterne-Hotels bzw. die klassifizierten Hotels bieten in der Regel Einzelzimmer zu günstigeren Preisen.

Preisnachlass: Bei längerem Aufenthalt und in der Nebensaison ist bei vielen Hotels ein Rabatt möglich.

Frühstück: Bei Hotels im mittleren und unteren Preisbereich ist das Frühstück meist nicht eingeschlossen, bei Riads, Drei- und Viersterne-Hotels gelegentlich. Oft ist es Verhandlungssache, ob im gezahlten Preis ein Frühstück – das in der Regel ohnehin mager ausfällt – enthalten ist.

Essen: Die meisten Hotels und Maisons d'hôtes haben ein Restaurant bzw. eine Küche, um Speisen zuzubereiten. Spezielle Wünsche wie vegetarische Gerichte, Tee ohne Zucker etc. werden meist erfüllt.

Berberomelett

Essen & Trinken

Auch beim Thema „Essen und Trinken" sagen westliche Standards wenig aus. So kennt Marokko keine italienischen Typenbezeichnungen wie Osteria, Enoteca, Trattoria. Ein erkennbarer Unterschied besteht aber zwischen Luxusrestaurants, Restaurants für ausländische Besucher in Hotels und Hotelnähe und solchen, die marokkanische Küche für ein breites, vorwiegend einheimisches Publikum kochen – die Billigrestaurants, Straßenküchen und lokalen Fast-Food-Imbisse.

Kulinarische Spuren: Alle Völker, die mit Marokko Handel trieben oder das Land besetzt hielten, haben ihre kulinarischen Spuren hinterlassen, und so wundert es nicht, dass die marokkanische Küche von allerhand bunten und exotischen Einflüssen durchsetzt ist. Von der berberischen Urbevölkerung wurden einfache und rustikale Fleischgerichte mit geschrotetem Weizen übernommen. Die Araber brachten ab dem 9. Jahrhundert aus der feinen Küche Bagdads die neuesten kulinarischen Kicks nach Fès.

Im *Kitab el tabih,* einem kulinarischen Kompendium aus Bagdad, wird unter anderem die Kunst der Soßenzubereitung erläutert, zu der Ingwer, Koriander, Safranblüte und Cumin ebenso gehören wie Kardamom und Muskatnuss. Eine weitere kulinarische Quelle ist Andalusien. Nach der Vertreibung der andalusischen Araber brachten diese Flüchtlinge ihre Mischung aus christlicher, jüdischer und moslemischer Küche nach Tétouan, Fès und Rabat. Fleischgerichte mit gerösteten Mandeln, Rosinen, Pflaumen, Aprikosen, Zitronen, Quitten und Orangen, Zimt und Zucker sowie neuen exotischen Gewürzen kamen auf. Über Algerien – das Land war bis 1830 von den Türken besetzt – gelangten hingegen osmanische Einflüsse nach Marokko. Beispielsweise die Grillgerichte vom Lamm *(meschwi)* oder die Brochettes (Fleischspieße), die mit dem türkischen Kebab verwandt sind.

Kulinarische Höhepunkte: Die marokkanische Lamm-Tajine ist, gut zubereitet, eine einfache und köstliche Spezialität, die die Einflüsse unterschiedlicher Kochkulturen gut erkennen lässt. Das marinierte Lammfleisch ruht unter einem Bett verschiedener Gemüse und Früchte wie getrockneter Aprikosen oder Pflaumen, umgeben von einer pikanten Gewürzmischung, die durch Honig, Zimt und Pfeffer eine kontrastreiche Note erhält. Je nach Region und Familientradition wird die Tajine auf unzählige Arten zubereitet. Beispielsweise mit Huhn, Lamm, Rind oder Fisch sowie verschiedenen Gemüsen. Daneben gibt es aber auch reine Gemüse-Tajines. Beliebte Zutaten sind in jedem Fall Koriander, Pflaumen, Zitronen, Knoblauch, Oliven, Rosinen und Honig. Gegart werden die Zutaten in Oliven- oder Arganöl und frisch zubereiteten Gewürzmischungen. Dabei ist das Ergebnis der langen Garzeit auf niedriger Flamme meistens köstlich und keineswegs fett.

Köstliche Gewürzmischungen: Die Soßen werden nach der Auswahl der Gewürze benannt: M'Qualli wird mit Zwiebeln, Safran und Ingwer zubereitet und ist leicht gelblich. Qadra enthält neben diesen Zutaten noch Butter und weißen Pfeffer. Mit Harissa (Paprikamark und Chilli), Kreuzkümmel, Knoblauch und Olivenöl wird M'Hammar zubereitet, während M'Charmel mit den gleichen Zutaten leicht rötlich wird, aber eine Prise Safran und Ingwer enthält.

Auf der Speisekarte erkennt man die verschiedenen Zubereitungsarten daran, dass die Gerichte den Namen dieser Soßen tragen – also Hähnchen M'Hammar, Huhn M'Hammar, Fisch M'Charmel, Süßkartoffeln M'Chermia usw. (weitere marokkanische Spezialitäten → unten „Tajine, Couscous & Co.“).

Die Souks: Ein Blick auf die Souks, die reichen Märkte, ist ein sinnliches Abenteuer. Es sind nicht nur die Gewürzstände mit ihren kunstvoll gestalteten ton- und ockerfarbenen Gewürz-Pyramiden. Es ist der Umgang mit Obst und Gemüsen überhaupt. Viele Händler bieten ihre Eigenproduktion von Nüssen, Datteln, Feigen, Oliven und Hülsenfrüchten in vielen Qualitäten an und machen die Wahl gar nicht so einfach. Nicht weit sind die kleinen Garküchen und Restaurants in der Nähe der Märkte, deren Duft Appetit macht. Schnell ist ein Kanoun (Holzkohlegefäß) für eine Tajine – jener bekannten Ton-Kasserolle mit spitzhaubigem Deckel – vorbereitet und eine köstliche Mahlzeit zubereitet.

Wer sich für Gewürze interessiert, wird im Souk leicht einen Händler finden, der wort- und gestenreich die Gewürzmischungen erklärt. Die zahlreichen Mischungen werden vor Ort hergestellt. Jedoch sollte man am besten dort kaufen, wo viel umgesetzt wird, denn nur dort sind die dekorativen Pyramiden an Kurkuma, Paprika und anderen Gewürzen aus frischen Zutaten gemahlen. Eine Alternative sind Geschäfte, die Gewürze in großen Gläsern aufbewahren.

Eine Tajine braucht Zeit

Es gibt Fisch- und Fleischgewürzmischungen, kleine und mannigfaltige Zusammenstellungen. So enthält die Mischung „Ras el-Hanout" (auf Deutsch etwa „Haus-Spezialmischung") über 15 verschiedene Gewürze: Muskatnuss und -blüte, Schwarz- und Kreuzkümmel, süßen und scharfen Paprika, Zimt, Ingwer, Galgantwurzel, Rosenknospen, Gummiarabikum, Lavendel, Kurkuma, Flügelnuss (Esche), Kardamom, roten, schwarzen und Melegueta-Pfeffer, Koriander – um nur die wichtigsten Zutaten zu nennen.

Weitere Mischungen sind: „M'Hammar", eine Mischung aus Kreuzkümmel und Knoblauch. „M'Charmel" enthält die gleichen Zutaten, wird aber durch eine Prise Safran und Ingwer leicht rötlich. „Ghassoul" ist eine grüne, feine Tonerde für Gesichts- und Körpermasken und besonders gut für das Waschen empfindlicher Haare. „Souak" dient als Weißmacher bzw. Putzcreme für die Zähne. „Kholl" ist ein schwarzbraunes, mineralisches, mit Wasser angemischtes Pigment, das für Lidschatten und Bemalung benutzt wird. Amber wirkt (z. B. in der Seife) beruhigend und hilft gegen Motten. Moschus ist ein Parfumextrakt. Henna verwendet man für aufwendige Bemalungen von Händen und Füßen (→ Taliouine/Eine Farbe, die Appetit macht: Safran).

... aber erst mal einen Tee: Tee ist nicht nur das marokkanische Lieblingsgetränk, es zu sich zu nehmen ist ein Ritual der Begegnung, des Austausches, des Sich-Zeit-Nehmens. Eine Einladung zum Tee bekundet auch Offenheit und Neugierde für den Fremden. Natürlich ließe sich einwenden, eine Einladung sei nur Ausdruck dafür, etwas verkaufen zu wollen, und sie anzunehmen wäre ein Signal, diesem (kommerziellen) Interesse zu folgen. Doch Unbefangenheit und Offenheit wird hier möglicherweise belohnt, vielleicht sogar mit Gesprächen, an die man sich noch nach Jahren erinnert. Offen für Überraschungen zu sein ist also vielleicht das beste Rezept für eine Begegnung beim Tee ...

Wer der Teebereitung zuschaut, stellt fest, dass hier mit schnellen Handgriffen ein Ritual vollzogen wird. Eine Handvoll grüner Tee wird in das sprudelnde Wasser gegeben, die Kanne geschwenkt und ein Bund frischer Minzblätter hinzugefügt. Nach einigen Minuten werden frisch gebrochene Zuckerstücke hinzugefügt (die großen Zuckerhüte sind übrigens noch heute Gastgeschenke und künden vom Wohlbefinden der Besucher) und einige Gläser ab- und zurück in die Kanne gegossen, um den Inhalt gut zu vermischen. Und weil die Menge der Minzblätter und des zugefügten Zuckers nicht gering ist, sind die letzten Gläser der Kanne besonders kräftig. Weniger romantisch ist allerdings die Tatsache, dass Diabetes ein Problem in Marokko ist – und wer keinen Zucker im Tee mag, sollte dies einfach klar bekunden.

Tajine, Couscous & Co. – Essen als soziales Ereignis

Die Tajine ist das typischste Gericht des Landes und genau betrachtet ein soziales Ereignis, das weit über das Essen hinausweist. Schon das Zusammenkommen am Tisch, wo nicht von einzelnen Tellern, sondern gemeinsam aus der Tajine, dem großen Tongefäß, gegessen wird, ist ein Erlebnis. Hier kommt man sich näher, es entsteht ein Gefühl von Gemeinschaftlichkeit, der „individualisiertes" Essen völlig fremd ist. Mehr noch: Im gemeinsamen Essen zeigt sich das Urprinzip der Gastfreundschaft. Wer unter den extremen Lebensbedingungen etwa in der Wüste nicht am Tisch saß, war ausgestoßen, konnte nicht überleben.

Ein *Couscous* wird als Hauptspeise und unverzichtbarer Bestandteil eines geselligen Essens serviert und der Gast isst – meist mit Mittelfinger, Zeigefinger und Daumen der (rechten) Hand – von dem großen Tablett jenen Teil, der ihm am nächsten ist. Couscous wird über längere Zeit gedämpft, die nicht vorgekochte Variante – hier ist die Körnung entscheidend – braucht mehr Zeit für die Zubereitung. Neben den milden, am meisten servierten Couscous gibt es auch ein süßliches mit Zimt, Butter, Honig und einer Prise Pfeffer sowie ein pikantes, mit Harissa angerichtetes.

Eine Einladung zu einem Festmahl ist eine große Ehre und keineswegs ein kurzes Ritual. Nachdem in einem Gefäß warmes Wasser zum Waschen der Hände mit einem Handtuch gereicht wird, folgt das „bismillah" (im Namen Allahs) und ein kunstvolles Aufstellen der Speisen, Salate, Zutaten und des nach Anis duftenden Brotes.

Unter den Suppen ist die *Harira* zu erwähnen, eine aromatische Suppe auf der Grundlage von Lammbrühe, Linsen, Kichererbsen, Tomaten, Zwiebeln und Kräutern, die besonders in der kalten Jahreszeit gegessen wird. Oder die Griessuppe mit Anis oder die erfrischende Minzsuppe mit Kümmel. *Kefta* – kleine Kugeln aus gerolltem Lammhack – finden sich auch auf vielen Speisekarten sowie *Merguez,* Würstchen aus Lammfleisch. Ein Delikatesse ist *B'stilla:* eine geschmorte Taube in einer Zwiebel-Eier-Mischung mit viel Mandeln im Teig *(Warkha)* knusprig goldgelb gebacken. Eingelegte Zitronen, pikante Gewürze und Oliven kommen in der Hähnchen-Tajine zusammen.

Spezialitäten aus unzähligen Gemüsen sind etwa Auberginen mit Zimt, Bekkula (gedämpfte Malvenblätter), Süßkartoffeln mit Rosinen, das Püree aus Okraschoten, grüner oder bitterer Salat mit Orangen und einer Nuance Orangenblütenwasser oder Zimtdressing, Paprika-Tomaten-Salat, Tomatensalat mit Minze oder die *Chekchuka,* gestampfte Paprika mit Knoblauch, Koriander und Kreuzkümmel zu einer Paste vermengt.

Die Vorräte für das nicht enden wollende Festmahl reichen meistens für weitere Gäste, und es ist schwer, den Gastgeber am Ende des Mahls davon zu überzeugen, wirklich satt zu sein. Der obligatorische Minztee wird meistens nach dem Mahl getrunken. Es folgt dann eine Auswahl von Gebäck – zum Beispiel Sandgebäck mit Zimt, Sesamringe mit Fenchelsamen oder kleine, süße Teighörnchen, „Gazellenfüßchen" *(el ghezal)* genannt, mit einer Füllung von Mandeln oder Pistazien – denn Marokkaner lieben Tee und Gebäck süß wie die Liebe ...

Dämmerung

Marrakesch: Das Tor zum Süden

Wie keine andere Stadt Marokkos ist die Stadt mit der größten und schönsten Medina des Landes, mit ihren chaotischen Souks und mächtigen Stadtmauern von Legenden und einer Aura der Macht umgeben. An dieser Schnittstelle zwischen Nord und Süd kontrollierten die herrschenden Dynastien seit alters her große Teile des Magreb.

Marrakesch ist vor allem eine Stadt der Kontraste. Die scheinbar ursprüngliche orientalische Lebensweise, die besonders in der quirligen Dynamik der Medina noch zu erleben ist, zeigt, wie nah Heute und Gestern zusammen liegen. In dieser größten Medina Marokkos mit der legendären Place Djemaa el-Fna und dem unüberschaubaren Labyrinth der Märkte, den Souks, ist Tag und Nacht Neues, Fremdartiges zu entdecken, wird flaniert, gegessen und eingekauft. Doch für die magnetische Anziehungskraft dieser Stadt, dieser unendlichen Traummaschine, ist dies nur ein Grund von vielen.

Den französischen Besatzern erschien dieses „magische Theater aus vielen Logen" derart suspekt und unkontrollierbar, dass über die ersten Jahre ihrer Besatzungszeit die wildesten Erzählungen kursierten und die Verwaltungsbeamten angewiesen wurden, die Medina und besonders die Gegend um den Djemaa el-Fna, den Platz der Gehängten, zu meiden.

Die Geschichte von Marrakesch wurde nicht nur von seinen zahllosen Eroberern und Besatzern beeinflusst, sie wird ständig neu geschrieben. Handwerk und Handel sind bis heute bedeutende Wirtschaftsfaktoren, der Tourismus hat diesen Boom weiter vorangetrieben. Am Rand der Ville Nouvelle, der (französischen) Neustadt, einem von großen Avenues durchzogenen Viertel mit großen Parkanlagen, entsteht weiterer Wohn- und Arbeitsraum in modernster Architektur.

Auf religiösem Gebiet waren es große, heute als Heilige verehrte geistliche Führer, die in der Königsstadt lebten und wirkten. Sagenumwobene Paläste und Riads, prächtige Stadttore, zauberhafte Gärten und einige der wichtigsten Baudenkmäler Marokkos befinden sich in Marrakesch: die berühmte Koutoubia-Moschee, das maurisch inspirierte Palais de la Bahia, die kunstvoll ausgestattete Medersa und eine Reihe namhafter Museen. Es ist daher kein Zufall, dass der Name der Stadt, abgeleitet von Mraksch – dem arabischen Wort für Stadt –, auch für den Namen des Landes herhält. Umgeben von Dattelpalmenplantagen liegt Marrakesch auf 450 m Höhe in der fruchtbaren Haouz-Ebene. Im Frühjahr erscheinen die schneebedeckten Gipfel des etwa 60 km entfernten Hohen Atlas zum Greifen nah.

Geschichte

1062 erobert die Berberdynastie der Almoraviden – eine ursprünglich mauretanische Berber- und Kriegerkaste – Marrakesch und lässt sich dauerhaft nieder, um von hier den Hohen Atlas und die Verbindungswege zwischen Nord und Süd zu kontrollieren. Unter der Herrschaft von Youssef Ben Tachfin und seines Sohnes Ali Ben Youssef (1106–1143) wird Marrakesch zur Hauptstadt des neuen Reiches. Es beginnt eine rege Bautätigkeit, viele islamische Gelehrte kommen in die Stadt. In der Folge gelingt es den religiösen Hardlinern, den Almohaden, Fuß zu fassen, die Herrscher der Almoraviden zu töten und die Stadt bis auf die Stadtmauer zu zerstören. Der Sultan Abd el Moumen lässt mit der neu errichteten Koutoubia-Moschee den Phönix aus der Asche entstehen, und sein Enkel, der legendäre Al Mansur, vermag es wiederum, das geistige Leben neu zu entfachen und zahlreiche Paläste und Bauwerke zu errichten. Zwistigkeiten nach seinem Tod bringen die Fäden der Macht in die Hände der Meriniden, die Fès zu ihrer Hauptstadt erheben, während Marrakesch über zwei Jahrhunderte im Schatten steht. Erst 1524 ist ein neuer Aufschwung unter Ahmad el Aradji, genannt Ahmed al Mansour, möglich. Es entstehen die Saadier-Gräber, der El-Badi-Palast und weitere theologische Hochschulen, sogenannte Medersen. Unter der bis in die Gegenwart herrschenden Alaouiten-Dynastie wird unter anderem der prächtige Bahia-Palast gebaut. Mit viel Geschick wehren sich Moulay Hassan (1873–1894) und sein Sohn Moulay el Aziz gegen den immer stärker werdenden Druck der Kolonialmächte, doch zu Beginn des 20. Jahrhunderts gelingt es Frankreich, einen Besatzungsvertrag zu ratifizieren, der dem umstrittenen Pascha von Marrakesch, dem Thami el Glaoui, große Macht zusprach und den Franzosen freie Hand für ihre Kolonialpolitik ließ. Die von ihnen angelegte Ville Nouvelle, die Neustadt, stammt aus dieser Zeit und ist von der französischen Städtebauarchitektur des 19. Jahrhunderts inspiriert. Marrakeschs wirtschaftliche Blüte blieb auf Dauer ungebrochen, die Stagnation der Stadt in der ersten Hälfte des 20. Jahrhunderts ist längst wieder wettgemacht.

Orientierung

Eine Fahrt über die wichtigste Verkehrsachse der Stadt, die Av. Mohammed V., die von Nordwest nach Südost verläuft, das moderne Gueliz-Viertel mit der Medina verbindet und über die Place du 16 Novembre führt, vermittelt einen Eindruck, wie Altstadt und Neustadt, Heute und Gestern in Verbindung stehen. Der Platz, städtebaulich mit der Pariser Place de l'Étoile vergleichbar, verbindet strahlenförmig die Straßen der Neustadt. Auch eine Rundfahrt mit der Kutsche – Abfahrt nahe des Djemaa el-Fna – etwa Richtung Süden über die Stadttore Bab Jdid zum Bab er Rob, zum Palais Royal oder zu den Agdal-Gärten ermöglicht einen ersten Überblick über den Umfang der Medina: Das mittelalterliche Marrakesch ist auf etwa 12 Kilometer Länge von einer mächtigen, bis zu acht Meter hohen Stadtmauer aus dem frühen 12. Jahrhundert umgeben.

Reisepraktisches

Das Klima in der Stadt ist übers Jahr sehr unterschiedlich, Juli und August sind die Monate, in denen viele Marrakschi Urlaub machen. In diesen Wochen können die heißen Saharawinde das Thermometer auf 50 Grad steigen lassen. Im Januar und Februar fällt das Quecksilber auf 10–15 Grad, die sich durch die Winterwinde jedoch weit kälter anfühlen als in Europa. Dennoch sind im Winterhalbjahr die Tage meist klar, die Sonne wärmt die Straßen auf und erlaubt Sonnenbäder auf windgeschützten Terrassen. In den Frühlings- und Herbstmonaten – also von Februar bis Mai und von September bis Dezember – ist es am angenehmsten, die Stadt zu erkunden. Ein Vorteil der beiden Wintermonate Januar und Februar, ausgenommen die Weihnachtszeit, ist das geringe Besucheraufkommen.

Was die täglichen Besucherströme betrifft, so ist es sinnvoll, sich antizyklisch zu bewegen und vormittags die Souks – auch schon gegen 9 Uhr – und die Museen erst nachmittags zu besuchen. Wer das Palais de la Bahia oder die Saadier-Gräber in Ruhe sehen möchte, kommt unter der Woche eine Stunde vor Schließung. Auch der frühe Sonntag ist wie in europäischen Städten ein idealer Zeitpunkt, Denkmäler, Plätze und Gärten ohne Besuchergedrängel zu erleben. Auch eine Kutschenfahrt durch die Medina zu den Menara- oder Agdal-Gärten ist zu dieser Zeit reizvoll.

Das Verkehrsaufkommen in Marrakesch ist hoch, in Stoßzeiten ist es daher ratsam, auf Nebenstraßen auszuweichen. Der Höhepunkt ist von Freitag bis Sonntag, wenn viele Menschen aus den ländlichen Regionen in die Stadt fahren – besonders von Nachmittag bis in die Nacht herrscht dann in Richtung Zentrum ein ziemliches Verkehrschaos. Doch im Vergleich etwa zu Kairo läuft das Geschehen noch gemächlich ab. Wer ein Auto mietet, sollte trotzdem erstmal auf dem Lande etwas Erfahrung sammeln (→ Unterwegs in Südmarokko/Mit dem Auto).

Information/Verbindungen (siehe Karte S. 100/101)

• *PLZ* 40000

Informationen im Internet

www.madein-marrakech.com: umfangreiche Informationen (Suchmaschine) zu verschiedenen Unterkünften (französisch)

www.marrakech-info.com: umfangreiche Informationen zu Unterkünften aller Kategorien, Fahrzeugvermietungen (deutsch)

www.ilove-marrakesh.com: breiter Veranstaltungskalender (französisch)

(Siehe auch Wissenswertes A–Z/Information im Internet)

• *Information* **O.N.M.T.**, Place Abdelmoumen Ben Ali/Ecke Rue de Yougoslavie. Mo–Sa 9–12 und 14–18.30 Uhr. ✆ 024-436131. Kartenmaterial, Reise- und Hotelauskünfte (keine Reservierungen); Hinweise für Veranstaltungen.

Conseil Régional du Tourisme (CRT), an der Place Youssef Tachfine, nahe der Djemaa el-Fna. 9–12 und 14–18.30 Uhr. ✆ 024-385261.

• *Aéroport Marrakech* Der Flughafen liegt 6 km südlich vor der Stadt. Die Buslinie 11 verkehrt auf der Hauptstraße 800 m vor dem Flughafen. Der Bus ist zur Rushhour allerdings gut besetzt. Taxis kosten 50–70 DH, nachts plus 50 % Zuschlag. ✆ 024-448406.

Royal Air Maroc, 197 Av. Mohammed V., ✆ 024-446444, ℻ 446002.

Tipp: Zu den Unterkünften in der Medina kann man sich bis zum **Café France (49)** auf dem Djemaa el-Fna fahren lassen – ab hier ist die Altstadt für Autos tabu. Der Djemaa el-Fna ist ein üblicher Treffpunkt für Gäste, die in Riads oder Hotels in der Medina übernachten wollen; hier kann man sich von den Besitzern abholen lassen und sich gleich mit dem Gassengewirr etwas vertraut machen. Viele Hotels und Unterkünfte in den nicht befahrbaren Gassen sind vom Café France 10 bis 15 Fußminuten entfernt. Es empfiehlt sich also, mit dem Hotel oder Riad ein nahe liegendes Stadttor oder einen Platz zu vereinbaren, der mit Taxi, Bus oder zu Fuß gut erreichbar ist. Eine Alternative ist ein vom Hotel oder Riad organisierter Abholservice vom Flughafen (bei mehrtägigem Aufenthalt oft kostenlos).

• *Bahn* **Bahnhof**, Av. Hassan II. Verlässliche und gute Auskunft zu den Abfahrtzeiten, Preisen etc. gibt: ✆ 024-47703, www.oncf.ma.

Nach *Casablanca* (Fahrtzeit ca. 3 Std.) bzw. *Rabat* (Fahrtzeit ca. 4 Std.) und *Tanger* (Fahrzeit 6–7 Std.) täglich ab 5 Uhr alle zwei Stunden.

Nach *Meknès* (Fahrzeit 5–5½ Std.) täglich acht Züge, sechs Züge davon direkt.

• *Bus* **Privat-Busse** starten an der Place el Mourabiten hinter dem Bab Doukkala und fahren in stündlichem Rhythmus in alle Städte im Süden und Norden (auch früher, wenn die Busse voll sind, und ohne ihre im Gare aushängenden Zeiten zu berücksichtigen). Wir empfehlen daher die CTM- und Supratours-Buslinien (s. u.). ✆ 024-434352.

CTM-Busse, Büro am Gare routière, Busse starten am Bd. Mohammed Zerkzouni im Gueliz-Viertel. Infos zu aktuellen CTM-Verbindungen. ✆ 024-448328, www.ctm.co.ma.

Nach *Casablanca* (ca. 20 Busse tägl., auch Nachtbusse, 4 Std.), *El Jadida* (mind. 14x tägl., von Casablanca weitere Möglichkeiten, ca. 3½ Std.), *Ouarzazate* (ca. 4x tägl., 5 Std.), *Errachidia* (wie Ouarzazate, dort weitere Verbindungen, 10 Std.), *Fès* (mind. 6x tägl., ca. 8 Std.), Rabat (mind. 10x tägl., 5 Std., über Casablanca weitere Anschlüsse,), *Tanger* (mind. 10x tägl., 7 Std., über Casablanca weitere Anschlüsse) und *Agadir* (mind. 6x tägl., ca. 4 Std.)

Supratours, Büro ca. 150 m westlich vom Hauptbahnhof an der Av. Hassan II. an der Straße nach Essaouira und Agadir. Tickets sollten bereits am Vortag gebucht werden. ✆ 024-435525, www.oncf.ma.

Kulturcafé Dar Chériffa

Busse u. a. nach *Essaouira* (2–3 Std.), *Agadir* und *Laayoune* (mind. 9 Std.). jeweils 5–10x tägl. je nach Saison.

Von Marrakesch nach *Ouarzazate* und *Tinerhir* hat Supratours eine neue Linie eingerichtet, die ebenfalls mit bequemen, modernen Bussen täglich gefahren wird. Abfahrt Marrakesch 16 Uhr, Ouarzazate 20.30 Uhr, El Kelaa M'Gouna 21.50 Uhr, Boumalne 22.15 Uhr, Tinerhir 23 Uhr. Rückfahrt um 6 Uhr in Tinerhir.

Kollektivtaxis nach Süden (Ourika-Tal, Oukaimeden) starten 1½ km südlich vom Bab-er-Rob. Abfahrt immer dann, wenn alle Sitzplätze verkauft sind. Tag und Nacht ist zudem ein Heer an Taxis in alle Richtungen abfahrbereit.

Stadtbusse halten zum größten Teil nahe der Koutoubia-Moschee an der Rue Mohammed V.

Linie Nr. 11 hält nahe des Djemaa el-Fna und fährt zu den Menara-Gärten.

Linie Nr. 1 fährt über die Rue Mohammed V. in das Gueliz-Viertel, verbindet also Medina und Ville Nouvelle.

Linie Nr. 8 fährt über die Rue Hassan II. zum Bahnhof.

• *Taxi* Der nächste Stand vom Djemaa el-Fna ist an der **Place de Foucauld/Ecke Rue Moulay Ismail**. Mittlere Strecken bis 10 Min. Fahrzeit im Zentrum kosten 5–10 DH, zur Palmeraie und außerhalb des Zentrums können bis zu 30 DH anfallen. Nachts ist auch hier mit einem 50 %-Zuschlag zu rechnen. Da die Fahrer ohne Taximeter besser verdienen, wird gern das Einschalten vergessen. Grundsätzlich sollte man den Preis vorher aushandeln.

Mit der Calèche zum Königspalast

• *Pferdekutsche* Es ist eine alte Tradition, mit Pferdekutschen durch die Gassen und die Stadt zu fahren. Die Kutschen starten an der **Place de Foucauld** und fahren zu Festpreisen (Preisliste an der Kutsche). Kurze Fahrten um 50 DH, längere Fahrten 100–150 DH für maximal vier Personen. Von einem Besuch der Souks mit der Kutsche ist abzuraten, weil dort wegen der Fußgänger das Gefährt kaum vorwärts kommt.

• *Parken* Bei der Koutoubia-Moschee befindet sich einer der größten bewachten Parkplatze in der Medina. Es folgen ein Parkplatz am Bab Moussoufa sowie eine Reihe weiterer, gut sichtbarer Parkplätze nahe der Stadttore, etwa Bab Ksiba, beim Paradeplatz und beim Palais des Congrès.

Die Hotels im Hivernage-Viertel verfügen meist über bewachte Parkplätze. Im Gueliz-Viertel kann (unter Berücksichtigung der üblichen Regeln – keine sichtbaren Wertgegenstände im Auto usw.) Tag und Nacht problemlos geparkt werden. Auch viele öffentliche Anlagen und Parks (Jardin Majorelle, Agdal- und Menara-Gärten) bieten bewachte Parkplätze; Gebühren: 1–3 Std. 3–5 DH, ab 5 Std. sowie nachts 5–20 DH.

Diverses (siehe Karten S. 100/101 und 115)

• *Arzt/Krankenhaus* **SOS Medicins**, 400 DH pro Konsultation – keine stationäre Behandlung, nur Soforthilfe vor Ort und ggf. Transport zu einer Klinik nach Wahl. ✆ 024-404040.

Polyclinique du Sud, 24-Stunden-Service, Marrakeschs beste und teuerste Adresse. ✆ 024-447999 und Freinummer ✆ 080002525 für ganz Marokko. Rue de Yougoslavie 2.

Klinik Ibn Tofail, 24-Stunden-Service; gute Reputation und kompetente Ärzte. Rue Ibn-Abdelmalik, ✆ 024-436353.

• *Apotheke* Im Gueliz-Viertel Apotheke mit Nachtbereitschaft. Rue Khalid ben el Walid, bei der Feuerwehrwache, ✆ 024-430415.

• *Autoverleih* Neben den etablierten Anbietern (mit Dependancen am Flughafen) gibt es im Zentrum über 300 private Anbieter. Preisbeispiel: Fiat Clio 350 DH/Tag, ein älterer Fiat Uno mindestens 250 DH/Tag. Wer eine Woche oder länger mietet, erhält Rabatt. Mietdauer kann 24-stundenweise vereinbart werden. Als Kaution werden in der Regel Visa-Blancoformulare akzeptiert.

Nomade Car, einige ältere und günstige Modelle. Av. Mohammed V. 112, ✆ 024-447126.

Lune Car, seriöser und guter Service. Rue de Yougoslavie 111. ✆ 061-514129, lunecar@iam.net.ma.

Brothers Car, ebenfalls gute Angebote. Rue de Yougoslavie 115, ✆ 024-447210.

Najm Car (6), großer und zuverlässiger Anbieter. Av. Mohammed V./Ecke Mohammed el Beqal. ✆ 024-437909, www.najmcar.com.

• *Ballonfahrten* **Balloning**, mit dem Heißluftballon über der Stadt oder zum Atlas schweben. Rue de Mauretanie/Ecke Av. Mohammed V. ✆ 024-432843, www.cieldafrique.net.

• *Buchhandlung* **Ghazahi**, zwei Schritte vom Djemaa el-Fna in der Rue Bab Agnaou. Kleines Geschäft mit guter Auswahl; französische Titel können bestellt werden.

Chatr, große Auswahl französischer Titel, einige auch in englischer Sprache. Av. Mohammed V. 19.

• *Guides* Hotels und das Tourismusbüro vermitteln kundige regionale und überregionale Guides. Die Preise bewegen sich zwischen 150/200 DH halbtags und 300/400 DH ganztags.

Rachid Asnagh (74), deutschsprachiger junger Guide, der die Atlasregion hervorragend kennt und mit seiner Familie einige Touren anbietet. In seinem Teppichgeschäft in der Medina erfährt man zudem alles über traditionelle Teppichknüpftechniken. Riad Zitoun el Khedim 57. ✆ 064-320030 und 024-440582, medrachi@yahoo.fr.

Joussef Naciri hat sehr gute Englischkenntnisse und ist auch landesweit tätig, ✆ 061-072440.

Mohamed Bouredda spricht Englisch/Französisch, ✆ 068-673584.

Mohammed Agouri spricht Französisch/Deutsch, ✆ 061-186842.

• *Ham(m)am* Jedes Hotel und jedes Riad kennen einen nahe gelegenen Hamam. Die besseren Hotels haben einen eigenen.

Hammam Ziana, edler Hammam mit guten Masseuren und ausgeklügelter Architektur: Frauen (links) und Männer (rechts). Eintritt 50 DH, Massage 120 DH. Rue Riad Zitoun el Jedid 14, kurz vor der Straße zum Palais de la Bahia. ✆ 062-715571.

• *Internet* In allen Stadtvierteln kleine und größere Internetcafés: 15 Minuten ab 3 DH. Meist sind ADSL-Anschlüsse vorhanden. Vom Djemaa el-Fna ist im Süden die Rue Bani Marine mit einer Reihe von Anbietern schnell erreicht.

Jardin Cyber, an der Rue Mohammed V. gegenüber dem Rathaus. Elegantes Internetcafé mit modernsten Rechnern (ADSL) und Videospielen. Täglich 9.30–20 Uhr.

Café Solaris, beim Cinéma Colisée. Ebenfalls gut funktionierender Internetservice und Caféhaus. Bd. Mohammed Zerktouni.

Im **Hotel Ali**, kann es abends schnell voll sein. Rue Moulay Ismail 78.

• *Polizei* ✆ 19, Touristenpolizei ✆ 024-384601, Gendarmerie Royale ✆ 177.

> Die *Touristenpolizei in Marrakesch* ist sehr hilfsbereit und greift bei kriminellen Handlungen gegenüber Touristen hart durch. Büro an der Place Youssef Ben Tachin, ca. 500 m von der Hauptpost am Djemaa el-Fna über die Rue Moulay Ismail in südlicher Richtung.
>
> Vorsicht ist in der Medina geboten, besonders in stark besuchten Zeiten, wenn viel Gedränge herrscht. Wer die gängigen Sicherheitsregeln beachtet und Wertgegenstände nicht offen herumliegen lässt, wird auch in einfachen Hotels in Marokko keine Probleme haben. Vorsicht geboten ist generell gegenüber zweifelhaften Angeboten oder vorgetäuschten Notfällen (z. B. auf entlegenen Straßen).

• *Post* An der Place du 16 Novembre im Gueliz-Viertel und auf dem Djemaa el-Fna. Mo–Fr 8.30–16 Uhr.

• *Reiseagenturen* **Harmattan (19)**, die Agentur des Afrika- und Trekkingspezialisten Marco Bonvicini mit „schlüsselfertigen" und individuell gestaltbaren Angeboten. Drei Schritte von Venezia Ice am Bab Nkob entfernt, am Beginn Rue Mahjoub Rmza 1. ✆ 024-449443, www.harmattan.ma.

Menara Tours, schräg gegenüber dem Touristbüro. Ein zuverlässiger Anbieter von Tagestouren nach Asni, Ourika, zur Glaoui-Burg Telouet, Ait Benhaddou u. a. Historisches Sightseeing in der Medina. Ausflug zu den Fantasia-Reiterspielen „Chez Ali" in der Palmeraie. Alle Touren im Minibus oder besseren Pkws ab zwei Personen. Rue Yougoslavie 41. ✆ 024-446654, www.menara-tours.ma.

Atlas Voyages, Allroundspezialist für die Region um Marrakesch. Av. Mohammed V. 131. ✆ 024-447961, www.atlasvoyages.co.ma.

Cobratours, sportlicher Allroundspezialist. Bd. Mohammed Zerktouni 43. ✆ 024-421308, www.cobratours-maroc.com.

Marabout Travel, eine Schweizerin und ihr marokkanischer Mann veranstalten ein vielfältiges Programm, von 4x4-Drive- bis Trekking-Touren. Gäste werden in Marrakesch nur empfangen, kein Büro. ✆ 024-432241 und 068-883194, www.maraboutreisen.ch.

Übernachten
28 Riad Due
29 Dar Lalla Anne
33 Marrakech Medina
35 Dar Douina
36 Riad Malika
38 Dar Tchaikana
39 Dar Soukina
42 Dar Atta
45 Ryad el Borj
50 Riad el Arsat
54 CTM
57 Dar Limoun
58 Hotel Ali
59 Jnane Mogador
60 Essaouira
61 Medina
62 Sherazade
64 El Amal
66 Aday
68 Challah
70 Assia
71 Le Gallia
73 Alilall
76 Marhbabikoum
Zaouia Sidi Ben Slimane el-Djazouli
Gerberviertel
Fontaine Chrob ou Chouf
Fondation Dar Bellarj
Ben Youssef Medersa
Mosquée Ben Youssef
Place de la Kissaria
Koubba al Barroudiyn
Musée de Marrakesch
Marrakesch Medina
Souk Addadine
Souk des Babouches
Wollfärber-Souk
Mouassine-Moschee
Marrakesch Riads
La Criée Berbère
Place Kedima
Grabmal Sidi Youssef Ben Salah
Dar el Glaoui
Rue Bin Lamaâssar
Rue Assoue
Rue de Bab el Khemis
Derb el Akkari
Arset el Mellak
Rue Assouel
Bine Laârassi
Tuodgha Bab Debbagh
Rue Ank Jemel
Rue Sidi Ben Slimane
Rue Diour Sarboun
Rue Riad el Arous
Derb Sidi Bou Ameur
Tarik el Houri
Rue el Fakhar
Derb Cheroune
Rue de Bab Debrach
Tarik Sidi Bouharba
Tarik Baroudine
Rue Amesfah
Rue de Souk des Fassis
Rue Essebtiyne
Rue de Bab Doukkala
Rue dar el Bacha
Souk Chaaria
Derb Aliilich
Derb Lakaâr
Benahid
Kaat
S. Cherratine
Souk Cherifia
S. Talaa
S. Kchabbia
S. Kebir
S. Attarine
S. Souafine
S. Stailine
Rue Mouassine
Derb Abib Allah
Derb Sidi Ishak
Rue Fatima Zohra
Derb Derbouda
Rue el Gza

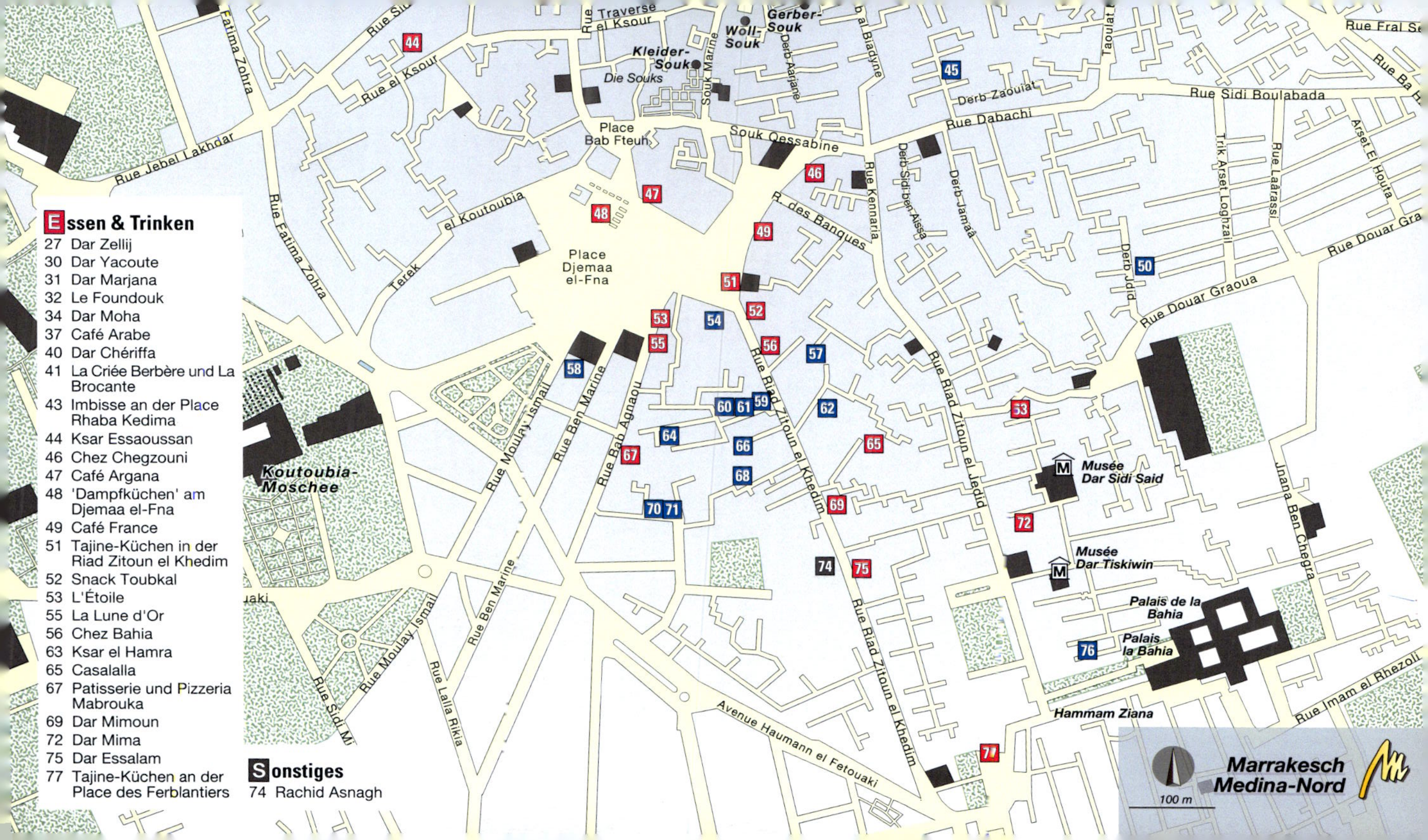

Marrakesch
Medina-Nord
100 m
Essen & Trinken
27 Dar Zellij
30 Dar Yacoute
31 Dar Marjana
32 Le Foundouk
34 Dar Moha
37 Café Arabe
40 Dar Chériffa
41 La Criée Berbère und La Brocante
43 Imbisse an der Place Rhaba Kedima
44 Ksar Essaoussan
46 Chez Chegzouni
47 Café Argana
48 'Dampfküchen' am Djemaa el-Fna
49 Café France
51 Tajine-Küchen in der Riad Zitoun el Khedim
52 Snack Toubkal
53 L'Étoile
55 La Lune d'Or
56 Chez Bahia
63 Ksar el Hamra
65 Casalalla
67 Patisserie und Pizzeria Mabrouka
69 Dar Mimoun
72 Dar Mima
75 Dar Essalam
77 Tajine-Küchen an der Place des Ferblantiers
Sonstiges
74 Rachid Asnagh
Place Djemaa el-Fna
Place Bab Fteuh
Kleider-Souk
Woll-Souk
Gerber-Souk
Die Souks
Koutoubia-Moschee
Musée Dar Sidi Said
Musée Dar Tiskiwin
Palais de la Bahia
Palais la Bahia
Hammam Ziana
Rue Traverse el Ksour
Rue el Ksour
Rue Jebel Lakhdar
Fatima Zohra
Rue Fatima Zohra
el Koutoubia
Terek
Souk Marine
Souk Qessabine
Rue Dabachi
Rue Sidi Boulabada
Derb Zaouiat
Derb Aarjane
Rue Kennaria
Derb Sidi ben Aissa
Derb Jamaâ
Trik Arset Loghzail
Rue Laârassi
Arset El Houta
Rue Douar Graoua
Derb Jdid
R. des Banques
Rue Riad Zitoun el Khedim
Rue Riad Zitoun el Jedid
Jnana Ben Chegra
Rue Imam el Rhezoli
Rue Moulay Ismail
Rue Ben Marine
Rue Bab Agnaou
Rue Lalla Rikia
Avenue Haumann el Fetouaki
Rue Fral Se
Rue Ba H
Taoulat

Tamsilt Tours, ein weiteres schweizerisch-marokkanisches Team mit breitem Angebot: Touren von 1 bis 3 Wochen in ganz Marokko (ab Flughafen bis zurück zum Flughafen) als Trekking, Radtour, Jeepfahrt oder Rundreise; entweder in Wüstenregionen, im Anti-Atlas (Saghro, Siroua, Tafraoute etc.), Hochgebirgstouren in allen Regionen des Hohen Atlas (Rundtouren, Gebirgsüberquerung etc.), an der Atlantikküste sowie Touren an der Südseite des Hohen Atlas (Straße der Kasbahs, Ouarzazate, Vallée du Draa ...). Kontakt über Hotel Sherazade (→ Übernachten), oder direkt vor Ort (→ Azilal, Agouti und Ait-Bou-Gomez-Tal). ✆ 024-343798, www.tamsilt@menara.ma.

• *Supermarkt* **Supermarkt Acima**, täglich 8.30–22 Uhr. Kreditkarten akzeptiert. Ecke Av. Mohammed V./Mohammed Abdelkarim el Khattabi.

• *Telefonieren* **Auskunft national** ✆ 160. **Auskunft international** ✆ 120.

Zum Telefonieren bieten sich die zahlreichen Telefonshops an. Am günstigsten mit Telefonkarten ab 20 DH außerhalb der Bürozeiten. Kartenchips sind nicht mit allen Handys kompatibel. Meditel und Maroc Telekom ab 50 DH inkl. Telefonnummer. Im Zweifelsfall ist es günstiger, aus Deutschland mit Billignummern angerufen zu werden.

• *Zeitungen* Internationale Presse an den zahlreichen Kiosken an der Av. Mohammed V.

Kultur und Festivals (siehe Karte S. 115)

• *Kultur* Aktuelle Tipps und Veranstaltungen finden sich im Stadtmagazin „Marrakech Colour" und „Le Guide Marrakech", erhältlich im Zeitschriftenhandel.

Théâtre Royal, im Gueliz-Viertel. Theater, Ausstellungen und Konzerte. Die Galas des Marrakesch-Filmvestivals finden ebenfalls hier statt. Aktuelle Veranstaltungen im „Le Guide Marrakech". Rue Cadi Ayad/Ecke Av. de France, ✆ 024-431477.

Cinéma Colisée, im Gueliz-Viertel; moderne Ausstattung, Mainstream-Cinema; Bd. Mohammed Zerktouni, ✆ 024-448893.

Institut Français de Marrakech, im Gueliz-Viertel. Ausstellungen, Theater und Kinofilme; im nahen Freilufttheater gibt es Veranstaltungen; das Café ist Treffpunkt junger Marokkaner, die sich für europäische und französische Kultur interessieren. Außer montags und im August täglich geöffnet, mittags 12–14 Uhr geschlossen. Route de Targa, Djebel Gueliz. ✆ 024-446930, www.ambafrance-ma.org/institut/marrakech/index.cfm.

Dar Chériffa, Literaturcafé mit monatlich wechselnden Kunstausstellungen, Literaturabenden und Konzerten in einladendem Ambiente. Unweit der Moschee bzw. Fontaine Mouassine, nicht leicht zu finden, aber der Weg lohnt; siehe auch „Essen & Trinken". Täglich 9–19 Uhr. Derb Cherfa-Lakbir 8. ✆ 024-426463.

Matisse Art Gallery (25), im Gueliz-Viertel. Zeitgenössische marokkanische Kunst. Rue de Yougoslavie 61, ✆ 024-448326.

• *Festivals und Moussems* **Festival international du film**, jährlich Anfang Dezember. Das Festival im Théâtre Royal (Gueliz-Viertel) hat in den letzten Jahren sehr viel Zuspruch erhalten; aktuelle Infos beim Tourismusbüro, unter ✆ 024-431477 und www.maghrebarts.ma/cinenews.

Festival national des arts populaires de Marrakech, ein Höhepunkt für Folkloregruppen aus ganz Marokko, die hier ihr Bestes geben – sozusagen ein marokkanisches Wagner-Festival. An manchen Abenden bis zu 20 verschiedene Performances. 7 Tage im Juli oder August im Palais el Badi (mit Platz für 2000 Besucher), den Menara-Gärten und weiteren Orten in und um die Stadt herum.

Sehr beliebt bei den Marrakschi sind die meist zwei- bis dreitägigen **Moussems**, meist mit Musikdarstellungen, Fantasias und Spektakeln, bei denen exzessiv die Nacht durchgefeiert wird – echte Volksfeste!

In Moulay Brahim Anfang Februar, in Asni Anfang Juli und in Ourika Anfang August, finden diese von den Marrakschi gut besuchten Feste ebenfalls statt.

Festival du Marrakech, immer erste Dezemberwoche. www.festival-marrakech.com.

Übernachten/Hotels (siehe Karten S. 100/101 und 115)

• *Hotels im Hivernage-Viertel und an der Grenze zum Gueliz-Viertel* ***** **Menara**, 2005 eröffnetes, zur marokkanischen Ryad-Mogad-Kette gehörendes Luxushotel mit entsprechender Ausstattung, großem Garten und Pool. DZ 1600 DH. Av. Mohammed

Dar el Arsat

VI. Palais des Congrès. ✆ 024-339330, www.menara.ma.

***** **Kempinski Mansour Eddahbi**, mit über 900 Betten nach dem Royal Mirage das zweitgrößte Hotel der Stadt, gebaut und ursprünglich verwaltet von der Kempinski-Kette. Die Anlage ist zum Verlaufen groß. Alle denkbaren Extras. DZ 1600 DH. Ecke Av. Moulay el Hassan/Av. Mohammed VI. ✆ 024-339100.

**** **El Andalous**, in einer der ruhigsten Straßen im Hivernage-Viertel. Von den oberen Stockwerken nach Osten gute Sicht auf die Medina und bis zum Atlasgebirge. Angenehmer Garten mit Restaurantbetrieb und Pool. DZ inkl. Frühstück 860 DH, HP 1300 DH. Av. du Président Kennedy. ✆ 024-448262, www.elandalous-marrakech.com.

**** **Tichka Salam (1)**, das Vorzeigehotel der Salamgruppe, handwerklich sehr schöne Innenausstattung. DZ 1300 DH. Route de Casa Semalaia. ✆ 024-448710, www.groupesalam.com.

**** **Nassim**, recht zentral, angenehmes, kürzlich in den 4-Sterne-Himmel aufgestiegenes Hotel mit Hamam, Fitness-Studio und hübscher Dachterrasse. DZ 920 DH, EZ 710 DH. Av. Mohammed V. 115. ✆ 024-446401, www.hotelnassim-marrakech.com.

*** **Akabar (23)**, erstes der drei zu empfehlenden 3-Sterne-Hotels, nahe des Hivernage-Viertels. Komfortable Zimmer und guter Service. DZ 480 DH, EZ 390 DH. Av. Echouhada 33. ✆ 024-438002, www.hotelakabar.ma.

*** **Imilchil (21)**, komfortables und freundliches Hotel. Kleiner Pool und Solarium. Guter Service. DZ 490 DH, EZ 390 DH. Av. Echouhada 44. ✆ 024-447653, Hotel_imilchil@zzn.com.

*** **Ibn Batouta (20)**, nahe der Place Liberté; etwas weniger professionell geführt als die vorangegangenen 3-Sterne-Hotels, aber sympathischer Service und geräumige Zimmer mit Balkon. Guter Blick aus dem 6. Stock. DZ 460 DH, EZ 370 DH. Av. Yacoub el Mrini, ✆ 024-438162/63.

• *Hotels beim Bahnhof und im Norden der Innenstadt* *** **Redouane**, an der Straße nach Casablanca gelegenes, preiswertes Hotel. DZ 400 DH, EZ 300 DH inkl. Frühstück. Parkplatz. Route d'Casablanca, ✆ 024-367677.

*** **Ibis (2)**, wenige Schritte vom Bahnhof ganz im Stil der internationalen Kette. Zimmer nach hinten etwas ruhiger. DZ 580 DH, EZ 433 DH inkl. Frühstück. Av. Hassan II. ✆ 024-435929-32, www.ibis.com.

** **Sherazade (62)**, nur fünf Fußminuten vom Djemaa el-Fna – eine kleine Oase der Ruhe; kleines und feines Riad-Hotel unter deutsch-marokkanischer Regie von Sabina und Ahmed Benchaira. Von der großen

Dachterrasse schöne Aussicht. Ausflüge und Trekkingtouren in den Hohen Atlas werden in Zusammenarbeit mit Beatrice Buschor aus Agouti organisiert. Frühstücksbuffet auf der Terrasse (35 DH), DZ ab 490 DH (Reservierung!). Rue de la Recette 13. ✆ 024-445913, www.hotelsherazade.com.

**** Le Gallia (71)**, bei französischen Touristen sehr beliebtes Hotel (Baujahr 1929) mit grüner Dachterrasse und komfortablen Zimmern. DZ inkl. Frühstück 500 DH (Reservierung!). Rue de la Recette 30, ✆ 024-445913.

Jnane Mogador (59), am Anfang der Riad Zitoun el Khedim, aber doch ruhig gelegen. Kürzlich renoviertes Hotel im Riadstil. Große Zimmer mit Bad ab 380 DH. Riad Zitoun el Khedim 116, ✆ 024-426324, www.jnanemogador.com.

Hotel Ali (58), zentrales Travellerhotel mit Hamam. Terrasse mit Schlafmöglichkeit (50 DH). Wenige Schritte zur Koutoubia-Moschee. Ausgezeichnete Holzofenpizza im bunten, luftigen und lauten Restaurant mit viel Lokalkolorit. Treffpunkt der lokalen Guides und Bergführer. Funktionale DZ ab 250 DH, HP 340. Reservierung nötig. Rue Moulay Ismail, gegenüber Place Foucauld. ✆ 024-444979, www.hotelali.com.

• *Hotels in der südlichen Medina* Erreichbar über den Djemaa el-Fna und die zentrale Rue Riad Zitoun el Khedim oder die Rue Bab de Agnaou.

Assia (70), schön eingerichtetes und ruhiges Hotel mit Dachterrasse. DZ mit Bad und Frühstück 380 DH. Rue de la Recette 32, ✆ 024-391285, www.hotel-assia-marrakech.com.

Alilall (73), originelles, von Travellern frequentiertes, einfaches Riad-Hotel mit einigen künstlerischen Details und einer schönen Dachterrasse. Im oberen Stockwerk angenehme, helle Zimmer. DZ ab 120 DH, bei längerem Aufenthalt Rabatt. Unser Tipp! Rue de la Recette 14.

Challah (68), sauberes und ruhiges Hotel im Kolonialstil mit Orangenbäumen im Innenhof. Einfache DZ mit (ohne) Fenster zum Patio und ohne Bad 130 DH. Abends werden im Patio Kerzen aufgestellt.Riad Zitoun el Khedim, Derb Skaya 14, ✆ 075-187697.

Aday (66), sauberes und ruhiges Hotel. Einfache DZ ohne Bad 100 DH. Früher konnte für 25 DH auf der Dachterrasse geschlafen werden. Inzwischen scheint das von der momentanen finanziellen Situation des Hauses abzuhängen. Nahe Riad Zitoun el Khedim, Derb Sidi Bouloukate 11, ✆ 024-441920.

Essaouira (60), eine weitere Low-Budget-Adresse. Von der schönen Terrasse (leider kann dort nicht mehr übernachtet werden) weiter Blick über die Medina. Einfache DZ ohne Bad 100 DH. Wenn das Hotel gut gebucht ist, kosten die Zimmer gelegentlich mehr. Nahe Riad Zitoun el Khedim, Derb Sidi Bouloukate 51, ✆ 024-443805.

El Amal (64), ebenfalls eine Low-Budget-Adresse. Schöne Terrasse zum Entspannen (dort kann auch übernachtet werden), Traveller tauschen sich hier aus. Einfache DZ ohne Bad 120 DH. Nahe Riad Zitoun el Khedim, Derb Sidi Bouloukate 3, ✆ 024-445043.

Medina (61), gehört ebenfalls den Besitzern der obigen Low-Budget-Hotels. Einfache DZ ohne Bad 100 DH. Riad Zitoun el Khedim, Derb Sidi Bouloukate 1, ✆ 024-442997.

CTM (54), direkt am Djemaa el-Fna mit Dachterrasse. Billig, einfach, funktional. Zimmer zum Innenhof etwas ruhiger. DZ mit/ohne Bad 160/120 DH, 4er 300/250 DH, Parkplatz 20 DH. Djemaa-el-Fna/Ecke Rue Rias Zitoun, ✆ 024-442325.

Übernachten/Riads, Dars und Landhäuser (siehe Karten S. 100/101, 115, 125)

Unsere Auswahl an Dars und Riads in der Medina ist angesichts des ständig wachsenden Angebots übersichtlich gehalten. Ein Blick ins Internet dokumentiert den starken Trend, in der Medina eine private Unterkunft zu finden. Ein virtueller Ausflug zu den Riads bietet für jeden Geschmack eine Variante. Dabei zieht die Untergrenze von 600 DH für ein Doppelzimmer weiter nach oben, die Zahl der preisgünstigen Riads wird kleiner. Der größere Teil der Riads verlangt pro Nacht über 900 DH im DZ, für Unterkünfte in den extravaganten Villen in der Palmeraie (etwa 4 km entfernt im Norden der Stadt) muss man noch einiges mehr hinlegen. Die abschließend beschriebenen Landhäuser sind daher auch eine Alternative für alle, die sich nicht ausschließlich auf die Stadt einlassen und weniger als in der Palmeraie ausgeben wollen und stattdessen ein ländliches Ambiente schätzen und in Tagesausflügen sowohl städtische als auch ländliche Gegenden kennen lernen möchten.

Wohnen mit Wohlgefühl – Maisons d'hôtes, Dars und Riads

Gästehäuser, Stadthäuser mit Innenhöfen und Stadthäuser mit begrünten Innenhöfen – so etwa lassen sich diese drei fremd erscheinenden Begriffe übersetzen. Maisons d'hôtes wären eigentlich auch die Dars und Riads, da auch sie sich ja vom Hotelbetrieb absetzen möchten. Die Gäste sollen sich wie zu Hause fühlen, und so lässt sich hier statt des oft unpersönlichen Ambientes in den Hotels eine Atmosphäre der Nähe erfahren. Hier kann der Lebensrhythmus der fremden Umgebung hautnah mitgelebt werden.

Viele Dars sind ein Inbild schlichter Eleganz, das die oftmals spröde, fensterlose Außenfassade nicht erahnen lässt. Sparsame Eingriffe, betonte Details, harmonische Farbgebung und ausgewählte Baumaterialien schaffen ein Ambiente, das Ruhe ausstrahlt und weitergibt. Kleine Brunnen unterstützen diesen Effekt – und sorgen für Luftaustausch und Frische in den heißen Sommermonaten, wenn am frühen Nachmittag für einige Stunden das öffentliche Leben still steht.

Heute spiegeln viele dieser Stadthäuser den gestalterischen Reichtum und das Können der Künstler und Baumeister des alten Marrakesch wider. Handwerkliche und schöpferische Fertigkeiten gingen damals Hand in Hand. Es war die reine Fülle von kostbaren Materialen, seltenen Stoffen, edlen Hölzern, Fayence-Fliesen, Mosaiken, Applikationen, Schmiedearbeiten und Verputztechniken wie das Tadelakt; dabei lässt ein Blick in die alten herrschaftlichen Häuser die Pracht der Vergangenheit nur erahnen.

Mehr als ein halbes Jahrhundert waren viele Stadthäuser in der Medina von Marrakesch vergessen. Das änderte sich in den 80er Jahren. Seit den ersten Restaurierungen und der Vermessung der Medina durch den Architekten Quentin Wilbaux hat sich hier viel getan. Wilbaux hatte damals in diesem schier unermesslichen Gewirr der Gassen erstmals Vermessungen im großen Stil vorgenommen. Inzwischen ist dieses einzigartige architektonische Erbe auf die Liste des UNESCO-Welterbe gerückt, und viele zugewanderte Marokkaner und Ausländer haben hier Stadthäuser erworben und wiederhergestellt.

Marrakesch

• *In der Medina* **Riad el Arsat (50)**, ein Riad aus vergangenen Tagen und in dieser Größe wahrscheinlich einzigartig. Ein 1600 m² großer, von Vögeln bewohnter Garten, den eine Veranda mit Säulenflucht mit dem Haus verbindet. Ein großer Saal mit altem Mobiliar, Photographien und Erinnerungsstücken der 60er Jahre unter Stuccofriesen und einer bemalten Zedernholzdecke. Großzügige Räume mit großen Bädern und schönen Details, auch im Nebengebäude. Von der Dachterrasse Blick bis zum Königspalast. Große DZ ab 1800 DH. Derb chema, Arset Loughzail 10. ✆ 024-387567, www.riadelarsat.com.

Riad Due (28), nördlich der Moschee el Mouassine; architektonisch elegantes und farblich sehr harmonisches Ambiente mit großer Terrasse und Panoramablick. Hamam und Massageraum. Kleine Auswahl an marokkanischen und italienischen Gerichten. DZ ab 1400 DH. Laarousse, Derb Chentouf 2. ✆ 024-387629, ✆ 024-384718 www.uovo.com.

Dar Atta (42), vom Afrika- und Trekkingspezialisten Marco Bonvicini individuell und geschmackvoll gestaltetes Riad am Bab Laksour. Räume und Zimmer harmonisch mit alten und neuen Materialien gestaltet. Von der Dachterrasse ist die Koutoubia-Moschee greifbar nah. Hamam. Kleine Mahlzeiten auf Wunsch. DZ ab 750 DH. Rue R'mila Derb Raouia 28, ✆ 024-386232. www.daratta.ma.

Marhbabikoum (76), familiär geführtes Gästehaus mit viel Charme. Besitzerin Veronique möchte besonders Familien mit Kindern ein gastfreundliches Haus bieten und plant spezielle Begegnungen für Kinder, die auch mal für sich sein wollen. Von der großen Dachterrasse großartiger Blick auf den fernen Atlas. Palais de la Bahia und das Museum Dar Sidi Said sind wenige Gehminuten entfernt. DZ ab 600 DH. Derb Lhbib Lmagni 43. ✆ 024-375204, www.marhbabikoum.com.

Riads mit Dachterrassen ...

Ryad el Borj (45), Mitte des 19. Jh. diente der Turm dieses Riads dem berüchtigten Pascha el Glaoui als Kontrollpunkt – der Blick über die Medina ist heute so eindrücklich wie damals. Daniel Ghio hat das Haus in sparsamer Eleganz gestaltet und Zedernholzdecken, Fußböden und Mosaiken dieses historischen Riads sorgfältig renoviert. Köchin Khadija zaubert auf Wunsch Frühstück und erlesene Speisen. DZ ab 700 DH. Derb Moulay Abdelkader. ✆ 024-391223, www.ryadelborj.com.

Dar Attajmile, mit Blick in einen kleinen Palmengarten; im Inneren, gut dazu passend, viele Tadelakt-Wände in Rottönen. DZ ab 850 DH. Rue Laksour 23. ✆ 024-426966, www.riad72.com.

Dar Tchaikana (38), eine von den belgischen Besitzern mit afrikanischen und marokkanischen Sammlerstücken gestaltetes Dar mit schöner Terrasse und geräumigen Zimmern. DZ ab 800 DH. Derb el Ferrane Azbest 25. ✆ 024-385150, www.tchaikana.com.

Riad Malika (36), im 20er-Jahre-Dekor gestaltetes Riad. Die neuen französischen Besitzer haben Carré-Fußböden und andere Details sorgfältig renoviert und mit Accessoires aus dieser Zeit ausgestattet. Große Zimmer mit Tadelakt-Verputz. Über den Pool im Patio lässt sich allerdings streiten. DZ ab 800 DH. Arset Aouzal 29 (von der Dar el Bacha über die Rue Bab Doukkala). ✆ 024-385451, www.riadmalika.com.

Dar Douina (35), nahe der Ben Youssef Medersa. Kleines Dar mit drei Gästezimmern und einer Suite, mit Blick auf einen schönen Patio mit uralten Orangenbäumen. DZ ab 800 DH. Derb Lalla-Azouna 1. ✆ 024-377065, www.dardouina.com.

Dar Lalla Anne (29), im Sidi-Ben-Slimane-Viertel. In dezenten Farben gestaltete Tadelakt-Räumlichkeiten. DZ und Räume sind nicht sehr groß, aber angenehm. DZ ab 700 DH. Derb Sidi Messaoud 42. ✆ 024-378534, www.darlalla.com.

Dar Pangal (80), kleines, originell eingerichtetes Dar in der Nähe der Agdal-Gärten. Der chilenische Besitzer und Innenarchitekt hat hier das Restaurant „Dar Moha" eingerichtet und seinen gestalterischen Ideen freien Lauf gelassen. Farblich sehr harmonische DZ ab 600 DH. Derb Chtouka 123 (Rue de la Kasbah). ✆ 024-308095, www.pangal.com.

Dar Soukina (39), kleines Dar mit hübscher Dachterrasse des Marrakesch-Kenners und Autoren Alain Bonnassieux. Interieur in weichen Rot- und Orangetönen. DZ ab 700 DH. Dazu bietet Bonnassieux zwei weitere Häuser an, die er stilvoll renoviert hat. Derb el Ferrane 19. ✆ 024-376035, bonnassieuxalain@hotmail.com, www.riadmania.com.

Dar Limoun (57), das kleine Dar wird auch über das Hotel Sherazade vermittelt, in dem die Inhaberin gelegentlich arbeitet. DZ ab 600 DH. Derb Ben Amrane 20, nahe der Riad Zitoun el Khedim. ✆ 024-426643, michelorcel@hotmail.com.

• *Außerhalb der Medina* **The Garden Room (4)**, im Gueliz-Viertel, nahe dem Majorelle-Garten. Der kleine, von üppiger Vegetation umgebene Garten-Pavillon wurde zum Gästehaus umgebaut. Die norwegische Besitzerin Jennifer Lloyd spricht von einem nordisch-schlichten Stil, gemischt mit traditionellen Elementen. DZ ab 700 DH.

La Zahia-Majorelle 20. ✆ 024-331610, www.houseofwonders.com.

Villa Chems, im El-Ksour-Viertel, nahe der Route d'Casablanca; ruhiges Wohnviertel mit guter Anbindung. Der Besitzer hat das neue Haus mit viel Geschmack eingerichtet; komfortable Gästezimmer mit Blick auf die Terrasse. DZ ab 500 DH. Lotissement 63, hinter der Av. Al Fassi. ✆ 024-331467, www.villa-chems.com.

• *Außerhalb von Marrakesch* **La Ferme**, Lac Takerkoust, über die Route d'Amizmiz (ca. 35 km). Das kleine Landhaus aus Stampflehmmauern mit schönen Terrassen bietet sich für Exkursionen in die umliegende Region an. Der Besitzer ist passionierter Koch und sorgt engagiert für das Wohl der Gäste. Die Zimmer wurden im traditionellen Stil renoviert. DZ 600 DH, HP 840 DH (für zwei Personen). ✆ 024-484126 und 065-436588, www.lafermemarrakech.com.

Le Relais du Lac, direkt am Lac Takerkoust gelegene neue Villa. Gut für Familien geeignet, es gibt Kajaks und Tretboote. Großzügige Anlage mit hübschen Terrassen. Nachts wird ohne Strom mit Kerzenlicht für Stimmung gesorgt. DZ inkl. HP 920 DH, im Berberzelt inkl. HP 700 DH. ✆ 061-187472 und 061-242454, www.hotel-relaisdulac-marrakesch.com.

Jnane Tamsna, in der Palmeraie. In einen weitläufigen Garten eingebettete elegante Villa. Die Speisen werden mit eigenen Produkten zubereitet. DZ inkl. HP ab 1200 DH. Douar Abiad. ✆ 024-329423, www.jnanetamsna.com.

Dar Zarraba, auf dem Land Richtung Ourika gelegenes Dar mit prächtigem Garten und großem, von Olivenhainen umgebenem Pool. Die mit Tadelakt-Verputz gestalteten Appartements im Garten sind sehr geräumig und elegant ausgestattet. Frühstück und Mahlzeiten auf Wunsch. Genaue Beschreibung für die Anfahrt vom Besitzer Michel Lachaud. Appartements ab 600 DH. Unser Tipp! Loc. Tassoultant, Route d'Ourika, nach ca. 13 km vom Zentrum hinter einem Kanal links abbiegen. ✆ 068-999235, www.zarraba.com.

Le Bled, ebenfalls an der Route nach Ourika gelegene Unterkunft mit großem Bio-Gemüseanbau; im Sommer wird in dem fantastischen Garten im Berberzelt gegessen. Der Besitzer Moha Fedal ist viel gereist und ein unterhaltsamer Gastgeber. Das Restaurant „Dar Moha" wird von ihm geführt. DZ inkl. HP 1200 DH. Douar Coucou

... und ausgefallenen Interieurs

Taeltant, 5 km vom Zentrum an der Route d'Ourika, nahe den Poteriers Berber. ✆ 024-386400 und 061-249311.

• *Agenturen für Riads* **Marrakech Riads**, eines der ältesten Riads (→ Essen & Trinken/Cafés, Café Dar Chérrifa) ist der Sitz der Agentur Marrakech Riads, die nur fünf Riads vermietet. Bei den von Abdellatif Ait Ben Abdallah ausgewählten Objekten handelt es sich um feine, sorgfältig renovierte Häuser. Bei Buchung von mehr als drei Nächten werden die Gäste vom Flughafen abgeholt. Das Spektrum reicht vom Dar Sara Srira mit drei Zimmern und Hamam (3 Laternen, DZ ab 550 DH) bis zum weitläufigen Riad Baraka Karam mit Pool und großen Räumen (5 Laternen, DZ ab 880 DH). Dar Derb Chorfa Labkir Mouassine 8. ✆ 024-426463, www.marrakech-riads.net.

Marrakech Medina (33), die Agentur von Quentin Wilbaux und Denis Sire bietet eine große Auswahl an Riads und Maisons d'hôtes, auch in anderen Städten. Leider ist die Preisgestaltung etwas unübersichtlich. DZ in unterschiedlichen Riads ab 600 DH. Rue des Dagueys 52. ✆ 035-7515253, www.marrakech-medina.com.

Terremaroc, während die oben genannten Agenturen ihre geprüften Häuser zentral vermarkten, handelt es sich bei Terremaroc um einen Zusammenschluss, der die Häuser vom Besitzer direkt an die Gäste vermittelt. Jedes Haus hat eine eigene Webseite und kann individuell angeschrieben und gebucht werden. Das relativ große Angebot ist übersichtlich gestaltet, alle Informationen können direkt von den Vermietern, etwa per E-Mail, abgerufen werden. Rue Sourya. ✆ 024-448216, www.terremaroc.com.

Ein Auswahl weiterer Riads im Internet, die in der Medina liegen und dem gehobenen Preisniveau zuzurechnen sind (DZ ab 800 DH):

www.jnanetamsna.com
www.darelsouk.com
www.dar-housnia.com
www.dar-hanane.com
www.riadmaroc.com
www.riadenija.com
www.riadebene.com
www.riad-bayti.com
www.riad-alnour.com
www.terrasse-des-oliviers.com
www.dardoukkala.com
www.darjamila.com
www.darnaima.com
www.dar-rmane.com
www.riaddarsbihi.com
www.riad-mounia.com
www.riadlesyeuxbleus.com

Essen & Trinken (siehe Karten S. 100/101, 115 und 125)

Grüße aus tausendundeiner Nacht. Wer in Marrakesch Essen geht, kann hier die schönsten Seiten einer alten Gastkultur erleben. Die Restaurants in phantasievollem Ambiente werben mit außergewöhnlichen Leistungen und Service um die Gunst des Gastes. In der Stadt finden sich sehr ausgefallene und stimmungsvolle Dars, die oft schon seit vielen Jahren als Restaurant existieren. Die ersten acht Restaurants befinden sich in historischen Dars. Es soll Genießer geben, die nur wegen dieser Restaurants in die Stadt pilgern. Oft findet sich zum Entspannen auch eine schattige Terrasse, auf der man die heiße Mittagszeit auf angenehme Weise überstehen kann.

Wenn nicht anders beschrieben, liegen die Restaurants in der Medina.

• *Gehobene Restaurants* **Dar Zellij (27)**, nahe der Moschee Sidi Ben Slimane. Eines der schönsten Riads (17. Jh.), ausgestattet in sparsamer Eleganz. Abends erklingt bei festlicher Beleuchtung andalusische Lautenmusik. Feinste marokkanische (nouvelle) Cuisine. Traumhafte arrangierte Vorspeisenteller, feine Aromen bei den Hauptspeisen, köstliche Desserts. Menü 350–450 DH. Auch Brunch (180 DH). Tägl. 10.30–15 Uhr. Reservierung empfohlen. Kaasour Sidi bon Slimane 1. ✆ 024-382627, www.darzellij.com.

Dar Marjana (31), einige Schritte vom Dar el Bacha. Stilvolles altes Dar aus dem 18. Jh. mit großem Patio. Ebenfalls mit musikalischer Untermalung und sehr zuvorkommendem Service. Man hat die Wahl zwischen zwei sehr reichhaltigen 7-Gänge-Menüs. 660 DH/Person, inkl. Aperitif und Wein. Reservierung empfohlen. ✆ 024-385110.

Dar Essalam (75), ein Dar-Klassiker in prachtvollen Räumlichkeiten aus dem 18. Jh., die es schon Hitchcock angetan hatten. Von dieser Begegnung in „The man who knew too much" lebt der Ort bis heute. Es lohnt, die Räume mit fast musealem Flair genauer anzuschauen. Menü 200–350 DH. Wein ab 120 DH. Rue Riad Zitoun el Khedim. ✆ 024-443520, www.daressalam.com.

Dar Yacoute (30), gehobenes Preisniveau in edlem Ambiente. Aperitif auf der Dachterrasse, drinnen wird in mehreren kleinen Räume gespeist. Gnaoua- und Jazz-Musik. Reservierung empfohlen. Menü ab 400 DH. Rue Sidi Ahmed Soussi 79, ✆ 024-382929.

Historisches Restaurant

Ksar Essaoussan (44), ein weiteres Pracht-Riad, gespeist wird im Patio und in intimen Räumen. Tägl. drei Menüs 350–550 DH, inkl. Aperitif/Wein. Von Süden kommend in einer Seitenstraße der hinteren Rue des Ksour. ✆ 024-440632.

Dar Mimoun (69), elegantes Ambiente in einem ehemaligen Riad des Glaoui-Pascha. Feine Speisen, gute Menüauswahl, freundlicher Service. Gutes Preisleistungsverhältnis. Menü 100–200 DH. Kein Alkohol. Gut auch zum Frühstücken. Riad Zitoun el Khedim 1, ✆ 024-443348.

Dar Moha (34), ein französischer Modeschöpfer versah diesen Dar mit einigen raffinierten Details, für die kulinarischen Akzente sorgt Moha, ein Koch aus Madrid. Von Marokkanern sehr geschätzt und gut besucht. Ausgezeichnetes Essen, stimmungsvolles Ambiente. Menü 460 DH inkl. Wein. Dar el Bacha 81. ✆ 024-386400, www.darmoha.ma.

Dar Mima (72), kleines und stilles Dar mit feinen Gerichten à la carte. Menü ab 150 DH. In einer Seitenstraße rechter Hand am oberen Ende der Riad Zitoun el Jedid, derb Zaouia el Kadira. Ca. 15 Min. zu Fuß vom Djemaa el-Fna. ✆ 024-385252.

Ksar el Hamra (63), originelles Dar mit reichhaltigen Gerichten à la carte. Menü ca. 250 DH. Vom Djemaa el-Fna in der fünften Seitengasse der Riad Zitoun el Jedid linker Hand, Richtung Palais de la Bahia. Derb Jedida Salam 14, ✆ 024-427607.

Rotisserie de la Paix (14), eines der ersten Restaurants im Gueliz-Viertel (1949 gebaut) mit schattigem Garten. Feine französische Küche zu guten Preisen, bekannt für gute Fleischgerichte. Menü ab 170 DH. Preiswerte Mittagskarte. Rue Yougoslavie 68 ✆ 024-433118.

Bagatelle (13), Gueliz-Viertel, gegenüber der Rotisserie. Schickes Ambiente, in Richtung französischem Bistrostil ausgestattet. Etwas teurer als obiges, aber nicht besser und oftmals Wartezeiten. Menü ab 200 DH. Rue Yougoslavie 73. ✆ 024-430274.

Loloquoi, Gueliz-Viertel; sehr schickes italienisches Restaurant mit feiner Karte und kaum zu schlagenden Pasta-Spezialitäten. Menü ca. 250 DH. Design und Küche mit einer Prise milanesischen Minimalismus' Erfolgreicher Stammsitz in Lyon. Av. Hassan II. 82. ✆ 072-569864, www.loloquoi-marrakesch.com.

Kosybar (78), die Nummer eins in Sachen Sushi. Von der Dachterrasse des ausgezeichneten Fisch-Restaurants überblickt man die Place Ferblantiers und kann die Störche auf dem Palais el Badi beobachten. Menü ab 150 DH. Place Ferblantiers 47, ✆ 024-380324.

Casalalla (65), Nouvelle Cuisine mit einer Prise Soho, geführt von einem Koch der Spitzenklasse. Menu ab 250 DH. Darset Kunir 11.

Gegrilltes von der Straßenküche

Café de la Posta (15), schönes Café in Kolonialzeit-Ambiente; auch Restaurant mit internationaler Küche. Place de la Poste.

• *Einfache Restaurants/Garküchen* Wenn nicht anders vermerkt, ebenfalls in der Medina; auch in den vielen einfachen Restaurants lässt sich gut speisen. Wer Tajines mag, findet dort ein großes Angebot dieser marokkanischen Hauptmahlzeit. Die Tajines werden mit viel Gemüse – oder auch ganz ohne Fleisch – in unendlichen Varianten gekocht, meist ist ein wenig Hammelfleisch dabei. Oft ist eine Auswahl gegen 12.30 Uhr fertig, und wer spezielle Wünsche für die Zubereitung hat, bestellt bereits gegen 11 Uhr.

Kechmara (10), guter Mittagstisch und feine Salate zu guten Preisen. Menü 200 DH. Rue de la Liberté, hinter dem Ancien Marché de Gueliz, südlich der Rue Liberté.

La Criée Berbère (41) und **La Brocante**. Preiswerte und gute Tajines. Zwei kleine Restaurants mit viel Lokalkolorit. Menü 150 DH. Darb el Arbi.

Tatfi (16), im Gueliz-Viertel; neue Pizzeria und Restaurant mit schönem Garten nahe der Av. Mohammed V. Holzofenpizza zu passablen Preisen. Av. Moulay Rachid 81, ✆ 024-423566.

Café d'Escale (11), im Lokalkolorit des Gueliz-Viertels, gegenüber vom Tourismusbüro. Terrasse. Einfache und gute Küche, zur Mittagszeit gut besucht. Menü 150 DH. Rue Mohammed V./Ecke Rue Mauretania.

Chez Bahia (56), das Neonlicht in dem beliebten Restaurant lässt alle Zutaten der Tajine gut erkennen. Tajines in allen Variationen zu guten Preisen, Menü ca. 100 DH. Am Beginn der Riad Zitoun el Khedim.

„Dampfküchen" am Djemaa el-Fna (48): Annähernd 50 „mobile" Restaurants befinden sich auf dem Platz, und Auge und Nase mögen entscheiden, was und wo gegessen wird. Empfehlenswert ist es, vorher die Windrichtung zu studieren, um nicht im Grillrauch der Nachbarküche zu sitzen. Auch einer der zahlreichen knatternden Generatoren für die Beleuchtung ist keine optimale Nachbarschaft. Inzwischen gibt es überall Preistafeln, für unschlagbare 50–80 DH kann man sich satt essen.

Imbisse an der Place Rhaba Kedima (43), auf der kleinen Place des Epices gibt es preiswerte und gute Tajines – mehrere kleine Restaurants mit viel Lokalkolorit.

Tajine-Küchen in der Riad Zitoun el Khedim (51), die zahlreichen kleinen Tajine-Küchen im Verlauf dieser Straße bieten nicht weniger Lokalkolorit als der Rhaba-Kedima-Platz. Gespeist wird bei weit geöffneten Türen mit Blick auf die belebte Straße. Auch hier liegen die Preise für eine große Tajine selten über 50 DH.

Tajine-Küchen an der Place des Ferblantiers (77), zwei Tajine-Küchen mit jeweils 10 bis 15 auf dem Holzfeuer gekochten Tajines werden für die Schmiede und Besucher zur Mittagszeit gekocht.

Nid 'Cigogne (81), nahe den Saadier-Gräbern in der Rue de Kasbah. Traditionelle Küche mit guten Preisen. Brochettes und Tajines 80 DH. Von der schönen Terrasse, die angeblich ein „Storchennest" war, fantastischer Blick auf die Gräber und die Moschee. Place des Tombeaux Saadiens 60.

Café-Restaurant el Badi (79), mit Dachterrasse und prächtigem Panoramablick auf das Palais el Badi und die von Störchen bevölkerten hohen Mauern. Menü ab 180 DH. In der nächsten (westlichen) Querstraße von der Place des Ferblantiers.

Snack Toubkal (52), mit prächtigem Ausblick von der Terrasse. Das Essen ist einfach und gut, die Preise für Tajines und Couscous stimmen. Gerichte ab 60 DH. Vom Djemaa el-Fna zu Beginn der Riad Zitoun el Khedim.

La Lune d'Or (55), preiswerte und gute schnelle Gerichte und Salate. Auch Sandwichs zum Mitnehmen. Bei der Buchhandlung Ghazali, Rue Bab Agnaou.

L'Étoile (53), kürzlich umgebautes Restaurant mit Lokalkolorit, gut besuchter Treffpunkt marokkanischer Pärchen, guter Service. Menü 100 DH, Brochette oder Couscous 60 DH. Am Wochenende schnell voll. Oberhalb der Buchhandlung Ghazali, Rue Bab Agnaou.

Patisserie und Pizzeria Mabrouka (67), passable Pizzen für 30–40 DH, Pastagerichte 40–60 DH. Abends viel Betrieb, aber meist schneller Service. Weiter oberhalb vom L'Étoile (an der Kreuzung).

• *Cafés und Patisserien* Die meisten unten beschriebenen Cafés liegen, wenn nicht anders vermerkt, in der Medina. Hier lässt sich auch gut und zu moderaten Preisen zu Mittag essen. Dagegen ist es bei den Patisserien sinnvoll, vorher bereits gut gegessen zu haben und über eine gute Zuckerresistenz zu verfügen.

Dar Chériffa (40), das wohl älteste und zugängliche Dar aus saadischer Zeit, unweit der Moschee bzw. Fontaine Mouassine. Dieses besondere Literaturcafé organisiert unterschiedlichste Veranstaltungen in Sachen Kunst und Literatur, gelegentlich werden Autorenfilme gezeigt. Es gibt auch eine kleine Bibliothek. Kleine Speisekarte mit wechselnden Mittagsgerichten, frische Säfte und eine Auswahl verschiedener Tees. Täglich 9–19 Uhr. Derb Cherfa-Lakbir 8. ✆ 024-426463.

Café Arabe (37), nahe der Moschee Mouassine; neuer Riad-Stil mit minimalistischen Elementen in einem alten Riad. Phantasievolle Küche „für das Auge". Auf der großen Terrasse zauberhafter Blick über die Medina. Menüs um 200 DH. Rue Mouassine 184.

Le Foundouk (32), einige Schritte vom Musée de Marrakesch. Elegantes Dar zum Frühstücken und Teetrinken (gute Tee-Auswahl), feine Auswahl an Speisen zur Mittagszeit. Rue Souk al Fassi 55.

Café France (49), am Djemaa el-Fna. Das Café ist eine Institution. Zum Schauen ist die Dachterrasse sehr zu empfehlen. Das Essen ist überteuert und nicht aufregend. Vor oder im Café kann man sich mit den Riad-Besitzern verabreden, die hier ihre frisch angekommenen Gäste abholen.

Chez Chegzouni (46), am Djemaa el-Fna. Gute Tajines, angemessene Preise, Couscous 50 DH.

Tajine mit Pflaumen

Café Argana (47), am Djemaa el-Fna. Schöne Aussicht, gutes Eis, überteuertes Essen.

Café le Siroua (7), im Gueliz-Viertel; bis in die Nacht geöffnetes Café beim Cinéma Colisée. Gute Milchkaffees, Fruchtsäfte und Mandelgazellen. Bvd. Mohammed Zerktouni.

Café d'Orsay (12), im Gueliz-Viertel; Frühstück ab 7 Uhr, gute Eiskarte. An der Ecke Av. Mohammed V./Rue Ibn Habous.

Saveurs d'Orient (3), bekannte und gute Patisserie. Av. Abdelkrim el Khattabi 31.

Patisserie Belkabir (8), im Gueliz-Viertel; alteingesessene und weithin gelobte Patisserie mit traumhafter Auswahl. Rue de la Liberté 48.

Al Jawada (9), im Gueliz-Viertel; schon die Auslage der Patisserie ist ein Gedicht; beste Mandelgazellen und alle erdenklichen Variationen aus Mandelmus; dazu Pastilla de Pigeon und weitere raffinierte aus Blätterteig geformte Süßspeisen. Rue de la Liberté 11 sowie in der Dependance an der Av. Mohammed V. 84.

Safran e Canelle (17), im Gueliz-Viertel; beliebter Treffpunkt und bekanntes Restaurant mit Bar im 1. Stock. Bis in die Nacht geöffnet. Av. Hassan II.

Venezia Ice, im Gueliz-Viertel, gleich außerhalb der Medina; beste Eis-Auswahl, absolut sauber; vielbesuchter Treffpunkt im Sommer. Av. Mohammed V. 279.

Nachtleben (siehe Karte S. 115)

Marrakesch ist mittlerweile eine Domäne für Nachtschwärmer, Vergnügen und Spektakel werden besonders in den Nachtclubs und Bars groß geschrieben. Aktuelle Hinweise finden sich in den Zeitschriften „Couleurs Marrakech" und „Le Guide Marrakech"; erhältlich im Zeitschriftenhandel.

Patio zum Verweilen

La Pacha, im westlichen Hivernage-Viertel; legendäre, internationale Mega-Diskothek mit Chill-Out-Corner, Pool, diversen Bars und dem Design-Restaurant Le Chrystal von Alain Ducasse. Nicht vor 23.30 Uhr. Mo–Mi Eintritt frei, Do 100 DH, Fr–So 150 DH. Av. Mohammed VI., im Hotel-Komplex Aguedal. ✆ 024-388409, www.pachamarrakech.com.

Montechristo (5), im Gueliz-Viertel; hippe Lounge-Bar mit Disco und Restaurant auf drei Etagen. Am Wochenende schön voll. Rue Ibn Aicha 20, ✆ 024-439031.

Afric'n Chic (18), im Gueliz-Viertel; topgestylte Bar und Disco, regelmäßig Live-Musik. Für den kleinen Hunger gibt's Tapas und Fischgerichte. Rue Oum Errabia 6, ✆ 024-431424.

Paradise (24), in Hivernage; Bar und Disco im edlen Kempinski Mansour Eddahbi. Etwas übersichtlicher und je nach DJ auch gute Lounge-Musik. Während der Woche dünn besiedelt. Eintritt 200 DH. Am westl. Ende der Av. Moulay el Hassan. ✆ 024-448222.

Comptoir Paris-Marrakesch (22), in Hivernage; tout elegant e très originel. Veranstaltungsprogramm ab 20 Uhr. Av. Echouhada 37. ✆ 024-437702.

Bo-Zin, außerhalb an der Route Ourika, 3½ km vom Zentrum; großzügige Anlage mit Restaurant, Hotspot der lokalen Modeszene, Disco und großer Garten. Shuttle-Service ins Zentrum. ✆ 024-388012.

Casino Es Sadi (26), die Anlage in den Saadi Gardens in einem 8-Hektar-Park liegt mitten in Marrakesch, umfasst das gleichnamige Hotel, einen Palast, mehrere Villen, Restaurants, Pools und Spa-Bereiche sowie das Casino.

Casino La Mamounia, Ecke Av. Bab Jedid/Av. de la Menara, im gleichnamigen Nobel-Hotel. ✆ 024-444570.

Sehenswertes

An erster Stelle steht natürlich die als UNESCO-Weltkulturerbe anerkannte Medina mit über 440.000 von insgesamt etwa 1,1 Millionen Einwohnern der Stadt. Zum Erkunden gibt es zwei Möglichkeiten: Mit dem Finger auf der Karte zu den gesuchten Souks laufen. Oder mehr auf die Menschen, Händler und Geschäfte zu achten und sich ein wenig von der einzigartigen Dynamik dieses Viertels treiben zu lassen. Denn auch ein systematisches Vorgehen garantiert nicht, nicht verloren zu gehen – was aber keineswegs schlimm wäre. Die Frage nach der Richtung zum Gimmeffna kann jeder beantworten, und der stärkere Strom in den großen Gassen führt meist in die Richtung des Djemaa el-Fna. Wer gern ein Bad in der Menge nehmen möchte, flaniert nach 19 Uhr, am besten am Wochenende, auf den Hauptachsen der Medina – dann ist es hier brechend voll. Und auch die Erfahrung, das Viertel zu unterschiedlichen Tageszeiten zu erkunden, hinterlässt bleibende Eindrücke – Déjà-vu-Gefühle gibt es hier in zahllosen Varianten.

Mit ihrer Vielzahl kleiner und kleinster Handwerks-Ateliers und natürlich den Souks ist die Medina ein wahres Einkaufsparadies. Und bald staunt man, wie viele Einrichtungsgegenstände in heimischen Gefilden aus diesem Umkreis kommen. Neben den Souks kann man in den großen Straßen der Medina schnell die Geschäfte der unterschiedlichen Metiers ausmachen. Gute Schmuck- und Antiquitätenläden etwa im Mouassine-Viertel bzw. in der Rue dar el Bacha und am Rande der Mellah bei den Bijoutiers. Auch an der Rue Bab Doukkala, die in die Rue Dar el Bacha mündet, reihen sich viele derartige Geschäfte.

Marrakesch

Mit zwei PS um die Stadtmauer

Die „Tour des remparts", die Fahrt entlang einiger Abschnitte der etwa 12 Kilometer langen Stadtmauer, ist mit der Calèche, der Pferdekutsche, eine abwechslungsreiche Reise. Von den Almoraviden ab dem 12. Jahrhundert gebaut und von Saadiern und Almohaden erweitert und verstärkt, gehört die bis zu zwei Meter dicke und acht Meter hohe Mauer aus Stampflehm zu den Wahrzeichen von Marrakesch. Und je nach Tageszeit ändert sie ihr Gesicht, bei Sonnenuntergang erstrahlen ihre Stadttore im Westen – Bab el Jedid, Bab Agnaou, Bab er Rob, Bab Ksiba – in glühenden Rottönen. Aber auch frühmorgens, besonders sonntags, wenn die Stadt noch schläft, sind einige hübsche Teilstrecken entlang der Stadtmauer mit Ross und Kutscher ein Erlebnis:

Besonders angenehm ist dann die frische Luft der Parkanlagen bei einer Fahrt über die Av. de la Menara zu den Menara-Gärten. Oder zum Palais Royal und dann, ebenfalls etwa 2 km – durch die Agdal-Gärten. Auch die Route vom Bab Agnaou vorbei an der Place des Ferblantiers zum Bab Ghemat oder über das Bab Laksour zur Zaouia Sidi Ben Slimane und vom Bab el Arset an der Stadtmauer zurück zur Place Foucauld ist empfehlenswert. Weitere Vorschläge mit Festpreisen finden sich an den Kutschen (ca. 100 DH/Std.). Startpunkt der Calèches ist die Place Foucauld beim Djemaa el-Fna.

In der südlichen Medina geht es besonders in der Rue Riad Zitoun el Khedim und der Rue Riad Zitoun el Jedid sehr bunt zu – hier sind die kleinsten Händler vertreten. Die Rue Riad Zitoun el Jedid führt in südlicher Richtung zu wichtigen Sights der Stadt: zum Dar Sidi Said, zum Musée Tiskiouine, zum Palais de la Bahia bzw. zur Place des Ferblantiers und schließlich zum Palais el Badi.

Eine der längsten Achsen der Medina verbindet das Stadttor Bab Ghemat in nördlicher Richtung mit dem Bab el Kehmis: Hier, an der Rue Ba Hmad und am Bab el Khemis findet sich besonders südöstlich des Gerber-Viertels eine touristisch wenig besuchte Ecke.

Ville Nouvelle – die Neustadt

Gueliz-Viertel

Das neue Marrakesch entstand während der französischen Besatzungszeit und ist städtebaulich von der französischen Architektur des 19. Jahrhunderts inspiriert. Die Avenue Mohammed V. verbindet als zentrale, 3 km lange Achse den Djemaa el-Fna mit der Neustadt und verbindet über die Place 16. Novembre weitere Viertel, etwa das Lazahia-Quartier mit dem berühmten Jardin Majorelle. Durchzogen von langen, von Palmen und Jacarandabäumen gesäumten Alleen führen alle Wege zur zentralen Place du 16 Novembre. Hier, im Zentrum von Gueliz, ist heute alles geboten, was europäische Besucher gewohnt sind: moderne Geschäfte, Banken, Supermärkte ...

Besonders am frühen Abend erwacht in den vielen Straßencafés reges Leben. Es ist das moderne Marrakesch, dass sich hier zeigt und ständig baulich verändert und erweitert wird. Elegante Cafés, internationale Restaurants und Hotels aller Couleur, Luxusboutiquen, Niederlassungen großer Unternehmen, Reiseagenturen und der Marché Central befinden sich an den strahlenförmig von der Place du 16 Novembre verlaufenden Boulevards ober- und unterhalb der Avenue Mohammed V. und an ihren Schnittstraßen. Und auch der Bahnhof ist über die ebenfalls von der Place du 16 Novembre ausgehende Avenue Hassan II. schnell erreicht.

Jardin Majorelle

Der gefeierte **Jardin Majorelle** im Lazahia-Viertel ist heute der bekannteste Garten der Stadt – und immer noch ein ruhender Pol im geschäftigen Gueliz-Viertel. Der französische Dekorateur und Künstler Jacques Majorelle (1883–1962) hatte in den 20er Jahren das architektonisch ausgefallene Haus mit großem Garten anlegen lassen, um hier seine Tuberkulose zu heilen und eine große Sammlung an Pflanzen zusammengetragen. Der Garten mit tropischer und subtropischer Flora, mit Teichanlagen, Mauern und Bambushainen ist eine Augenweide. Faszinierend hebt sich das leuchtende Blütenmeer der Bougainvilleen, Geranien und anderer Blumen von den oxydblauen Mauern ab. Da es hier nie Wasserprobleme gab, verwilderte der Garten nach dem Tod von Majorelle zu einer grünen Oase. In den 70er Jahren erwarb Yves Saint Laurent das Anwesen und machte nach weiteren zwei Jahrzehnten und ausgiebiger Sammlertätigkeit seine Schätze im ehemaligen Atelier des Künstlers, einige Räume und den weiter ausgebauten Garten der Öffentlichkeit zugänglich. Die Sammlung des berühmten in Algerien geborenen

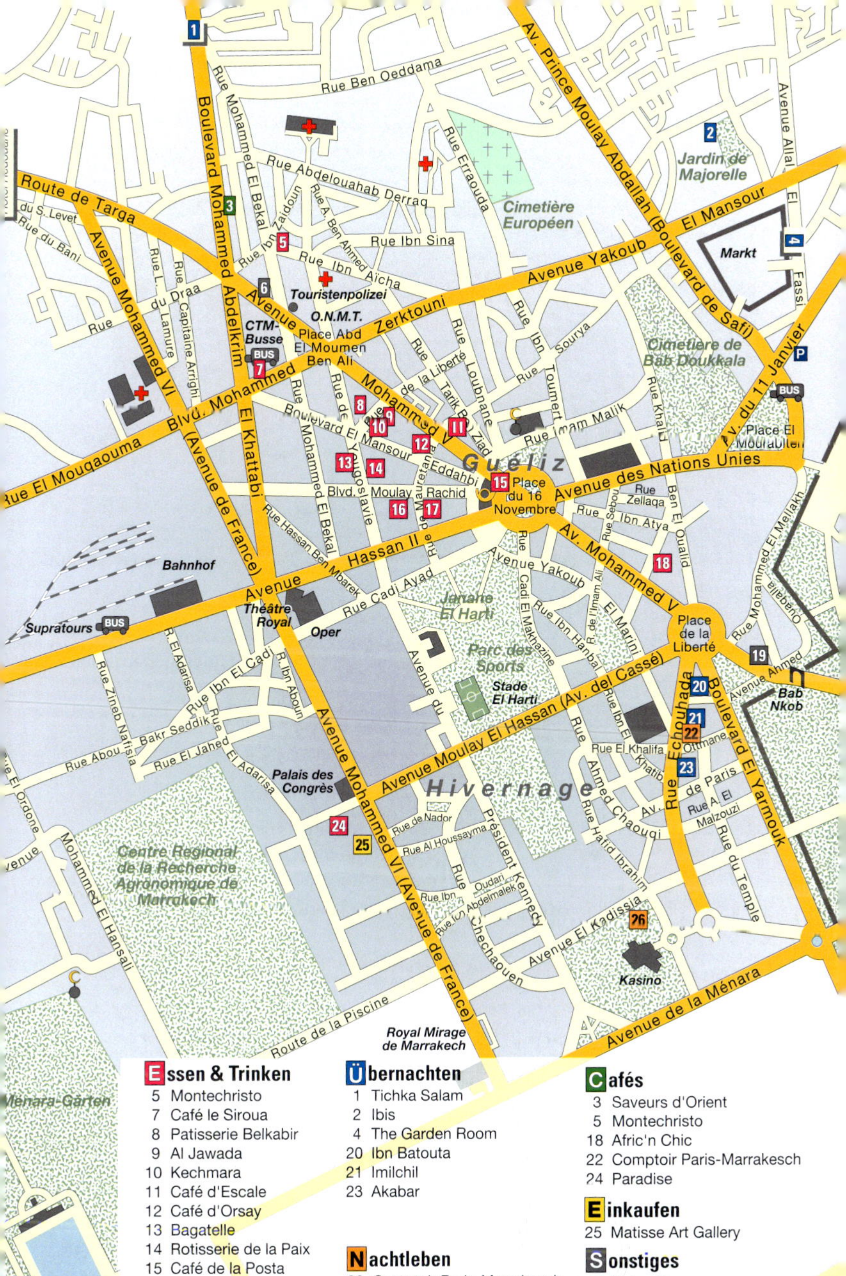

Ménara-Gärten

Pavillion de la Ménara

Essen & Trinken
- 5 Montechristo
- 7 Café le Siroua
- 8 Patisserie Belkabir
- 9 Al Jawada
- 10 Kechmara
- 11 Café d'Escale
- 12 Café d'Orsay
- 13 Bagatelle
- 14 Rotisserie de la Paix
- 15 Café de la Posta
- 16 Tatfi
- 17 Safran e Canelle
- 18 Afric'n Chic
- 24 Paradise

Übernachten
- 1 Tichka Salam
- 2 Ibis
- 4 The Garden Room
- 20 Ibn Batouta
- 21 Imilchil
- 23 Akabar

Nachtleben
- 22 Comptoir Paris-Marrakesch
- 26 Casino Es Sadi

Cafés
- 3 Saveurs d'Orient
- 5 Montechristo
- 18 Afric'n Chic
- 22 Comptoir Paris-Marrakesch
- 24 Paradise

Einkaufen
- 25 Matisse Art Gallery

Sonstiges
- 6 Najm Car
- 19 Agentur Harmattan

200 m

Marrakesch - Ville Nouvelle

Im Gueliz-Quartier wird modern gelebt

Designers zeigt Keramikobjekte, Möbel und Teppiche, ein anderer Raum Bilderarbeiten von Majorelle.

⌚ April bis Sept. Di–So 8–19 Uhr, Okt. bis Nov. nur bis 17.30 Uhr, Dez. bis März bis 17 Uhr. Mo geschlossen. Eintritt 30 DH. Querstraße der Rue Yakoub el Mansour. Zu erreichen von der Place de la Liberté über die Rue Khalid ben el Oualid. Vom Djemaa el-Fna mit Bus Nr. 4.

Marché Central

Der **große Markt** mit angeschlossenem Blumenmarkt an dem neuen Standort Avenue Ibn Toummert/Ecke Avenue Nations Unies (ehemals Avenue Mohammed V.) ist ein Gebrauchsmarkt für Lebensmittel, und auch an Handwerk und Boutiquen findet sich hier so ziemlich alles – einschließlich etwa fünf Geschäfte, die Alkohol verkaufen.

Centre Artisanal

Das Centre bzw. **Ensemble Artisanal** befindet sich schräg gegenüber dem Cyber-Park an der Ecke Rue el Adala/Avenue Mohammed V. Zahlreiche Handwerker fertigen hier ihre Produkte und erlauben so einen umfassenden Einblick in die unterschiedlichsten Handwerkstraditionen. Es wird quasi zu Festpreisen verkauft (10 % Rabatt sind auch hier möglich), die Qualität der Produkte ist relativ hoch, und der Blick der Vertreter der staatlichen Chambre Artisanal auf den Markt ist besonders genau, zumal er bei offiziellen Besuchen auch Vorzeigecharakter hat.

Hivernage

Im südlich der Place de la Liberté angrenzenden, als Residenzviertel geplanten Hivernage-Quartier entstanden in den 30er Jahren prächtige Art-déco-Villen und Parkanlagen. Heute sind die damals angelegten Gärten zugewachsen, die besten Hotels der Stadt haben sich in den grünen, ruhigen Straßen angesiedelt. Das Residenzviertel mit seinen zahlreichen luxuriösen Hotels erstreckt sich südlich der

Av. Mohammed V. bzw. des Parc des Sports und der Place 16 Novembre. Die südlich an das Viertel angrenzende Avenue de la Menara bildet die Achse zu den Menara-Gärten.

Arbeiten für Almosen? Ein Guide erzählt

In Marokko als Führer zu arbeiten, ist keine einfache Aufgabe. Zum einen ist es sehr schwierig, die Ausbildung zu finanzieren, denn seit kurzem sind für den Beruf des Guides ein Universitätsabschluss in einer Fremdsprache und ein staatliches Examen Pflicht. Und dabei ist keineswegs sicher, einen Arbeitsplatz zu bekommen! Viele Marokko-Besucher kennen die großen wirtschaftlichen und sozialen Probleme in unserem Land nicht und vergessen, dass ein lizenzierter Guide *(guide de tourisme)*, ein Reisebegleiter *(accompagnateur)* oder Bergführer *(guide de montagnes)* dem Besucher nicht nur die Städte mit ihrem architektonischen und kulturellen Reichtum und die Schönheit des Landes zeigen, sondern auch dazu beitragen kann, die gesellschaftliche Wirklichkeit Marokkos besser zu verstehen.

Als vom Staat lizenzierte Führer stehen wir in Konkurrenz zu dem großen Heer von „fake guides" bzw. Helfern, die sich ebenso anbieten, durch die Stadt zu führen. Für viele dieser arbeitslosen „Helfer" ist die Kommission der Händler die einzige Einkommensquelle, um ihre Familien zu ernähren. Auf der anderen Seite hat die oft aufdringliche Art dieser Guides zu scharfen Kontrollen der Regierung geführt, die sich seit den 80er Jahren dazu gezwungen sieht, hart durchzugreifen, um das Image des Landes zu schützen. 2006 betrug der staatlich festgelegte Tarif für einen offiziellen Führer 300 DH (halbtags 150 DH).

Doch der starke Wettbewerb hat auch unter den offiziellen Guides – in Marrakesch arbeiten über 200 – dazu geführt, dass europäische Veranstalter die staatlichen Tarife bei einer saisonalen Beschäftigung weit unterlaufen und das Trinkgeld – wie etwa in den USA – immer wichtiger wird. Dies und die nicht gerade stabile touristische Nachfrage hat die Folge, dass unser Beruf ein alles andere als sicheres Einkommen bietet. Auch im Namen meiner Kollegen hoffe ich, unseren Gästen viel von der außerordentlichen Wirklichkeit Marokkos vermitteln zu können.

Youssef Naciri, Accompagnateur de tourisme, Marrakesch

Die nördliche Medina

Als Ausgangspunkt für eine Besichtigung der nördlichen Altstadt bieten sich der Platz Djemaa el-Fna oder das nördliche Stadttor, das Bab Doukkala, an. Hinter dem Stadttor führt die Rue Fatima Zohra nach 300 m nahe der Bab-Doukkala-Moschee in die Rue Bab Doukkala zum Dar-el-Glaoui-Palast. Von hier sind auch die Sanktuarien der Stadtheiligen und die Ben Youssef Medersa einfach zu erreichen.

Djemaa el-Fna

Der **frühere Gerichtsplatz** hat eine sagenumwobene Geschichte. Einst wurden hier die Köpfe der Hingerichteten zur Schau gestellt. Mitte des 19. Jh. ereignete sich eine gewaltige Explosion, bei der ein Munitionslager in die Luft flog und heftige Verwüstungen anrichtete. Zusammen mit der Medina gehört der Djemaa el-Fna inzwischen zum UNESCO-Welterbe und dient heute Musikanten, Gauklern, Akrobaten, Schlangenbeschwörern, Wahrsagern, Wunderdoktoren, Zahnziehern und Spaßmachern als riesige „Freiluftarena". Damit steht der Platz ganz in der Tradition der letzten zweihundert Jahre, wo er saharischen Nomaden, Reisenden, Soldaten und Bewohnern als Treffpunkt diente. Während das morgendliche Szenario noch einigermaßen gemächlich vonstatten geht, dampft und brodelt der Platz mit Einbruch der Dunkelheit zur Höchstform auf. Wem dieses unbändige Chaos – besonders an Wochenendabenden – zu viel ist, kann in den angrenzenden Cafés Zuflucht suchen, das Schauspiel von den Dachterrassen beobachten und der Beobachtung von Paul Bowles nachsinnen, Marrakesch sei ohne diesen Platz eine ganz normale marokkanische Stadt ...

La Mamounia

Ist Marrakesch, wie oft behauptet, eine Stadt der harten Gegensätze, so ist das wenige Schritte vom Djemaa el-Fna entfernte **Luxusdomizil der 20er Jahre** mit seinem prächtigen Palmengarten eine Oase der Ruhe in der Nachbarschaft des rumorenden Platzes. An die Besucher, die nur hierher kommen, um einen Tee zu trinken, hat sich das Personal längst gewöhnt, und wer den Kleidercode des altehrwürdigen Prachthotels respektiert, kann den Ort mit seiner ausgefallenen Gartenarchitektur genauer kennen lernen. Über Preise wird in dem Fünf-Sterne-Etablissement natürlich nicht gesprochen. Wer nur virtuell vorbeischauen möchte: www.mamounia.com.

Koutoubia

Das weithin sichtbare Minarett der **Koutoubia-Moschee** mit den Jardins de la Koutoubia an der Rue Houman el Fetouaki ließ Yacoub el-Mansour (→ Geschichte) um 1190 erbauen. Mit dem angrenzenden Djemaa el-Fna zählt es zu den Wahrzeichen von Marrakesch und ist im Gegensatz zu anderen Denkmälern der Stadt leicht zu finden. Das Minarett gilt als besonderes Zeugnis des maurischen Stils der almohadischen Epoche, der sich beispielsweise in den typischen Fenstergalerien zeigt, und ist im Grundriss (12,80 m im Quadrat) mit einer zahlenmystisch überprüfbaren Formel gestaltet. Das von „Kutubiyyin" abgeleitete Wort heißt Buchhändler, und von denen soll es an diesem Ort im 16. Jh., der zweiten kulturellen Blütezeit der Stadt, viele gegeben haben. Die 88 Meter breite, an der Stelle eines ersten Vorgängerbaus errichtete Moschee entstand 1157 unter Mitwirkung besonders talentierter maurischer Künstler und Handwerker und soll 25.000 Gläubigen Raum bieten. Das 77 m hohe Minarett krönt eine acht Meter hohe Spitze, die vier vergoldete Kupferkugeln trägt. Als „Moschee des Goldapfels" bekannt, sieht eine Legende in den Kugeln der Laterne den verarbeiteten Goldschmuck der Frau des Erbauers.

Die Souks

Der Übersichtsplan bietet ein Verzeichnis der Souks, die sich vom Djemaa el-Fna in einem auf den ersten Blick unüberschaubaren Gassengewirr bis zur Moschee Ben Youssef hinziehen. Beispielsweise kann man von der Rue Souk Smarine in die Rue Souk Attarine oder die Rue Souk el Kebir laufen. Das nördliche Ende markiert die Rue Amesfah. Bei den Marktständen gleich zu Beginn der Souks an der östlichen Seite des Djemaa el-Fna und dem **Kleider-Souk Smarine** ist die Spreu vom Weizen zu trennen: Inzwischen gibt es dort viel chinesische Billigware. Wer weiter in nördlicher Richtung bzw. Musée de Marrakech läuft, findet rechter Hand den **Woll-Souk,** den Schafshäute- bzw. **Gerber-Souk,** den Gewürz- und Kräuter- bzw. **Apotheken-Souk,** kurz vor der Place Rhaba Kedima. Die **Place Kedima** – bis 1912 Handelsplatz für Sklaven aus Schwarzafrika – ist von einigen weiteren Souks umgeben: dem Teppich-Souk (nördlich) und dem Gemüse-Souk (östlich). Weiter an der Rue Souk el Kebir („Große Marktstraße") folgen Lederartikel, Kleider und Schmuck. Rechter Hand, oberhalb des Zrabia-Souk (Teppiche) befindet sich ein dunkler Durchgang, genannt **„La Criée Berbère":** Alte Männer versteigerten hier Teppiche und Dschellabahs (Wollumhänge).

Wer jetzt zurück zur Abzweigung der Rue Souk Attarine läuft, stößt rechter Hand auf den **Souk des Babouches** (Schuhe) und den **Souk Addadine** (Eisenschmiede). In der gegenüber liegenden Rue Sidi et Yamani befindet sich der **Wollfärber-Souk**.

Farben, Gerüche, Schreie: Der Souk

Die üblichste Form des marokkanischen Souk *(suq)* ist der einmal wöchentlich stattfindende Markt. Der tägliche Souk ist städtischer Natur und hat – wie allerorten zu beobachten – inzwischen immer mehr importierte Waren im Angebot. Besonders in vielen ländlichen Regionen – hier ist zwischen lokalen und regionalen Märkten zu unterscheiden – ist der Souk *das* soziale Ereignis. Auf dem Marktgebiet sind die Händler räumlich nach Waren und Gewerben geteilt. Nach der alten Ordnung befanden sich im Zentrum die „reinen Gewerbe" wie Stoffhändler, Lebensmittelhändler, am Rand dagegen die „unreinen Gewerbe" wie Metzger, Schmiede, Lederhändler. Alle sind sozusagen Teilnehmer an dem Schauspiel, das auch in nördlichen Gefilden als Markt bezeichnet wird. Hier sind die anzutreffenden Darsteller allerdings vielfältiger: Geschichtenerzähler, Schlangenbeschwörer, Zahnhändler (!) und Zahnzieher, Barden, Geldleiher, Prostituierte, Trödelhändler, Schuhputzer, Liebesdrogenhändler und viele andere. Besonders in abgelegenen ländlichen Regionen ist der Souk eine wichtige Plattform für den Austausch ländlicher Produkte und importierter Waren. Durchaus üblich sind hier noch Tauschgeschäfte zwischen Leistungen und Gütern, und die Redewendung „Käufer, denk an den Tag, an dem du verkaufen wirst" erinnert daran, sich gegenseitig fair zu behandeln. Der *suwawaq*, der Händler, versucht dabei, durch geschickte, vorteilhafte Angebote seine Stammkunden zu halten. Der Käufer wiederum vergleicht erst die Preise, um dann nach intensivem Feilschen letztlich die Ware bei seinem bevorzugten Stammverkäufer zu erwerben. Ziel des Verkäufers ist es naturgemäß, das Kaufverhalten seines Stammkunden zu steuern. Bei Fremden versucht er, die soziale Stellung des Käufers zu erkennen, um ihm zu zeigen, welche Waren die Käufer seines Standes kaufen. Groß ist die Sorge um den Frieden auf dem Markt: Der *amin* (Schlichter innerhalb eines Gewerbes) und der *muhtaseb* (Marktinspektor) sind bemüht, den Markttag als „Tag des Respekts und der Ehre" friedvoll zu gestalten, und sogar verfeindete Familien vereinbaren, an diesem Tag Frieden zu halten.

Souk Attarine: Kräuter, Naturheilmittel, Öle und Gewürze

Kräuter, Tees, heilende und aromatische Gewürze und Tinkturen spielen in der traditionellen Berbermedizin ein große Rolle, und bis heute vertrauen viele Marokkaner auf die alten Rezepte. Auf dem mit Schilfmatten vor der Sonne geschützten **Gewürz-Souk,** dem Souk Attarine (auch Souk Quessabine genannt), finden sich Dutzende kleiner Anbieter, die neben Gewürzen Kräutermischungen für Tees, traditionelle Naturheilmittel und mineralische bzw. pflanzliche Tinkturen anbieten. Wer nach speziellen Informationen und Qualitäten sucht, wird auch im Gueliz-Viertel und in vielen Geschäften der Medina fündig.

Rue Souk Attarine

Gerberviertel

Wer noch nie ein marokkanisches Gerberviertel gesehen und einen empfindlichen Geruchssinn hat, sollte seine Erwartungen nicht zu hoch schrauben. Der penetrante Geruch der Gerbsäure ist schon einige Straßen vorher zu spüren, im Inneren des Viertels ist er kaum erträglich. In den von Mauern umgebenen Anlagen der **Gerbereien** befinden sich Dutzende von Becken, in denen Kamel-, Ziegen- und Rinderhäute verarbeitet werden. Doch das Gros der marokkanischen Produktion wird bereits seit Jahrzehnten industriell gegerbt, während die kleinen Gerbereien in Marrakesch und im Norden des Landes nach jahrhundertealten Verfahren arbeiten.

Von der Ben Youssef Medersa sind es ca. 10 Fußminuten über die Rue Bab Debagh zum unweit der Moschee am Bab Debagh gelegenen Gerberviertel. Beim Besuch einer Gerberei ist ein Spende erwünscht.

Ben Youssef Medersa

Diese ehemalige **Koran-Lehrschule** zählt mit ihrer Größe, ihren Proportionen und ihrer prachtvollen Ausstattung zu den schönsten Gebäuden der Stadt und vielleicht sogar des ganzen Landes. Über 500 Schülern soll die 1700 m² große Anlage Platz geboten haben, der Schulbetrieb – unterrichtet wurden Theologie und Recht – wurde erst 1960 eingestellt. Abou el Hassan ließ die Schule Mitte des 14. Jahrhunderts bauen, ihr jetziges Erscheinungsbild erhielt sie 1564 durch den Saadier-Sultan Moulay el Abdallah. Der Bau ist wie andere merinidische Medersen Ausdruck der Verehrung Gottes und schmückt sich, mit christlichen Klöstern vergleichbar, mit einer außerordentlichen Architektur. Für die beteiligten Künstler war es eine große Ehre, am Bau beteiligt zu sein. Das große Bronze-Eingangstor ist ein Meisterwerk seiner Zeit, die Fayence-Mosaiken, Täfelungen aus Zedernholz, Stuck-Dekor und Säulen wurden mit großer Sorgfalt gefertigt. Besonders vom Innenhof mit seinen kostbaren Marmorfußböden und genau proportionierten Wasserbecken (einschließlich ausgefeilter Wasserüberlaufregulierung) ist die Anlage gut zu überblicken. Klösterlichen Kreuzgängen ähnlich, sind die Längsseiten von Galerien gesäumt, die die meditative Atmosphäre der Mederse unterstreichen.

🕐 Tägl. 9–13 und 14–18 Uhr, April bis Sept. bis 19 Uhr, Eintritt 30 DH. Im Kombiticket mit Koutoubia-Moschee, Koubba al Barroudiyn und Musée de Marrakesch 60 DH. Rue Souk Chaaria.

Mosquée Ben Youssef

Die unter dem gleichnamigen Almoraviden-Sultan gebaute **Ben-Youssef-Moschee** geht auf die Anfänge des 12. Jahrhunderts zurück, wurde aber im 16. und 19. Jh.

Patio in Weiß

stark umgestaltet, sodass bis auf die Grundmauern und das 40 m hohe Minarett aus Kalkstein keine Bausubstanz aus der Anfangszeit mehr erhalten ist.

Place de la Kissaria. Die Moschee kann nicht besichtigt werden.

Zaouia Sidi bel Abbès

Der saadische Sultan Abou Faris stiftete dieses **Sanktuarium am Bab Taghzout** dem großen Heiligen Sidi bel Abbès (1130–1205) mit dem Wunsch, von seiner Epilepsie befreit zu werden. Ein Sprichwort sagt, es sei Bel Abbès zu verdanken, dass selbst Blinde in dieser Stadt satt würden. In seinem Namen verteilen bis heute die Pilger Gaben an die Armen und Blinden – die Zaouia ist ihr wichtigstes Wallfahrtziel in Marrakesch.

Die Zaouia befindet sich am Bab Taghzout und ist leicht an ihrer monumentalen Eingangsfassade zu erkennen. Das Sanktuarium kann nicht besichtigt werden.

Fontaine Chrob ou Chouf

Chrob ou Chouf – „Trinke du und bewundere mich“ – lockt eine Inschrift auf der Innenseite dieses Brunnens, und das ist durchaus nicht nur poetisch gemeint. Die **Fontaine Chrob ou Chouf** wurde zur Zeit des Sultan Ahmed el Mansour (1578–1603) gebaut, ihr prächtiges, von Stalaktitenbögen überwölbtes Vordach schützt die heiligen Koransuren, die gut sichtbar in Zedernholzpanele geschnitzt sind.

Der Brunnen an der Rue Assouel ist von der Ben-Youssef-Moschee über die Rue Baroudienne zu erreichen.

Zaouia Sidi Ben Slimane el-Djazouli

Das prächtige **Mausoleum** aus der Zeit der Saadier (1554–1667) ist nach Sidi Ben Slimane el-Djazouli benannt, dem Begründer einer einflussreichen Sufi-Schule in Marrakesch. Sein Ruhm geht auf die Zeit der quattasidischen Dynastie zurück, als seine Anhänger große Teile der Stadtbevölkerung ausmachten und Sidi Ben Slimane das Volk im heiligen Krieg gegen Portugal vereinte.

Über die Rue Riad el Arous bis an das Ende der Rue Sidi Ben Slimane fahren. Das Mausoleum kann nicht besichtigt werden.

Der Pilgerweg der sieben Heiligen

Dass Marrakesch für gläubige Moslems eine heilige Stadt ist, ist wenig bekannt. Diese sprechen davon, „die sieben Männer zu besuchen", wenn sie sich nach Marrakesch aufmachen – ein Pilgerweg, der bis heute von Südosten nach Westen abgelaufen wird. Den Pilgern ist dabei die hier genannte Reihenfolge der Gräber der Heiligen, die zwischen dem 12. bis 16. Jahrhundert gelebt haben, streng vorgeschrieben. Fünf der zu besuchenden heiligen Gräber befinden sich in der Medina. Der Weg beginnt am **Grabmal (Marabut) des Sidi Youssef Ben Salah,** des Heiligen der Leprakranken. Der zweite Marabut ist **Cadi Ayad,** einem scharfsinnigen und von den Autoritäten gefürchteten Theologen, gewidmet und befindet sich zwischen dem Bab Aylen und dem Bab ed Debbagh. Das dritte Heiligtum liegt im Norden der Medina: Die **Zaouia Sidi bel Abbès** ist Sidi bel Abbès es Sebti gewidmet, der den Armen und Bedürftigen zur Seite stand und bis heute sehr populär ist. Das vierte erinnert an Sidi Ben Slimane el Djazouli, den gefeierten Kämpfer gegen die christlichen Kreuzzüge im 16. Jh., der als ein direkter Nachkomme des Propheten gilt und der Begründer des marokkanischen Sufi-Ordens ist – sein Marabut befindet sich nahe der **Rue Bab Taghzout.** Der fünfte Heilige ist Abdelaziz et Tebba, Schüler von Sidi Ben Slimane, sein Marabut steht unweit der **Rue Mouassine.** Der sechste Heilige ist Sidi Abdallah el Ghezouani, auch Moulay el Ksour genannt, sein Marabut findet sich beim **Bab Fteuh.** Sidi Abdallah soll vorausgesagt haben, dass Marrakesch erneut der Königssitz vor Fès sein würde. Der siebte Heilige schließlich, Sidi Abt er Rhaman es Soheili, verhalf durch seine vermittelnde Arbeit zwischen unterschiedlichen Lehren der islamischen Lehre zu hohem Ansehen. Sein Marabut liegt nahe vom **Bab Agnaou.**

Die heiligen Gräber bzw. Marabuts können nur von außen besichtigt werden.

Dar el Glaoui (Dar el Bacha)

Das vom Marabut des Sidi Ben Slimane sowie von allen höheren Terrassen gut sichtbare im maurischen Stil erbaute **Palais Dar el Glaoui** ist wegen der hohen Mauern aus der Nähe nicht einsehbar. Auf dem Höhepunkt seiner Macht zelebrierte der berühmt-berüchtigte Glaoui-Pascha Thami Ben Mohammed hier in den 20er Jahren prunkvolle Feste, auf denen natürlich besonders die Franzosen hofiert wurden (→ Geschichte). Das Geld für den Bau des Palais stifteten wohl die französischen Kolonialherren, denen er 1912 half, die Stadt dem rebellischen Nomadenführer El Hia zu entreißen, der sich hier mit seinen Truppen festgesetzt hatte. In einem Teil der Palasträume finden gelegentlich kulturelle Veranstaltungen statt – Ausstellungen, Theateraufführungen, Konzerte.

Ein neues Museum in der Anlage wird voraussichtlich 2008/9 eröffnet. Rue Dar el Bacha.

Musée de Marrakech

Das **Dar M'Nebhi** mit seinem wunderschönen geschmiedeten Kupferlüster im riesigen überdachten Innenhof (eine architektonische Lösung des 20. Jh., die unabhängig von den Jahreszeiten Ausstellungen möglich macht) wurde Ende des 19. Jahrhunderts für Sultan Moulay Mehdi Hassan gebaut und ist ein interessantes Beispiel der „neomaurischen" Bauweise. Von einer gesichtslosen Außenfassade umgeben, gelangt der Besucher in den prächtigen Innenhof, von dem die Gemächer und Wirtschaftsräume abgehen. Erst im Inneren erschließt sich die Dimension der weitläufigen Anlage, die heute als Volkskunde-Museum genutzt wird und auf zwei Etagen kostbare traditionelle Teppiche und Schmuck ausstellt. Hübsch anzusehen sind auch die Sammlungen von alten Münzen, handgeschriebenen Koranen, alten Mosaik-Fayencen sowie Türen traditioneller Berberhäuser. In einigen Räumen und im Hamam des Palastes zeigt die Omar-Ben-Jelloun-Stiftung wechselnde Kunstausstellungen. Eine schöne Bücherei mit vielfältiger Literatur über Marokko und ein Café mit Terrasse laden zum Schmökern und Verweilen ein.

In der Medina

⌚ Tägl. 9–18.30 Uhr, April bis Sept. bis 19 Uhr Eintritt 30 DH. Im Kombiticket mit Koutoubia-Moschee, Ben Youssef Medersa und Koubba al Barroudiyn 60 DH. ✆ 024-390911. Place de la Kissaria.

Fondation Dar Bellarj

Nur wenige Schritte vom Musée de Marrakech befindet sich das **Dar Bellarj,** eine kleine Stiftung, die sich zum Ziel gesetzt hat, Marokkos künstlerische Traditionen zu beleben, zu erhalten und zu dokumentieren. Jährlich wechselnde Ausstellungen widmen sich jeweils einer speziellen handwerklichen Tradition, die auf vielfältige Weise präsentiert und aufgearbeitet wird. So sind zum Thema Kalligraphie Intensivkurse geplant (200 DH im Monat).

⌚ Tägl. 9–18 Uhr, Eintritt 15 DH. ✆ 024-444555, dar_bellarj@hotmail.com, www.esavmarrakech.com. Rue Amesfah.

Koubba al Barroudiyn

Ebenfalls in unmittelbarer Nähe des Musée de Marrakech steht der kleine und **älteste Marabut** der Stadt aus der Zeit der almoravidischen Dynastie (12. Jh.). Bis zu seiner Wiederentdeckung 1948 war das Denkmal über Jahrhunderte unter meterhohem Erdreich verschüttet und wurde deshalb nicht wie die anderen almoravidischen Bauten zerstört. Der wohlgeformte kleine Kubus wird von der noch im Original erhaltenen Kuppel überwölbt.

⌚ Tägl. 9–13 und 14–18 Uhr, Eintritt 20 DH. Im Kombiticket mit Koutoubia-Moschee, Ben Youssef Medersa und Musée de Marrakech 60 DH. Place de la Kissaria.

Mouassine-Moschee

Markantes Kennzeichen der von einem einfachen Minarett überragten Moschee im **Mouassine-Viertel** ist die hübsche Brunnenanlage am Eingang – mit drei Brunnen für Tiere und einem Brunnen für die Bewohner.

Die Moschee ist nicht zu besichtigen. Rue Mouassine – von der Rue Souk Attarine über die Rue Sidi el Yumami.

Die südliche Medina

Per Pedes bietet es sich an, die südliche Medina vom Bab Agnaou aus zu erkunden – besonders im Bereich des **Bahia-Palasts** und der ehemaligen Mellah, dem **jüdischen Viertel,** ist es ein weitaus ruhigeres Viertel. Nur wenige Schritte sind es vom quirligen Bab Agnaou zu den **Saadier-Gräbern,** und bereits das **Palais el Badi** ist wie eine kleine Oase der Stille. Von diesem Palast gelangt man zur Place des Ferblantiers, dem **Platz der Schmiede,** von dem in nördlicher Richtung in wenigen Minuten das Palais de la Bahia und nochmals einige hundert Meter weiter auf der Rue Riad Zitoun el Jedid das Dar Sidi Said, das marokkanische **Volkskunstmuseum,** in einer Seitenstraße folgen. Ein kleines, leicht übersehbares Schild weist rechter Hand – in der Mitte der beiden Paläste – auf das kleine **Privatmuseum Dar Tiskiwin.**

Statt vom **Bab Agnaou** aus kann man alternativ auch von den **Agdal-Gärten** zum Vorplatz des **Palais Royal,** dem Grand Méchouar, laufen und von dort vorbei an der Moschee Derb el Badi zur Place des Ferblantiers bzw. zum Palais el Badi.

Bab Agnaou

Das von den Almohaden im 11. Jh. gebaute Bab (→ Karte S. 125), das älteste Stadttor von Marrakesch, diente ursprünglich als Eingang zur Almohaden-Kasbah an seiner Westseite, die später bis auf die angrenzende Moschee zerstört wurde. Das Tor mit einem Durchgang in Hufeisenform ist von mehreren Bogenreliefs und Pilastern gegliedert, die dem massiven Bau etwas die Schwere nehmen.

Südlich der Place de Foucauld.

Tombeaux Saadiens

Die **Saadier-Gräber** befinden sich in zwei Mausoleen, die als königliche Nekropole dienten. Beigesetzt wurden hier Mohammed ech Cheikh (1557), sein Sohn und der Erbauer der Anlage Moulay Abdallah (1574) sowie Moulay Ahmed el Mansour (1602). Moulay Ismail, bis 1727 berüchtigter Führer der nachfolgenden Alaouiten-Dynastie und von großem Hass auf die Saaditen-Sultane besessen, ließ den Haupteingang der Nekropole zumauern. Trotzdem wurde der ermordete Alaouiten-Sultan Moulay el Yazid (1792) über einen geheimen Zugang beigesetzt.

Im ersten Mausoleum befinden sich die Salle du Mihrab (Saal der Gebetsnische), die Salle des douze colonnes (Saal der zwölf Säulen) und die Salle des trois niches (Saal der drei Nischen). Leichter Lichteinfall unterstreicht die weichen Weiß- und

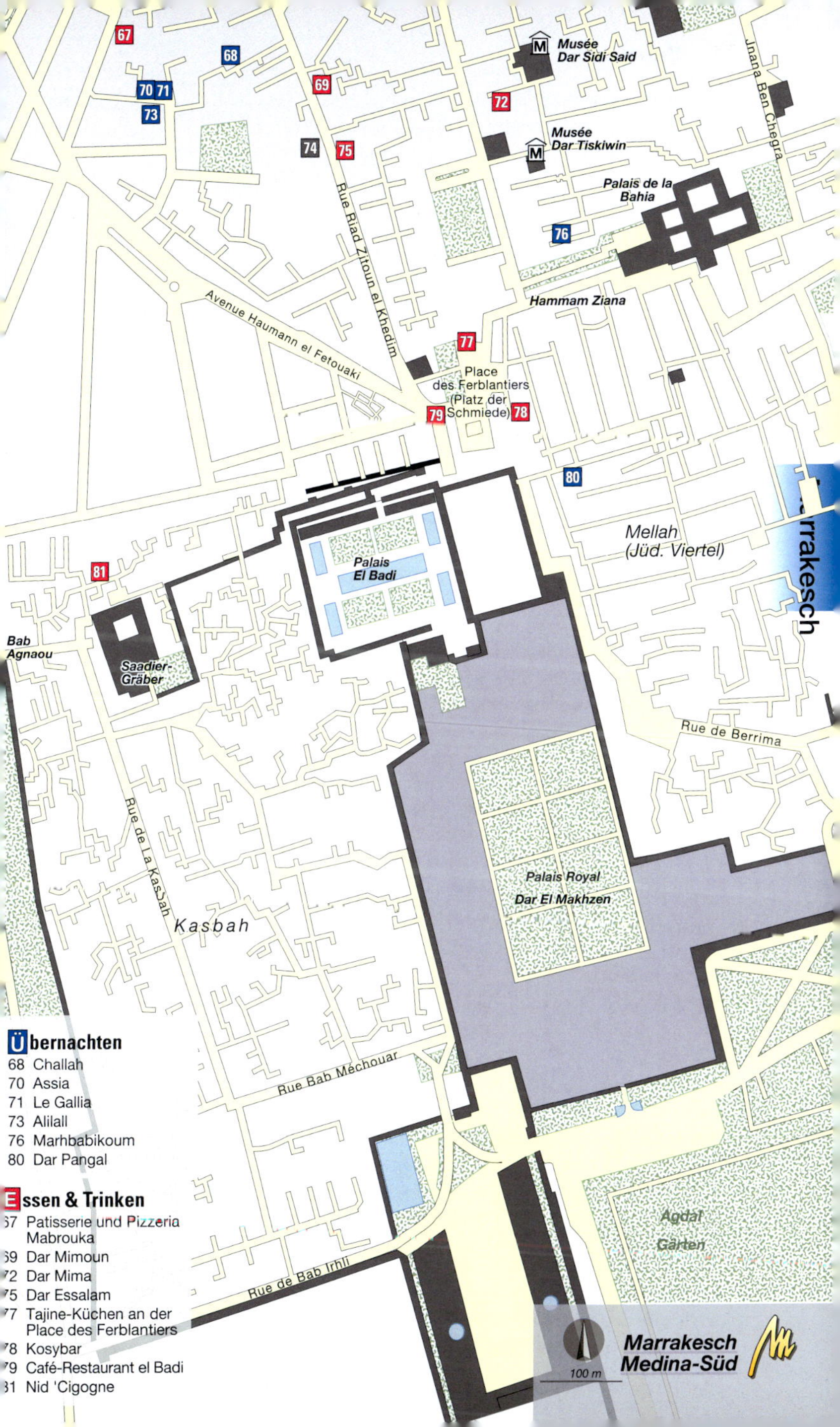

Musée Dar Sidi Said
Musée Dar Tiskiwin
Jnana Ben Chegra
Palais de la Bahia
Rue Riad Zitoun el Khedim
Avenue Haumann el Fetouaki
Hammam Ziana
Place des Ferblantiers (Platz der Schmiede)
Mellah (Jüd. Viertel)
Marrakesch
Palais El Badi
Bab Agnaou
Saadier-Gräber
Rue de Berrima
Rue de La Kasbah
Kasbah
Palais Royal Dar El Makhzen
Rue Bab Méchouar
Rue de Bab Irhli
Agdal Gärten
100 m
Marrakesch Medina-Süd
67
68
70
71
73
69
72
74
75
76
77
78
79
80
81
Übernachten
68 Challah
70 Assia
71 Le Gallia
73 Alilall
76 Marhbabikoum
80 Dar Pangal
Essen & Trinken
67 Patisserie und Pizzeria Mabrouka
69 Dar Mimoun
72 Dar Mima
75 Dar Essalam
77 Tajine-Küchen an der Place des Ferblantiers
78 Kosybar
79 Café-Restaurant el Badi
81 Nid 'Cigogne

Ockertöne in der Salle du Mihrab, die durch Säulen in drei Schiffe unterteilt ist. Die dekorative Ordnung, feinste Fayencemosaiken, Schriftkacheln mit Widmungen, Stuckarbeiten mit Gitter- und Arabeskenmotiven, gefolgt von den Zedernholzschnitzereien im Dachstuhl sind in allen Räumen auffallend, die Säulen aus weißem Carrara-Marmor von wohlgeformter Proportion. Auch der „Saal der zwölf Säulen" zeigt diese Harmonie durch die Aufteilung der Säulen, die in der Mitte des Raumes ein Quadrat bilden. Die Stalaktitenbögen lenken den Blick auf eine prächtig bemalte Zedernholzdecke. Der „Saal der drei Nischen" ist nach ähnlichem Muster gestaltet; die Dächer sind mit grün lasierten Ziegeln gedeckt.

Das zweite Mausoleum steht auf der anderen Seite des Gartens und ist mit der Kasbah-Moschee verbunden. Hier findet sich das Grab der Mutter von Ahmed el Mansour, Lalla Messaouda. Weitere Grabmäler aus der Familie der Saadier-Dynastie – über 100 weitere Gräber – liegen über das Gelände verstreut.

⌚ Tägl. 8.30–12 und 14.30–18 Uhr, Eintritt 10 DH. Bab Agnaou, südlich der Place de Foucauld.

Palais el Badi

Die von Störchen bewachten Ruinen des **Palais el Badi** sind die Überreste einer einstmals mächtigen Anlage, die der saadische Sultan Ahmed el Mansour bauen ließ. Er finanzierte mit dem aus Timbuktu geraubten Gold (der sagenumwobene Ort hatte immense Goldvorkommen) das unendlich lange dauernde Bauvorhaben (1578–1608). El Badi bedeutet „unvergleichbar", und in unvergleichbarer Pracht und Schönheit – Goldverzierungen, Zellij-Kacheln, riesige Stuckornamente, Marmor- und Intarsienarbeiten sowie Zedernholzschnitzereien im Überfluss – sollte dieser Palast zum Ruhm des Sultans erstrahlen. Doch schon einige Jahre nach Ahmed el Mansours Tod 1603 – der Palast war noch nicht fertiggestellt – wurde die Anlage von Moulay Ismail als Steinbruch genutzt, der damit auch hier seinem Hass gegen die Saadier freien Lauf ließ. Auf dem 18 Hektar großen Gelände befanden sich in den Bereichen um die Wasserbecken großzügige Pavillons mit verheißungsvollen Namen und prunkvollen Säulenhallen. Die Weite und Großzügigkeit dieser erstaunlichen Anlage lässt sich besonders am späten Nachmittag genießen, also außerhalb der gut frequentierten Besuchszeiten am Vormittag.

⌚ Tägl. 8.30–12 und 14.30–18 Uhr, Eintritt 10 DH. Bab Berrima, über die Place des Ferblantiers.

Palais de la Bahia

Gebaut wurde der **Palast** um 1880 von Sidi Mohammed Ben Abd und seinem Sohn Ba Ahmed, in der Folgezeit residierten hier der Alaouiten-Sultan Moulay Abd el Aziz (1894–1908), der „Frankreich-Kollaborateur" Pascha el Glaoui und zeitweise auch die französische Kolonialverwaltung bzw. der französische Generalresident. Die sehenswerte Anlage, die nach sieben Jahren Bauzeit fertiggestellt wurde, zählt zu den markantesten Bauwerken im maurisch-andalusischen Stil und ist ohne Zweifel die am besten erhaltene Anlage in Marokko in dieser Größe. Das Palais de la Bahia ist ein Beispiel für die Pracht eines orientalischen Fürstenpalasts Ende des 19. Jahrhunderts. Der Rundgang durch die Anlage mit ihren zahlreichen Empfangssälen, Privatgemächern und blühenden Innenhöfen ist eindrücklich. Die schönsten Räume des Palasts, etwa das in üppigem Dekor gehaltene „Zimmer der Favoritin" (womit die erste Wahl im Harem des Erbauers gemeint war), öffnen sich zum hintersten Hof. Die heute kahlen Gipswände waren mit kostbaren Textilien behängt, die Decken mit prachtvollem Dekor geschmückt. Leider lässt sich die Pracht der

Patio im Palais de la Bahia

Räume auch hier nur erahnen – nur kurz nach Ba Ahmeds Tod ließ Moulay Abd el Aziz die Schätze davontragen.

Den mit weißem Carrara-Marmor ausgelegten 50 mal 25 Meter großen „Grande Cour“ – der Marmor wurde von genuesischen Seefahrern nach Marokko geschifft und gewichtsgleich gegen kostbaren Zucker getauscht – umgibt eine wohlproportionierte Galerie; es lohnt, hier einige Zeit zu verweilen, um die einzigartige Harmonie der Proportionen – auch hier kommen die Gesetze der Zahlenmystik zur Anwendung – zu erfassen.

Der nächste Hof ist deutlich kleiner und mit einem hübschen Garten versehen – hier wachsen wieder Orangenbäume, Jasminhecken, Zedern und Bananenstauden. Im Osten und Westen liegen die reich ausgestatteten repräsentativen Räume. Ein weiterer großer Saal ist die 20 mal acht Meter große Salle du Conseil, in der die Künstler ihr ganzes Repertoire an Kunstfertigkeit zeigten: Stucco-Ornamente, holzgeschnitzte Decken und Geschosse, Glasmosaiken, phantasievolle Fliesen und Fayencen. Der große Bahia-Garten im Osten der Anlage ist leider nicht zugänglich. Wer die vielen Besuchergruppen umgehen möchte, kommt etwa eine Stunde vor Ende der Öffnungszeiten.

Tägl. 8.45–11.45 und 14.45–17.45 Uhr, Eintritt 10 DH. Von der Place des Ferblantiers Richtung Rue Riad Zitoun el Jedid. Am südlichen Ende dieser Straße befindet sich die 100 m lange Zufahrt zum Palais de la Bahia.

Maison Tiskiwin

Die völkerkundliche Sammlung für dieses sehenswerte kleine private **Museum** hat der holländische Kaufmann, spanische Verwalter in Marokko und Afrikakundler Bert Flint seit den 50er Jahren zusammengetragen. Sein besonderes Augenmerk galt den zentralafrikanischen Völkern. Flints ausgedehnte Reisen, die mit großformatigen

Versteckte Terrassen in der Medina

Fotos aus den 60er und 70er Jahren dokumentiert sind, führten ihn bis nach Mali, Burkina Faso und Niger. Die Moschee von Djenne in Niger besuchte Flint bereits zu einer Zeit, als dieses einzigartige Bauwerk noch gänzlich unbekannt war; zudem studierte er wenig bekannte Stämme wie die Somrhai im Mali des 16. Jahrhunderts. Die gut präsentierte Ausstellung – es gibt ein Begleitheft in verschiedenen Sprachen – umfasst seltene und kostbare Teppiche, Stoffe, Haushaltsgegenstände, Keramik, Schmuck und ausgefallene Accessoires aus Mali, Burkina Faso, Niger sowie von Berber- und Nomadenstämmen.

Ⓞ Tägl. 9.30–12.30 und 15.30–17.30 Uhr, Eintritt 15 DH. ✆ 024-389192. Rue de la Bahia 8.

Dar Sidi Said

Diese reiche Sammlung an außerordentlich schönen marokkanischen Kunstobjekten und ausgefallenem Kunsthandwerk ist die größte Sammlung der Stadt. Der von dem Minister Said B. Mousse bewohnte **Palast** wurde wie der Bahia-Palast Ende des 19. Jahrhunderts gebaut und bestens restauriert. Das aus Spanien stammende Brunnenbecken aus Marmor zeigt – ungewöhnlich – florale Motive und Tierdarstellungen, wie sie auf christlichen Taufbecken zu sehen sind, und ignoriert damit das islamische Verbot, Lebewesen figürlich darzustellen. Ein besonders harmonischer Patio findet sich im Inneren der Anlage, in den angrenzenden Räumen sind Schmiedearbeiten, Berberschmuck, Stickereien und kostbare Waffen zu sehen – oder auch alte Küchengegenstände wie Mörser, Karaffen und Messer aus dem Souss und dem Hohen Atlas. Die Teppichsammlung im ersten und zweiten Stock ist, mit Schautafeln erläutert, nach Regionen gegliedert; u. a. werden alte Chichaoua- und Ouzguita-Teppiche gezeigt sowie hübsche alte Keramik aus Safi und Amizmiz.

Ⓞ 9–12.30 und 15–18 Uhr. Di, Sa und Feiertage geschlossen. Eintritt 20 DH. Der Beschilderung an der Rue Riad Zitoun el Jedid 200 m nördlich der Abzweigung zum Palais de la Bahia folgen. Rue Riad Zitoun el Jedid.

Place des Ferblantiers

Der kleine **„Platz der Blechschmiede"** bietet eine beträchtliche Auswahl an Lampen, Schmiedearbeiten, Tischen und Stühlen – die Preise richten sich nicht zuletzt nach der Erscheinung der Kaufinteressierten ... Der Platz eignet sich gut für eine Pause, es gibt einige Cafés und einen lokalen „Schnellimbiss" mit guten Tajines. Meist ist ein gutes Dutzend Tajines gegen 13 Uhr fertig, um gleich von den hier arbeitenden Schmieden verzehrt zu werden. Unmittelbar an die Place des Ferblantiers schließt im Osten die Mellah mit den Schmuck-Souks an, in der einst nur die jüdischen Silber- und Goldschmiede lebten und arbeiteten.

An der südlichen Schnittstelle von Rue Riad Zitoun el Jedid, Rue Riad Zitoun el Khedim und Av. Haumann el Fetouaki.

Dar el Makhzen (Palais Royal)

Viel lässt sich über dieses mächtige **Palais** nicht sagen – es ist der Öffentlichkeit verschlossen, denn hier residiert Seine Majestät der König Mohammed VI. höchstselbst, wenn er denn in Marrakesch weilt. Der vorgebaute Paradeplatz, Méchouar, lässt die Größe des Palais Royal nur erahnen.

Zu erreichen über den westlichen Bab Irhli oder den östlich gelegenen Bab Hmar. Reizvoll ist auch ein Spaziergang von der Bab Agnaou über die Rue Méchouar zum Grand Méchouar. Von hier gelangt man auch gut über das südliche Tor des Platzes, das Bab el Aghdar, zu den Agdal-Gärten (→ Außerhalb der Medina).

Außerhalb der Medina

Die schönen Gärten in und um Marrakesch spiegeln in vieler Hinsicht die islamische Gartentradition, die den Garten als irdisches Abbild des himmlischen Paradieses betrachtet. Doch interessanterweise wollen die Pflanzen in der letzten Gartenschöpfung der Gegenwart, dem Jardin Cyber an der Av. Mohammed V., nicht so recht anschlagen. Ganz anders dagegen in der riesigen, etwa 4 km entfernten Palmeraie im Norden der Stadt, die sich bis zum 12 km entfernten Oued Tensift ausdehnt und nur mit Taxi oder eigenem Fahrzeug zu erreichen ist.

Menara-Gärten

Die heute mit Olivenhainen und Fruchtbäumen bepflanzten **Menara-Gärten** wurden unter den Almohaden im 12. Jh. als Sultansgarten angelegt und im 19. Jh. vom Sultan Ibn Abd el Rahman weiter ausgebaut. Der von ihm hinzugefügte kleine Pavillon am Südrand des großen Wasserbeckens verleiht der Anlage ihr i-Tüpfelchen – der Ort strahlt besonders in den frühen Morgenstunden und am Abend eine Stimmung aus, die unvergesslich ist. Angeblich war der Pavillon ein Treffpunkt für Rendezvous des Sultans. Eine touristische Attraktion der Moderne sind die heute angebotenen Festessen unter freiem Himmel mit Musik, Tanz und Wasserspielen (Mi und Sa, ab 250 DH).

🕘 Tägl. von Sonnenaufgang (im Sommer ab 7 Uhr, Einlass nur bis 17 Uhr) bis 18 Uhr. ✆ 024-439580. Über die Av. de la Menara, ca. 2 km vom Bab el Jedid.

Agdal-Gärten

Die **Agdal-Gärten** sind ein weiteres Beispiel der marokkanischen Gartenbaukunst, die angeblich auf die Tradition der andalusischen Prachtgärten zurückgeht. Sie sind in geometrischem Grundriss gestaltete Nutzgärten mit Orangenbaum- und Olivenhainen, mit Rebstöcken und vielen weiteren „lieblichen" Pflanzen. Die Agdal-Gärten wurden wie die Menara-Gärten von den Almohaden angelegt, allerdings sind sie viel größer als letztere und verfügen ebenfalls über ein Wasserreservoir – die zahlreichen Graskarpfen in dem großen Becken lassen sich tatsächlich füttern. Leider ist die Anlage nicht sehr gepflegt, doch bleibt zu hoffen, dass der wachsende Besucherstrom eine Verbesserung bewirkt.

⌚ Uneinheitlich, Fr und So jedoch immer geöffnet. Der nicht leicht zu findende Eingang (keine Beschilderung) liegt an der Achse der Königspalasts, ca. 2 km südlich von ihm entfernt. Die nach Süden an dem ockerfarbenem Militärareal verlaufende Straße vom Bab el Aghdar führt auf den Eingang zu; siehe auch Palais Royal.

Ausflüge in die Umgebung

La Palmeraie

→ Karte S. 133

Der nach Norden bis zum 12 km entfernten Oued Tensift verlaufende 13.000 Hektar große Palmengürtel mit über 100.000 Palmen war bis ins 20. Jahrhundert ein bedeutender Wirtschaftsfaktor der Stadt, der sorgsam gepflegt wurde (→ Tinerhir/ „Flussoasen sind verletzliche Ökosysteme"). Durch anhaltende Trockenperioden und die Zerstörung des Bewässerungssystems zur Zeit der Berberaufstände (→ Geschichte) wurde der einst prächtigen Palmeraie sprichwörtlich das Wasser abgegraben. Inzwischen haben hier einige Luxusressorts, Countryclubs und übergroße Villen Quartier bezogen. Das alte unterirdische Bewässerungssystem, das „Khettara", wird derzeit wieder instand gesetzt und soll an einigen Stellen zugänglich gemacht werden.

An der N 9 ca. 4 km Richtung Casablanca.

Route d'Amizmiz – Tamesloht – Lac Takerkoust

→ Karte S. 137

Die Region südlich von Marrakesch ist von einer weichen Hügellandschaft geprägt, das Atlasgebirge erscheint zum Greifen nah. Der seit einigen Jahren wieder besser mit Wasser versorgte Takerkoust-Stausee (35 km südlich von Marrakesch) ist zum Schwimmen geeignet und entwickelt sich mehr und mehr zum Wochenendziel der Marrakschi.

Die unter „Landhäuser" (außerhalb der Medina) beschriebenen Unterkünfte an der Route d'Amizmiz bzw. am Stausee sind in max. 90 Minuten mit dem Auto zu erreichen. Man folgt der R 203 bzw. der Route du Tizi-n-Test/Asni und dann weiter der Beschilderung nach Amizmiz.

Botanischer Garten von Ourika

Dieser kleine Privatgarten in Tnine-Ourika mit einer Sammlung von Wild- und Heilpflanzen ist besonders zwischen April und Juni sehenswert, wenn alles in Blüte steht. Dazu offeriert Aromatherapeut Jalil unterschiedliche Anwendungen, Aromaöle aus eigener Herstellung und Berberprodukte zur Schönheitspflege. Sehenswert ist auch der Montags-Souk in Tnine-Ourika.

⌚ Täglich, im Winter bis 18 Uhr, im Sommer bis 19 Uhr. Eintritt 15 DH. ✆ 061-340049. Vallée de l'Ourika bis Tnine-Ourika, 34 km südlich von Marrakesch, dann linker Hand ca. 3 km Piste, ausgeschildert.

Bergregionen im Hohen Atlas

Die von Marrakesch östlich und südlich gelegenen Bergregionen des Hohen Atlas bieten vielfältige Möglichkeiten: Ausflüge zu den mächtigen Ouzoud-Wasserfällen, Wandern in abgelegenen idyllischen Tälern, spektakuläre Bergwanderungen zum Gipfel des höchsten Berges Nordafrikas, dem Djebel Toubkal, Trekking in der gut erschlossenen Region um Imlil oder mehrtägige Touren von Agouti in das M'Goun-Tal. Viele abseits der Hauptstraßen liegenden Berberdörfer lassen erkennen, dass es in den Bergregionen oberhalb der Haouz-Ebene um Marrakesch immer noch traditionell organisierte ländliche Gemeinschaften gibt, in denen die Zeit stehen geblieben scheint. Anders die anfangs erwähnten Ziele: Sie erfreuen sich in den letzten Jahren wachsenden Zuspruchs, bieten eine sich langsam entwickelnde touristische Infrastruktur – und Erholung vom schnellen Puls der Stadt.

Sowohl für Ein- bzw. Mehrtagesausflüge eignen sich Ouzoud, Azilal, das Ait-Bou-Gomez-Tal, Oukaimeden, Asni und Imlil. Für Ausflüge und Wanderungen im Toubkal-Nationalpark sollte man mindestens zwei Nächte einplanen. Viele Agenturen in Marrakesch bieten in dieser Gegend geführte, aber einfache Kurzwanderungen mit kombinierter Übernachtung. Wer anspruchsvolle Bergtouren gehen will, sollte sich direkt in Imlil an das Büro der Bergwanderführer wenden. Der Ort ist mit dem Bus (in Marrakesch ab Bab-Doukkala) bis nach Asni (ca. 2 Stunden) und von dort in 30 Min. mit dem Kollektivtaxi zu erreichen. Die ganze Strecke lässt sich aber auch mit dem Kollektivtaxi von der Station Charige-el-bgare (1½ km südlich vom Bab-er-Robb) bis nach Imlil zurücklegen (ca. 200 DH).

Von Marrakesch auf der N 8 über Tamelelt nach Nordosten

Ouzoud-Tal

Das romantische Tal mit verlassen wirkenden kleinen Dörfern und alten Lehmburgen ist 150 Kilometer von Marrakesch entfernt. Die 110 m hohen Ouzoud-Wasserfälle werden als die höchsten des Landes gepriesen.

Üppige Vegetation umgibt das kostbare Nass, ein kräftiges Gurgeln kündigt das Naturschauspiel an (von El-Kelaa des Sraghna Abzweigung nach 66 km). Gern von marokkanischen Familien an Wochenenden und im Sommer besucht, sollte man einen Abstecher hierher besser auf den frühen Morgen oder in die Abendstunden legen – dann ist das Naturschauspiel wirklich zu genießen. Zum Glück haben die Behörden inzwischen das planlose Parken eingeschränkt, weite Teile des Areals sind nur noch zu Fuß zu erreichen. Etwas unberührtere Natur und einige Naturbecken zum Schwimmen finden sich am weiteren Verlauf des Weges am rechten Flussufer. Zudem kann man auch die Ölmühlen in der Oliveraie d'Immouzzer (ausgeschildert) besichtigen. Die meisten Hotels verfügen über Guides, die auch längere Trekking-Touren anbieten.

• *Übernachten/Essen & Trinken* **Camping Immouzzer**, vom Parkplatz ausgeschildert. Kleiner Platz in einem Olivenhain; auch einige Zimmer (100 DH); im eigenen Zelt 20 DH/Person. ✆ 071-973196.

Camping Le Panard, vom Parkplatz ausgeschildert, hinter Camping Immouzzer. Gute und preiswerte Küche, die auch von Einheimischen geschätzt wird. Übernachtungsmöglichkeit in zwei kleinen Zimmern ohne Bad (100 DH), im hübschen Berberzelt (40 DH) oder im eigenen Zelt (20 DH). ✆ 068-615697.

D'Azilal, kleine, freundliche Unterkunft an der Kreuzung ins 18 km entfernte Marrakesch. DZ ab 1040 DH. ✆ 023-452377.

Chellal, am Weg vom Parkplatz zum Wasserfall. Sehr gut besuchtes Restaurant mit angenehmer Terrasse, reichhaltige, frische Gerichte. Saubere Zimmer ohne Bad 200 DH inkl. Frühstück. ✆ 023-459660.

Hotel Riad Cascades, vom Parkplatz ca. 100 m, ausgeschildert. Elegantes Ambiente, fantastische Terrasse und nicht ganz preiswerte, aber komfortable DZ 1500 DH inkl. HP. ✆ 023-459658, www.ouzoud.com.

Restaurant Relais de Titre, am Parkplatz. Einfache Kost, freundlicher und schneller Service.

Trekking ab Ouzoud, Hotel Riad Cascades

Am Hotel Riad Cascades beginnt ein Pfad mit dem Schild „Tanagmelt“. Die etwa 90-minütige, leichte Wanderung nach **Tanagmelt** lohnt den Weg auch wegen der dort zu bewundernden Moschee aus dem 9. Jahrhundert. In gleicher Entfernung liegen die Grotten von **Jamaa Qaraouiyyine,** der Weg dorthin führt an der Schlucht von El-Abid vorbei.

Zur **Quelle des Ouzoud-Flusses** folgt man der Straße Richtung Azilal für 2 km und nimmt die erste Piste linker Hand, die zum Fluss führt. In südwestlicher Richtung vom Ort Ouzoud liegt etwa 60 km entfernt das Städtchen **Demnate** mit einem ursprünglich wirkenden Ambiente und gut erhaltener Stadtmauer. An der Kreuzung vor Demnate Richtung Ait Tamlil (beim Haus der Administration Forêt) geht es zum **Pont Naturel von Imi n'Ifri,** einem schönen Ort, an dem das Wasser eine bizarre Steinformation geschaffen hat. Unterhalb des Pont Naturel liegt am Fluss ein kleines Paradies mit Wasserschildkröten, Lurchen und vielen Vögeln. Von der

nahen **Auberge Imi n'Ifri** (gleich hinter der Brücke) ist eine Wanderung bzw. eine Autofahrt auf der kürzlich asphaltierten Straße zu den **Dinosaurierfußabdrücken,** dem Site d'Iwareden, möglich (ausgeschildert, Kinder weisen den Weg).

• *Übernachten* **Café Restaurant Auberge Imi n'Ifri**, sympathischer, von Nouredine und Hanna aus Finnland geführtes Haus (ausgeschildert). Reichhaltiges Menü ab 70 DH. Bei Nouredines Familie kann übernachtet werden (50 DH/Pers). ✆ 066-954991.

Chez Thami, Gite d'Etape, beschildert hinter dem Pont Naturel von Imi n'Ifri. Einfache und sympathische Unterkunft des Wanderführers Thami. Guter Ausgangspunkt für zahlreiche Touren. ✆ 024-456473.

Azilal, Agouti und Ait-Bou-Gomez-Tal

Vom etwa 40 km östlich von Ouzoud entfernten Azilal, ein Zentrum für Trekking und Bergwanderungen in den Hohen Atlas, ist das in dem reizvollen Hochtal auf 1850 m gelegene Agouti über eine landschaftlich reizvolle Strecke zu erreichen. Das hübsche Dorf ist Ausgangspunkt für zahlreiche Touren.

Da das Ait-Bou-Gomez-Tal häufig von Wanderern besucht wird, gibt es hier viele Einfachunterkünfte. Das hübsche Tal war bis in die 70er Jahre von der Außenwelt nahezu abgeschlossen, und der Beiname *Vallée heureuse* (Tal der Glücklichen) ist durchaus nicht übertrieben. Eine der schönsten Wanderungen im Hohen Atlas verläuft von Agouti vorbei an der Quelle des M'Goun-Flusses und unter dem Gipfel des M'Goun entlang nach Bou-Taghrar (→ unten „Im Schatten des M'Goun").

Information/Übernachten

• *Information* Detaillierte Infos über die Region des Hohen Atlas bis in das M'Goun-Tal auf der Webseite des Geographen **Herbert Popp**: www.uni-bayreuth.de/departments/stadtgeo/maghreb-studien/. Popp hat mit seinem marokkanischen Kollegen Ait Hamza in monatelanger Recherche eine Kulturkarte mit präzisen Angaben zu Pfaden, Dörfern und Übernachtungsmöglichkeiten gestaltet, die bestellt werden kann.

Bergführer-Büro in Azilal, Karten, verlässliche Auskünfte und Tourenvorschläge. Die Bergführer-Vereinigung vermittelt auch französisch-, englisch- und deutschsprachige Führer. Av. Hassan II. ✆ 023-458722, agmrta@hotmail.com.

• *Übernachten in Azilal und Agouti* **Auberge Filou**, die Berghütte am Beginn des Ait-Bou-Gomez-Tals Richtung Agouti gehört der Schweizerin Beatrice Buschor, ihrem marokkanischen Partner Lahoucine

Im Schatten des M'Goun – eine Wanderung über den Hohen Atlas

Die einst so gefürchtete raue Piste von der Provinzhauptstadt Azilal nach Tabannt ist längst Geschichte. Heute sind die gut 70 Kilometer durchgehend asphaltiert. Tabannt, der auf 1850 Metern gelegene Hauptort im fruchtbaren Tal des Ait Bou Gomez, hat in den letzten Jahren als Ausgangsort für Berg- und Trekkingtouren in die umliegenden Berge des zentralen Hohen Atlas zunehmend an Bedeutung gewonnen. Dieser bescheidene touristische Aufschwung verhilft vielen der Einheimischen, zumeist Kleinbauern, zu einem willkommenen Nebenverdienst. Das lässt hoffen, dass die Abwanderung aus den Hochtälern des zentralen Atlas zumindest gestoppt wird.

Durch die fruchtbare Talsohle queren wir zum Fuß des 3770 Meter hohen Ouaoulzat. Mohamed, unser *muletier*, der Maultierführer, nimmt den Saumpfad, der zum 2910 Meter hohen Pass führt. Wir wählen den direkten Anstieg. Vor uns liegen etwa 15 Kilometer Fußmarsch und gut 900 Höhenmeter. Wir lassen das immergrüne Hochtal von Ait Bou Gomez hinter uns und gewinnen in gleichmäßigem Rhythmus rasch an Höhe. Die Passhöhe des Ait-Imi erreichen wir um die Mittagszeit, und der Ausblick, der sich uns bietet, ist schlicht überwältigend. Vor uns der schneebedeckte M'Goun, mit seinen 4071 Metern der zweithöchste Berg Nordafrikas, und eine Vielzahl an Dreitausendern. Tief unten im Tal ein staubiges Flussbett und von Wind und Erosion bizarr geformte Felstürme. Nach Osten hin verliert sich der Blick in den endlosen Weiten des zerklüfteten Gebirges. Kein befahrbarer Weg führt in dieses Tal. Keine Anzeichen von Zivilisation, so weit das Auge reicht. Nach einer kurzen Rast geht es zunächst auf einem steilen Pfad bergab. Beinahe ehrfurchtsvoll bewege ich mich durch diese archaische Landschaft. Dem staubigen Flussbett entlang, einer Biegung der anderen folgend, marschieren wir in der flirrenden Hitze. Einzige Anzeichen von Leben sind flinke Geckos und Maultierkot. Und irgendwann Menschen vor geduckten Stampflehmbauten und in den umliegenden terrassierten Feldern. Eine Symphonie aus erdfarbenen Tönen, durchwirkt mit feinem Grün, Gespinste aus Büschen und Blumen, dominiert von Gelb und Blau. Kinder, scheu, aber neugierig aus sicherer Distanz, mustern uns fragend aus wachen Augen. Wir erreichen den Fluss. Ein gleißender Pfad durch Gerstenfelder und Oleanderbüsche. Wir folgen dem Asif M'Goun flussaufwärts, um zum Quellgebiet zu gelangen. Bei einer uralten Kasbah, die einer von Kinderhand geschaffenen eingefallenen Sandburg gleicht, queren wir den Fluss und steigen auf in ein kleines Hochtal, wo sich im Schatten des M'Goun eine kleine Schutzhütte verbirgt. Zu unserer Enttäuschung finden wir die Hütte verschlossen. Mohamed versorgt sein Muli. Im Windschutz des Refuge richten wir unser Biwak ein. Es erwartet uns eine bitterkalte Nacht auf 2300 Metern ...

Die Atlas-Traverse führt von Tabannt über den Tizi-n-Ait Imi durch die Schluchten des Asif M'Goun nach Bou-Taghrar. Die ca. 4- bis 5-tägige Wanderung (abhängig vom Wasserstand des M'Goun, denn der Fluss ist streckenweise der Weg) fordert neben Kondition vor allem die Sinne! Beste Zeit für diese Unternehmung sind die Monate Mai bis September.

Ernst H. R. Büttner

Oulkadi und seiner Familie. Das Paar organisiert von der Auberge ein breites Tourenprogramm (auch mit pistenerprobten 4x4-Jeeps) zum Hohen Atlas, in die Arous-Schlucht, nach Ait Bouelli mit gut erhaltenen frühzeitlichen Felszeichnungen und zu weiteren Schluchten der Region. Gute Verpflegung, bei mehrtägigen Ausflügen mit Mulis wird in Zelten übernachtet. Die Angebote können auch direkt von Deutschland oder der Schweiz aus gebucht werden. DZ inkl. Frühstück 340 DH, Übernachtung im Gruppenraum 50 DH, reichhaltiges Abendessen 50 DH. ✆ 072-709957 und 061-084587 (mobil), tamsilt@menara.ma.

Hotel Dades, am Ortseingang von Azilal (von Ouzoud bzw. Demnate kommend). Freundliche Familienunterkunft. DZ inkl. Frühstück 100 DH. ✆ 023-458245.

Hotel Assounfou, in Azilal; etwas farblos, aber sauber. DZ inkl. Frühstück 180 DH. Av. Hassan II, ✆ 023-459220.

Von Marrakesch auf der P 2017 nach Südosten

Ourika-Tal und Setti Fatma

Das fruchtbare Ourika-Tal ist eine grüne Oase mit angenehmen Temperaturen im Sommer. Leicht verständlich, dass Setti Fatma (1500 m) für die Marrakschis ein beliebtes Ausflugsziel ist. Wochenenden und Sommermonate können den Naturgenuss deshalb etwas beeinträchtigen.

Die Strecke kann von Marrakesch mit dem Kollektivtaxi von der Station Charigeel-bgare (1½ km südlich vom Bab-er-Robb) auf der P 2017 zurückgelegt werden (ca. 20 DH). Nach dem Örtchen Dar Caid Ouriki verläuft die Strecke bald nahe am Fluss, in den von der Bergseite her kleine Nebenflüsse münden und die Straße an einigen Stellen „überlaufen". Nach insgesamt rund 60 km ist Setti Fatma erreicht.

Eine Wanderung nach Setti Fatma kann man bereits 7 km vor dem Ort, dem Fluss folgend, beginnen – die üppige Vegetation im Flusstal und das Bergpanorama kann man auf diesem Weg besser erfahren. Vom Ort aus, der durch die nahen (kleinen) Wasserfälle „Sept Cascades" bekannt wurde, ist eine etwas anspruchsvollere Wanderung von vier Stunden zu den Wasserfällen möglich: Der erste der sieben Wasserfälle (ca. 200 m entfernt) ist leicht auf der anderen Flussseite zu erreichen. Zu den anderen kaum besuchten, aber durchaus sehenswerten Wasserfällen sollte man einen Führer nehmen (ca. 4–5 Std., Führung ca. 50 DH/Stunde, ganzer Tag 300–400 DH).

In Setti Fatma gibt es einige Cafés und Restaurants mit aussichtsreichen Terrassen. Der Marabut von Lalla Fattma – Namensgeber des Orts – ist ein bescheidenes Heiligengrab, das über dem Fluss thront und leicht an seinem grünen Ziegeldach zu erkennen ist. Im August findet hier ein viel besuchter Moussem statt.

• *Information* **Bergwanderführer-Büro in Ourika**, ca. 100 m hinter dem Taxistand rechter Hand. Wenn die nichtoffiziellen Guides am Parkplatz behaupten, es gebe kein Büro, einfach nach Abderrahin Mandili, dem Leiter, fragen. ✆ 068-562340, abdoumandili@yahoo.fr.

• *Übernachten* **La Perle d'Ourika**, in Ourika kleines und angenehmes Hotel mit gutem Ausblick, DZ mit Dusche ab 150 DH. ✆ 024-485295, www.laperledourika.com.

Auberge Tafoukt, kurz hinter La Perle. Einige Zimmer für 100 DH. Küche etwas langsam. Aziz, einer der Besitzer, bietet geführte Touren an. ✆ 068-328369.

• *Sehenswertes* **Jardin Bioaromatiques d'Ourika**, in Tnine l'Ourika, 3 km von der Hauptstraße bei Jemaa d'Rhmat (→ Ausflüge Marrakesch). Besonders zwischen März und Juni blühen viele der aromatisch duftenden Heilkräuter, die hier zu Ölen und Tinkturen verarbeitet werden. Ein hübscher Ort, die Produkte allerdings etwas teuer. Bio-Menü ca. 200 DH, Picknick möglich.

• *Fest* **Moussem** im August, zu dem einst besonders die Frauen aus der Region pilgerten, um für Fruchtbarkeit zu beten, heute vor allem ein Marktereignis für die Städter.

Wanderung nach Tadrazit und Boisger

Von Setti Fatma nach Tadrazit: Vom südlichen Ortsausgang von Setti Fatma führt der schöne Weg am Fluss entlang mit Blick auf den Marabut und Nussbaumplantagen nach ca. 30 Min. Gehzeit rechts zum Berg hoch. Nach weiteren 45 Min. bietet sich bereits ein schöner Panoramablick auf die umgebende Gebirgskette und das Tal. Bald folgt eine allradfähige Abzweigung linker Hand zum 7 km entfernten malerischen Örtchen Tadrazit.

Von Setti Fatma nach Boisger: Der Weg nach Boisger ist mit dem Weg nach Tadrazit zunächst identisch. An der letzten oben erwähnten Abzweigung jedoch nicht links, sondern nach rechts gehen; dann ist in etwa 40 Min. die erste Terrasse des Berges erreicht. An einer weiteren Abzweigung folgt rechts ein grober Schotterweg, auf dem bald zwei Lehmhäuser folgen, die man rechts liegen lässt. Hinter dem zweiten Haus folgt ein breiterer Weg, auf den nach rechts eingebogen wird; der Weg führt zu der von Berbern bewohnten Ortschaft Boisger. Von hier führt der von den Einheimischen benutzte Maultierpfad nach Boisger in ca. einer Stunde in das 500 m tiefer gelegene Setti Fatma zurück zum Ausgangspunkt.

Oukaimeden

Vom Ourika-Tal kommend, endet nach 30 weiteren kurvenreichen Kilometern (75 km von Marrakesch) die Straße in Marokkos größtem Wintersportort auf 2650 Metern Höhe.

In Oukaimeden befindet sich auf einer ca. 300 ha großen Fläche die höchste Skistation des Landes (bis 3270 m!) mit Tele-Skiliften und unterschiedlichen Pistengraden. Bergerprobte Wanderer laufen die schöne Strecke von hier nach **Imlil** mit einem Bergwanderführer – man sollte allerdings nicht vor Ende April starten, weil Schnee oder Schneeschmelze stark behindern können. Die Lifte sind in der Regel von Mitte Dezember bis Mitte April geöffnet. In den letzten Jahren wurden die Lifte weiter ausgebaut, an Winterwochenenden trifft sich hier die marokkanische und französische Elite zum Skilaufen – oder zumindest zum Après Ski.
Ein großer, drei Tage dauernder Moussem Anfang August ist das wichtigste Ereignis des Jahres.

Umgebung von Marrakesch – Süden

- *Anfahrt* Die Straße hinter Dar Caid Ouriki führt hinter dem Ort Arhbalou rechts über 30 km teilweise steil und eng nach Oukaimeden. Oukaimeden ist nur mit eigenem Pkw oder Kollektivtaxi erreichbar. In Marrakesch starten die Taxis von der Station Charige-el-bgare (1½ km südlich vom Bab-er-Robb). Fahrt ca. 100 DH.

Von Marrakesch kann man auch über die R 203 und die Abzweigung in Tahanaoute und den Tizi-n-Tagtaout-Pass nach Oukaimeden fahren.

- *Übernachten* **Refuge du Club Alpin Français**, von der Busstation aus rechter Hand; auch für Nichtmitglieder. Mit ca. 50 Betten in alpiner Romantik. Im Winter ca. 100 DH, im Sommer ca. 70 DH/Person. ✆ 024-319036, ouka@cafmaroc.co.ma.

Hotel Kenzi Louka, in Oukaimeden; etwas veraltete Luxusunterkunft für Skifahrer. DZ inkl. HP ca. 1100 DH. ✆ 024-319080.

Von Marrakesch auf der R 203 nach Süden

Asni, Imlil und Djebel Toubkal (4167 m)

Asni bietet keine besonderen Reize, aber einige schöne Ausblicke. Im Vergleich zu Oukaimeden hat Imlil ein großes Angebot an Unterkünften, die für einen mehrtägigen Aufenthalt gut geeignet sind, und auch der Toubkal-Nationalpark ist von Imlil aus zu erreichen. Es gibt ein weites Netz von Wanderwegen, qualifizierte Guides und vor allem unvergessliche Panoramablicke.

Einst fanden die Besucher des früher viel besuchten Pilgerorts **Moulay-Brahim** im nahen Asni eine Unterkunft. Doch die blassen Unterkünfte dort sind wie der Ort selbst nicht sehr einladend. Lohnender ist die Weiterfahrt von hier in das Bergdorf **Imlil** (ca. 17 km) mit besserer Aussicht sowie zahlreichen Einfachunterkünften. Hier kann man sich an das Büro der *Guides de Montagne* beim großen Parkplatz wenden, wo allerhand Tourenvorschläge auf dem Programm stehen. Es gibt rund 50 Bergwanderführer, die gute Arbeit leisten und das große Gebiet um den Viertausender Djebel Toubkal bestens kennen. Informationen liefert auch der *Club Alpin Français* (Büro voraussichtlich bis 2008 geschlossen), der in der Toubkal-Region zudem über insgesamt vier (empfehlenswerte) Unterkünfte verfügt. Zwei weitere Unterkünfte gibt es in Tzaghart und Tachdirt, eine Vier-Stunden-Wanderung von Imlil entfernt. Das Hochtal von Tzaghart lohnt wegen der kleinen Berberdörfer den Besuch – Wanderkondition vorausgesetzt.

Ackerland ist kostbar

Der **Djebel Toubkal,** Nordafrikas höchster Berg, ist von Imlil über die Toubkal-Berghütte (3200 m) an einem Tag gut zu erreichen. Von der Terrasse der Berghütte ist der Blick auf das Toubkal-Massiv und den Djebel Siroua großartig.

Für das sehr schön gelegene Hotel *Kasbah Toubkal* hinter Imlil (ausgeschildert) wurde so viel Werbung gemacht, dass die englischen Inhaber die Übernachtungs- und Restaurantpreise in den letzten Jahren verdoppelt haben (DZ 2000 DH). Wer sich einen Eindruck machen möchte, kommt auf einen Kaffee vorbei. Möglicherweise ist auch der Nachbar Richard Branson (Virgin Records) an der Route d'Imlil für die hohen Preise dieser Kasbah mitverantwortlich. Er schafft es tatsächlich, für die Übernachtung auf seiner Kasbah Tamadot 3200 DH zu kassieren.

• *Information* **Guides de Montagne** in der Ortsmitte von Imlil (beim Parkplatz). ✆ 024-485626.

• *Übernachten* **Dar Al Abir**, kurz hinter Asni Richtung Imlil, Schild rechter Hand. Geschmackvoll eingerichtetes Dar eines französischen Psychiaters und seiner Berberfrau. Wer sich auf Gespräche einlässt, kommt nicht zum Meditieren – das aber wäre in der Dependance oberhalb des Dorfs in einem kleinen Turmhaus inmitten schöner Natur möglich. Vorsicht in der kalten Jahreszeit: Das Haus hat keinen Ofen, und auch Frühjahrsnächte können frisch sein. 200 DH/Person inkl. HP. ✆ 024-484757, www.al-abir.com.

Villa de l'Atlas, zu Beginn der Straße von Asni nach Imlil linker Hand. Schönes Ambiente mit wenigen Zimmern. DZ inkl. Frühstück 300 DH. ✆ 024-484845.

Auberge Lepiney, von Asni kommend am Fuß des Toubkal Bati. Das empfehlenswerte Haus des zertifizierten Führers und ausgezeichneten Kenners der Region Mohamed Bouredda (→ Marrakesch/Guides) liegt an der alten Route zur CAF-Hütte Lepiney. Die auf 1750 m gelegene Unterkunft bietet schöne Aussicht und komfortable DZ inkl. HP ab 300 DH. ✆ 024-485607 und 068-673584 (mobil), bouredda@hotmail.com.

Hotel Restaurant Soleil, in Imlil, beim Parkplatz; hier gibt's Sonnenfreuden auf der Terrasse mit schöner Aussicht. Ordentliche Küche. Funktionales Haus mit guten Preisen: DZ 100 DH, HP für Zimmer mit Bad 300 DH. ✆ 024-485622.

Refuge CAF, außerhalb des Ortes, Info bei den Bergwanderführern; hier gibt es sogar heiße Duschen! In zwei Sälen kann für 50 DH genächtigt werden. ✆ 024-319036.

Camping Chez Omar le Rouge in Aremd, ca. eine Stunde zu Fuß (siehe Wanderungen); auch hier werden Touren organisiert. ✆ 024-485750.

Wanderungen von Imlil

Ein ausgeschilderter, einfacher Weg führt von Imlil Richtung Süden nach **Aremd** (ca. 1 Std.), einem kleinen Ort am Eingang des Toubkal-Nationalparks (Gepäck kann evtl. mit Eseln transportiert werden). Von Aremd kann man in 1–2 Stunden bis zum nahe gelegenen **Marabut von Sidi-Chamarouch** wandern (dort auch einfache Zimmer, die allerdings meist von Pilgern genutzt werden).

Von den diversen angebotenen Touren (Kartenmaterial im Büro der Guides de Montagne) ist der Weg zum **Hochtal von Tachdirt** mit schönen Berberdörfern sehr eindrucksvoll (ca. 4 Std. ab Imlil). Hier kann man auf der auf 2400 m gelegenen, von Berggipfeln umgebenen CAF-Berghütte (es gibt noch eine weitere, im Sommer besetzte Gite d'Etappe) die alpine Stille genießen oder mit Guide auf schmalen Pfaden nach Oukaimeden weitere 4–5 Std. wandern. Dieser Weg erfordert Trittsicherheit, belohnt aber mit einer spektakulären Sicht. Das grandiose **Toubkal-Massiv-Refugium** des CAF auf 3200 m mit Aussicht auf vier Viertausender ist von der CAF-Berghütte in 4 bis 5 Stunden zu erreichen (mit Guide). Und bis zum **Tazaghart-Plateau** sind es zwei Tage anspruchsvoller Wanderung (mit Guide).

• *Hinweis* Schon in Asni und auch in Imlil werden geführte Wanderungen angeboten. Besser wendet man sich jedoch direkt an das oben genannte Büro der Bergwanderführer (→ Information). Die Guides sind ausgebildete Kenner der Region und passen ihre Touren auf die individuelle Kondition und Erfahrung an.

Von Asni über Ouirgane nach Taroudannt

→ Karte S. 137

Die Panoramaroute von Asni nach Südwest über Ouirgane (R 203) nach Taroudannt (N 10) zählt zu den Traumstraßen Marokkos. Trotz des geringen Verkehrs ist auf dieser kurvenreichen und oft unübersichtlichen Strecke jedoch Vorsicht geboten.

Von den beiden empfehlenswerten Passüberquerungen von Marrakesch aus ist die etwa fünfstündige Tour nach Taroudannt sicherlich die vielseitigere Bergstraße (→ „Von Marrakesch nach Telouet und Ait Benhaddou"). Im Winter ist der Tizi-n-Test-Pass wegen plötzlicher Regen- oder Schneeschauer allerdings gelegentlich gesperrt. Doch ab Mitte Februar ist es sehr reizvoll, den Pass als Klimascheide zu erleben: Während es zwischen Asni und dem Tizi-n-Test deutlich frischer ist und noch schneien kann, ist in der fruchtbaren Ebene des Oued Souss die Orangen- und Mandarinenernte in vollem Gang und die Mandelblüte schon weit vorangeschritten. Im Sommer ist das Klima im Anti-Atlas, insbesondere in Taroudannt, verträglicher. Das ca. 60 km von Marrakesch entfernte **Ouirgane** ist touristisch bereits etwas erschlossen, seitdem hier französische Kolonialbeamte Erholung suchten. Und da hier kein Wassermangel herrscht, findet sich entlang des Oued-N'Fiss-Flusses eine üppige Vegetation – entlang der Täler schlängeln sich die Bänder grün leuchtender Flussoasen, die für kleinflächige Landwirtschaft genutzt werden. Immer wieder finden sich Ortschaften, deren Häuser aus Naturstein und Lehm sich farblich der Umgebung anpassen. Wie gut es die Natur hier meint, zeigt der alte, große Garten der Roseraie in Ouirgane.

Moschee von Tin Mal

Auf dem von zwei Kasbahs flankierten Weg nach Tin Mal wird es langsam karger – von hier konnte der Zugang zum Pass hervorragend kontrolliert werden. 45 km südlich von Ouirgane folgt dann in exponierter Lage die geschichtsreiche Moschee Tin Mal. Hierher zogen sich die Almohaden zurück, nachdem ihr von den Almoraviden verfolgte Begründer Ibn Tumart hier in den Bergen um das Jahr 1120 Schutz fand. Nach Tumarts Tod führte sein Schüler Abd el Moumen den Sturm auf Marrakesch an und ließ sich nach weiteren Eroberungen in Andalusien in Marrakesch zum Kalifen ernennen. Seinen Sultansschatz lagerte er hier an unbekannter Stelle ein und ließ Mitte des 12. Jahrhunderts die große Moschee errichten, die sich an der Architektur der Giralda in Sevilla orientiert.

Tin Mal ist eine der wenigen Moscheen des Landes, zu der Christen Zugang haben. Die kunsthistorisch außergewöhnliche Anlage ohne Dach (Grundriss, Bögen, palmettenverzierte Kapitelle und noch erhaltene Wandbemalung) geht dank der sorgfältigen Renovierungsarbeiten durch den Stuttgarter Architekten Christian Iwert seit Mitte der 90er Jahre einer gesicherten Zukunft entgegen, nachdem der Zerfall noch in den 80er Jahren fast nicht aufzuhalten schien.

⌚ Von 9–20 Uhr kann die Anlage besichtigt werden, wenn sich kleine Gruppen zusammenfinden (10 DH Eintritt). Der Verwalter wohnt unterhalb der Moschee.

Tizi-n-Test-Pass

Nach weiteren 30 km ab Tin Mal ist der oft sturmumtoste Tizi-n-Test-Pass (2100 m) erreicht. Hier gibt es ein Café, Mineralienhändler und einen kleinen Campingplatz. Oberhalb des am Pass gelegenen Hotels Belle Vue sind mehrstündige Wanderungen möglich, und wer nur das fantastische Panorama ins Souss-Tal genießen will, kann vom Hotel den Blick über die rund 1500 m (!) tiefer gelegene Talebene schweifen lassen.

Die Empfehlung an Wohnmobil- und nicht schwindelfreie Fahrer, diese Strecke mit Vorsicht zu befahren, sollte man ernst nehmen, zumal marokkanische Truck- und Busfahrer unbeirrbar ihren Platz auf der eher wenig befahrenen Strecke einfordern

• *Übernachten* Die Unterkünfte liegen in Ouirgane und am Pass.

Résidence de la Roseraie, (ausgeschildert) von einem prächtigen Rosengarten umgeben, der allein einen Besuch wert ist. Das luxuriöse Anwesen mit einem Hauch 50er-Jahre-Deko des ehemaligen Direktors des La Mamounia in Marrakesch kann mit europäischen Top-Spas konkurrieren – und überzeugt dabei mit viel individuellerer Ausstattung und Service. Im Garten mit Bergpanorama befindet sich ein großer Pool. Große DZ inkl. HP 1100 DH/Person. ✆ 024-485693, www.laroseraiehotel.com.

La Bergerie, ausgeschildert; die freundlichen französischen Besitzer haben mit viel Liebe zum Detail hübsche Zimmer geschaffen sowie zwei Dependancen mit einer Prise Liebesnest; den fantastischen Blick auf die Berge gibt's kostenlos dazu. Bar, Billard und Bibliothek für lange Kaminabende. Reichhaltiges, feines Menü 160 DH. DZ inkl. HP ab 950 DH. ✆ 024-485716, www.passionmaroc.com.

La Belle Vue, Café und Hotel-Restaurant am Tizi-n-Test-Pass mit überwältigendem Blick auf die Flussebene vor Taroudannt und zum unendlich weit entfernten Horizont. Einfache DZ inkl. HP 150 DH, Menü 60 DH. Auch geführte Wanderungen. ✆ 024-446724.

Weiterfahrt vom Tizi-n-Test-Pass

Die Straße vom Tizi-n-Test (R 203) mündet hinter Taroudannt in die N 10 Agadir–Ouarzazate. Nach ca. 25 km vom Pass ist die Abzweigung nach Ouarzazate erreicht, von hier folgt nach ca. 55 km auf der von Zitrusplantagen umgebenen N 10 Taroudannt.

Von der Abzweigung Kasbah Freja, 3 km östlich von Taroudannt: Eine kürzlich erneuerte, spektakuläre Bergstraße führt hinter der Piste nach Ait-Yazza über Oualkadi nach Igherm und auf einer schönen und wenig befahrenen Strecke nach Tafraoute.

Makin Muschkil! – Kein Problem!

Wer hilft mir bei der Suche? Makin Muschkil – kein Problem! Ob in Dorf oder Stadt – stets finde ich jemanden, der sich für mich zuständig fühlt. Es ist nun einmal Sitte in Marokko, einen Fremden nicht sich selbst zu überlassen. Zum Leidwesen all der Touristen, die jeden Versuch der Kontaktaufnahme als Belästigung empfinden. Beschwerden von Reiseunternehmen haben dazu geführt, Kontakte von Marokkanern und Touristen zu reglementieren. Fremde führen darf nur, wer sich mit der begehrten Metallplakette als offizieller Guide ausweisen kann. Ich habe mich gleichwohl gern an die „inoffiziellen" Stadtführer gehalten. Wenngleich es nicht immer leicht fällt, unter den vielen, die ihre Dienste anbieten, den Richtigen auszuwählen und sich über den Preis zu einigen. Einem kurzweiligen Tag steht dann aber nichts mehr im Wege. Selbst Unmögliches wird hier in kürzester Zeit erledigt. In einer Großstadt jemanden finden, von dem man nur den Namen kennt? Makin Muschkil! Den besten Teppichladen am Ort auftun? Nichts leichter als das, ganz zufällig ist der Onkel unseres Guides Besitzer des Ladens. Kulturhistorische Kommentare? Werden aus Wissen, Legende und Vermutung frisch zusammengerührt und brühwarm zum Besten gegeben. Und dann kann es natürlich sein, dass mit einer abenteuerlichen Geschichte das Angebot zum Kauf irgendeines ganz besonderen, ja einmaligen Schnäppchens eingefädelt wird. Oder unser Freund – das ist er inzwischen geworden – schmückt seinen Lebenslauf so aus, dass sich am Ende der Fremde als rettender Engel in auswegsloser Situation fühlen darf ... Not macht eben erfinderisch. Doch bei aller gebotenen Vorsicht: Misstrauen verhindert oft echte Begegnungen und kränkt aufrichtige und gastfreundliche Menschen. Und das sind die meisten, die mir in Marokko begegnet sind.

Gert Becker

Taroudannt

Die alte Hauptstadt der Souss-Ebene glänzt durch ihre fantastische Lage vor der Kulisse der weit bis ins Frühjahr mit Schnee bedeckten Gipfel des Hohen Atlas. Lebensquell der Stadt ist die Landwirtschaft, die auf den umliegenden fruchtbaren Feldern, den üppigen Gemüsegärten, Olivenhainen und Zitrusfruchtplantagen in großem Stil betrieben wird. Stolz präsentiert man den Reichtum an frischem Obst und Gemüse in den vielen Geschäften und auf den Souks. Darüber hinaus blühen Kunsthandwerk und das Geschäft mit dem Berberschmuck. Und mit ein paar schönen Unterkünften kann die geschäftige 70.000-Einwohner-Stadt auch noch aufwarten, deren Zentrum eine acht Meter hohe Stampflehmmauer mit fünf Stadttoren schützt.

Die von den Meriniden Ende des 14. Jahrhunderts zerstörte Stadt wurde von den Saadiern unter Mohammed Ash-Shaykh Anfang des 16. Jahrhunderts zur Hauptstadt gemacht, der eine Reihe prächtiger Bauten entstehen ließ. 1554 wurde Ash-Shaykh Sultan und amtierte deshalb bis 1557 in Marrakesch. Taroudannt aber blieb ein wichtiges Handelszentrum der Karawanen in die Südsahara, und besonders unter Ahmed el Mansour (1578–1603) wurde hier mit Silber, Gold und Sklaven gehandelt. Die Sklaven wurden insbesondere in der Landwirtschaft eingesetzt, große Plantagen für Zuckerrohr, Baumwolle, Reis und Indigo entstanden. In dieser Zeit war Taroudannt nach Marrakesch die größte und reichste Stadt des Landes.

Im 19. Jahrhundert war Taroudannt durch interne Machtkämpfe wirtschaftlich ruiniert, später wurde die Stadt zur Hochburg widerständischer Rebellen, die nach der Unterzeichnung des französischen Protektoratsvertrags ihren Anführer El Hiba zum Sultan ausriefen. Diesem gelang es 1912 sogar, Marrakesch für einen Monat zu erobern. Doch 1913 wurde Taroudannt endgültig von den Franzosen besetzt. Erst nach dem Ende des Protektorats 1956 kam die Stadt durch Landwirtschaft und Tourismus wieder zu bescheidenem Wohlstand.

Diverses *(siehe Karte S. 145)*

- *Information* Sachkundige Auskünfte, zum Teil auch in Englisch, in den vier besseren Hotels.
- *Verbindungen* **Gare routière** außerhalb der Medina beim Bab Zorgane; hier starten auch die Kollektivtaxis und Busse. Ca. 10 Busse tägl. (private Linien und CTM) nach Agadir bzw. Marrakesch (Taroudannt liegt auf der Südroute dieser Strecke). 2–5x tägl. nach Taliouine, Ouarzazate und Tata.

Busbahnhof: regionale Busse an der Place Talmoklate.

- *Einkaufen* In der **Maison d'Argan (10)**, am Ende eines Durchgangs gegenüber vom Hotel Taroudannt, gibt es hochqualitative Gewürze und Heilmittel. Auch die Herstellung des Arganöls kann man hier beobachten und zahlreiche mit Arganöl, Safran oder Orangenblüten hergestellte Cremes erwerben.

Patisserie El Widad (14), zwischen Place Assaragh und Place Talmoklate, linker Hand. Ein Blick in das nett dekorierte Fenster lässt das Wasser im Mund zusammenlaufen. Die besten Mandelhörnchen weit und breit.

- *Internet* Mehrere Cafés an der Av. Mohammed V. und Av. Mohammed VI.
- *Post* Route de Ouarzazate, gegenüber vom Bab el Kasbah. Auch Geldwechselschalter.

Übernachten/Essen & Trinken *(siehe Karte S. 145)*

- *Übernachten* **Palais Salam (2)**, traditionsreiches und elegantes Luxushotel mit Kolonialzeit-Charme. Schönes Ambiente mit hundertjährigen Palmen im wuchernden Garten und Pool mit Blick auf die Stadtmauer. DZ inkl. Frühstück ab 930 DH, EZ

Die Stadtmauer von Taroudannt

690 DH. Es lohnt, vor Ort die Zimmer zu vergleichen. Bd. Taroudannt. ✆ 028-852501,

Taroudannt (12), betagtes, stilvolles Stadthotel mit Bar/Café im großen bepflanzten Patio. Die Plakate im Korridor und viele Details des Interieurs stammen aus den 30er Jahren. Auf eine Zeitreise kann man sich auch im Restaurant machen, in dem aber nicht alle Speisen überzeugen. Die Zimmer verzichten bis auf TV in den großen DZ auf Neuzeit-Standard, DZ nur 140 DH, Dreierzimmer 160 DH. Place Assaragh. ✆ 028-852416.

Hotel Tiout (11), freundliches, ruhig gelegenes Hotel innerhalb der Stadtmauer. Hamam und Internetcafé. Schöne DZ mit Balkon DZ 340 DH, EZ 240 DH, jeweils inkl. Frühstück. Av. Sidi Mohammed. ✆ 028-850341, Dhotioute@menara.ma.

Saadien (6), an stark befahrener Straße nördlich des Souks, aber leicht nach hinten versetzt – Zimmer nach hinten etwas weniger laut. Die gute Patisserie des Hauses versöhnt, auch das Restaurant mit originellen Kellnern. Dachterrasse mit schönem Blick auf die Medina. Zudem gibt es einen kleinen Pool. Komfortable DZ ab 250 DH. Bordj Oumansour. ✆ 028-852581.

El Warda (13), einfaches Hotel mit Lokalkolorit; abends kann man auf dem Videoscreen des Cafés mit den Ragazzi Filme ansehen. Von der mit Rosen geschmückten Dachterrasse Blick auf die Place. Preiswerte DZ ohne Bad 60 DH. Place Talmoklate. ✆ 028-852763.

La Place (7), mit Restaurant und Terrasse direkt an der Place Assaragh. Die größeren Zimmer in der zweiten Etage wählen. DZ ohne Bad 60 DH. ✆ 028-852683.

Roudani (8), ebenfalls an der Place Assaragh, mit Restaurant. Die Doppelbetten in den Zimmern nehmen fast den ganzen Raum ein, vom Fenster am Kopfende lässt sich das Geschehen auf dem Platz verfolgen. DZ 60 DH. ✆ 028-852219.

Riad Maryam (5), schönes Riad mit gepflegtem Garten. Habib und seine Familie kümmern sich rührend um die Gäste. DZ ohne Bad 400 DH inkl. Frühstück. Bab Targhount 140. ✆ 066-127285, www.riadmaryam.com.

• *Essen & Trinken* **Palais Salam (2)**, elegantes Restaurant mit allen denkbaren lokalen Spezialitäten zu entsprechenden Preisen. Alternative: ein Tee im Garten! Bd. Taroudannt.

Chez Nada (3), Spezialität des Hauses ist die fantastische Pastilla (in Blätterteig gebackener Auflauf), die man am besten einen Tag vorher bestellen sollte. Auch die Gemüse und Tajines sind vorzüglich. Rue Ferk-Lahbab, ✆ 028-851726.

La Place (7), Restaurant des gleichnamigen Hotels mit Terrasse unter Orangenbäumen. Vorzügliche Tajines, mal mit Lamm, mal mit Rind. Direkt an der Place Assaragh.

Oasis (4), der Weg (ca. 3 km vom Zentrum) lohnt sich: außergewöhnliche Auswahl an frisch gepressten Säften – ein Paradies für Fruchtsaftgenießer. Bis Mitternacht geöffnet. Av. Moulay Rachid.

• *Außerhalb* **Maison d'hôtes Les Amis (9)**, kleines, freundliches Gästehaus; die Besitzer stehen mit allerhand Tipps und Vorschlägen zur Seite. DZ inkl. gutem Frühstück 150 DH. Im Sidi-Belkass-Viertel. ✆ 067-601686.

Riad El Aissi (1), von Osten kommend 4 km vor Taroudannt (ausgeschildert), inmitten einer schönen Orangenplantage; individuelle, geschmackvolle DZ 400 DH inkl. sehr gutem Frühstück. ✆ 028-550255, www.riadelaissi.com.

Auberge Tigmmi (16), in der 1000 ha großen, 30 km südöstlich der Stadt gelegenen Palmeraie de Tioute (Quartier Douar Amaner) → unten. Großzügige Anlage mit sparsamer Eleganz und einer der besten Küchen der Region. Bleibt nur zu hoffen, dass der Ort sein freundlich-familiäres Ambiente beibehält. Reservierung empfohlen. DZ inkl. Frühstück 350 DH. ✆ 028-850355.

Café Chwareg (15), Café und Restaurant. Im Sommer lässt es sich im hübschen Garten mit Berberzelt gut aushalten – am Rand der Palmeraie weht oft eine leichte Brise. Das Essen ist einfach, die wenigen Gerichte sind frisch zubereitet. Palmeraie de Tioute → unten. ✆ 062-285574.

Sehenswertes

Vom Bab el Kasbah führen belebte Ladenstraßen quer durch das Zentrum zum Bab Targhount, der Verkehr zwängt sich allerdings über ein kompliziertes Einbahnstraßensystem durch die alte Medina, so dass es ratsam ist, das Fahrzeug außerhalb der Stadtmauer beim Bab el Kasbah oder dem Bab Zorgane zu parken. In der Medina lohnt ein Spaziergang von der **Place Assaragh** über die Avenue Zaran Richtung Kasbah und dann über die Avenue Sidi Mohammed zur **Place Talmoklate.** Auch außerhalb der Stadtmauer bietet die angrenzende großzügige, neuere Stadtarchitektur (frühes 20. Jh.) zwischen Bab Zorgane, Avenue Mohammed V. und der weiten Avenue Hassan II. einiges an Sehenswertem – der Blick öffnet sich auf die durchaus gelungenen neuen Stadtviertel und weite Alleen, die mit der alten Stadt harmonieren.

Wer die fast 8 km lange, von fünf markanten alten und einigen neuen Toren unterbrochene Medina-Mauer ganz umrunden möchte, kann am **Palais Salam** eine Pferdekutsche nehmen (ca. 70 DH). Der **Suq el Hed** am Sonntag/Donnerstag am nördlichen Bab el Khemis ist ein sehr lohnenswerter Markt mit guten Preisen (etwa 1 km von der Place Assaragh). Von der belebten Place Assaragh mit ihren Cafés lässt sich das Treiben schön beobachten. Die **Souks** östlich der Place Assaragh bieten Lederartikel, Teppiche, Gewürze und Geschmiedetes in guter Qualität, der **Kräutersouk** im östlichen Bereich zählt zu den besten des Landes. Auf der Place Talmoklate gibt es einige Buden mit ausgezeichnetem Orangen- und Pampelmusensaft. Rechts dieser Buden geht es zu einem urtümlichen **Berbermarkt.** An den Markt schließt sich ein Gebrauchsmarkt mit buntem Schnickschnackverkauf an. Geruchsunempfindliche können die **Gerbereien** beim Bab Targhount besuchen.

Etwa 2 km außerhalb in Richtung Amskroud liegt das legendäre Gazelle d'Or. Die als teuerstes Hotel Marokkos geltende Unterkunft in einer 100 ha großen Orangerie wurde u. a. vom französischen Ex-Präsidenten Jaques Chirac als Feriendomizil genutzt.

Ausflug ab Taroudannt

Palmeraie de Tioute: Die ca. 1000 ha große Palmeraie liegt ca. 30 km südöstlich von Taroudannt (6 km Richtung Agadir, dann hinter dem Souss Richtung Ouarzazate, nach weiteren 15 km rechts Richtung Igherm, nach 10 km der Beschilderung nach Tioute folgen); Verbindungen mit Kollektivtaxi vom Bab Zorgane. Die Palme-

raie de Tioute ist noch weitgehend bewirtschaftet und hat die Trockenperioden der letzten Jahre anscheinend gut überstanden. Lokale Guides geben Informationen beispielsweise zu den Grundlagen des Bewässerungssystems und führen durch die Palmeraie zum Ksar und zu den umliegenden Kasbahs. Von den erhöhten Orten hat man einen schönen Blick auf die Gegend. Auf einer Rundtour mit Auto oder Taxi kann man auch die Kasbahs Freyer und Tioute besuchen.

Ebenso sehenswert ist die **Coopérative Taitmatine d'huile d'argan** am Ortseingang von Tioute. Dieses angeblich vom Fürstentum Monaco finanzierte Projekt beschäftigt viele Frauen des Ortes. Sämtliche Arbeitsschritte bei der Verarbeitung des Arganöls können hier verfolgt werden.

🕐 Coopérative Taitmatine d'huile d'argan, Tioute. Tägl. 8.30–18.30 Uhr.

Weiterfahrt ab Taroudannt

Taroudannt ist verkehrstechnisch sehr gut erschlossen. Insbesondere die neue Schnellstraße zum Flughafen in Ait Melloul führt in weniger als einer Stunde zur Umgehungsstraße von Agadir. Nach Marrakesch über den Tizi-n-Test-Pass sollte man im Pkw mit 4 bis 5 Stunden, im Bus mit ca. 6 Stunden rechnen.

Von Marrakesch nach Telouet und Ait Benhaddou

→ Karte S. 137

Nach Südosten über den Tizi-n-Tichka-Pass nach Ouarzazate (N 9)

Außerordentliche geologische Formationen und bauliche Meisterleistungen machen diese Panoramastrecke zu einem Highlight. Wenn sie denn befahrbar ist. Wie sehr hier immer noch gegen die Tücken der Natur gekämpft wird, zeigen etliche Umleitungen, die von Unwettern abgetragene Straßenabschnitte umgehen.

Die ca. 200 km lange Tour über den Hohen Atlas kann man mit dem Bus in fünf Stunden und mit dem Pkw in 3–4 Stunden zurücklegen. Allerdings gibt's hier mehr Verkehr als am nordöstlichen Hohen-Atlas-Pass bzw. am Tizi-n-Test. Die breite, gut ausgebaute N 9 führt nach ca. 110 km auf den Col des Paturages (2260 m). Bei klarem Wetter bietet sich bei der Auffahrt eine gute Sicht auf Marrakesch und die zurückliegenden Täler des Oued Tensift und des Oued Zat. Die Farbskala des Gesteins, das sich auch an vielen Häusern der Region zeigt, reicht von rotstichigen Grauwerten über Altrosa bis hin zu Schwarzgrün. Eine große Zahl von Mineralien- und Fossilienhändlern bietet entlang der Strecke ihre Schätze feil – und der Wettbewerb ist groß unter den Händlern, die mit viel Phantasie um die Aufmerksamkeit der Reisenden werben.

Etwa 5 km nach der Passhöhe des Col des Paturages folgt die Abzweigung nach Telouet und Ait Benhaddou (ausgeschildert). Leider ist es nur mit guten Geländewagen bzw. erfahrenen Fahrern ratsam, diese Nebenroute (ca. 80 km, davon die Hälfte Piste) nach Ouarzazate zu befahren. Zwar ist Telouet mit dem Pkw zu erreichen (ca. 20 km); doch dann muss wieder auf die Hauptverbindung der N 9 zurückgekehrt und Ait Benhaddou von Süden, ca. 20 km vor Ouarzazate, angefahren werden.

Telouet

Noch keine hundert Jahre ist die Kasbah von Telouet alt, doch schon dem Verfall preisgegeben. Für den Erhalt der Stammburg des ungeliebten, einst reichsten und mächtigsten Glaoui-Pascha stellt der Staat keine Mittel zur Verfügung.

El-Hadj tham el-Mezouari el-Glaoui ist der Name des Glaoui-Paschas, der einst mächtiger war als der Sultan – ein Name, der vielen Marokkanern bis heute das Lächeln gefrieren lässt. Denn El-Glaouis Bruder, Moulay Hafid, unterzeichnete 1912 den Protektoratsvertrag mit Frankreich, und El-Glaoui selbst war ein durchtriebener Taktiker, der es verstand, zwischen den Parteien zu lavieren, um sich eigene (Macht-)Vorteile zu verschaffen. Zeitweise kontrollierte er die gesamten südlichen Berberstämme, hatte das Steuermonopol auf den Getreidehandel sowie Beteiligungen an den von den Franzosen betriebenen Eisenerzminen. Bis 1953 stand El-Glaoui den Franzosen zu Diensten, als Mohammed V. aus dem Exil zurückgeholt und zum König inthronisiert wurde. Noch kurz zuvor war El-Glaouis Versuch gescheitert, die marokkanische Nationalbewegung zu schwächen und mit einer riesigen Berber-Armee – mit Krummdolch und veralteten Waffen – seine Macht und die der Franzosen zu sichern. Ein berühmtes Foto zeigt ihn beim Kniefall gegenüber dem neuen Souverän König Mohammed V., der ihn nichtsdestotrotz enteignete, dann aber begnadigte und nach Frankreich verbannte, wo El-Glaoui 1956 starb. Ein Besuch der im maurischen Stil erbauten Burg aus Stampflehm mit hohen Türen im Empfangssaal, mit Fayence-Mosaiken und üppig dekorierten Zedernholzdecken vermittelt ein Bild von der Pracht, die hier einstmals herrschte. Dazu gibt es herrliche Ausblicke auf das Gipfelpanorama des Hohen Atlas.

Etwa 6 km hinter dem Tizi-n-Tichka-Pass Richtung Ouarzazate (N 9) folgt eine Abzweigung, die auf die ca. 20 km Piste nach Telouet führt.

• *Übernachten* **Gite de Lac**, von der Place du Souk ca. 600 m linker Hand; Einfachunterkunft von Bergführer Mohammed Bennouri, der einige Ausflüge vorschlagen kann. DZ 80 DH. ✆ 024-890722.

Chez Afoulki, geräumige Unterkunft mit guter Küche; DZ 200 DH. Place du Marché. ✆ 024-890714.

Chez Ahmed Boukhas, direkt bei der Glaoui-Kasbah; der Inhaber kennt alle geschichtlichen Daten der Glaoui Kultur. DZ mit Bad 200 DH. ✆ 024-890717.

Ait Benhaddou

Ein Ksar aus Tausendundeiner Nacht, das, betrachtet man die hier gedrehten Monumentalfilme wie „Lawrence von Arabien", „Sodom und Gomorrha" oder Scorceses „Die letzte Versuchung Jesu", beinahe etwas Unwirkliches hat. Fast scheint es, als wäre dieses Ksar nur eine moderne Kopie …

Am besten überprüft man das in den Abendstunden. Dann ist es hier ruhig, und das Ksar, ein an den Fels gebautes, von einer Stadtmauer eingefasstes Labyrinth ineinander verschachtelter Häuser, Gassen und sechs Festungsspeicher (Tighremts), umgibt eine ganz besondere Atmosphäre. Ob mit Guide oder allein: Es ist ein Erlebnis, sich in den schmalen Gassen zu verlaufen und ein Gefühl für die Vergangenheit zu bekommen. In der *Maison Berbère* und der *Maison traditionelle* (beide

geöffnet von etwa 9 Uhr bis Sonnenuntergang) kann man sich althergebrachte Einrichtungen und Gebrauchsgegenstände anschauen, etwa die massiven Holztüren mit Ornamenten und hölzernen Zackenschlössern. Einige Häuser sind noch bewohnt, und ihre Besitzer erzählen jedem, der etwas Muße mitbringt, mehr über das Leben in alten Zeiten.

Seit einigen Jahren werden im UNESCO-Weltkulturerbe Ait Benhaddou Erhaltungsarbeiten durchgeführt, manche davon auf Initiative der Filmindustrie (falls weiter gedreht wird, werden wohl noch mehr Mittel fließen). So ließ Orson Welles für „Sodom und Gomorrha" das große Eingangstor neu fertigen und zentnerweise tiefrote Farbe auf die Mauern bringen.

Nur 6 km nördlich von Ait Benhaddou (Piste nach Tizi-n-Tichka) steht die ebenfalls sehenswerte **Kasbah Tamdaght.** Seit Jahren von einem Team entspannter Störche bewacht, gibt es zudem noch einen Wächter, der das Tor für neugierige Touristen aufschließt.

Von Tamdaght sind es ca. 40 km zeitraubende Piste nach **Telouet,** die schon ein kleines Abenteuer für sich sind und auch per pedes von guten Wanderern in einem Tag zu schaffen sind.

- *Verbindungen* Die Abzweigung nach Ait Benhaddou liegt ca. 25 km westlich an der Strecke Marrakesch–Ouarzazate.

In Tabourath (Abzweigung nach Ait Benhaddou) halten die Busse von Süden, hier kann man mit dem Taxi nach Ait Benhaddou weiterfahren. Einfacher ist es, die 30 km nach Ait Benhaddou gleich mit einem Taxi von Ouarzazate nach Telouet zurückzulegen.

- *Übernachten* **Auberge Café Ait Benhaddou**, am Weg zum Ksar; schöne Terrasse mit Blick auf das Ksar. Kleine, aber gute DZ ab 80 DH. ✆ 024-890054.

Kasbah Defat, 2 km südlich von Tamdaght; sehr schönes, einfaches Haus mit traditioneller Einrichtung und ebenso einfachen, aber frischen Speisen. DZ ab 100 DH. ✆ 024-886485.

Kasbah Ellouze, in Tamdaght, ausgeschildert; komfortabel und luxuriös gestaltet, die Nacht im DZ ab 600 DH. ✆ 024-890459, www.kasbahellouze.com.

Auberge des Cigognes, gleich neben der Kasbah Tamdaght. Sehr freundlicher Ort, aber sehr einfach. Traveller können immer noch für ein Trinkgeld im eigenen Schlafsack bei Abdelaziz übernachten und die Geschichten des Ait-Benhaddou-Stammes erzählt bekommen.

Ouarzazate

→ Karte S.156/157

Gigantische Filmproduktionen seit den 1960er Jahren bis in die Gegenwart haben der Hauptstadt der Region einen soliden wirtschaftlichen Aufschwung beschert.

1928 von den Franzosen am Schnittpunkt der Fernstraßen nach Osten gegründet, hat sich Ouarzazate zu einer modernen 60.000-Einwohner-Stadt mit breiten Avenues, Hotels, Kultur- und Kongresszentrum sowie Flughafen entwickelt. Der seit den 70er Jahren geförderte Tourismus ließ bis in die Gegenwart eine Vielzahl von Hotels entstehen, die internationalen Hotelketten vom Club Med bis zu Kenzi sind hier vertreten. Über mehrere Kilometer zieht sich die Hauptverkehrsstraße, die Avenue Mohammed V., parallel zum Oued Ouarzazate durch die Stadt. Von den Terrassen vieler Häuser bietet sich ein grandioser Ausblick auf die umgebenden, bis weit ins Jahr schneebedeckten Atlas-Massive. Und über der Stadt, auf dem letzten, fast 1200 m hohen Plateau vor der Wüste, flimmert in der Morgen- und Abenddämmerung des Winterhalbjahrs gelegentlich ein intensives violett-stichiges Licht.

Diverses

• *Information* **Délégation du Tourisme**, direkt an der Ecke Av. Hassan II./Av. Mohammed V. Vermittelt auch Tourguides. 8.30–12 und 14.30–18.30 Uhr, im Sommer 7.30–15 Uhr. ✆ 024-882485, www.province-ouarzazate.com.

• *Verbindungen* CTM-Busse an der Av. Mohammed V., bei der Post. Stündlich **Busse** der privaten Linien nach Marrakesch (ca. 5 Std.), tägl. 2–3 CTM-Busse. Gare routière privée ganz im Westen der Av. Mohammed V. Stündlich Verbindung nach Boumalne und Tinerhir. Nach Zagora mehrmals täglich, nach Agadir 4x tägl. **Kollektivtaxis** starten an der Place El-Mouahiddine. **Flughafen**, 3 km vom Zentrum entfernt im Norden der Stadt. Flüge nach und von Paris und Casablanca. ✆ 024-882383.

• *Internet* Mehrere Cafés in der Av. Mohammed V. in Höhe Av. Mohammed VI.

• *Post* Am Beginn der Av. Mohammed V., schräg gegenüber dem Touristbüro.

Touren/Randonnées (siehe Karte S. 150/151)

Ouarzazate bietet sich als Ausgangspunkt für Touren in das Draa-Tal und zur Straße der Kasbahs bis nach Merzouga an. Zahlreiche Veranstalter sind an der großen Hauptstraße vertreten. Ein komplettes Verzeichnis der zugelassenen Büros ist in der Délégation du Tourisme erhältlich.

• *Reiseagenturen* **Daya Travels (20)**, Av. Mohammed V., auch Fahrradverleih. ✆ 024-887707, www.dayatravels.com.

Ksour Voyages (11), großer Anbieter, der mit namhaften Reiseunternehmen zusammenarbeitet. Place 3 Mars, ✆ 024-882440, www.ksour-voyages.com.

Désert et Montagne Maroc, französischer Anbieter mit langjähriger Erfahrung, zudem mit einer marokkanischen Wanderführerin verheiratet. Kasbah Dar Daif. ✆ 024-854949, www.desert-montagne.ma.

Cherg Expéditions (14), verfügt auch über eine Basis hinter M'Hamid, wo die Exkursionen starten. Place El-Mouahiddine, ✆ 024-887908; aktuelles Programm unter www.cherg.com.

Désert Évasion (10), kleinerer, dennoch professioneller Veranstalter. Place 3 Mars, ✆ 024-888682.

Berbère Évasion, von einem kleinen französischen Team geführte Firma. Kunden werden im Hotel besucht und beraten. Guter Service. ✆ 024-883524, www.berbere-evasion.com.

Iriqui Excursions (12), breites Programm von Kameltouren bis 4x4. Startpunkt ist eine Basis mit komfortablen Nomadenzelten (und biologischem Gemüseanbau) südlich von M'Hamid. Gleich hinter der Place 3 Mars. ✆ 024-885799, www.iriqui.com.

• *Führer* **Hassan Abdelouajid** arbeitet für unterschiedliche Veranstalter der Region, kann aber auch individuell für Trekking und Touren mit dem Auto gebucht werden. Hay Elwahda, Erac. ✆ 061-871676, hassan_abdelouajid@caramail.com.

Einkaufen (siehe Karte S. 150/151)

Fossilien aus der Wüste und aus dem Osten des Landes sind eine Besonderheit, in Ouarzazate werden sie verkauft. Die mit großen Lastwagen herbeigekarrten dunklen Ammonitenplatten (Schnecken, Tintenfischgehäuse, Muscheln) sind manchmal tischgroß und werden hier geschliffen und weiterverarbeitet. Ausgesprochen groß ist die Vielfalt an kriechendem und fleuchendem Getier, das hier vor Millionen von Jahren auf dem Meeresgrund lebte.

Die große Nachfrage von Touristen und Filmcrews hat auch das handwerkliche Angebot wachsen lassen. Auf dem täglichen Markt westlich der Place El-Mouahiddine (Teppiche, Kunsthandwerk, Kleider, Gebrauchswaren) sollte geduldig gehandelt werden – die Preise hier sind überteuert. Der Dienstags-Souk am **Sidi Daoud** ist günstiger, ebenfalls der Freitags-Souk Richtung Place du 3 Mars am **Douar Chems** – hier finden sich auch einige **Reiseagenturen**. Das **Centre**

Artisanal gegenüber der Kasbah de Taourirt bietet Handwerksprodukte in hoher Qualität, es ist der offizielle „Vorzeigemarkt“ der Region.

La Pierre Fossilisée (9), Großhandlung und Atelier in der Av. Mohammed V., Tassoumaate. Omar Drissi vermittelt Interessierten die Details. Es wird auch zuverlässig ins Ausland geliefert. ✆ 024-886831, www.marbrefocile.com.

Centre Artisanal, schräg gegenüber der Kasbah Taourirt. Teppiche vor allem von den im Hochland lebenden Ouzquita-Berbern (sonntags geschlossen).

Centre Horizon Artisanat (5), Rue de la Victoire. Ein unterstützenswertes Projekt einer italienischen Entwicklungshelferin, die für junge Behinderte den Verkauf ihrer Produkte organisiert. Tägl. 9–19 Uhr.

Übernachten

Es gibt eine Reihe von Vier-Sterne-Hotels, die besonders für die Crews der Filmproduktionen und Reisegruppen gebaut wurden und ab 700 DH aufwärts für das DZ zu haben sind; wir beschränken uns unten auf (meist) günstigere Adressen.

Auberge Rose Noire (21), im Osten des Ksars, Quartier de la Mosquée. Hübsch gestaltete Maison d'hôtes des ehemaligen Hotel-Oscar-Chefs Bernard Rose und seiner Frau Jmiaa. Die Zimmer mit AC/Terrasse sind hübsch gestaltet und bieten einen weiten Blick auf das Flusstal. DZ ab 500 DH. ✆ 024-882016, aubergelarosenoir@yahoo.fr.

***** Villa Kerdabo (2)**, kleine Maison d'hôtes mit 10 geräumigen Zimmern. Pool in einem hübschen Garten, gute Küche. DZ ab 700 DH. Bd. Sidi-Bennaceur. ✆ 024-887727, www.villakerdabo.com.

***** Perle du Sud (18)**, Hotel, Restaurant und Bar mit Livemusik. Zimmer zum Innenhof recht ruhig, die im oberen Geschoss zur Straße haben dafür eine schöne Aussicht. Komfortable DZ mit AC/TV ab 500 DH. Av. Mohammed V. ✆ 024-888644.

***** Hotel Oscar (8)**, in den Atlas-Filmstudios im Norden der Stadt; das Haus hat Flair und kann auch bei einem Kaffee erkundet werden. Wer mit den Stars frühstücken möchte, erkundigt sich nach den nächsten Drehterminen und reserviert entsprechend früh. In den Korridoren und im Restaurant kann man Filmgeschichte auf Fotos betrachten. DZ mit AC ab 600 DH. ✆ 024-882180.

Palmeraie (4), großzügige Clubanlage mit Bungalows und viel Grün, auf dem sich die Kinder austoben können. DZ inkl. Frühstück 450 DH. Av. Al Maghrib Al Arabi, ✆ 024-885770.

La Vallée (24), mit Terrasse und Blick auf die Palmeraie. Entspanntes Travellerhotel mit freundlichen Preisen. DZ mit Bad 250 DH, kleinere Zimmer 120 DH. Av. Hassan II., an der südlichen Seite des Oued Ouarzazate. ✆ 024-854034, Zaid172@caramail.com.

Hotel Nadia (23), angenehmes Setting und geräumige Zimmer mit AC zu guten Prei-

sen, dazu kleiner Garten mit Pool. DZ inkl. Frühstück 280 DH. Av. Hassan II., gegenüber La Vallée. ✆ 024-854940, www.ouarzazate.com/hotelnadia.

La Gazelle (9), von außen unattraktiver Zweckbau, von innen besser. Pool und hübscher Garten im Innenhof. Gute Parkmöglichkeit. DZ 160 DH. Av. Mohammed V. ✆ 024-882151.

Hotel Amlal (16), kürzlich renoviertes, ruhiges Hotel nahe der Rue Marché mit schöner Dachterrasse und guter Küche. Zimmer mit TV/AC ab 250 DH. ✆ 024-884030.

Hotel Zaghro (22), einige enge Zimmer ohne Bad ab 100 DH, die besseren DZ 250 DH. Großer Parkplatz und kleines Schwimmbad. Av. Mohammed V. 335, ✆ 024-854135.

Villa Ty-Douar (7), kürzlich eröffnet, in Nachbarschaft der Studios im Norden der Stadt; DZ inkl. Frühstück 450 DH. ✆ 024-887507.

Essen & Trinken

Patisserie Habous (13), die Patisserie Nummer eins bei den Ouarzazati. Auch Pizza, Kaffee und Tee. Av. El Mouahiddine 22.

Chez Dimitri (19), ältestes Restaurant in Ouarzazate (1928) mit Bar. Originelle Einrichtung. Essen gut und teuer. Oder stattdessen

ein Aperitif auf der Terrasse? Av. Mohammed V. 22, ✆ 024-887346.

Restaurant Erraha (25), gut besucht, bei Windstille sehr angenehme Terrasse; feine Menüs um 100 DH. Av. El Mouahiddine 11.

La Halte (17), Preise und Qualität stimmen, auch französische Küche. Av. El Mouahiddine.

Obelix (15), im Filmstudio-Deko-Stil. In der Bar im 1. Stock zeigen sich die Lokalmatadoren. Service etwas langsam. Av. Moulay Rachid.

Afoulki (1), Café und Restaurant, Treffpunkt der lokalen Youngster und marokkanischer Familien. Preiswert. Av. Al Maghrib Al Arabi.

Relais de Saint Exupéry (3), fantasievolle Küche in originellem, angenehmem Ambiente. Av. Mulay Abdellah.

Sehenswertes

Kasbah Taourirt: Nachdem der verhasste Glaoui-Pascha ins Exil gegangen war, verfiel die Kasbah, wurde aber auf Initiative der Filmindustrie, die sie oft als Drehort nutze, sorgsam renoviert. Ein Übriges taten UNESCO-Mittel, die für die dringendsten Arbeiten zur Verfügung gestellt wurden. Ein Rundgang durch das Etagenlabyrinth der verschachtelten Anlage vermittelt, wie hier gelebt wurde. Schlafzimmer, Frauengemächer, Küche und Esszimmer sind ansatzweise zu erkennen. Von vielen Räumen aus ist ein Blick auf das umliegende Ksar, das Wehrdorf, möglich, das man auch ohne die aufdringlichen Führer am Eingang zur Kasbah besuchen kann. Das Ksar wird bis heute von Mitgliedern des Glaoui-Clans bewohnt, und inzwischen gibt es einige Maisons d'hôtes wie die Auberge Rose Noire, die einen Aufenthalt in dem historischen Ambiente ermöglichen.

Ein nobles Haus in der Ksar von Taourirt

Leider sind wegen der Busladungen von Touristen, die durch das alte Wohnviertel geschickt werden, einige Billigsouvenirläden entstanden. Interessanter ist deshalb der kleine **Souk an der Rue de Marché.** Auch das gegenüber der Kasbah Taourirt liegende **Ensemble Artisanal** und die **Coopérative Artisanale des Tapis** an der Place Mohammed V. bieten qualitativ gutes Handwerk zu Festpreisen. Das geplante Volkskundemuseum ist noch nicht geöffnet.

Östlich der Stadt befindet sich der mächtige **El-Mansour-Stausee,** in den von Osten der Dades mündet und nach Süden der Draa weiterfließt. Die grüne und gut bewirtschaftete **Fint-Oase** liegt westlich in Richtung Tiffoultoute: Nach der Brücke von Tabounte am südlichen Stadtausgang bei der Tankstelle rechts abbiegen und nach weiteren 3 km, bis auf der linken Seite ein Schild mit dem Hinweis auf die Piste folgt, links abbiegen. Von dort nochmals 15 Autominuten auf der sich etwas verschlechternden, aber immer noch erkennbaren Piste, bis ein großer Parkplatz am Rand der Oase erreicht ist. Von hier kommt man gut zu Fuß weiter, der im Winterhalbjahr recht breite Fluss trennt den Parkplatz von der Ortschaft. Meist kann man den Fluss an einigen Stellen überqueren und in die Häusersiedlung der Oase laufen; hier scheint die Zeit stehen geblieben zu sein – das Leben folgt ganz dem Rhythmus der Oasenwirtschaft.

Der Filmhimmel über Ouarzazate

Der Himmel über der Wüste ist unermesslich weit, der Filmhimmel über Marokko ebenfalls. Denn längst wissen die großen Produzenten, dass Kinoträume hier preiswert und gut realisiert werden können – die Wüstensonne, die für perfekte Ausleuchtung sorgt, bekommt man ebenso gratis wie atemberaubende, kontrastreiche Landschaften, und die Miete für das zauberhafte Setting in den Kasbahs der Draa-Region reißt auch keine großen Lücken ins Budget. Hinzu kommt ein Heer an markant aussehenden Statisten, das man schnell zusammenrufen kann.

Der Faszination des Fremdartigen und Orientalischen waren bereits die Brüder Lumière unterlegen, als sie 1898 den Stummfilm „Der marokkanische Reiter" produzierten. Wie sehr das Publikum in den folgenden Jahrzehnten nach weiteren orientalischen Phantasien verlangte, zeigt die erfolgreiche Studioproduktion „Marokko" (1930) von Josef von Sternberg. Dieser in den Hollywood-Studios gedrehte Streifen mit Gary Cooper und Marlene Dietrich wurde bald die Ausnahme, zumal die Regisseure der Genuss lockte, direkt in Marokko zu arbeiten. Das verstand auch Orson Welles, der sich von 1949 bis 1952 ganze drei Jahre Zeit ließ, um sein Epos „Othello" zu verwirklichen – unter anderem gedreht auf der Sqala von Essaouira. Oliver Stone, fasziniert von Orson Welles' Arbeit, verschlug es ebenfalls über längere Zeit nach Marokko. Für seinen Film „Alexander der Große" (2003) zog es ihn in die Studios nach Ouarzazate und Essaouira, wo er ein riesiges Heer von Statisten über mehrere Monate in Atem hielt und gigantische Architekturen nachbaute. Gerade ein Jahr zuvor hatte Ridley Scott einen nicht weniger aufwendigen Film beendet, für den er die Heilige Stadt Jerusalem in den Atlas-Filmstudios nachbauen ließ: „Die Kreuzfahrer".

⌚ **Atlas-Filmstudios** tägl. 9–18 Uhr, Eintritt 30 DH. Die Studios geben einen faszinierenden Einblick in die Filmgeschichte bis in die Gegenwart.
Anfahrt Von Ouarzazate 5 km nördlich Richtung Marrakesch (kurz hinter Tamssint). Ein gelber Bus fährt nahe der CTM-Busstation zu den Studios ab.

Wanderung zur Kasbah Tiffoultoute/Kasbah Tameslah

Kasbah Tiffoultoute: Die im Tal des Ouarzazate-Flusses gelegene Kasbah ist in einer leichten zwei- bis dreistündigen Wanderung zu erreichen; besonders im Frühjahr, wenn die Mandelblüte die parzellierten Felder mit Farbtupfern schmückt, ist die Wanderung ein Erlebnis, zumal die Wege zwischen den Feldern belaufen werden können. Die Kasbah, in der bis in die 50er Jahre ein Gesandter des Glaoui-Paschas residierte, bietet einen fantastischen Rundblick auf Ouarzazate, das Atlasgebirge und das etwa 1 km breite Flusstal, das nach Süden von der parallel verlaufenden Straße nach Tiffoultoute begrenzt wird. Übrigens diente auch die Kasbah Tiffoultoute als Drehort für „Lawrence von Arabien", „Jesus von Nazareth" und Scorseses „Die letzte Versuchung Christi".
Im nahen Restaurant unterhalb der Kasbah befindet sich eine einfache Küche. Der Besitzer bekochte hier angeblich alle möglichen Filmstars, an die signierte Fotografien erinnern. Vor der Kasbah Tiffoultoute warten Taxis, mit denen man nach Ouarzazate zurückfahren kann.

Kasbah Tameslah (auch Kasbah Cigogne, Storchen-Kasbah genannt): Sie liegt in entgegengesetzter Richtung (beim Hotel La Vallée links ab) ca. 4 km entfernt im Tal des Oued Ouarzazate und ist auch mit Pkw oder Taxi erreichbar. Zusammen mit der kleinen Ortschaft im Hintergrund bietet sie ein recht archaisches Bild. Störche haben sich auf den Mauerabbrüchen Nester gebaut und finden sich ab dem Frühjahr hier ein. Um den Bauzustand der Festung ist es allerdings nicht gut bestellt.

Weiterfahrt von Ouarzazate

Von Ouarzazate aus gibt es die Möglichkeit, das Draa-Tal und die Dades-Region bis nach Merzouga jeweils mit Hin- und Rückfahrt zu erkunden – oder als ausgedehnte Rundtour über die Strecke Tansikht–Nekob–Tazzarine–Alnif–Rissani (bzw. Merzouga) zum Tafilalet und über Tinerhir nach Ouarzazate zurückzufahren. Eine dritte Möglichkeit ist, die Strecke von Zagora bzw. M'Hamid nach Merzouga zu fahren (→ M'Hamid/Ausflüge, S. 165), eine Wüstenpiste, die allerdings nur mit 4x4-Fahrzeug machbar ist. Diese Option lässt sich auch mit einer Übernachtung in der Wüste kombinieren, Veranstalter in Tinerhir, Zagora und M'Hamid vermitteln entsprechende Angebote.

Von Ouarzazate durchs Draa-Tal nach Zagora und M'Hamid

Prächtige Kasbahs am Rand ausgedehnter Palmenoasen – eine Fahrt durch das Draa-Tal bietet viele Attraktionen. Die von der jahrelangen Trockenheit stark angegriffenen Dattelpalmenoasen, die sich von Agdz bis nach M'Hamid ziehen, erhielten im Winter 2005/06 ausreichend Niederschläge, und so finden sich heute überall frische Triebe an den anscheinend schon verdorrten Palmen.

Wer dieser touristisch inzwischen bestens erschlossenen Route folgt, kann die 250 km nach M'Hamid auf guter Asphaltstraße (N 9) bequem an einem Vormittag zurücklegen. Die Alternative ist – ein 4x4-Fahrzeug vorausgesetzt –, sich zwischen

Blick von der Kasbah Caid

Agdz und Zagora auf der nördlichen Uferseite des Draa deutlich langsamer fortzubewegen und einen Zeitsprung in die Vergangenheit zu machen (→ Verbindungen ab Agdz). Zahlreiche zunächst unbewohnt scheinende Dörfer und Kasbahs finden sich an dieser Seite des Draa. Vergleichbar mit den Kasbahs im Dades-Tal, wurden viele der mächtigen Familienburgen am Rand der Oasengärten für die Statthalter der Glaoui seit Ende des 19. Jahrhunderts gebaut – so konnten sie die Region hervorragend kontrollieren. Nachdem viele dieser fragilen Stampflehm-Gebilde dem Verfall preisgegeben waren, scheint sich heute das Blatt ein wenig zu ihren Gunsten zu wenden (→ Agdz/„Leben in einer Kasbah").

Viele Clans erkennen heute den Wert eines derartigen Besitzes für die touristische Nutzung. Sie renovieren das Anwesen, erwirtschaften z. B. durch Vermietung an Ausländer ein Einkommen und schaffen so auch Arbeitsplätze. Angesichts billiger Handwerker und Arbeiter, guter Einnahmen und Unterstützung durch ausländische Investoren oder Entwicklungsorganisationen wie der deutschen Gesellschaft für Technische Zusammenarbeit (GTZ) können sogar schwarze Zahlen geschrieben werden. Natürlich haben auch die großen Filmproduktionen zum Erfolg beigetragen. So verwandelte sich die Kasbah Tamnougalt für Bertoluccis Filmstreifen „Himmel über der Wüste" in ein Fort der Fremdenlegion, während das umliegende Ksar ein perfektes Setting abgab, mit Hunderten von Statisten, die hier mit den Stars über Wochen zusammenarbeiteten.

Agdz

Agdz diente der französischen Garnison aufgrund seiner strategischen Lage und der Nähe zu Ouarzazate als Standort. Ein Besuch lässt diese Bedeutung schnell erkennen.

Die kleine Marktstadt am Fuß des 1530 m hohen Djebel Kissane mit ihrem von Arkaden umgebenen Marktplatz ist vor allem an Donnerstagen einen Besuch wert. An diesem Tag zieht der große Souk die Händler aus den entferntesten Ortschaften an diesen typischen Gebrauchsgüter-Markt. Von der Ortsmitte bietet sich ein prächtiger Panoramablick auf das Draa-Tal, von den umgebenden Kasbahs sieht man auf das satte Grün der Palmenoase.

Von Wind und extremen Temperaturschwankungen angenagt, haben die alten Festungen heute dringend eine Renovierung nötig. Der immense Aufwand dafür kann in der Kasbah La Palmeraie hautnah nachvollzogen werden (→ „Leben in einer Kasbah"). Agdz ist als Zwischenstation im Draa-Tal auch deshalb einen Stopp wert, zumal Ort und Umgebung wenig vom Tourismus geprägt sind.

Ebenfalls einen Ausflug wert ist das 4 km südlich gelegene Ksar **Tamnougalt** (→ Wanderung nach Tamnougalt): Es ist bewohnt, gut erhalten und präsentiert sich als ein wahres Labyrinth mit tunnelartigen Passagen zum Verlaufen.

• *Information* In Agdz; Auskünfte zur Region in der Kasbah La Palmeraie und im Hotel Kissane.

• *Verbindungen* Busse von der Grande Place stündlich nach Zagora und Ouarzazate; auch die Kollektivtaxis starten hier.

• *Fest* Großes Dattelfest Ende Oktober.

• *Übernachten/Essen & Trinken* **Kasbah La Palmeraie (Caid Ali)**, in Agdz; Campingplatz und Maison d'hôtes in einer der ausgefallensten Kasbahs der Gegend. Die mächtige Kasbah ist dank der Zusammenarbeit zwischen Manfred Fahnert und dem Besitzerpaar Gaelle und Aziz zu einem Kleinod wiederbelebter Lehmarchitektur geworden; beherbergt werden hier inzwischen alljährlich Architekturstudenten und Interessierte (→ „Leben in einer Kasbah"). Zum Innenhof der Kasbah gibt es eine Reihe hübscher, sparsam eingerichteter DZ für 150 DH. Der unter schattigen Palmen gelegene Campingplatz kostet 40 DH, inkl. Auto/Zelt. ✆ 024-843640, www.casbah-caidali.net.

Hotel Kissane, in Agdz, zentral gelegen; ruhigere Zimmer zum Innenhof. Pool, Bar und Restaurant mit Lokalkolorit. DZ ohne Bad 230 DH, Dreier 310 DH, mittelmäßiges Menü 65 DH. Av. Mohammed V. ✆ 024-843258, kissanehotel@yahoo.fr.

Hotel des Palmiers, in Agdz; Einfachhotel an der Place Centrale. Saubere Zimmer ohne Bad ab 100 DH. ✆ 024-843127.

Kasbah Itrane, in Tamnougalt (Anfahrt → Wanderung nach Tamnougalt); sehr ruhige Lage, weiter Panoramablick auf den Djebel-Kissane-Bergzug und die Kasbah Taourirt, große Zimmer mit Lehmverputz. Pool und schöne Terrasse. DZ 200 DH, HP 220 DH/Person. Unser Tipp! ✆ 024-843317.

Chez Yacob, freundliche kleine Auberge mitten im Ksar von Tamnougalt. Kleine Auswahl an Gerichten (ab 130 DH). DZ mit kollektivem Bad 200 DH. ✆ 024-843394.

Wanderung nach Tamnougalt

Die Wanderung (ca. 2 Std. einfache Strecke Weg) beginnt in Agdz kurz vor der Kasbah La Palmeraie und führt nach Osten in Richtung Djebel Kissane, dem Hausberg des Ortes. Nach ca. 30 Min. über parzellierte Oasengärten erreicht man das breite, trockene Ufer des Oued Draa. Auf der anderen Flussseite sind es noch 500 m bis zur ersten, östlich des Oued gelegenen Ortschaft mit zerfallener Kasbah. Weiter in südlicher Richtung ist nach etwa 1500 m die große und erhöht gelegene **Kasbah Taourirt** sichtbar. Sie liegt kurz vor Tamnougalt und kann ebenfalls besucht werden. Die Piste windet sich, vorbei an der Kasbah Taouirt, für ca. weitere 1½ km

südöstlich in Richtung Tamnougalt. Die **Kasbah Tamnougalt** selbst ist erst im Ort erkennbar, da sie auf der entgegengesetzten Seite des Ortes steht.

Da das Dörfchen seit der Kinoproduktion Bertoluccis auf Besucher eingerichtet ist, finden sich schnell „mehrsprachige Instruktoren", lokale Guides, für eine Führung. Das Gassenlabyrinth – leider sind viele Häuser unterhalb der Kasbah schlecht erhalten – lässt sich aber auch ohne Guide leicht erkunden. Eintritt in die Kasbah ca. 10 DH.

Leben in einer Kasbah – das Projekt „Lehmexpress"

In den alten Lehmburgen zu Gast zu sein bedeutet, einer alten, gewachsenen Kultur zu begegnen. Wir hören Stimmen aus den Gassen, spielende Kinder, in Gespräche versunkene Menschen, in Djelabbas gehüllte Berber begegnen uns auf den Plätzen und Gassen, herzlich lächelnd, mal verhalten grüßend, mal überaus freundlich. Bei einem Tee oder Essen finden wir uns wieder. Auf dem Boden sitzend, scheue, doch neugierige Blicke der Menschen um uns, wachen wir irgendwann auf, ein leckeres Essen im Magen ...

Aufenthalte in den alten Kasbahs sind wie eine Reise in eine vergangene Zeit. Die gewaltigen Burgen und Städte üben einen gänzlich unbekannten Einfluss auf unsere Empfindungswelt aus, stellen Fragen an uns selbst. Sind es die Wege in die Gassen und die Häuser aus Lehm, die unser Inneres öffnen und uns berühren? Was bewegt uns so tief, wenn wir still aus den archaisch anmutenden Ksars oder Kasbahs kommen?

Was zuerst auffällt, ist das weiche und helle Baumaterial, der Lehm und die verschachtelte Bauweise. Die Gassen sind anders als alles, was wir kennen, eng, unübersichtlich wie ein Labyrinth und trotzdem irgendwie geordnet. Genauso eng drängen sich die Wohnhäuser des Ksars aneinander. Hier ein Raum, ein Innenhof, dort ein enges Treppenhaus. Verwinkelt, nicht einsehbar, aber nie abweisend.

Auffallend auch die Einfachheit der Bauweise. Wände, Fußböden sind aus Lehmerde. Deckenkonstruktionen aus Palmholz und Schilfrohr. Türen, Fenster aus Holz und Metall. In reichen Häusern Gips an den Wänden, einfach und gekonnt verziert mit Stuckatur und Malereien. Überall finden wir einfache geometrische Muster, gemalt, in die Oberfläche geritzt. Zinnen und Fenster, die Anordnung der Grundrisse wirkt auf den Geist beruhigend. Hier finde ich meinen Raum, geschützt gegen das Außen, im Schoß der Familie, der Sippe, des Stammes. Schutz gegen die unerbittliche Sonne und die starken Winde. Erfrischende Kühle in den Häusern, angenehm nach der brennenden Hitze. Wohltuend für die Augen, kühlend für die Haut.

Betrachten wir eine dieser erdfarbenen Lehmburgen von außen, fällt die Verschmelzung mit der Umgebung auf. Harmonisch die Eingliederung in die Landschaft, zu den umliegenden Bergen und Hügeln, die wie gemalt wirken. Keine Gegensätze, sondern ein Ganzes.

Manfred Fahnert

Manfred Fahnert ist Initiator des Projektes „Lehmexpress" in der Kasbah La Palmeraie in Agdz bei Zagora. Jedes Jahr ab Ende Februar werden hier zwei Gruppen (Studenten und Berufstätige) mit der Lehmarchitektur der Berber vertraut gemacht, die dann auch in praktischen Einsätzen bei der Renovierung der alten Kasbah von Agdz mitwirken. Wer sich darüber informieren, Kontakt aufnehmen, das Projekt wirtschaftlich oder fachlich unterstützen oder auch für eine der Gruppen anmelden will: www.lehmexpress.de.

Die Kasbah Taourirt

Verbindungen ab Agdz

Die Region südöstlich von Agdz besitzt einige außerordentliche Kasbahs. Die nordöstlich des Draa-Flusses verlaufende Piste führt von der Abzweigung der N 9 nach Tazzarine (31 km südlich von Agdz,) über das Flusstal des Draa und beginnt rechter Hand (Schild Taaklit). Mit entsprechendem Zeitpolster und vorzugsweise mit einem 4x4-Fahrzeug (die Piste ist streckenweise mit großen Schlaglöchern übersät) führt der Weg in fünf bis sechs Stunden nach Zagora.

Von Agdz gibt es auch eine gute Straßenverbindung (R 108) nach Tazenakht/Taroudannt. Zudem beginnt im nahen Tansikht die ca. 220 km lange asphaltierte Route Nekob–Tazzarine–Alnif–Rissani (Merzouga), die auch mit Kollektivtaxis und privaten Bussen befahren wird.

Wenig frequentiert ist die von der R 108 abzweigende Piste Nekob–Boumalne (ca. 110 km) bzw. Nekob–Tinerhir (ca. 130 km). Diese reizvolle Strecke über den Tizi-n-Tazazert-Pass (2200 m) bzw. das Djebel-Saghro-Gebirge ist aber nur für geländegängige Fahrzeuge befahrbar. In Nekob, 34 km von Tansikht, gibt es eine große Anzahl von Kasbahs, die teilweise leer und zugänglich sind, einige verfallene Kasbahs lassen immer noch die frühere Pracht erahnen. Die Piste über den Tizi-n-Tazazert durch eine Basalt-Steinwüste ist spektakulär. Gelegentlich sind Zelte und Ziegenherden der Nomaden, Nachfahren der Ait-Atta-Berber, zu sehen, die hier außerhalb der Wintermonate ein halbnomadisches Leben führen (→ Wissenswertes A–Z/Transhumanz). Von Nekob nach Boumalne oder auch nach Tinerhir über Iknioun sollte man einen ganzen Tag einplanen (→ Boumalne, S. 171; Djebel Saghro, S. 174).

• *Übernachten* **Auberge Enakhil Saghro**, in Nekob, am Ortsausgang Richtung Rissani. Terrasse mit fantastischem Panoramablick. Die Zimmer sind ordentlich (150 DH), das Essen recht gut. ✆ 024-847352, Enakhilsaghro@yahoo.fr.

Kasbah Baha Baha, im Zentrum von Nekob. Der Inhaber besitzt eine große Sammlung von prähistorischen und ethnographischen Fundstücken und ist ein großer Kenner der Region. Im Patio der Kasbah ein Garten, die Zimmer mit 300 DH etwas teuer. Übernachten auch im Berberzelt möglich (150 DH/2 Pers.). ✆ 024-838463.

Zagora

Von Norden kommend, ist schon ein paar Kilometer vor Zagora der Blick auf die weite Palmenoase längs des Draa-Tals überwältigend. Einst wurden in dem bedeutenden Marktort handwerkliche Produkte und Werkzeug gegen Wolle, Teppiche, Häute und Vieh der Nomaden getauscht. Die bis heute in der Umgebung gefertigten Töpferwaren sind von hoher Qualität.

Seit alters her eine wichtige Karawanenstation, später Stützpunkt der französischen, dann der marokkanischen Truppen, ist Zagora im 21. Jahrhundert auf 37.000 Einwohner gewachsen und heute das blühende Verwaltungszentrum der Provinz. An den Mythos der Karawanenstation erinnert man hier immer noch gern, und so wurde das legendäre, schon arg ramponierte Schild „Tombouctou 52 jours" („52 Tage nach Timbuktu") durch ein neues ersetzt. Die Zahl der inzwischen auch für den inländischen Tourismus geschaffenen Hotels ist in den letzten Jahren besonders durch Pauschalangebote gewachsen, die Guides eifern um die Gunst der Besucher.

Waren die meisten Hotels früher in der Innenstadt ansässig, liegen die interessanteren Unterkünfte heute in der Palmeraie bzw. hinter der Brücke nach M'Hamid. Wer zwischen Zagora oder M'Hamid als Ausgangspunkt für eine Wanderung oder Tour schwankt, sollte bedenken, dass in Zagora die Auswahl an kompetenten Veranstaltern, Autovermietungen, Guides und auch Unterkünften deutlich größer ist, während sich in M'Hamid die Kamele „gute Nacht" sagen.

Die „Geschäftskleidung" vieler Zagori ist immer noch der blaue Gandora, der knöchellange Baumwollumhang, den sie von ihren mauretanischen Nachbarn aus der Wüste übernommen haben. Außerhalb der Arbeitszeit muss man sich aber nicht wundern, wenn die Guides und Verkäufer inzwischen lieber westliche Kleidung tragen. Ein Hauch Nostalgie umgibt dagegen noch immer die älteren Männer, die zu besseren Anlässen (etwa auf dem sehenswerten Souk am Mittwoch und Sonntag) stolz ihren blitzenden Krummdolch tragen.

Sehenswertes in Zagora und Umgebung

Die Innenstadt lässt sich entlang der Hauptachse des Boulevard Mohammed V. gut erkunden. Hier findet sich unter den Kolonnaden, die besonders im Sommerhalbjahr Schutz vor der brennenden Sonne bieten, eine Reihe von Geschäften. Schatten bieten auch die weiten Oasengärten, in denen man angenehm spazieren gehen kann – oder man erkundet das weite Netz der Wege mit dem Bike. Der wenig touristische **Souk am Mittwoch** und **Sonntag** (Av. Mohammed V. 4B) bietet einen Einblick in das Leben der Lokalbevölkerung. Der **Tagessouk** befindet sich hinter dem Stadttor. Einen schönen Panoramablick über die gesamte Oase bietet der fast 1000 m hohe **Djebel Zagora,** zu dem vom östlichen Draa-Ufer ein Weg hinaufführt. Von der alten Festung der Almoraviden sind nur noch Reste erhalten.

Einen Besuch wert ist auch das **Musée des Arts et Traditions de la Vallée du Draa** in Tissergate (8 km vor Zagora), ein relativ neues Museum, das vom ländlichen Leben am Draa, von den Menschen und vom Handwerk erzählt – in der tadellos renovierten Kasbah sind schöne Gebrauchsgegenstände, Tongeschirr, Schmuck und andere Schätze zu sehen (tägl. 8–20 Uhr, Eintritt 20 DH, ✆ 062-404344).

Die **Koranschule Zaouia Naciri** im Ordenshaus von Tamegroute (Place du Centre, ca. 20 km südöstlich von Zagora), einst eine weit über die Region bekannte Einrichtung, kann ebenfalls besucht werden, aber bitte mit Fingerspitzengefühl (und ohne Fotoapparat): Kranke und Gebrechliche suchen hier im Innenhof das Grab des Heiligen Sidi H'Mmid Ben Nassir auf, um ihre Gebete an ihn zu richten. In der kleinen Bibliothek sind kostbare, auf Gazellenhaut geschriebene Koran-Handschriften aus dem 13. Jh. zu sehen, darüber hinaus gibt es einen kleinen Verkaufsstand der angegliederten Handwerkskooperative, die hier ihre Produkte anbietet (tägl. geöffnet, uneinheitliche Öffnungszeiten, lange Mittagspause).

Diverses

- *Information* Ein Tourismusbüro ist in Planung. Kompetente Auskünfte gibt es u. a. bei der Agentur **Caravane du Sud (11)** (→ unten).
- *Verbindungen* **CTM-Busstation** in der Av. Mohammed V., gegenüber der Post. Verbindungen nach Ouarzazate, Agdz, Casablanca, M'Hamid, Agadir und Erfoud (über Tazzarine, Rissani). Die Busse des **Gare routière privée** bzw. Kollektivtaxis starten weiter nördlich an der Av. Mohammed V.
- *Bäckerei* **Patisserie Sable d'Or (5)**, Av. Mohammed V.
- *Post* Av. Mohammed V.
- *Reise-/Trekking-Agenturen* **Caravane du Sud (11)**, zuverlässiger Anbieter von Touren mit 4x4 und Kamelen. Großes, auch individuell abgestimmtes Angebot, passable Preise: Eine Exkursion mit Landrover, Chauffeur, Zelt und Frühstück kostet für zwei Personen 1600 DH/Tag. In Amezrou, 1 km südlich von Zagora. ✆ 024-847569, www.caravane-sud.com.

Sahara Adventure (6), preislich vergleichbar mit Caravane du Sud. Das Sahara-Team arbeitet aber eher mit kleineren Gruppen. Bei der Gendarmerie. ✆ 024-847026, www.saharaaventure.com.

Biosahara Exploration, Wüstentouren und Kameltrekking mit Schwerpunkt Fauna/ Flora. Rue Hay el Massira. ✆ 024-847352, www.biosahara.com.

Caravane de Patience, deutsch-marokkanische Agentur, die Touren auch von Berlin aus organisiert. Kontakt nur per Telefon. ✆ 062-152918, www.wuestentrekking.de.

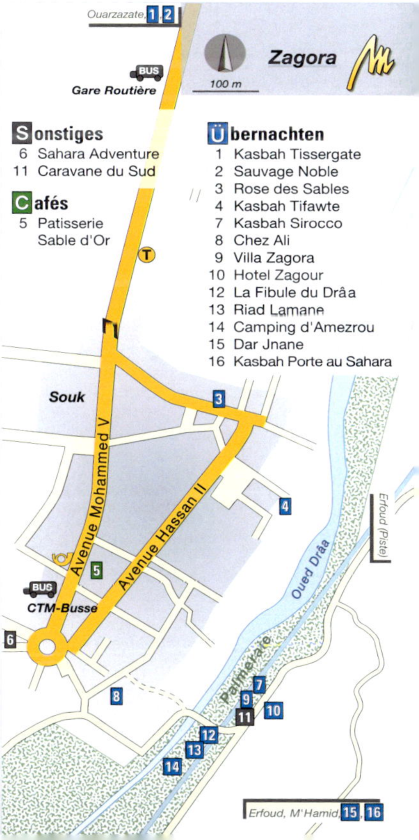

Übernachten/Essen & Trinken (siehe Karte S. 161)

• *Übernachten in Zagora* **La Fibule du Drâa (12)**, am Ortsende vor der Kreuzung nach M'Hamid, am Ufer des Oued Draa. Das Hotel mit hübschem Garten ist eine Institution. Angenehme Zimmer mit Blick in den Palmenhain. Leider wird gelegentlich das Restaurant, manchmal auch das gesamte Hotel von lauten Gruppen heimgesucht. DZ mit AC inkl. Frühstück ab 400 DH. Menü ab 80 DH. ✆ 024-847318, www.zagora-maroc.com.

Riad Lamane (13), großzügiges und elegantes Ambiente mitten in der Palmeraie mit Park, Pool und interessanter Bibliothek des in Deutschland praktizierenden Psychologen und Besitzers. Im riesigen mit Henna bemalten Nomadenzelt kann gegessen und entspannt werden. Die fantasievolle Inneneinrichtung erinnert an die Parkhotels Tanzanias. Stilvolle Appartements 1200 DH, DZ ab 800 DH; inkl. HP 1200 DH/2 Personen. Das Riad arbeitet mit der Agence Caravane du Sud zusammen. Zu erreichen über die Piste linker Hand, gleich hinter dem Hotel Fibule du Drâa. ✆ 024-848388, www.riadlamane.com.

Villa Zagora (9), sehr schöne und individuell gestaltete Maison d'hôtes mit komfortablen Zimmern und marokkanischer Kunst der Gegenwart. Terrasse mit Blick auf die Palmeraie. Ausgezeichnete Küche. DZ 550 DH, inkl. HP 800 DH. Nördlich der Draa-Brücke. ✆ 024-846093, www.mavillaausahara.com.

Kasbah Sirocco (7), etwas größeres Hotel, ebenfalls in der Palmeraie. Großzügiger Garten und großer, von Palmen umgebener Pool, gut zum Verschnaufen nach einem Wüstentrekking. DZ mit AC inkl. Frühstück ab 420 DH, Menü ab 70 DH. Av. Allal Ben Abdellah. ✆ 024-447244, www.kasbahsirocco.com.

Kasbah Tifawte (4), der Besitzer Ahassain el Khardali ist ein guter Kenner der lokalen Geschichte. Zimmer (und Säle) im geschmackvollen arabischen Gegenwartsdesign. DZ inkl. HP 800 DH. Hay el Mansour Dahbi, ✆ 024-848843.

La Rose des Sables (3), funktionell und preiswert, freundlicher Service; das angegliederte Restaurant ist Austauschbörse der Traveller. Zimmer mit und ohne Dusche ab 80 DH. Av. Allal Ben Abdellah, ✆ 024-847274.

Chez Ali (8), kleines und sympathisches Traveller-Hotel mit schönem Garten. Das Restaurant bietet seit Jahren ausgezeichnete Küche mit wenigen, aber frisch zubereiteten Speisen. DZ inkl. Frühstück ab 160 DH. Av. Atlas Zaouit el Baraka, ✆ 024-846258.

Hotel Zagour (10), schräg gegenüber vom Sirocco. Funktioneller Neubau mit ordentlichen, sauberen Zimmern zu guten Preisen; DZ inkl. Frühstück ab 180 DH. Nördlich der Draa-Brücke, ✆ 024-846178.

Camping d'Amezrou (14), Richtung Amezrou gelegener Platz (in der Palmeraie), ca. 1 km südlich von Zagora. Von den Campingplätzen der Stadt die schönste Lage. Sanitäranlagen in Ordnung. Preise für Zagora noch passabel: zwei Pers. inkl. Zelt 30 DH. ✆ 024-847419.

• *Essen & Trinken in Zagora* In allen oben genannten Hotels kann mittags und abends gegessen werden. Preise und Leistungen entsprechen in der Regel dem Hotelstandard. Bei Chez Ali, Fibule du Drâa, Riad Lamane (Alkoholausschank) und im Rose des Sables gibt es marokkanische und internationale Küche, dazu regen Austausch von Trekkern, Travellern und Wüstenfans. In der Stadt gibt es in der Nähe des Markts zahlreiche kleine günstige Restaurants und Garküchen.

• *Außerhalb* **Kasbah Hotel Tissergate (1)**, 8 km nördlich von Zagora, im Ksar von Tissergate. Zum Hotel umgebaute Kasbah, das Ambiente wirkt dennoch recht authentisch. Die auch als „Dar el Hiba" bekannte Unterkunft ist für das Übernachten in einer Kasbah wie geschaffen. Durch die Lehmmauern gedämpfte Geräusche in sparsam eingerichteten Zimmern. DZ inkl. Frühstück ab 200 DH. Kleines Restaurant mit guter Küche und Bivouac (eine Art Zeltrestaurant). Unser Tipp. ✆ 024-847805.

Sauvage Noble (2), vom Verein Renard Bleu Touareg bzw. Azalay betriebenes, kürzlich fertiggestelltes Hotel in Tissergate. Der Verein (www.azalay.de) fördert Sozialprojekte, die die nomadische Lebensform unterstützen. Hotel und Trekkingprogramm sind auf eine anspruchsvolle Klientel abgestimmt und entsprechend teuer. Komfortable, farblich abgestimmte Zimmer und Badezimmer mit glattem, gefärbtem Kalkverputz (Tadelakt). DZ inkl. Frühstück 550 DH, Mittag oder Abendmenü 95 DH. 8 km nörd-

Versteckte Hotels in der Palmeraie von Zagora

lich von Zagora, vor dem Ksar Tissergate rechter Hand. ✆ 024-847805.

Dar Jnane (15), gegenüber der Koranschule in Tamegroute (Ortsmitte), 20 km südöstlich von Zagora; schöne, einladende Gartenanlage mit oktogonalem Pavillon im Zentrum. Wer auf die schönen DZ (ab 200 DH) verzichtet, schläft meist im Nomadenzelt auf der Terrasse (50 DH). Ausgezeichnetes Essen. Abdessadek und Doris veranstalten auch Wanderungen. ✆ 024-840622, www.jnanedar.ch.

Kasbah Hotel Porte au Sahara (16), in Tamegroute; ausgeschildert. Ein Ort für Sternegucker vom deutschen Sternegucker Fritz Koring. Wer den Nachthimmel entdecken will, wird in die edlen Teleskope eingewiesen, sollte er nicht da sein. DZ ab 440 DH. ✆ 024-848562, www.saharasky.com.

Kameltouren und Randonnées ab Zagora

Eine Kameltour oder Randonnée mit 4x4-Fahrzeugen von Zagora (oder von M'Hamid, sollte aber besser in Zagora organisiert werden) kann fast auf jeden zeitlichen (und finanziellen) Spielraum abgestimmt werden. Bei kurzen Ausritten bzw. Randonnées ist zu bedenken, dass es die Abend- und Morgenstunden sind, die eine besondere Atmosphäre ausstrahlen. Und auch eine Nacht unter dem klaren Wüstenhimmel ist ein unvergessliches Erlebnis!

Eine längere Tour nach Merzouga (250 km), zum Djebel Bani oder nach Foum-Zguid (140 km) mit der Option, weiter nach Tazenahkt oder Tata zu fahren, bedeutet Wüste pur, was aber auch einer gewissen Vorbereitung bedarf. Bei längeren Touren empfiehlt es sich, rechtzeitig mit einem der obigen Anbieter die Planung per E-Mail zu organisieren. Berücksichtigt werden sollte auch, dass das Wüstenklima starken Temperaturschwankungen unterliegt und der feine Sand auch ohne Sturm bis in die letzten Taschen eindringt; zudem kann der Motor schnell erhitzen. Für ausreichenden Sonnen- und Kopfschutz sowie genügend Flüssigkeit ist unbedingt zu sorgen. Und vor allem sollte mit dem eigenen Fahrzeug nur mit langjähriger

Erfahrung und mindestens einem Begleitfahrzeug gefahren werden, besser jedoch in der Gruppe mit Guide. Wichtig: Die letzten Tankstellen befinden sich in Zagora; später gibt es Diesel nur noch aus Fässern.

Wanderungen ab Zagora

Zur Palmeraie und zur Ortschaft **Amezrou** (ca. 1 km südlich) hinter dem Fibule du Drâa kann man in etwa einer Stunde laufen. Amezrou mit seinem noch gut funktionierenden Bewässerungssystem und der Weg dorthin sind besonders reizvoll in den frühen Morgenstunden und zur Dämmerung. Auch der Hausberg der Stadt, der **Djebel Zagora,** ist zu Fuß auf Ziegenpfaden zu erreichen (ca. 1 Std.). Startpunkt ist das Hotel Zagour (nach der Draa-Brücke links). Die Aussicht auf Stadt, Draa-Tal und Palmeraie ist fantastisch.

Wer am Draa-Fluss Gefallen gefunden hat und eine längere Wanderung (oder Kameltour) von hier nach **Tamegroute** mit seinen sehenswerten Töpferwaren machen will (eine Alternative zu den teureren Trekking- und 4x4-Drive-Angeboten), kann die etwa 18 km durch die Palmeraie direkt am Draa entlanglaufen oder biken und evtl. mit Taxi oder Bus zurückfahren. Diese Tour beginnt man am besten in Amezrou. Von Tamegroute führt ein Weg weiter zu den **Dünen von Tinfou** (ca. 7 km).

Weiterfahrt nach M'Hamid

An der Strecke nach M'Hamid (110 km ab Zagora) folgt nach 80 km **Oulad Driss** mit einem ansprechenden Ortsbild und einigen Unterkünften (empfehlenswert die Auberge Kasbah Touareg → unten). Eine weitere Möglichkeit in Richtung Süden ist die Piste nach Foum-Zguid, von dort kann man Tata/Bou-Izarkab erreichen (ab Tata reguläre Straße). Der Straßenzustand ist allerdings schlecht, es gibt immer noch Baustellen, obwohl die Strecke angeblich seit 2004 fertig ist ... Lastwagen und Marktzubringer fahren die 120 km nach Tata/Bou-Izarkab in ca. fünf Stunden. Letztere sind an den Markttagen (Mittwoch und Sonntag) gegen ein Trinkgeld eine gute Alternative zu Off-Road-Qualen im eigenen Fahrzeug.

Auberge Kasbah Touareg, ca. 1 km hinter dem Ort Oulad Driss (Schild). Einfache Unterkunft mit dem Charme einer alten Kasbah. Garten und eigener Hamam. Gute Berberküche. DZ 140 DH. Übernachtung auch im Berberzelt möglich. ✆ 024-848678.

M'Hamid

Endstation Wüste. Der Mythos der Karawanen ist erloschen, und weil bis auf die Einfälle von Touristen und Off-Roadern, die diesem Mythos hier immer noch (vergeblich) nachjagen, kaum etwas passiert, ist M'Hamid nicht sehr attraktiv.

Wer von hier noch vor einigen Jahren in die Wüste startete, war gut beraten, bereits einen Guide dabei zu haben, um nicht überhöhte Preise zahlen zu müssen. Durch mehrere neue Anbieter und warnende Hinweise von „Geschädigten" hat sich diese Situation etwas verbessert. Die von hier geführten Tagestouren mit Kamelen kosten inzwischen ab 500 DH für zwei Personen (oder mit Übernachtung von Nachmittag bis Mittag des folgenden Tages).

Militärisch hat der in den 30er Jahren am Ortsrand errichtete französische Militärstützpunkt immer noch Bedeutung, gelegentlich gibt es Übungseinsätze der marokkanischen Truppen. Stationiert sind die Soldaten in einem großen Wüstenfort, das besser nicht fotografiert werden sollte.

- *Information* Am besten in den Hotels. **Sahara Services** beim Restaurant Dunes d'Or organisiert Randonnées und gibt kompetent Auskunft. ✆ 061-776766, www.saharaservices.info.
- *Verbindungen* Weil M'Hamid am Ende der asphaltierten Straße liegt und selten von regulären Bussen angefahren wird, ist das Kollektivtaxi das wichtigste Fortbewegungsmittel. Frühmorgens wird Richtung Ouarzazate gestartet. Man kann sich auch nach Mitfahrgelegenheiten umschauen, da die wenigen Autos die Asphaltstraße Richtung Zagora nehmen.
- *Übernachten* **Auberge La Boussole**, einfach und preiswert, DZ 100 DH. Khalifa organisiert zudem Schnuppertouren vom Nachmittag bis zum nächsten Morgen, inkl. Bivouac (ein Berberzelt, in dem geschlafen und gegessen wird) und Verpflegung 500 DH für zwei Pers. Am Ortsende links, ✆ 024-848069.

Hotel Kasbah Azalay, elegantes Hotel und großzügige Anlage im Kasbahstil mit Pool; auch Tourenangebote. DZ inkl. Frühstück 650 DH. ✆ 024-848085, www.azalay.com.

Hotel Restaurant Iriqui, vom zentralen Platz aus rechter Hand. Ebenfalls Tourenangebote. DZ ab 100 DH oder im Berberzelt. ✆ 024-848023.

Camping M'Hamid Oasis, hübscher, in einem Palmengarten gelegener Platz. Gekocht und gut gegessen wird in einem großen Nomadenzelt. Nur ein DZ wird vermietet (ca. 120 DH); Übernachten auch im Nomadenzelt möglich (HP 150 DH/Pers.). Ausgeschildert. ✆ 024-848035.

Ksar am Draa

Ausflüge ab M'Hamid

Tagesausflugsziele im Norden von M'Hamid mit einem 4x4-Fahrzeug sind die Dünen L'Erg Lehoudi (13 km nördlich), der Lac Iriqui und die Source Sacre (beide auf der Piste nach Norden, Richtung Chegaga), die Zaouia Abd er Rahman (ebenfalls an der Nordpiste), der Lac Dayet Chegaga bzw. die faszinierenden, 40 km langen Dünen von Chegaga, etwa 60 km nördlich von M'Hamid. Zu diesen Zielen sollte jedoch nur mit einem ortskundigen Fahrer gefahren werden, da die Spuren der Pisten ständig verwehen. Alternative: mit eigener wüstenfähiger Ausstattung und GPS mit genauen Koordinaten.

Wüstenfans schwärmen von der 300-km-Tour nach Merzouga (Oulad Driss), die von kundigen Fahrern an einem Tag zu bewältigen ist (ohne ausgezeichnete Ortskenntnisse ist es jedoch unmöglich, die Route zu finden). Diese Tour ist auch deshalb interessant, weil sie eine **Rundtour von/bis nach Ouarzazate** möglich macht und kein Ort an den zwei Hauptstrecken von Ouarzazate nach M'Hamid und Merzouga zweimal durchfahren wird (weitere Vorschläge → Zagora/Randonnées). Weitere Wüstenpisten mit hohem Schwierigkeitsgrad führen von M'Hamid nach Foum-Zguid. Die nördlichere Piste ist besser erkennbar, da sie mehr befahren wird. Aber auch hier sollte nur mit einem Ortskundigen gefahren werden.

Am Oued Dades

Von Ouarzazate über Tinerhir nach Merzouga

→ **Karte S. 156/157**

Die Route nach Boumalne entlang des Dades-Tals durchquert eine Hochebene mit 1000 bis 1500 m Meereshöhe und 15 bis 35 km Breite. Nach Norden wird die Ebene vom Hohen Atlas begrenzt, nach Süden vom Djebel-Saghro-Gebirgszug.

Während die Strecke entlang des Oued Dades bis kurz vor Boumalne, wo sich der Fluss von Norden durch eine Felspforte nach Westen in das Atlasgebirge wendet, ausgesprochen fruchtbar ist (Getreide- und Gemüsefelder sowie riesige Mandelbaumhaine), beginnt weiter Richtung Tinerhir eine recht flache Steinwüste, die sich zunächst von der Flussoase des Oued Todra sowie des Oued Gheris und Oued Ziz geologisch erneut verändert. Der Todra-Fluss mündet in den Gheris, und langsam öffnet sich das einst sehr fruchtbare Tafilalet zwischen Erfoud und Rissani, Marokkos größtes Oasengebiet. Die insgesamt 550 km lange Strecke ist damit sehr abwechslungsreich und gilt nicht nur wegen der zahlreichen Kasbahs als eine der schönsten in Südmarokko.

Tipp: Wer die in Ouarzazate beschriebenen Lichtfärbungen während der Dämmerung schätzt, kann mit dem ersten Licht eines klaren Tages von Ouarzazate in Richtung Skoura aufbrechen, während die ersten Sonnenstrahlen auf den Hohen Atlas treffen. Die extrem klare Luft auf diesem Hochplateau lässt das Atlasgebirge zum Greifen nah erscheinen, die Landschaft scheint in das kalte Licht der Morgendämmerung geradezu „eingefroren".

Skoura

Die über 25 Quadratkilometer große Dattelpalmenoase von Skoura war seit Jahrhunderten die Grundlage für den bis heute blühenden Ort, den drei mächtige historische Kasbahs bewachen.

Die Einwohner von Skoura sind arabischstämmig und Nachfahren der Ait-Imegran; angeblich wurde der Ort von Moulay Ismail im 18. Jahrhundert gegründet. Ein sehenswerter Montags-Souk und lebhaftes Treiben im Zentrum machen Skoura auch heute noch interessant, vor allem aber lockt die Palmeraie, die zu Fuß oder mit dem Bike erkundet werden kann (→ Wanderung zur Kasbah Ait Abou).

Am nördlichen Ortseingang (von Ouarzazate kommend ca. 1 km vor Skoura) liegt leicht erhöht die **Kasbah Ben Moro,** von wo die alte Kasbah Amerhidil gut sichtbar und in wenigen Minuten erreicht ist. Die jetzigen Pächter, ein spanisches Ehepaar, setzten sie bereits vor Jahren instand und bauten sie zu einem exklusiven Hotel um. Noch ganz in die landwirtschaftliche Produktion eingebunden ist die nicht leicht zu findende **Kasbah Ait Abou,** in der ebenfalls übernachtet werden kann (→ Wanderung unten).

Die berühmte und dennoch wenig besuchte **Kasbah von Amerhidil** aus dem 12. Jh. befindet sich am Westufer des Oued Hajjaj. Die Anlage, die die alten 50-Dirham-Scheine zierte, diente als Filmkulisse für „Lawrence von Arabien" und wird seit einigen Jahren mit UNESCO-Mitteln restauriert. Den Besucher erwarten viele mit Ornamenten versehene Türme und Mauern und ein endloses Gewirr an Räumen; in einem der Räume sind alte Werkzeuge und Tongeschirr ausgestellt.

• *Information* Auskünfte im Café Atlas oder (besser) am Ortseingang bei den Gebrüdern Ben Moro. Ihre Gite d'Etappe (→ unten) ist von der Straße her ausgeschildert.

• *Verbindungen* Busse vom Gare routière an der Hauptstraße. Kollektivtaxis auch an der Place Centrale.

• *Übernachten/Essen & Trinken* **Kasbah Ben Moro**, hier kann man in luxuriösem Ambiente übernachten und von Skouras vergangenen Zeiten träumen. Ein spanisches Paar hat die Kasbah für 99 Jahre gepachtet und mit viel Geschick instand gesetzt. DZ ab 1200 DH. Am nördlichen Ortseingang linker Hand. ✆ 024-852116, hotelbenmoro@yahoo.fr.

Gite d'Etappe Chez Ben Moro, neben der großen Kasbah betreiben die Brüder Ben Moro eine kleine familiäre Unterkunft im Kasbahstil mit einigen Zimmern. Täglich wird köstliches Brot gebacken. Unter Hachims Regie werden Trekkingtouren durch die Palmeraie veranstaltet, übernachtet wird in Berberzelten (400 DH/Tag). Außerdem ist Hachim Kenner der regionalen Musiktraditionen und lädt oft Musiker für die Gäste ein. Zimmer mit Bad und HP 400 DH. Unser Tipp! ✆ 024-852212, mobil ✆ 063-773165, drissbenmoro@caramail.com.

Gite d'Etappe Chez Slimani, zwischen Ben Moro und der Kasbah Amerhidil. Freundliche und angenehme Unterkunft. DZ inkl. HP 100 DH/Person. ✆ 024-852272.

Kasbah Ait Abou, wer diese nicht leicht zu findende Kasbah aufsucht (Wegbeschreibung → Wanderung zur Kasbah Ait Abou), kommt in eine touristisch kaum erschlossene, sehr reizvolle Gegend. Hinter dem Flussbett des Draa dem weißen Pfeil an den Weggabelungen folgen. Es wird Oliven- und Dattelanbau betrieben, die Landwirtschaft scheint hier immer noch Vorrang zu haben. M'hamed Mafhoun bietet Randonnées mit Pferden an. DZ inkl. HP 440 DH. Unser Tipp! ✆ 024-852234, mobil ✆ 066-251119.

Sawadi, in Lehmverputz gestaltete, exklusiv ausgestattete Bungalows am äußersten Rand der Palmeraie mit Pool und kleinem Restaurant, unweit der Kasbah Ait Abou (von Ait Abou aus die erste Straße links, dann rechter Hand). DZ inkl. HP 1250 DH. ✆ 024-852341.

Restaurant La Kasbah, an der Straße im Ortszentrum von Skoura; preiswerte Gerichte. Der Ziegenkäse der Kooperative von Skoura ist inzwischen ein Markenzeichen des Restaurants.

Café Atlas, Café und Restaurant an der Grande Place, mit Blick auf das Zentrum; Lokalkolorit, mittelmäßige Küche, passable Preise.

Herstellung einer Stampflehmmauer

Die Straße der Kasbahs

Schon als die französischen Besatzer die damals nur als Pisten vorhandenen Verbindungen im Draa-Tal durchquerten, wurde kräftig an dem Mythos der Stammesfürsten und ihrer Kasbahs gearbeitet, und fortan sprach man von der „Straße der Kasbahs“. Sagenumwobene Stammesvorsteher, Caids, weilten in den damals noch intakten und raffiniert gestalteten Anlagen. Diese archaisch anmutenden Lehmburgen haben sich in den letzten Jahrzehnten zu Anziehungspunkten des Marokko-Tourismus entwickelt. Ehemals handelte es sich bei den Kasbahs um befestigte Bauten der Stammesfürsten, die gelegentlich auch Teil von größeren befestigten Anlagen, den Ksars, sind. Diese ebenfalls aus Stampflehm gebauten Ksars – wie etwa Ait Benhaddou – boten im vorsaharischen Raum der Ackerbau betreibenden Bevölkerung Schutz gegen nomadisierende Gruppen.

Da nicht nur in der Draa-Region viele Kasbahs mit dem mächtigen Glaoui-Pascha (1878–1956) verbunden waren, waren die meisten der von riesigen Dattelpalmenoasen umgebenen Lehmburgen bis zu seiner Verbannung bzw. seinem Tod bewohnt – ein gewachsenes Gefüge, das einer großen Bevölkerung Einkommen und Sicherheit gab. Das änderte sich schlagartig ab Mitte der 1950er Jahre. Nun wurden vom Königshaus unter Mohammed V. (und später seinem Sohn Hassan II.) nur noch die Familienkasbahs geduldet, die sich zuvor als königstreu erwiesen hatten. Die ehemals pascha-treuen Kräfte dagegen wurden verfolgt und viele ihrer Kasbahs wurden planmäßig zerstört. Dieser Prozess der Zerstörung, aber auch des natürlichen Zerfalls kehrte sich allmählich erst seit den 80er Jahren durch den aufkommenden Tourismus um. Die wachsende Zahl restaurierter Kasbahs an den beiden Streckenabschnitten von Ouarzazate nach Rissani sowie von Ouarzazate nach Zagora verdankt also nicht zuletzt dem Tourismus sein heutiges Bild.

Nicht nur als Festung und Getreidespeicher sind die Kasbahs, die sich vom Grundriss her auf das römische Castrum beziehen, gut durchdacht und funktional. Die dicken Mauern speichern Wärme für die Nacht und halten die Außenwärme am Tag ab. Luftschächte, Fenster und Öffnungen sorgen für Belüftung, komfortable Veranden auf dem Dachgeschoss bieten luftige Wohnzimmer unter freiem Himmel. Die Mauern werden mit Holzverschalungen gebaut, in die Lehmerde mit Strohhäxsel eingestampft wird. Die fertigen Lehmquader werden aneinandergesetzt und die nächsthöhere Reihe auf die untere, bereits fertige, geschichtet. Der Fußboden einer Etage besteht aus Holzstämmen und geraden Stöcken, mit einem Palmengeflecht und Lehm darüber. Die Dächer werden sorgfältig verputzt, damit der Regen gut ablaufen kann. Obwohl es mit dem Lehm-Strohhäxsel-Gemisch gelingt, Rissbildung durch Spannungen zu verhindern, müssen die Kasbahs ständig gepflegt und repariert werden, da sie sowohl durch Trockenheit wie auch Niederschläge angegriffen werden. So erklärt es sich, dass verlassene Kasbahs schon nach wenigen Jahrzehnten verfallen.

In den feuchten und höheren Regionen – etwa oberhalb von Tafraoute in Tasguent und im Anti-Atlas – nennt man sie *Agadir(e)*. Hier überwiegt die Steinbauweise. In den unterschiedlichen Bauweisen der Wehranlagen zeigt sich damit auch die Jahrhunderte lange Anpassung der Menschen an die ökologischen und klimatischen Bedingungen der Region.

Wanderung durch die Palmeraie zur Kasbah Ait Abou

Startpunkt der Wanderung ist das Zentrum von Skoura. Von hier sind auf der asphaltierten Straße entlang der Geschäftszeile ca. 900 m zu laufen, bis eine Straße links mit dem Hinweisschild „Kasbah Sawadi" und „Ait Abou" folgt. Auf dieser Straße erscheint nach ca. 4 km linker Hand eine Schule, hinter der ein Abzweig zum breiten Bett eines Nebenflusses des Draa folgt. Nach dem Flussbett windet sich die Piste durch Oliven- und Palmenanpflanzungen, ein weißer Pfeil an den Weggabelungen führt zur alten Kasbah Ait Abou, die von der genannten Schule aus nach ca. 3½ km erreicht ist.

El Kelaa M'Gouna

Der auf fast 1500 m Höhe an der Mündung des Oued M'Goun in den Dades-Fluss gelegene Ort ist heute ein geschäftiges Zentrum der Region. Vom Hügel der einst mächtigen Glaoui-Kasbah bietet sich ein schöner Blick über das M'Goun-Tal und das 10.000 Einwohner zählende El Kelaa M'Gouna.

Sehenswert in El Kelaa M'Gouna ist die **Mellah,** das ehemalige jüdische Viertel der Stadt. (Auch Tourbist und weitere Ortschaften im Tal wurden „Mellah" genannt, sie waren jüdische Siedlungen → unten/Ausflüge).

Die Kunstschmiederei wird hier seit alters her mit Perfektion betrieben, die Kooperative am Ortsausgang nach Boumalne vermittelt heute noch einen Eindruck von dieser Tradition. Auf dem **Mittwochssouk,** ein sehr schöner ländlicher Souk, kommen viele Bauern der Region zusammen, die hier, je nach Jahreszeit, ihre Produkte feilbieten. Das **Fest der Rosen** findet an einem Wochenende Anfang Mai statt. Die **Kasbah Mirna** an der Straße nach Tourbist kann besucht werden, sie ist im Gegensatz zur **Kasbah de Glaoui** (am östlichen Ortsausgang rechter Hand) noch bewohnt.) Ein schöner Spaziergang führt nur wenige Schritte vom Zentrum entfernt zur südlichen Flussseite des Dades, wo sich eine weitere Kooperative, die **Schmiede von Azlag** befindet.

Wie andere Ortschaften lebt auch El Kelaa M'Gouna vom Mythos des **Vallée des Roses** (Tal der Rosen), und besonders zur Zeit der Rosenblüte von Mitte April bis Juni kommen viele Besucher. Dann werden enorme Mengen an Rosenblättern für das kostbare Parfumextrakt verarbeitet; wenn man bedenkt, dass für einen Liter Rosenöl eine Tonne Blütenblätter benötigt werden, bleibt freilich die Frage, wo die dafür nötigen Anpflanzungen in El Kelaa sind. Sicher ist jedenfalls, dass das Mikroklima die Rosen hier besonders gut gedeihen lässt. Kurz hinter dem **Ortszentrum** an der Hauptstraße nach Boumalne befinden sich vor und hinter der Glaoui-Kasbah alte **Rosenölpressen,** in denen das Öl extrahiert wird.

• *Information* Beide Büros der Bergwanderführer („Guides et accompagnateurs de montagne") sind unregelmäßig besetzt, besser vielleicht den Kontakt per Telefon suchen.

Das erste **Büro (3)** befindet sich rechter Hand in einer Seitenstraße am nördlichen Ortseingang. ✆ 024-837371, guide-montagne@voila.fr.

Das zweite Büro residiert an der Strecke nach Boumalne in Souk el Khemis. ✆ 024-850411, www.mohamed-berbere.com. Ab 2008 soll nur noch eines der Büros weitergeführt werden.

Ein **Internetcafé** befindet sich oberhalb der Straße nach Tourbist.

• *Verbindungen* Busse und Kollektivtaxis Richtung Erfoud und Ouarzazate, Haltestelle am nördlichen Ortseingang.

• *Übernachten* Zum Übernachten empfiehlt sich neben El Kelaa M'Gouna auch Bou-Taghrar im Tal der Rosen (→ S. 174) oder Boumalne (→ S. 171) mit größerer und deutlich besserer Auswahl an Hotels.

Les Jardins M'Goun, 8 km Richtung Tourbist, dann beschildert zum Dorf Azrou, umgeben von weiten Ackerfeldern; der Inhaber, Lahcen, ist Kenner der Region und spricht fünf Sprachen. DZ ab 300 DH. ✆ 061-685662, aitichou_lahcen@yahoo.fr.

Hotel Rosa Damaskina (4), da von den vielen günstigen Hotels an der Hauptstraße keines zu empfehlen ist, bleibt diese Unterkunft mit wenigen Zimmern und schöner Terrasse. DZ ab 150 DH ohne Bad. Von Ouarzazate kommend 6 km vor dem Ort. ✆ 024-839613.

Kasbah Itran (1), ca. 3 km Richtung Tourbist. Von der Terrasse prächtige Sicht über die Gegend. Große DZ inkl. HP ab 350 DH/Person. ✆ 024-837103, www.kasbahitran.com.

Camping Ksar Kaissar (2), Teil eines etwas unbehaglich wirkenden touristischen Ensembles mit Pool, der auch gegen Eintritt benutzt werden kann. 60 DH/2 Pers. Richtung Norden linker Hand, schräg gegenüber der Glaoui-Kasbah. ✆ 024-836776, www.ksarkaissar.com.

Ausflüge ab El Kelaa M'Gouna

Tourbist und **Bou-Taghrar** im „Tal der Rosen" mit schönen Beispielen der Lehmarchitektur sind die attraktivsten Ziele von El Kelaa M'Gouna aus. Die Straße bzw. Piste wird nach Tourbist (ca. 18 km vom Ortszentrum) mit zunehmender Entfernung schlechter und schmaler, ist aber mit etwas Akrobatik mit dem Pkw zu bewältigen. Und der Weg lohnt. Einige prächtige Kasbahs liegen auf den Anhöhen des fruchtbaren Tals. Auch im weiteren Verlauf nach Bou-Taghrar (ca. 35 km von El Kelaa M'Gouna) folgen entlang des Flusses immer wieder kleine Ortschaften. Besonders von den gelegentlich knietief zu überquerenden Nebenflüssen werden viele Felder bewässert.

Bou-Taghrar: Der 35 km von El Kelaa entfernte und auch von Boumalne (18 km) über Ait Youl erreichbare Ort ist Startpunkt und Endpunkt für eine Wanderung in den Hohen Atlas nach Agouti (→Agouti/Ait-Bou-Gomez-Tal, S. 133). Das Hotel des Bergwanderführers El Houssaine Azabi (Hotel Chez el Houssaine Azabi, S. 175) kann auch als Ausgangsort genutzt werden. (→ Boumalne/Wanderungen)

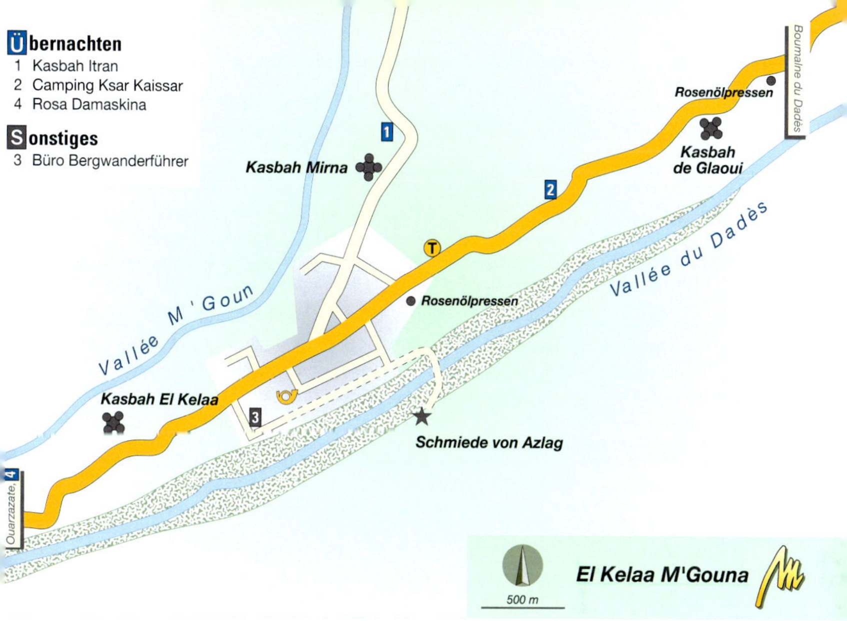

Die alternative Verbindung von Ait Youl nach Bou-Taghrar (→ Boumalne/Wanderungen) ist schlecht, aber vorsichtig mit einem Pkw befahrbar (→ Boumalne/Ausflüge von Boumalne in die Dades-Schlucht).

Boumalne

Während das Ortsbild am nördlichen Eingang der kleinen Stadt recht unspektakulär erscheint, findet sich kurz hinter der Ortsmitte ein weiter Ausblick in eine Tallandschaft nach Süden, die vom oberen Stadtteil aus geradezu spektakulär ist. Besonders für Wanderungen und Ausflüge in die nahe Dades-Schlucht ist Boumalne ein guter Ausgangspunkt.

Das panoramareiche 14.000-Einwohner-Städtchen am Rand des kargen Plateaus nach Tinerhir ist im Norden vom Hohen Atlas begrenzt, in dem der Dades-Fluss entspringt. Nach Süden erhebt sich der Djebel Saghro mit dem Tizi-n-Tazazert-Pass (2250 m), über den die Straße nach Nekob und weiter zum Draa-Tal nach Tansikht führt.

Boumalne ist neben El Kelaa M'Gouna das kulturelle und geographische Zentrum der Dades-Region. Die Stadt wirkt allerdings viel ruhiger und übersichtlicher als El Kelaa, auch das architektonische Bild der Häuser an der Hauptstraße mit einigen schönen Arkadengängen ist geschlossener. Ein belebter Souk gegenüber dem Hotel Adrar sorgt mittwochs für Abwechslung.

• *Information/Internetcafé* Auskünfte in den Hotels Bougafer, Kasbah du Dades und Soleil. Ein Internetcafé befindet sich an der Place Centrale.

• *Verbindungen* Kollektivtaxis und Busse halten 150 m südlich der Moschee an der Hauptstraße.

Übernachten/Essen & Trinken

• *In Boumalne* **Hotel Kasbah du Dades**, an der Route de Tinerhir, oberhalb des Ortes. Empfehlenswertes Mittelklassehotel in originellem 70er-Jahre-Dekor; freundlicher Service. Aziz Moubarik organisiert seit vielen Jahren Trekking- und Kajak-Touren sowie

Randonnées. Das Restaurant ist auch auf Gruppen eingestellt und bietet gute Lokalküche. Mohammed Bouamrane (✆ 073-268299) ist anerkannter Führer und arbeitet von hier aus. DZ 180 DH. Unser Tipp! Route d'Merzouga. ✆ 024-830041, kasbahdudades@yahoo.fr.

Kasbah Tizzariouine, aufwendig renovierte Kasbah in Panoramalage am Ortsende von Boumalne, vorwiegend von Gruppen frequentiert. Etwas überteuert durch die Nachfrage nach den in den Fels geschlagenen „Höhlenzimmern". DZ 700 DH. ✆ 024-830690, www.kasbahtizzariouine.com.

Auberge du Soleil, am Ortsausgang nach Westen in panoramareicher Lage. Mit großem Platz für Camper (2 Pers. inkl. Zelt 30 DH). Große DZ ab 360 DH. Der Besitzer Mustafa Najim ist Bergführer und bietet eine Auswahl an Touren an. ✆ 024-830163.

Buogafer, Travellerhotel mit Lokalkolorit im Zentrum, Restaurant mit Terrasse. Gute Preise, funktional und sauber. DZ 60 DH. ✆ 024-831307, mustapha_da@yahoo.fr.

• *An der Dades-Schlucht, von Boumalne in nördlicher Richtung* **Restaurant Al Manader**, kurz vor dem Hotel Kasbah du Dades (s. o.). Gute Gerichte zu passablen Preisen. Menü ab 80 DH.

Auberge Jesus & Mondiale, 8 km von Boumalne an der Straße zur Dades-Schlucht; eine kleine Pension, die ein Herz für Jesus, Ziegen und Studenten hat. Freundlicher Service. Saubere und angenehme DZ 80 DH. Unser Low-Budget-Tipp. ✆ 024-831566.

Auberge Miguirne, schöne und einfache Gite d'Etappe, 13 km von Boumalne entfernt; der freundliche Besitzer gibt Tipps und bemüht sich um seine Gäste. DZ ohne Bad ab 50 DH. ✆ 024-831888.

Hotel Kasbah Ait-Arbi, eine Ortschaft hinter der Auberge Miguirne, 18 km von Boumalne; kleine, sympathische Unterkunft mit zwei tollen Terrassen und Panoramablick auf den Oued Dades. DZ mit Bad 120 DH. ✆ 024-831723.

Auberge Gorges du Dades, 22 km von Boumalne, gute und traditionsreiche Adresse am Dades. Das Hotel hat 30 Zimmer, teilweise mit schöner Aussicht, teilweise mit Bad. DZ ab 120 DH. Auch gut ausgestatteter Platz für Camper. Eseltrekking-Touren im Angebot. ✆ 024-830153.

Chez Pierre, ca. 25 km von Boumalne; in das Felsmassiv gebaute exklusive Anlage mit traditionellen Akzenten und schönen Terrassen; helle Räume mit sparsamer Einrichtung. Pool. Gutes Essen. Trekkingtouren mit 4x4 oder Kamelen. DZ inkl. HP 1040 DH (ohne HP 650 DH). ✆ 024-830267, chezpierre@menara.ma.

La Gazelle du Dades, 27 km von Boumalne in hübscher Lage mit Zimmern zum Fluss. Traveller können im Nomadenzelt oder im eigenen Zelt auf der Anlage übernachten (20 DH/Pers.). DZ 120 DH. Gutes Essen zu fairen Preisen. ✆ 024-831753.

Auberge Tissadrine, kleines Hotel einige Schritte nördlich vom La Gazelle, originelle Zimmer zu 120 DH. Die Terrasse liegt fast am Wasser des Dades. ✆ 024-831745.

Berbère de la Montagne, 34 km von Boumalne; von den Brüdern Ibrahim und Mohammed fantasievoll gestaltetes Hotel am Ende der Dades-Schlucht. Der Blick von der Terrasse auf die Schlucht ist zauberhaft. Ibrahim führt seine Gäste mit viel Sachkenntnis auf kleinen und längeren Trekkingtouren. Unser Tipp! DZ mit Bad 400 DH, ohne Bad 300 DH. ✆ 024-830228, www.berbere-montagne.ift.fr.

Ausflüge von Boumalne in die Dades-Schlucht

Die Dades-Schlucht ist zweifelsohne eine der interessanten Schluchten des Südens, und man muss kein Geologe sein, um von dieser mächtigen, durch Erosion sich ständig verändernden Landschaft fasziniert zu sein. In Jahrmillionen hat sich der Dades durch die rötlichen Felsmassive gefressen und eine traumhafte Naturlandschaft geschaffen – ein Wechselspiel von kahlen Felshängen und einer lieblichen Vegetation, die den Reiz der Dades-Schlucht ausmacht.

Eine Vielzahl von Trekkingtouren und Randonnées sind von Boumalne aus möglich. Viel in kurzer Zeit zu sehen ist allerdings nur mit dem 4x4-Drive möglich, manche interessante Tour wie die nach Imilchil oder die Verbindung zwischen Dades- und Todra-Schlucht ist sogar ausschließlich nur so zu realisieren. Bis Msemrir (ca. 60 km) ist das Dades-Gebiet aber prinzipiell ohne 4x4 befahrbar.

Bei Boumalne

Schon während der ersten Kilometer nördlich der Abzweigung von Boumalne finden sich nahe den für das Tal typischen Felsformationen einige Unterkünfte. Nach **Ait Youl** (ca. 6 km) und **Ait Arbi** (18 km) mit zwei gut erhaltenen Glaoui-Kasbahs folgen ein erster Pass und einige kleine Dörfer. Später windet sich die langsam steigende Straße durch den Ort **Zaouia Sidi Boubker**. In **Sidi Daout** mit einem Marabut folgt eine Brücke über den Dades, dann durchfährt man den touristisch etwas besser erschlossenen Ort Oudinar (22 km).

Einige Kilometer später erscheint die Hauptschlucht mit tief eingeschnittenen Felswänden, während sich die Straße über den ersten Pass auf 1800 m Höhe windet. Man stößt auf eine stark zerklüftete Berglandschaft und das Ksar Imdiazen mit einer prächtigen Kasbah. Nach weiteren Ortschaften steigt die Straße auf 2100 m und verläuft nahe dem höchsten Einschnitt in die Schlucht, bevor sie sich wieder bergab windet und zur Auberge Berbère de la Montagne führt (34 km).

Alternativ zu einer motorisierten Tour kann man im Dades-Tal sehr viel wandern und biken. Von der **Auberge Miguirne,** 13 km von Boumalne, bei der Ortschaft Tamlalt, ist ein Ausflug zu der Schlucht nach Sidi Boubker möglich. Hinter **Tamlalt** befindet sich ein eindrucksvoller Felssturz. Auch von **Ait-Oudinar** (25 km hinter Boumalne) gibt es schöne Wanderwege. Weitere schwerer zu findende Wege kennen die lokalen Bergführer, und auch in den Hotels bekommt man detaillierte Auskünfte. Für größere Tageswanderungen entlang den Canyons empfiehlt es sich ohnehin, mit einem Bergführer zu laufen.

Eine weitere Möglichkeit, etwas mehr auf Tuchfühlung zu gehen, ist eine ausgedehnte Biketour, die allerdings etwas Kondition erfordert. Für die Strecke von Boumalne bis in die Ebene hinter der Unterkunft „Berbère de la Montagne“ (34 km von Boumalne) sollte man mit dem Bike mindestens einen Vormittag bzw. 6 Stunden einplanen. Für die Rückfahrt findet sich leicht ein Kollektivtaxi mit Dachgepäckträger.

Zur entsprechenden Jahreszeit kann man auch mit Kajaks von Msemrir nach Boumalne paddeln – vorzugsweise während und am Ende der Schneeschmelze (Infos über das Hotel Kasbah du Dades in Boumalne).

Der Djebel Saghro

Nach ca. 5 km vom Hotel Kasbah du Dades (Boumalne) in Richtung Tinerhir folgt rechter Hand eine Straße mit dem Hinweisschild *Iknioun*. Nach rund weiteren 20 km zweigt rechts die Straße nach **Tagdilt/Vallée des Oiseaux** ab. Für Hobby-Ornithologen ein echtes Muss, aber auch für Naturinteressierte eine spannende Ecke. Viele Vogelarten leben hier zwischen Dezember und April. Insgesamt ist die Region für das Trekking recht attraktiv. Wer auf der Hauptstraße weiterfährt, gelangt über den Tizi-n-Tazazert-Pass (2250 m) auf die **Piste nach Nekob** bzw. Tazzarine (→ Agdz/Verbindungen und Tinerhir/Wanderungen und Ausflüge, S. 159 bzw. 182). Bereits weit vor der Passhöhe kündigt sich ein trockenes und herbes Gebirge mit schroffen Felslandschaften an. Das markante Djebel-Saghro-Gebirgsmassiv ist vulkanischen Ursprungs und trennt die Dades-Region und das Draa-Tal. In der sehr dünn besiedelten Region leben Nomaden bzw. die Nachfahren der Ait-Atta-Berber, die im Winter in die tiefer gelegenen Täler ziehen.

Information In Boumalne im Hotel Kasbah du Dades (→ Boumalne). Das Büro der Guides et accompagnateurs de montagne in El Kelaa M'Gouna vermittelt ebenfalls Führer für die Region.

Wanderungen zwischen Bou-Taghrar (Vallée des Roses), Tourbist und El Kelaa M'Gouna

Bou-Taghrar ist von Boumalne mit dem Auto erreichbar. Man folgt der Straße mit dem Schild nach *Les Gorges Dades*. Nach 6 km erscheint am Ortseingang von Ait Youl auf der linken Seite eine kleine Straße mit einem Schild „Hotel Bou-Taghrar 12 km". Dieser Pistenstrecke einfach folgen, es gibt keine Abzweigungen auf dem Weg. Die Straße windet sich über ein Mars-artig anmutendes Hochplateau mit wenig Vegetation bis nach Bou-Taghrar. Der erste Abschnitt strapaziert normale Fahrzeuge ein wenig, die Straße wird jedoch im zweiten Abschnitt nach Bou-Taghrar besser. Dort folgt zunächst das etwas überteuerte Hotel Bou-Taghrar auf der rechten Seite und nach ca. 500 m das Hotel Chez el Houssaine Azabi.

Hier kann das Auto geparkt und die Wanderung begonnen werden. Es folgt nach 50 m eine Brücke über den Oued M'Goun und nach weiteren 100 m der alte Teil des Ortes mit einer weiteren Unterkunft gegenüber der alten Kasbah, die etwas einfacher ist und von der Familie Moulay geführt wird (DZ 80 DH). Die Piste führt nun über ca. 8 km nach **Alemdoun.** In dem kleinen Ort ist bereits das Flusstal sichtbar. Erneut am M'Goun angekommen, folgt man dem Flussverlauf von nun an in südlicher Richtung. Der von fruchtbaren kleinen Feldern und Mandelbaumplantagen gesäumte Fluss windet sich in vielen Schleifen, und bald erreicht man den schluchtartigen Verlauf. Nach etwa 4 km folgt die Ortschaft **Agutie.** Der Weg verläuft nun gelegentlich nicht direkt am Fluss, sondern entlang kleiner Ortschaften, der Fluss ist aber immer deutlich erkennbar. Nach weiteren 3 km folgt der Ort **El Hot** mit einer ausgezeichnet erhaltenen Kasbah. Vom nächsten Ort **Znag,** ca. 1 km, sind es weitere 80 Minuten auf der Piste zurück nach **Bou-Taghrar.**

Die weitere Strecke von Bou-Taghrar nach **Tourbist** bzw. El Kelaa M'Gouna ist in etwa 3 Stunden (ca. 15 km bis Tourbist) bzw. weiteren 3 Stunden ab Tourbist für die etwa 18 km bis **El Kelaa M'Gouna** machbar.

In Bou-Taghrar

Der Weg nach Tourbist folgt unmittelbar dem Flussverlauf und ist sehr reizvoll, zumal dieser Teil des Flusstals weiter nach Süden geöffnet ist und so mehr Sonne erhält. Hier finden sich viele bewirtschaftete Felder, die mit einem gut erhaltenen Kanalsystem versorgt werden. Der Fluss wird jetzt von weiteren Nebenflüssen gespeist und damit breiter. An vielen Stellen säumen ihn jetzt bizarre Felsformationen, die teilweise auf den Mauern des parallel verlaufenden Kanalsystems umlaufen werden müssen. Kurz vor Tourbist wird die Landschaft sehr lieblich, lange Rosenhecken säumen die Getreidefelder, große Oleanderbüsche säumen die Wege. In Tourbist kann man der Piste für ein weiteres Stück am Fluss entlang nach El Kelaa M'Gouna folgen, leider entfernt sich die Piste die letzten 5 bis 6 km vom Flussverlauf, der bei El Kelaa (südöstlich) die Hauptroute nach Ouarzazate kreuzt. Alternativ zum Wandern kann man in Tourbist auch ein Taxi nehmen und den letzten Teil bis El Kelaa fahren, was angesichts der bereits gelaufenen Kilometer eine Alternative ist.

Wer von Bou-Taghrar bis zur Quelle des M'Goun laufen will (nur mit Führer zu empfehlen), kalkuliert sechs Tage ein. Hier ist u. a. ein schwieriger Abschnitt von zweieinhalb Tagen durch hüfttiefes Wasser mit steilen Felswänden einer Schlucht zu durchlaufen (→ Von Marrakesch auf der N 8 über Tamelelt nach Nordosten/„Im Schatten des M'Goun").

• *Information* **Azabi el Houssaine** aus Bou-Taghrar lieferte dem Geographen Herbert Popp aus Bayreuth viele Informationen für die Karte „Kulturtrekking im Hohen Atlas" – Azabi ist einer der besten Kenner der Region. www.uni-bayreuth.de/departments/stadtgeo/maghreb-studien/.

Mohammed Bouamrane ist offizieller Guide und verlangt 300 DH/Tag; zu erreichen über das Hotel Kasbah du Dades in Boumalne. ✆ 073-268299, momo.atlas@caramail.com.

• *Übernachten* **Hotel Chez el Houssaine Azabi**, in Bou-Taghrar. Gute und saubere Zimmer mit Lehmverputz, Betten mit Berberwolldecken. Ausgezeichnetes Essen mit Zutaten aus eigenem Anbau. Der Besitzer Azabi el Houssaine ist sehr hilfsbereit und vermittelt auch Guides bzw. führt selbst. DZ ab 100 DH je nach Ausstattung. ✆ 024-831126.

4x4-Randonnée von Boumalne durch die Dades-Schlucht nach Msemrir und über den Tizi-n-Ouguerd-Pass nach Tinerhir (ca. 190 km)

Von Boumalne nach Msemrir geht es über die Dades-Schlucht (ca. 60 km). Der kleine Marktort (Souk am Samstag) ist auch der Hauptort der Ait-Haddidou-Berber. Informationen über den Zustand der Piste nach Tamtattouchte gibt es bei der örtlichen Gendarmerie. Der Ort Msemrir ist Ausgangspunkt für zahlreiche Pisten bis nach Imilchil. In Msemrir beginnt auch die Piste zum **Tizi-n-Ouguerd-Zegzaoune-Pass,** der in östlicher Richtung auf windigen 2800 m Höhe liegt (ca. 26 km). Nach spannender und teilweise schwieriger Piste geht es steil bergab nach Tamtattouchte (ca. 36 km). Die verbleibende Strecke nach Tinerhir ist in besserem Zustand (ca. 30 km). Nur erfahrenen Off-Roadern zu empfehlen. Zurück von Tinerhir nach Boumalne geht es über die N 10.

Tinerhir

Die Straße zur Todra-Schlucht bietet eine gute Sicht auf Tinerhir und die riesige angrenzende Oase. Die Stadt setzt sich aus einer Vielzahl von Ksars zusammen, die in den letzten hundert Jahren zusammengewachsen sind.

Inzwischen leben etwa 50.000 Menschen in den über 40 Ortschaften rund um Tinerhir. Die 5000 ha große Todra-Oase ist mit Dattelpalmen, Obst-, Mandel- und Olivenbäumen bepflanzt, und über der 1340 m hoch gelegenen Stadt thronen die Ruinen einer Anfang des 20. Jahrhunderts gebauten Glaoui-Kasbah. Von dort hat man einen guten Überblick über die weit ausgedehnte Oase.

Tinerhir hat eine hübsche Mellah, das jüdische Viertel Ait el Haj Ali, in den schmalen Gassen mit ihren Handwerksbetrieben, Teppichknüpfereien und Kunstschmieden geht es noch recht ursprünglich zu. Interessant sind die Übergänge zur Palmeraie. Im westlichen Stadtteil und hinter dem Ksar bzw. der Medina stößt man unvermittelt auf die Stadtmauer und kleine Tore, hinter denen sich die parzellierten Oasengärten ausbreiten.

Ganz speziell ist das Klima der Stadt. Besonders im Winterhalbjahr erlebt man hier rasante Temperatursprünge nach unten, doch sobald die Sonne einige Stunden scheint, wird es warm. In den Sommermonaten dagegen herrscht in Tinerhir erdrückendes Wüstenklima.

Ein Ausflug in die **Todra-Schlucht** ist ein Highlight, das zum Standardangebot von geführten Busausflügen gehört und auch bei den Marokkanern sehr beliebt ist, wie die vielen Unterkünfte am Ende der Schlucht beweisen. An der engsten Stelle ist die Schlucht nur 10 m breit und wird von 300 m steil aufragenden Felswänden flankiert. Die Wände der Schlucht wurden in den letzten Jahren zu einem beliebten Ziel der Freeclimber, die fast täglich als kleine Flecken in luftiger Höhe auszumachen sind. Wer die Einzigartigkeit dieses Ortes ohne viele Besucher erleben möchte, sollte etwas früher auf den Beinen oder am späten Nachmittag unterwegs sein. Ein Ausflug mit dem Auto von Tinerhir in die Frische spendende Schlucht ist in zwei Stunden machbar; wer hier wandern möchte, nimmt sich mehr Zeit (→ Wanderungen von Tinerhir).

Diverses

• *Information* Eine kompetente Adresse für Auskünfte zu Region, Trekking, Biking und Randonnées ist das **Suprateam-Travel-Büro** unter Schweizer Leitung (→ Reiseagenturen), Rue Abdelmoumen. ✆ 024-834934, suprateam@menara.ma.

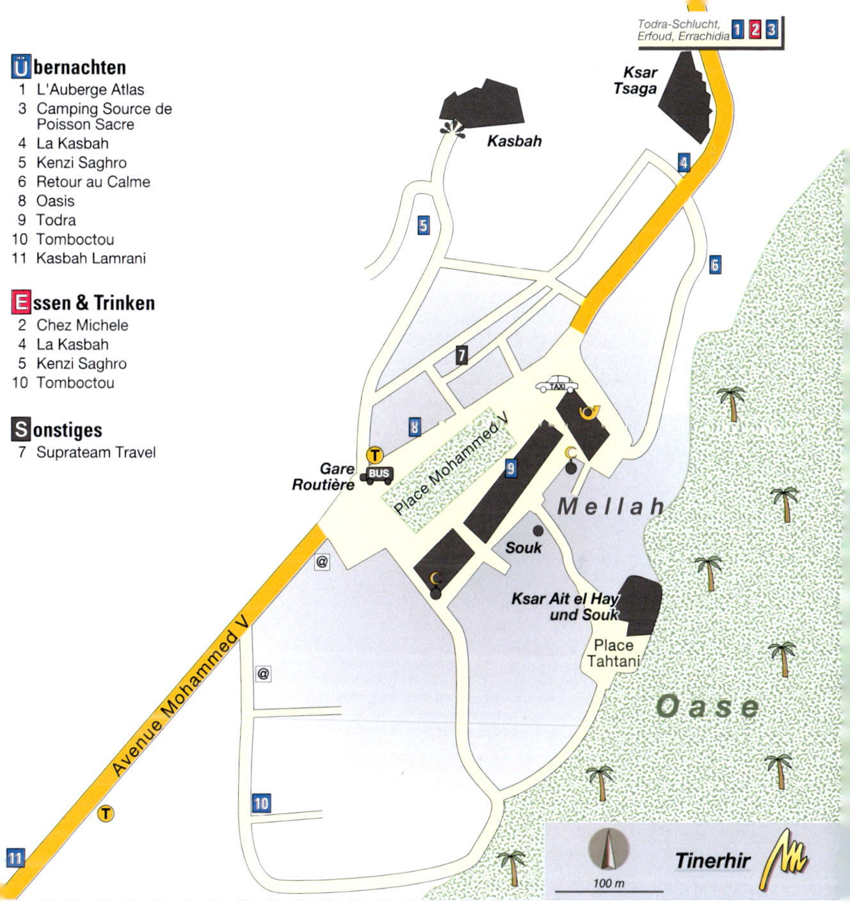

• *Verbindungen* **Gare routière** an der nördlichen Av. Mohammed V. bei der Total-Tankstelle. Stündlich Busse Richtung Boumalne und Erfoud. Mehrmals täglich nach Marrakesch. **Kollektivtaxis** starten an der Av. Hassan II (gegenüber der Post) in die Todra-Schlucht, nach Boumalne, Erfoud und Tinejad.

Hinweis: Nach Marrakesch hat Supratours eine neue Verbindung mit modernen Bussen eingerichtet. Tinerhir 6 Uhr, Boumalne 6.45 Uhr, El Kelaa M'Gouna 7.10 Uhr, Ouarzazate 8.30 Uhr, Ankunft Marrakesch 12.30 Uhr.

• *Reiseagenturen/Sport* Alles zum Thema Klettern (für Spezialisten gibt es ein verlegtes System von Haken in der Todra-Schlucht) und Bikes (100 DH/Tag) bei **Suprateam Travel (7)**, Rue Abdelmoumen (✆ 024-834934, suprateam@menara.ma) sowie bei **Assettif Aventure**, ca. 1 km vor Beginn der Todra-Schlucht; bei Assettif Aventure auch Reiten und Pferdeverleih. ✆ 024-895090.

• *Sonstiges* **Post**, **Internetcafé** und drei **Banken** an der Av. Mohammed V., **Tagessouks** am Weg zum Ksar Ait el Hay. **Wochensouk** montags auf der Place Tahtani. Eine kleine, kostenlos geführte **Tour in die Mellah** bieten Freunde von Mohammed Barkaoui an (Hotel La Kasbah). Mitglieder der Familie produzieren bzw. handeln dort mit hochwertigen Teppichen aus der Region zu passablen Preisen (Kelims ab 1500 DH).

Übernachten/Essen & Trinken (siehe Karte S. 177)

• *Übernachten* **Hotel Tombouctou (10)**, von Westen kommend an der ersten großen Querstraße rechter Hand. Kasbah mit 20 hervorragend renovierten, stilvollen Räumen und entspannter Atmosphäre; Das Restaurant mit guter Lokalküche bietet eine Auswahl marokkanischer Spitzenweine. Zielgruppe des Schweizers und Wahlmarokkaners Edi Kunz ist vorwiegend deutschsprachiges Publikum. Kunz ist ein hervorragender Kenner der Region und offeriert über die angeschlossene Agentur Suprateam Travel Randonnées unterschiedlicher Dauer und Schwierigkeitsgrade. Zudem ist er an einem kleinen Hotel in Tamsahalte an der Route Tazzarine–Nekob beteiligt (→ Ausflüge). Auf dem Dach der Kasbah kann man in drei Turmzimmern mit Blick auf die Stadt und Palmeraie übernachten. DZ mit Heizung und AC 470–650 DH. Unser Tipp! Av. Bir-Amzarane. ✆ 024-833505, www.hoteltomboctou.com.

Hotel Kenzi Saghro (5), moderne, aber durchaus gelungene Architektur. Restaurant mit Terrasse und Panoramasicht auf die Palmeraie und die Glaoui-Kasbah. Eleganter Pool und Garten. Großzügige, komfortable DZ 550 DH. Rue Djebel Saghro. ✆ 024-834181, www.kenzi-hotels.com.

Kasbah Lamrani (11), elegantes Setting mit schönem Interieur, Pool und großem Patio. DZ inkl. gutem Frühstück 480 DH. Av. Mohammed V. ✆ 024-835017, www.kasbah-lamrani.com.

Hotel Restaurant La Kasbah (4), passables Hotel, Einrichtung mit Lokalkolorit. Vor allem die Küche ist zu empfehlen. Preiswerte DZ inkl. Frühstück 250 DH, inkl. HP 400 DH. Av. Mohammed V. 69. ✆ 024-834471, barkaouimohamed2006@yahoo.fr.

Hotel Todra (9), farblos renoviert, Zimmer unordentlich, DZ 260 DH. Place Mohammed V. ✆ 024-834249

Hotel Oasis (8), Travellerhotel, das schon bessere Zeiten gesehen hat. Die Terrasse des Cafés ist immer noch beliebter Treffpunkt und ein guter Aussichtspunkt auf das Geschehen an der Av. Mohammed V. Funktionale DZ ohne Bad ab 80 DH, mit Bad 150 DH. Av. Mohammed V. ✆ 024-833670.

Retour au Calme (6), hat aufgeholt und bietet mehr als das Oasis. Vor allem die Küche wird für ihre guten Tajines gelobt. Freundlicher Service und gute Kenntnis der Region. Am Ortsende Richtung Erfoud, Schild rechter Hand. DZ 300 DH. Route d'Erfoud. ✆ 024-834924, hote.calme@mageos.com.

Camping Source de Poisson Sacre (3), direkt an der heiligen Quelle, einem alten Pilgerziel. Camping und Restaurant mit Nomadenzelt. Hübscher Ort, entspannte Atmosphäre, faire Preise. 9 km von Tinerhir, am Beginn der Todra-Schlucht. ✆ 068-255309.

L'Auberge Atlas (1), ca. 9 km Richtung Schlucht, direkt am Oued Todra. Schöner Campingplatz mit vorwiegend jungem Publikum. Auch saubere und einfache DZ ca. 100 DH. ✆ 024-895046.

• *Essen & Trinken* Die Restaurants der aufgeführten Hotels können empfohlen werden. Das des **Kenzi Saghro (5)** ist leicht überteuert, das des Hotels **Tomboctou (10)** bietet sehr gute französisch-marokkanische Küche. Das Hotel **La Kasbah (4)** von Mohammed Barkaoui (ein guter Geschichtenerzähler) serviert hervorragende Lokalküche, die auch von den Einheimischen geschätzt wird. Menüs ab 90 DH.

Chez Michele (2), ca. 1 km hinter dem Ortsausgang von Tinerhir Richtung Schlucht, hat ebenfalls einen guten Ruf; Menüs ab 140 DH. ✆ 024-835151.

Bar Oasis an der belebten Hauptstraße ist immer noch Treffpunkt der Traveller.

• *In der Todra-Schlucht* Mit dem Ende der Todra-Schlucht und einigen eigentlich schönen Sights steigt das Preisniveau. Die Restaurants und Hotels dort sind vor allem auf Gruppen eingerichtet.

Maison d'hôtes Todra, am Eingang der Schlucht. Kleines Hotel mit passablen Preisen. DZ inkl. HP/Person ab 150 DH. ✆ 024-895031.

Wanderungen und Biketouren von Tinerhir

Die Palmeraie der Todra-Oase ist ideal für Wanderer und Entdecker. Aber auch ein Mountainbike kann hier gute Dienste tun. Der Fluss ist Orientierungshilfe für eine Tour durch die von Wassergräben und kleinen Pfaden durchzogene Oase, bei der man das Treiben der Menschen auf den parzellierten Feldern beobachten kann.

In der Todra-Schlucht

Alte, fast archaisch anmutende Ksars finden sich bereits 20 Minuten südöstlich des Zentrums von Tinerhir.

Wanderung von der Todra-Schlucht nach Tamtattouchte (ca. 11 km): Parkmöglichkeit und Startpunkt der Wanderung ist am Anfang der Schlucht (am Parkplatz). Nach der Wanderung durch die Schlucht verläuft der Weg östlich der Straße nach Tamtattouchte auf Maultierpfaden; es geht vorbei an ausgetrockneten Flussläufen und zum Teil steil aufwärts, dann wieder flach in breiten Talsohlen, wo Ziegen und Schafe weiden. Die alten Zelte verweisen auf Nomaden, die hier gelegentlich leben. Da der Weg in Sichtweite der Straße verläuft, kann man an jedem beliebigen Punkt den Rückweg antreten. Bis nach Tamtattouchte sind es von der Schlucht ca. 11 km.

Wanderung nach Agoudin (ca. 10 km): Von Tinerhir geht es zu Fuß oder mit dem Bike in südöstlicher Richtung nach Tadafait und Tarzout (ca. 6 km), dann auf der anderen Flussseite weiter Richtung Süden zum Ksar nach Agoudin n'Ait Yaza. In Tadafeit hat man einen fantastischen Ausblick auf die Palmeraie, donnerstags findet dort ein sehenswerter Souk statt.

Wanderung vom Camping Source de Poisson Sacre zur Poisson Sacre und zur Schlucht (Kurzwanderung, ca. 1 km): Etwa 9 km von Tinerhir, am Beginn der Todra-Schlucht, kann man in unmittelbarer Nähe des Campings auf einem ausgeschilderten Pfad zur nahen Quelle „Poisson Sacre“ wandern – oder einen Weg parallel zur Schlucht nehmen. Anfahrt mit Bus oder Pkw (→ Tinerhir/Übernachten, Camping Source de Poisson Sacre).

Wanderung rund um die Todra-Schlucht auf einem Pfad oberhalb der Schlucht (ca. 6 km): Am Ende der Todra-Schlucht, ca. 300 m nach dem Hotel Yasmina linker Hand, folgt man einem kleinen Pfad, der bald steil aufwärts führt und um ca. 300 Höhenmeter ansteigt. Auf dem Bergrücken angelangt, hält man sich links und erreicht, wieder leicht abwärts gehend, ein Bachbett. Diesem folgt man, bis die Wege sich teilen, und orientiert sich nach rechts. Vorbei an einem Lagerplatz der Nomaden erreicht man nach ca. 40 Min. eine weitere Anhöhe mit weitem Panoramablick.

Hier angelangt, ist die Teerstraße weit unten sichtbar. Zurück zum südlichen Eingang der Schlucht (der Ausgangspunkt der Wanderung) bzw. zur geteerten Straße sind es auf dem Abstieg parallel zur Schlucht nochmals etwa 200 m.

Flussoasen sind verletzliche Ökosysteme

Die südmarokkanischen Flussoasen sind faszinierende, sich selbst regulierende Ökosysteme, die seit alters her nach dem System der „Drei-Etagen-Wirtschaft" funktionieren. Unten wachsen Getreide und Lupinen sowie Gemüse, es folgen Sträucher und Obstbäume, den oberen Abschluss bilden die schattenspendenden Dattelpalmen. Dabei ist die Bewässerung in den Palmenoasen von existenzieller Bedeutung. Schon die Saadier (1554–1667) perfektionierten die unterschiedlichen Bewässerungstechniken und führten die sogenannte archimedische Schraube, eine ausgeklügelte Technik zur Wasserverteilung, ein. Daneben gibt es unterirdische Bewässerungskanäle, die *Foggaras,* ebenerdige Kanäle, die *Segouias,* sowie Schöpfbrunnen. Letztere wurden früher mit Eseln betrieben, heute meist mit Motorkraft. Die Wartungsarbeiten an den Bewässerungsanlagen werden gemeinschaftlich durchgeführt, um die Versorgung des empfindlichen Ökosystems bis in die letzten Parzellen zu sichern – teilweise mit antiquiert wirkenden Pumpen, die seit Jahren ihren Dienst tun. Leider bereitet inzwischen der sinkende Grundwasserspiegel sogar dem tief reichenden Wurzelwerk der Dattelpalmen Probleme, und nur regenreiche Winter wie der von 2005/06 können entscheidend dazu beitragen, das verletzliche Gleichgewicht wiederherzustellen.

Im Mittelpunkt des Lebens in den Flussoasen steht die Dattelpalme. Ihr Stamm dient als Baumaterial, die Kerne als Viehfutter, das Palmenschilf wird für Matten, Taschen, Körbe, Wände und Dächer genutzt. Und schließlich sind da natürlich die Datteln selbst – haltbare und nahrhafte Früchte, die Reichtum symbolisieren: Mehr als 150 kg Datteln kann eine Palme einbringen! Um die Bestäubung der Blüten sicherzustellen – windige Tage zur Zeit der Blüte gelten als fruchtbare Tage, weil der Wind sie auf natürliche Weise bestäubt – werden zusätzlich männliche Palmwedel gekauft. Damit klettern die Bauern im Frühjahr in die Bäume und bestäuben die weiblichen Fruchtstände.

Das in den Flussoasen und Palmeraien bis in die Gegenwart praktizierte Entlohnungssystem funktioniert nach der „Khammesat"-Pacht. *Khamsa* bedeutet fünf, *Khammes* ist der Pächter. Die Tagelöhner in der Oase bekommen Land, Wasser, Saatgut, Geräte und bringen als fünften Produktionsfaktor ihre Arbeitskraft ein. Doch steigende Ansprüche, die Abkehr von der Selbstversorgungswirtschaft und die Verdrängung des Tauschhandels durch das Geld haben dazu geführt, dass das einstige Fünftel des Ertrags als Lohn nur noch wenig wiegt.

Zwar kommt von Familienmitgliedern aus dem Ausland Unterstützung in Form von Geld, doch beschleunigt diese Unterstützung auch den Wertewandel, verdrängt die Lebensweisen, wie sie die Alten noch gewohnt waren, und weckt Bedürfnisse, die mit einem einfachen Einkommen einfach nicht zu erwirtschaften sind. Angesichts dieser „Verwestlichung" wird sich der konzentrierte Anbau größerer Flächen – wie in Nordmarokko im industriellen Gemüseanbau längst üblich – möglicherweise auf kurz oder lang auch im Süden des Landes durchsetzen.

Oase bei Tinerhir

Besuch der Töpfereien in El Hart mit dem Bike (ca. 14 km): Ausflug entlang des südlich von Tinerhir verlaufenden Todra-Flusses in die Ebenen der nördlichen Ausläufer des Djebel Saghro. Vom Wegweiser „Hotel Tomboctou" geht es ca. 1 km in südlicher Richtung, bis linker Hand die Palmeraie folgt, die die Straße durchquert. Palmenhaine wechseln dort ab mit versandeten Wegabschnitten, die wiederum durch das Grün der bewässerten Gärten unterbrochen werden. Der Besuch bei den Töpfern von El Hart gleicht einer Reise in lang vergangene Zeit ...

Für die einfache Strecke benötigt man etwa einen halben Tag. Wer dieselbe Strecke wieder zurückgehen will, sollte zeitig starten; ansonsten am späten Nachmittag einfach mit dem Kollektivtaxi zurückfahren.

Ausflüge mit Pkw oder Allradfahrzeug ab Tinerhir

Für die folgenden Tagestouren sollte man bei individuellen Fahrten gutes Kartenmaterial wählen und sich im Winterhalbjahr nach dem Zustand der Straßen erkundigen. Alternativ bieten sich geführte Touren mit einem 4x4, Landrover o. Ä. an. Letzterer lohnt sich besonders bei 4 bis 6 Personen, denn viele Agenturen berechnen den Preis pro Fahrzeug plus Fahrer.

Preisbeispiel Landrover mit Chauffeur/Übernachtung ab zwei Personen 3500 DH – Angebot des Hotels Tomboctou (s. o.), www.hoteltomboctou.com.

Von der Todra- zur Dades-Schlucht über den Tizi-n-Ouguerd-Pass nach Msemrir und Boumalne (Tagesfahrt, ca. 190 km): Die bereits im Dades-Tal von Msemrir aus beschriebene Route kann auch von Tinerhir aus befahren werden. Zurück geht es von Boumalne nach Tinerhir über die N 10.

Tinerhir–Tinejdad–Achouria–Erfoud–Merzouga–Rissani–Timerzif–Alnif–Ait El Farsi–Tinerhir (Tagesfahrt, ca. 300 km): Diese Strecke ist auch mit normalem Pkw an einem Tag zu schaffen. Ab Tinerhir folgt man der Hauptstraße nach Tinejdad und zweigt dann in Richtung Erfoud ab. Die Wüste wird nun allgegenwärtig und die

Gegend immer imposanter. Die ca. 100 km nach Erfoud sind in etwa zwei Stunden gefahren. In Rissani nimmt man die Abzweigung der N 12 nach Alnif (die alte Straße nach Merzouga führt nicht über Rissani) und erreicht auf dieser gut ausgebauten Straße nach etwa zwei Stunden (96 km) das etwas spröde Verwaltungszentrum Alnif. Bei der Post folgt rechter Hand die etwa 38 km lange Piste bis zur N 10 über den Tizi-n-Ismarene-Pass und nach Ait el Farsi. Von hier führt die inzwischen geteerte Straße linker Hand nach Tinerhir (ca. 15 km).Wer Pistenfahrten liebt, aber keine Risiken eingehen will, ist hier genau richtig.

Tinerhir–Alnif–Tazzarine–Nekob und Nekob–Iknioun–Tinerhir (zwei Tage): Eine reizvolle, abwechslungsreiche 2-Tages-Tour im 4x4-Fahrzeug mit einer Übernachtung in Nekob.

1. Tag (ca. 210 km): Ab Tinerhir zuerst auf geteerter Straße nach Tinejdad (55 km), nach weiteren 25 km rechts in Richtung Alnif abzweigen (beschildert: Alnif). Hier beginnt die Wüste, nach 38 km ist Alnif erreicht. Von hier weiter auf der südlichsten noch geteerten Straße mit dem Schild *Tazzarine,* das nach 67 km erreicht ist. Tazzarine ist einen Halt wert – der Ort ist von einer Oase umgeben und Handelszentrum der Region mit einem großen Mittwochs-Souk. Auf der ausgeschilderten Piste nach Nekob folgt nun eine weite Ebene, dann eine Schlucht vor der Ortschaft Ait Ouazik. Die Versteinerungen, die hier zu bestaunen sind, deuten auf das reiche geologische Erbe dieser Region. Der Beschilderung nach Nekob folgend, erreicht man den Ort nach 30 km (s. auch Vorschläge „Weiterfahrt ab Agdz“) mit zwei schönen Übernachtungsmöglichkeiten in der Auberge Enakhil Saghro und der Kasbah Baha Baha.)

2. Tag (ca. 120 km): Die Fahrt zurück nach Tinerhir über den Tizi-n-Tazazert-Pass und Iknioun gehört zu den schönsten Pistenfahrten im großen Süden Marokkos. Vor Millionen von Jahren fand in diesem Gebiet der Kontinentalbruch statt. Auf der südlichen Seite des Passes ist das Gestein vulkanisch und schwarz. Auf der nördlichen Seite finden sich Kalkbruch und helles Gestein. Hinter der Ortschaft Bab n'Ali (ca. 15 km ab Nekob) folgt nach weiteren ca. 15 km der 2260 m hohe Pass mit einem kleinen Café. Der Gipfel ist vom Pass aus schnell zu Fuß erklommen. Zurück im Fahrzeug, ist nach etwa weiteren 30 Minuten Iknioun (ca. 20 km) erreicht. Es folgt eine Fahrt über eine „Mondlandschaft“ und über den Tizi-n-Tikkit-Pass, bis zum Startpunkt Tinerhir sind es noch einmal etwa 60 km.

Tinerhir–Rich–Imiter–Ait Hani–Imilchil–Tinerhir (zwei Tage, ca. 375 km): Über die Schluchten von Todra und Imiter führt die Strecke nach Ait Hani und zu dem durch seinen Heiratsmarkt bekannt gewordenen Ort Imilchil. Der jährliche Moussem im September mit Heiratsmarkt war ursprünglich eine Wallfahrt zum Stammesheiligen der Ait Haddidou, Sidi Ahmed Ouel Marrhni, ist aber inzwischen zu einer „touristischen Wallfahrt“ verkommen. Die 2-Tages-Strecke ist bislang nur 4x4-tauglich und soll streckenweise bis 2010 asphaltiert werden. (Übernachtungsmöglichkeit in Imilchil in Hotels unterschiedlicher Kategorien.)

Tinerhir–Tinejdad (Halbtagesfahrt, 110 km): In dem ca. 50 km östlich von Tinerhir gelegenen Ort, einem großen Ksar in der Palmeraie von Ferkla, kann man erfahren, wie die Menschen in einem befestigten Dorf vor Jahrhunderten lebten – und bis heute leben. Zudem zeigt das kleine Regionalmuseum **Musée des Oasis,** das der Spanier Roger Mimo, der ehemalige Besitzer des Hotels Tomboctou in Tinerhir, zusammen mit der **Maison d'hôtes el Khorbat** führt, historische Haushaltsgegenstände, Keramikarbeiten und Werkzeug.

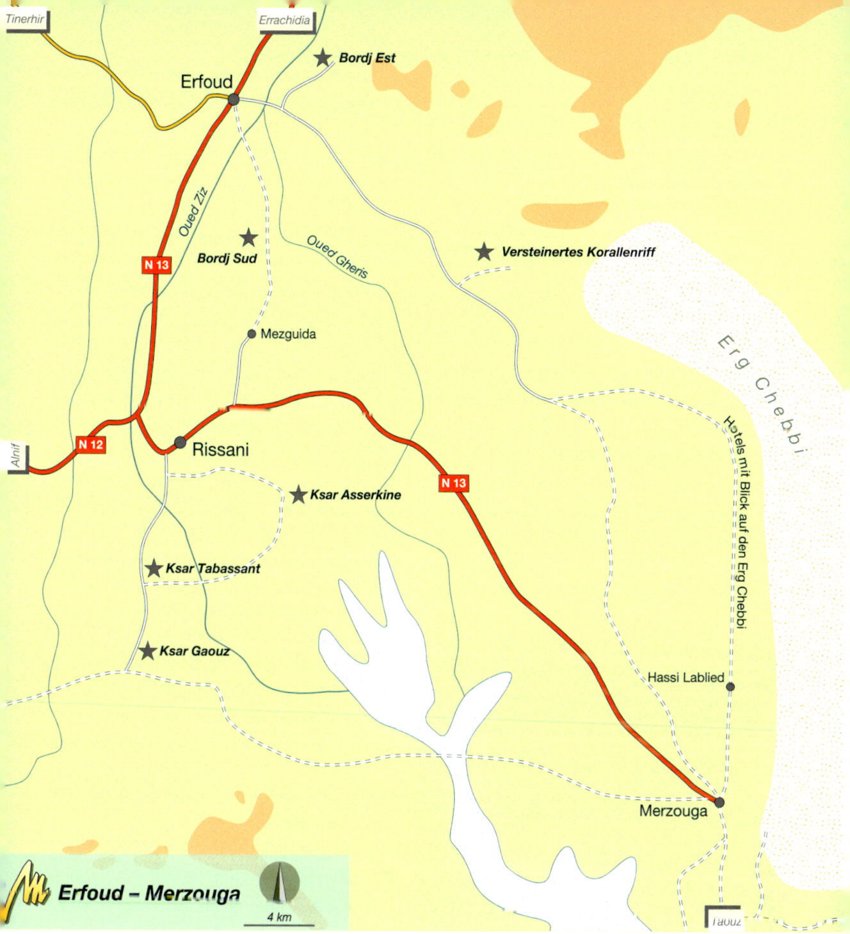

• *Übernachten* **Maison d'hôtes el Khorbat**, eine ausgefallene und schöne Unterkunft mit sparsamer Eleganz. Der Sammler und Schriftsteller Roger Mimo gibt zu allen Fragen des ländlichen Lebens, der Berberkultur und Kunst gern Auskunft und steht auch für Fragen zur Region Tafilalet zur Verfügung. Die Küche wird sehr gelobt! DZ 480 DH, HP 800 DH. Tinejdad. ✆ 024-35880355.

Das Tafilalet

Etwa 150 km westlich von Tinerhir beginnt die landschaftlich reizvolle Oase des Tafilalet zwischen Erfoud und Rissani, zwischen dem Oued Ziz und dem Oued Gheris – das Tafilalet ist das größte Oasengebiet Marokkos.

Einst brachten es die Filali-Bauern durch ihre landwirtschaftlichen Erträge zu einigem Wohlstand. Doch wurde die Grundlage dafür, die Dattelpalme, durch lang anhaltende Trockenperioden stark reduziert, der Bestand von über einer Million Dattelpalmen soll seit Mitte des letzten Jahrhunderts um fast ein Drittel zurückgegangen sein. Was bleibt, ist die Hoffnung, dass sich die niederschlagsreichen

Winter wie 2005/06 fortsetzen und dazu beitragen, dass sich die Bestände wieder regenerieren. Ein zweiter Hoffnungsträger ist der Tourismus, der die Einkommen der Lokalbevölkerung etwas aufzubessern hilft und – sofern mit Wasser und Holz sorgsam gewirtschaftet wird – mit Sicherheit einen positiven Effekt für das strukturschwache Tafilalet hat. Und auch der Verkauf von lokalen Produkten, ob durch Export oder direkt, hilft im Kleinen. Zwar ist die Bevölkerung insgesamt wenig qualifiziert, doch die Tafilali sind geschickte Handwerker, und ihre Lederwaren sind im ganzen Land bekannt.

Errachidia

Das Verwaltungszentrum des Tafilalet liegt an der Schlucht des Oued Ziz und ist seit jeher ein bedeutender Verkehrsknotenpunkt. Die Stadt verbindet die Städte des Nordens wie Fès und Meknès mit dem Süden.

Der frühere Stützpunkt der französischen Fremdenlegion wurde nach dem Abzug von der marokkanischen Armee übernommen. Kasernen und gesichtslose Neubauten prägen das Bild, der schachbrettartige Grundriss gibt der 71.000-Einwohner-Stadt ein etwas monotones Gesicht, an dem sich Anhänger konstruktivistischer Kunst vielleicht sogar erfreuen können. Auf dem von Touristen kaum besuchten Souk sind Fossilien, Schmuck aus der Region, Holzarbeiten und Handwerk preiswert zu erstehen. Nicht weit vom Zentrum kann man das noch bewohnte **Ksar von Targa** besuchen (ca. 500 m). Auf dem Weg nach Erfoud, etwa 20 km südlich, befindet sich die **Blaue Quelle von Meski,** ein Ausflugsziel der Einheimischen, die hier abkühlende Sitzbäder in den umliegenden Becken genießen, die die Quelle ständig mit frischem Wasser auffüllt.

Im Dades-Tal

Das palmenbewachsene **Ziz-Tal** führt nach weiteren 30 km in die Ortschaft **Aoufouss** – mit ihren zinnengekrönten Arkadengängen nach der spröden Anlage von Errachidia wieder etwas heitere Architektur. Wer in Errachidia nicht übernachten will, kann sich in Aoufouss auf eine hübsche Unterkunft freuen. Oder noch 25 km bis nach Erfoud weiterfahren. Kurz vor Erfoud (5 km) liegt **Maadid** mit seinem prächtigen Ksar und dem im Kasbahstil vor einigen Jahren erbauten luxuriösen „Xaluca Maadid" (→ Übernachten), das vorwiegend Gruppen beherbergt.

• *Information* **Délégation Provinciale du Tourisme du Errachidia**, Bd. du Prince-Moulay-Abdallah. Tägl. 8.30–16.30 Uhr (Mittagspause). ✆ 024-570944.

• *Verbindungen* **Busstation** in der Av. Moulay-Ali-Cherif. Busse nach Erfoud und Rissani mehrmals täglich, nach Ouarzazate 7x tägl., nach Fès und Meknès 8x tägl. **Kollektivtaxis** starten im „Quartier ancien".

• *Übernachten/Essen & Trinken* **Hotel Errachidia**, neues Hotel mit ordentlichen Zimmern hinter dem Busbahnhof. Einige Zimmer mit Balkon. DZ mit Bad ab 300 DH. ✆ 035-570453.

Café la France, auf alt gemachtes Café mit kleiner Speisekarte. Gutes Frühstück. Rue Cheichel Esllame.

• *Außerhalb* **Maison d'hôtes Zouala**, angenehme Unterkunft am Ortseingang des 30 km südlich gelegenen Aoufouss, die tatsächlich vergessen lässt, am Anfang der Wüste zu sein. Im Garten ist so viel Grün, dass hier Vögel leben. Großzügig gestaltete Zimmer, DZ inkl. HP ab 300 DH. ✆ 035-578182.

***** **Kasbah Xaluca Maadid**, mit lokalen Materialien, Fossilien, Hölzern, und Naturstein sehr aufwendig gestaltete Luxusunterkunft. Preise durchaus angemessen. DZ ab 510 DH. Route d'Errachidia. ✆ 035-578450, www.xalucamaadid.com.

Erfoud

Erfoud liegt am südlichen Ende der fruchtbaren Ziz-Oase an exponierter Stelle im Tafilalet. Ein beeindruckender Ausblick auf die Gegend – wenn nicht gerade Sandsturm herrscht – bietet sich von der Bordj-Est-Festung.

Die Bordj-Est-Festung liegt auf ca. 900 m Höhe hinter der Brücke über den Oued Ziz an der östlichen Straße nach Merzouga (ca. 1 km). Im geschäftigen Zentrum der 25.000-Einwohner-Stadt pulsiert saharisches Lebensgefühl. Die Gesichter der Menschen unterscheiden sich deutlich von den in den weiter westlich gelegenen Städten, der zentralafrikanische Einfluss ist in Erfoud deutlich zu spüren. Die mittägliche Hitze im Sommerhalbjahr drückt das Leben für Stunden in einen Dämmerzustand, der sich erst am späten Nachmittag wieder verflüchtigt.

Erfoud war von 1917 bis 1956 die letzte Bastion der französischen Truppen nach Südosten und ist auch heute noch Garnisonsstadt mit dem ihr eigenen militärischen Charme. Die imaginäre Grenze durch die Dünen der Wüste zu Algerien ist nicht mehr weit, Grenzstreitigkeiten mit Algerien hat es hier oft gegeben. Besonders seit der Unabhängigkeit der beiden Länder war der Grenzverlauf häufig Anstoß für gegenseitige Polemik, insbesondere seit Algerien sich als Anwalt der Sahraouis betrachtet und die Volksfront Polisario finanziell unterstützt. Bleibt zu hoffen, dass sich beide Länder bald auf die Wiedereröffnung der blockierten Transsahara-Route einigen werden, die einst die algerischen Touat-Oasen mit dem Tafilalet verbunden hatte.

Dades- und Draa-Tal

Diverses (siehe Karte S. 187)

• *Information* Im **Café-Restaurant des Dunes (2)** an der Av. Moulay Ismail; beliebte Informationsbörse der Reisenden. Zudem im **Internetcafé** an der Av. Mohammed V., gegenüber vom Hotel Merzouga.

• *Verbindungen* **Gare routière** gegenüber dem Souk, **Kollektivtaxis** starten an der Place des Far. Stündlich nach Errachidia mit den privaten Linien, tägl. 2 bis 3 **CTM-Busse** nach Zagora. Nach Meknès und Fès 1x morgens und 1x abends. Nach Zagora/Tinerhir mehrmals tägl., nach Zagora über Alnif 2x tägl., nach Merzouga mehrmals tägl.

• *Fest* In der dritten Oktoberwoche steigt das weit bekannte **Dattelfest**, das größte Ereignis im Tafilalet, zu dem viele emigrierte Tafilali anreisen. Detaillierte Infos im Café des Dunes (› oben).

• *Markt* Großer **Sonntagssouk** im Zentrum.

Übernachten/Essen & Trinken

***** **Kasbah Xaluca Maadid (1)**, mit lokalen Baumaterialien, Fossilien, Hölzern und Naturstein aufwendig gestaltete Luxusunterkunft. Preise durchaus angemessen. DZ ab 510 DH. Route d'Errachidia, ca. 5 km nördlich von Erfoud. ✆ 035-578450, www.xalucamaadid.com.

Hotel Kasbah Tizimi (9), originelle Kasbah-Architektur und große Terrasse mit schönem Garten und Pool. DZ ab 400 DH. Route de Tinerhir, etwa 2 km westlich. ✆ 035-576179, www.kasbah-tizimi.com.

Hotel Restaurant Cannes (5), funktioneller Neubau, im Restaurant TV-Beschallung. DZ mit AC 180 DH. Av. Moulay el Hassan. ✆ 035-578695.

Hotel Merzouga (7), Travellerhotel mit guten Preisen und einfachem Restaurant. DZ 80 DH oder im Nomadenzelt oder auf der Terrasse 30 DH/Pers. Av. Mohammed V. 114, ✆ 035-576532.

Eine Reihe weiterer schöner Unterkünfte gibt es am **Erg Chebbi** (→ Merzouga/Übernachten).

Café Restaurant des Dunes (2), für seine Berber-Tajines bekanntes Restaurant, gute Preise und freundlicher Service; großes Menü 70 DH. Av. Moulay Ismail, ✆ 035-576793.

Restaurant de la Jeunesse (6) ist, wie der Name andeutet, ein Treff der Dorfjugend. Gute Berber-Pizza und -Tajines zu fairen Preisen. Av. Mohammed V. 99.

Restaurant La Fibule (3), kleines, lebhaftes Restaurant mit der üblichen Speisenauswahl. Av. Moulay Ismail.

Einkaufen

Die vielerorts angebotenen **Töpferwaren,** die durch die hohe Brenntemperatur sehr stoßfest sind und mit einer nur in dieser Region verwendeten Glasur gefertigt werden, gibt es in vielen Varianten. Bekannt sind auch Schmuck- und Lederwaren aus Erfoud; die Lederwaren („Filali-Leder") werden hier mit dem Gerbstoff „Takaout" behandelt, der dem Leder gute Haltbarkeit und eine natürliche Farbe verleiht.

Es gibt viele interessante **Fossiliengeschäfte (4, 8),** die versteinerte Tintenfische, Kopffüßler, Urkrebse und sonstiges Getier aus den Urmeeren feilbieten – vom handlichen, geschliffenen Ammoniten bis zur riesigen Tischplatte. Im nahen **Fossilien-Korallenriff** (→ Weiterfahrt) kann man mit etwas Glück auch selbst fündig werden. Das Riff und die von dort stammenden Fundstücke begeistern besonders die kleinen Besucher.

Weiterfahrt von Erfoud nach Rissani

Die N 13 ist die bequemste Möglichkeit, von Erfoud nach Rissani (ca. 24 km) und von dort weiter auf der inzwischen asphaltierten Straße nach Merzouga (nochmals ca. 30 km) zu kommen.

Von Erfoud zu den Dünen des Erg Chebbi: Reizvoller ist es jedoch, die östliche Verbindung an der Bordj-Est-Festung und am Fossilien-Korallenriff vorbei über die seit einigen Jahren stückweise ausgebaute Straße zu nehmen, die Zementfurt des Oued Tairhemt (nach ca. 20 km) zu überqueren und auf der Piste in südlicher Richtung und am Erg Chebbi entlang nach Merzouga zu fahren (etwa weitere 50 km). Der kleine, östlich dieser Straße gelegene Hügelzug, ein rund 300 bis 400 Millionen Jahre altes **Korallenriff** (vom Beginn der Straße in Erfoud ca. 7 km entfernt, dann dem Schild „Fossiles" folgend nochmals 3 km linker Hand) ist reich an Fossilien. Auf dem Weg zum Korallenriff findet sich nach der Abzweigung linker Hand eine kleine Siedlung, in der die Bewohner hübsche Stücke verkaufen und auch Wanderungen begleiten.

Zu Beginn der Straße, ca. 3 km vom Osttor von Erfoud, weist das Schild „Bordj“ zum Djebel Erfoud (940 m) und zur **Bordj-Est-Festung,** die es ermöglichte, die Hammada-Ebene zu kontrollieren und noch bis 1997 militärisch genutzt wurde. Die Festung ist begehbar und bietet schöne Ausblicke.

Weiter auf der östlichen Verbindung folgen zunächst das Café-Restaurant **Étoiles des Dunes** (das erste Restaurant nach Oued Tairhemt) mit Blick auf kleinere Dünen. Die Hauptpiste mit Hinweisschildern zu einer Reihe von Hotels führt ca. 5 km von Oued Tairhemt zu einem Großteil der Unterkünfte entlang des **Erg Chebbi** (→ Merzouga/Übernachten) mit den mächtigen Dünen in Sichtweite.

Von Erfoud über Rissani nach Merzouga: Die N 13 nach Rissani (etwa 20 km) führt durch die landschaftlich reizvolle Palmeraie de Tizimi, die Dattelpalmenoase zwischen Oued Ziz und Oued Gheris, bis Rissani. Kurz vor Rissani befindet sich die Abzweigung nach Zagora über Alnif und Tazzarine (→ Ausflüge ab Tinerhir).

Rissani

Die von einer dichten Palmenoase umgebene Stadt mit ihren vielen Ksars vermittelt ein eindrückliches Bild. Die maurischen Haupttore, die Kolonnadengänge und das Ksar Abouam dienten wie andere malerische Winkel als Kulisse für Filmproduktionen – Szenen für „Himmel über der Wüste" und „Marco Polo" wurden hier gedreht. Rissanis neues Verwaltungszentrum und die neue Gare routière bilden ein modernes Ensemble, das sich an die Architektur des 17. Jahrhunderts gefällig anschließt.

Die 5000-Einwohner-Stadt geht auf die geschichtsreiche Oasenstadt Sijilmassa zurück, vermutlich ist sie eine römische Gründung. Als eines der frühesten Sultanate wurde Rissani von den unterschiedlichsten Dynastien regiert, zunächst von den Fatimiden, danach von Almoraviden, Almohaden und Meriniden. Zu seiner Blütezeit zwischen dem 11. und 15. Jh. sollen in der Stadt, die sich über viele Kilometer am Oued Ziz erstreckte, mehr als 100.000 Menschen gelebt haben – Sijilmassa war weit über die Landesgrenzen bekannt. Hier starteten die Karawanen zu ihren monatelangen Reisen in die Sahara nach Ghana, Audghost und Koumbi im heutigen Mauretanien und legten dabei Strecken von über 2000 km zurück. Mit dem wirtschaftlichen Aufstieg Malis verschoben sich die Karawanenrouten weiter nach Osten und führten über die Touat-Oasen im heutigen Algerien nach Süden. Dass heute nur noch spärliche Überreste dieser fast ein Jahrtausend lang waltenden Drehscheibe nach Zentralafrika auszumachen sind, zeigt, welch zerstörerische Kraft das Wüstenmeer besitzt. Beim Bau des neuen Busbahnhofs wurden Reste von Mauern gefunden, die in einem Museum ausgestellt werden sollen.

Männerfreundschaft

Sijilmassa ist seit 1666 die Herkunftsregion der heute noch regierenden Alaouiten-Dynastie, die das Tafilalet unter Moulay Ali Cherif eroberte; sein prächtiges Mausoleum und zwei weitere Koubbas zeugen von der Verbindung zum heutigen Königshaus. Umfangreiche Sanierungsarbeiten seit Ende der 90er Jahre haben dazu beigetragen, das bis dahin vernachlässigte Erscheinungsbild der Stadt und ihrer Ksars etwas aufzufrischen.

Diverses

- *Information* Im **Café el Filalia** an der Place Centrale treffen sich die Off-Roader und Traveller, um sich über die derzeit besten Wüstenrouten auszutauschen. Auch das **Hotel Sijilmassa (1)** ist eine gute Informationsbörse.

- *Verbindungen* **Gare routière privée** am Ortseingang von Erfoud kommend hinter dem **Stadttor**. Relativ wenige Busverbindungen, **CTM-Busse** ab der Place Centrale beim **Hotel el Filalia (4)**. 4–5x tägl. nach Errachidia. Nach Tinerhir bzw. Ouarzazate nur vormittags private Busse.

Kolletivtaxis fahren nach Tinerhir; auch über Alnif nach Zagora; Tickets besser schon tags zuvor reservieren und die aktuellen Abfahrtzeiten erfragen.

• *Einkaufen* Rissani ist ein Zentrum der Teppichhändler, zahlreiche Geschäfte umwerben die Kundschaft. Auch in der „Maison Saharienne" im **Ksar Abouam** dreht sich alles um das Thema Teppich.

Besuchenswert ist auch die **Coopérative Artisanale** beim Ksar Abouam, ein kleiner handwerklicher Markt mit interessanter Auswahl an regionalen Produkten zu Festpreisen.

Souk am Sonntag auf der Place du Souk.

Übernachten/Essen & Trinken

Hotel Sijilmassa (1), ordentliches Hotel mit sauberen Zimmern. Mohammed Belmekki, der Besitzer, gibt zu Geschichte und Gegenwart der Stadt bereitwillig Auskunft und vermittelt Kamelritte nach Zagora (!) bzw. Randonnées in die Region. DZ 150 DH. Am nördlichen Ortseingang, erste Straße links hinter der Moschee. ✆ 035-575042.

Hotel Restaurant el Filalia (4), Einfachhotel am zentralen Platz. Küche nicht aufregend. DZ ohne Bad ab 80 DH. ✆ 035-575103.

Wer sich in Rissani nicht so heimisch fühlt, fährt weiter nach Erg Chebbi bzw. Merzouga mit einer Anzahl hervorragender Unterkünfte mit Restaurants und Blick auf den Erg Chebbi.

• *Außerhalb* **Auberge Kasbah Derkaoua (3)**, stilvoll renovierte, harmonisch gestaltete alte Kasbah. Auf den Teller kommen weitgehend Produkte aus dem Garten und der Region. DZ inkl. HP ab 500 DH/Person. Eine ausgefallene Übernachtung in den Dünen im Bivouac, ab 220 DH/Person. Route de Rissani–Merzouga, Km 21. ✆ 035-577140, www.aubergederkaoua.com.

Hotel Asmaa (2), eine Kategorie besser als das Sijilmassa. Kleiner, schattiger Garten mit Schwimmbad. DZ mit Bad 350 DH. 5 km in Richtung Erfoud. ✆ 035-774083.

Ausflüge von Rissani

Einige sehenswerte Kasbahs und Ksars sind von Rissani aus gut zu erreichen. Hinter dem Hotel el Filalia liegt das **Ksar Abouam.** Die prächtige Anlage mit den flankierenden Türmen am Eingang diente als Drehort für „Marco Polo" und weitere Filmproduktionen.

Die **Palmeraie von Rissani** ist zu Fuß oder mit 4x4-Fahrzeug in wenigen Minuten erreicht. Guides im Hotel Asmaa und im Hotel Sijilmassa führen zu den Überresten des verschollenen Sijilmassa Richtung Erfoud (je nach Führung sind dafür ab 2 Std. zu rechnen); die Mauern befinden sich am Oued Ziz, Richtung Erfoud (ca. 1½ km nördlich, ausgeschildert). Die Oasenstadt zog sich hier am Ziz entlang und war von mächtigen Wehrmauern umgeben.

Das einst mit dreifachen hohen Mauern versehene **Ksar Abbar** (südlich vom Mausoleum des Moulay Ali Cherif, 2½ km südöstlich von Rissani) schrieb Geschichte: Hierher wurden einst die unliebsamen Angehörigen des Sultans verbannt. Im 19. Jh.

wurde der Bau als königliche Residenz genutzt, eine Eliteeinheit des Sultans bewachte hier zudem die Staatskasse.

Nach weiteren 2 km folgt das **Ksar Oulad Abdelhalim.** Hier residierte Ende des 19. Jh. der einstige Statthalter des Tafilalet, Moulay Er Rachid; auffallendes Detail ist der versetzte Einbau von Ziegeln in der noch gut erhaltenden Frontfassade. Die kargen Schmuckornamente der Wehrtürme aus Stampflehm sind leicht verwittert, das andalusische Dekor der Hufeisenbögen im Inneren ist noch besser erhalten. Bis Mitte des 20. Jh. lebten hier noch 400 von einstmals 1500 Bewohnern.

Merzouga

Hier blasen die Stürme an vielen Tagen im Jahr Tonnen von Sand in die mühsam der Wüste entrissene Kulturlandschaft. Wandernde Dünen sind keinesfalls eine Legende, und wer sich hier länger aufhält oder von der Versandung gefährdete Gebiete wiederholt besucht, kann sich von dieser Gefahr überzeugen.

Die Maßnahmen, die Dünen in Schach zu halten, sind im Hightech-Zeitalter immer noch bescheiden: Palmenzweige werden zu Hecken aufgestellt und mit Gräsern gesäumt, die den Boden festigen und Sandverwehungen aufhalten sollen. Auch die Zunahme trockener Jahre gefährdet die Existenz dieser Oase an einem Nebenfluss des Oued Ziz. Die rettende Pflanze ist daher für viele Merzougis der Tourismus. Und als eine der wenigen Einkommensquellen haben sie phantasievolle Strategien entwickelt, von diesem Kuchen ein Stück abzubekommen – bei den teilweise sehr originellen und ausgefallenen Unterkünften hat man die Qual der Wahl. Viele Gäste schlafen gern im Nomadenzelt oder unter freiem Himmel, und so bieten eine Reihe von Familien Halbpension in Kombination mit dem Zelt an. Nicht wenige Häuser haben Terrassen in Richtung Erg Chebbi mit schönem Blick auf die teilweise über 100 Meter hohen Dünen – perfekte Panoramaplätze für den Sonnenaufgang und für den Sternenhimmel über der Wüste. Der ist – am besten bei Neumond – dann so anregend, dass sogar erschöpfte Biker aus Erfoud von diesem Naturwunder gefesselt sind.

Die meisten Besitzer der Unterkünfte entlang der zehn bewohnten „Dünen-Meilen" von Nordwesten bis nach Hassi Labied, ca. 4 km vor Merzouga, bzw. bis zum Ortszentrum sind recht engagiert und freuen sich, ihren Gästen „authentische" Erlebnisse und unvergessliche Naturerfahrungen zu vermitteln und sich über ihre Kultur und Traditionen auszutauschen. So wird mancherorts am Abend das gesellige Beisammensein gepflegt, mit Musik bis tief in die Nacht.

Diverses

- *Information* Im **Café Yasmina**, eines der ersten Häuser an der östlichen Piste, finden sich oft Traveller zum Austausch zusammen. Wer gern Sterne guckt und außerdem noch etwas erleben will, hält auch die Ohren auf – spontane Partys, musikalische Gigs und Jamsessions sprechen sich schnell herum.
- *Verbindungen* Seit 2001 die neue Asphaltstraße nach Merzouga fertig ist, ist eine Hürde für große Busse überwunden und Merzouga dem 21. Jahrhundert ein Stück näher gerückt. Verbindung nach Erfoud mit **Kleinbussen** (Fernverbindungen siehe Erfoud).

Für Taxifahrer ist das Geschäft einträglich, weil die regulären Busverbindungen immer noch nur bis Erfoud gehen. Die **Kollektivtaxis** starten ab 6 Uhr bei der Kaserne am Torbogen. Für weitere Touren am besten abends vor der Abfahrt erkundigen. Viele Hotelbesitzer bringen Gäste auch nach Erfoud bzw. holen sie dort ab.

Übernachten/Essen & Trinken

Café/Auberge Yasmina, eines der ersten Häuser an der östlichen Piste, in einer ehemaligen Moschee – die Infobörse der Stadt. Gutes Essen. DZ ab 120 DH. Für 30 DH kann auch auf der Dachterrasse übernachtet werden. Unser Low-Budget-Tipp. ✆ 035-831388.

Les Dunes d'Or, einfache und gute Unterkunft am nördlichen Rand der Dünen, der Besitzer macht abends oft mit Freunden Musik. DZ ab 160 DH, HP 130 DH/Person. Für 40 DH kann auf der Terrasse gezeltet werden. ✆ 061-350665, www.aubergedunesdor.com.

Riad Maria, unter italienischer Regie geführte großzügige Auberge mit Pool; italienische und marokkanische Küche. Etwa 20 km Richtung Rissani. ✆ 035-342570, www.riadmaria-merzouga.com.

Auberge Erg Chebbi, nette Zimmer und angenehme Ausstattung. Am Abend Musikgigs. Es kann auch auf der Terrasse übernachtet werden. 180 DH/Person inkl. HP. Kurz vor Hassi Labied, 5 km nördlich von Merzouga. ✆ 061-351656, auberge_ergchebbi@yahoo.fr.

Atlas du Sable, ebenfalls mit abendlichen Musikgigs. DZ inkl. HP 150 DH/Person, im Zelt 25 DH/Person. Hassi Labied. ✆ 035-577627, www.alielocojo.com.

Kasbah Mohayut, zwei Schritte von Kanz Erremal, am nördlichen Ortseingang von Merzouga. Ebenfalls sehr individuell gestaltet, etwas rustikaler. DZ inkl. HP ab 400 DH. Im Zelt 30 DH/Person. ✆ 066-030185, www.mohayut.com, mohamezan@yahoo.fr.

Aiour, am Rand von Hassi Labied, nah an den Dünen, unter spanisch-marokkanischer Regie. Auf Wunsch gutes spanisches Essen. Zimmer mit und ohne Dusche. DZ inkl. HP ab 350 DH. ✆ 035-577303.

Café Auberge l'Oasis, in Hassi Labied; einfacher und sympathischer Ort. Die Brüder Oubana vermieten günstige DZ ab 80 DH, im Zelt auf der Terrasse 20 DH/Person. ✆ 035-577321, www.auberge-oasis.net.

Amazir, kleine Auberge ebenfalls nah an den Dünen, kurz vor Merzouga; wenige Zimmer und guter Service. Im DZ inkl. HP 250 DH/Person. ✆ 035-577203, www.amazir.merzouga.free.fr.

Ksar Bicha, kurz vor Merzouga. Sehr gelobte Küche. Hübsche DZ inkl. HP 200 DH/Person; alternativ im Nomadenzelt auf der Terrasse mit Dünenblick 130 DH/Person. ✆ 035-577113, ksarbicha@yahoo.com.

Kanz Erremal, kurz vor Merzouga linker Hand, ist ganz auf Wüste eingestellt. Sandfarbendes Finish in den Räumen, edle Details, exklusive Zimmer, einladende Terrasse. DZ 840 DH. ✆ 035-577265, www.kanzerremal.com.

Auberge Le Petit Prince, die Brüder Nehamas haben hier ihren „Planeten mit der Rose" gefunden und schauen auf keinen anderen, kann man in Anlehnung an den „Kleinen Prinz" von A. Saint-Exupéry vermuten. Das Essen schmeckt, die Terrasse überzeugt mit toller Sicht auf die Dünenlandschaft. DZ 160 DH, inkl. HP 300 DH, 25 DH draußen auf der Terrasse. Kurz vor Merzouga linker Hand. ✆ 062-191218, mrahb@yahoo.fr.

Auberge Chez Tihri, der Besitzer Omar Tihri ist engagierter Merzougi und kennt sich in der Region hervorragend aus. Gestalterisch ist die Unterkunft außerordentlich gelungen. Reichhaltige HP ab 240 DH/Person in der Nebensaison. Kurz vor Merzouga linker Hand. ✆ 035-576577, www.tuaregexpeditions.com.

In Merzouga kann vielerorts in Berberzelten übernachtet werden

Sehenswertes

Seit 2004 findet in Merzouga das jährliche Kunst-Happening **Des Arts et Désert** statt. Organisiert vom Ausstellungsmacher Moulim Laaroussi und gesponsert von einer Wodkamarke finden sich im Raum Merzouga Arbeiten von marokkanischen Künstlern, die zwischen April und Mai für zehn Tage ausgestellt werden. Geplant ist, einen Filmclip zur Aktion ins Netz zu stellen (www.absolut.com).

Ein spezielles Kunstwerk in der Region ist die **Himmelstreppe** (1986) des Münchner Künstlers Hanns-Joerg Voth – eine aus Lehmziegeln gebaute 16 Meter hohe Treppe in Form eines Dreiecks mit einer Installation im Inneren, einem Brunnen sowie einer „Goldenen Spirale" über dem Brunnen. Inzwischen hat sich Voths Arbeit zu einem Ausflugsziel von Merzouga entwickelt, mit allen damit verbundenen Spannungen: Der Künstler sieht sich in seiner Abgeschiedenheit gestört, wie er seit geraumer Zeit verkündet. Das ist schade, zumal Kunst vom Dialog lebt und es nach Beuß eher eine Strafe wäre, würde dieser Dialog nicht stattfinden. Bleibt die Hoffnung, dass Hanns-Joerg Voth nach weiteren Rückzügen diese Erkenntnis teilt. Wir empfehlen bis dahin den eher zeitsparenden Besuch seines Portals (www.hannsjoerg-voth.de), zumal die angeblich einzige Möglichkeit, seine Arbeit zu besichtigen, mit einem „Unkostenbeitrag" von 200 DH/Person verbunden ist (organisierte einstündige Anfahrt mit Führer Ahmed Ben Sadiq 500 DH/Person, ✆ 035-789208).

Am Erg Chebbi

Randonnées ab Merzouga

Es gibt zahlreiche Möglichkeiten für Touren rund um den **Erg Chebbi.** Für eine Rundtour um die bis zu 100 m hohen Dünen mit 4x4-Fahrzeug sollte man mit mindestens 70 km bzw. drei Stunden rechnen. Mit dem Dromedar werden, je nach Absprache, meist Teilabschnitte geritten – ein ganzer Tag mit oder auf dem Wüstenschiff kostet ab 300 DH/Person. Bei 4x4-Fahrzeugen gilt auch hier die Regel, dass viele Teilnehmer (bis sechs Personen meist ab 1000 DH inkl. Chauffeur und Benzin) das Erlebnis preiswerter gestalten.

Zwischen Essaouira und Agadir

Agadir

Als eines der meistbesuchten Ziele Marokkos für grenzenlose Sonnenfreuden fehlt Agadir in keinem deutschen Reiseprospekt. Doch neben Pauschalurlaubern findet die Stadt durch ihre inzwischen gute Erreichbarkeit, günstige Flüge und attraktive Angebote auch bei Individualtouristen immer mehr Freunde.

Die städtebauliche Entwicklung nach dem Erdbeben 1960 hat Agadir luxuriöse Resorts, unzählige Hotels der gehobenen Klasse und weite Boulevards mit angenehmem Flair beschert. Und die Stadt mit über 500.000 Einwohnern (und über 20.000 Fremdenbetten) wächst weiter in alle Richtungen, vom Flughafen im 25 km entfernten Ait Melloul kommend, finden sich markante Beispiele neuester Architektur. Schon auf dieser Strecke zeigt sich der Kontrast zwischen dem Gestern und dem nach Modernität strebenden Heute.

Anders als im übrigen Marokko stehen unter den Besuchern nicht die Franzosen, sondern die Deutschen an erster Stelle, entsprechend ist das Angebot der Hotels besonders auf diese Gruppe ausgerichtet. Aber auch bei den Marokkanern ist die Stadt wegen ihres internationalen Flairs als Reiseziel begehrt. Weitläufige Anlagen mit Tennisplätzen, Pools und schmucken Ensembles, wie das Rui Tikida Beach, bieten von Thalassotherapie und Shiatsu bis hin zum „Beautyurlaub" alle denkbaren Angebote. Und auch für mehrtägige Ausflüge und Reisen in das „echte" Marokko ist das moderne Agadir ein idealer Ausgangspunkt.

Im Gegensatz zu den stark anziehenden Preisen in Marrakesch blieb das Preisniveau in Agadir in den letzten Jahren relativ stabil. Neue und verschönte Hotel- und Clubkomplexe fallen ins Auge, das architektonische Stadtbild zeigt sich inzwischen harmonischer als in vielen Ferienorten Südeuropas. Die neue „Marina Agadir" steht vor der Fertigstellung, und die zum Hafen führende Rue Tawada mit vielen neuen Restaurants, Cafés und Bars gleicht einer belebten südfranzösischen Hafenpromenade.

Einen Überblick über die Stadt und die Bucht von Agadir bietet die von Sultan Mohammed ech Cheikh 1540 errichtete Kasbah über dem Hafen auf dem 236 m hohen Stadthügel. Der 20-minütige Aufstieg lohnt sich. Eine erste Orientierung vermittelt die Fahrt über den zum Hafen führenden Boulevard Mohammed V. Der im Süden des Boulevards liegende Königspalast mit seinen riesigen Parkanlagen kann leider nicht besucht werden.

Geschichte: Die Festung *Santa Cruz de Cap Guée* Richtung Cap Rhir zählt zu den ältesten Bauten der Stadt. 1506 von Joao Lopes de Sequeira errichtet, trieben hier zunächst portugiesische, genuesische und französische Kaufleute Handel. Der Saadier-Sultan Mohammed ech Cheikh eroberte die von den Seemächten heftig umkämpfte Festung 1541 und baute Agadir zu einem Zentrum für den Handel mit Produkten des landwirtschaftlich reichen Souss aus – vor allem Zuckerrohr, Leder und Baumwolle wurden hier umgeschlagen. Die mit der Erschließung neuer Handelswege steigenden Zuckerimporte aus Mittelamerika machten dem Aufschwung allerdings bald ein Ende. Zudem wuchs mit Beginn des 18. Jahrhunderts die Bedeutung der benachbarten Hafenstadt Essaouira, die von dem mächtigen Sultan Sidi Ibn Abdellah unterstützt wurde. In der Folgezeit fiel Agadir auf den Stand eines Fischerorts zurück, die Einwohnerzahl sank dramatisch. Das änderte sich erst zu Beginn des 20. Jahrhunderts mit der Kolonialpolitik des Deutschen Reichs; große deutsche Unternehmen wie Mannesmann gründeten hier Niederlassungen und unterstützten so die wirtschaftliche Entwicklung – ein Engagement, das von der französischen Kolonialpolitik als Provokation empfunden wurde. Auf den französischen Einmarsch 1911 reagierte das Deutsche Reich mit der Entsendung des deutschen Kanonenbootes „Panther" („Panthersprung nach Agadir"), ein letzter hilfloser Versuch der Deutschen, in Marokko Fuß als Kolonialmacht zu fassen. 1917 wurde auch Agadir von den Franzosen besetzt, das kaiserliche Deutschland war ausgesperrt und musste sich mit Teilen von Französisch-Westafrika begnügen.

Information/Verbindungen

• *Information* **Syndicat d'Initiative**, Av. Mohammed V., schräg gegenüber dem südlichen Eingang zum Vallée des Oiseaux. Mo–Fr 9–12 und 15–18 Uhr, Sa nur 9–12 Uhr. ✆ 028-825304, s.i.t@menara.ma.

Neben dem SIT-Büro gibt es noch eine zweite Informationsstelle, das **O.M.N.T.-Büro** an der Av. Mohammed V. in der Nähe des Hafens. Mo–Fr 9–16.30 Uhr. ✆ 028-846379.

• *Verbindungen* **Regionale Busse, Taxis** und **Kollektivtaxis** starten von der Place Salam. Die **Gare routière** liegt am Bd. Al Hamra, von dem inzwischen alle privaten Fernbusse abfahren. Zahlreiche private Linien verkehren zudem vom 11 km südlich entfernten Inezgane.

Abfahrt der **CTM-Busse** in der Rue Yacoub el Mansour im Nouveau-Talborj-Viertel. Büro der Linie **Supratours** (Tata, Guelmim) ist in der Rue des Oranges 12, ✆ 028-841207. Es ist ratsam, Billets mindestens einen Tag im Voraus zu kaufen.

Marrakesch tägl. ca. 15 Verbindungen (4½ Std.), auch nachts.

Casablanca tägl. ca. 15–20 Verbindungen (ca. 8 Std.), auch nachts.

Guelmim (teilsweise über Tiznit), tägl. ca. 8x bzw. 6x (bis Tiznit 1½ Std., bis Guelmim 3½ Std.)

Tan-Tan, tägl. 4x, ca. 6 Std.

Fès tägl. bis zu 10x (6½ Std.).

Essaouira tägl. 10x (4 Std.).

• *Flugzeug* Flughafen El Massira in Ait Melloul, ca. 30 Min. mit dem Auto südöstlich vom Zentrum. ✆ 028-839003-06.

Royal Air Maroc und neuerdings das Low-

Budget-Schwesterunternehmen der RAM, Atlas Blue (www.atlas-blue.com), fliegen zu wichtigen europäischen Flughäfen (→ Anreise nach Südmarokko). Innerafrikanische Verbindungen u. a. nach Mali (Bamako), Mauretanien (Nouakchott) und Senegal (Dhakar).

• *Flughafenbusse/Taxis* Ein neuer Shuttle-Service verkehrt zwischen der Agentur Lia Voyage vom Bd. Hassan II. und dem Flughafen (in der Nähe des Stadions). Preise: 60 DH Erwachsene, 30 DH Kinder. ✆ 028-822148 und 069-047568, www.almassirabus.com.

Abfahrt **Flughafen Al Massira**: 8.30, 10.30, 13, 15, 16, 17.30, 18.30, 20.30, 0.30 Uhr.
Abfahrt **Lia Voyage**: 4.30, 7, 8, 11.30, 13, 16.30 Uhr.

Zudem verkehrt die Linie 22 Inezgane–Flughafen: Von Inezgane fahren die Stadtbusse 5 und 6 zum Zentrum. Einfacher, aber teurer ist der Taxiservice ab ca. 150 DH für die 30-minütige Strecke.

Diverses

• *ADAC* Vertretung in der Rue Nations Unies/Rue Mokthar Souissi, ✆ 028-825154.

• *Ärzte/Krankenhäuser* **Hopital Hassan II.**, Route de Marrakech, ✆ 028-846686-88.

Clinique des Nations Unies, Place des Nations Unies. Privatklinik. Es wird auch Englisch gesprochen. ✆ 028-825231.

Clinique de la Résidence, in Talborj. Mit Abstand die modernste Klinik Agadirs. ✆ 028-823682/83.

Dr. Mouhid, Kinder- und Allgemeinarzt. Rue du Président Bekkay 19, ✆ 028-826404.

Weitere Arzt-Adressen vermitteln die besseren Hotels, das Touristbüro sowie das deutsche Honorarkonsulat (→ unten).

• *Apotheke* Nachtapotheke im Gebäude des Rathauses von Agadir. Place Municipalité, ✆ 028-232323.

• *Autovermietung* Eine ganze Reihe etablierter Anbieter befindet sich am nördlichen Ende der Av. Hassan II. Die Angebote internationaler Anbieter können bereits z. B. in Deutschland gebucht werden.

Günstige Preise bietet **Sunshine Cars**. Ein Golf kostet dort 400 DH pro Tag, bei drei Tagen 350 DH, bei sieben Tagen 300 DH. Ein deutschsprachiger Mitarbeiter, Ali Lobidy, vermittelt auch geführte Touren sowie Privatunterkünfte im Zentrum. Rue Timguilcht 43. ✆ 028-825115, www.sunshinecarsmaroc.com.

• *Bücher* **Librairie Al Mouggar**, große Buchauswahl in Französisch, Englisch und

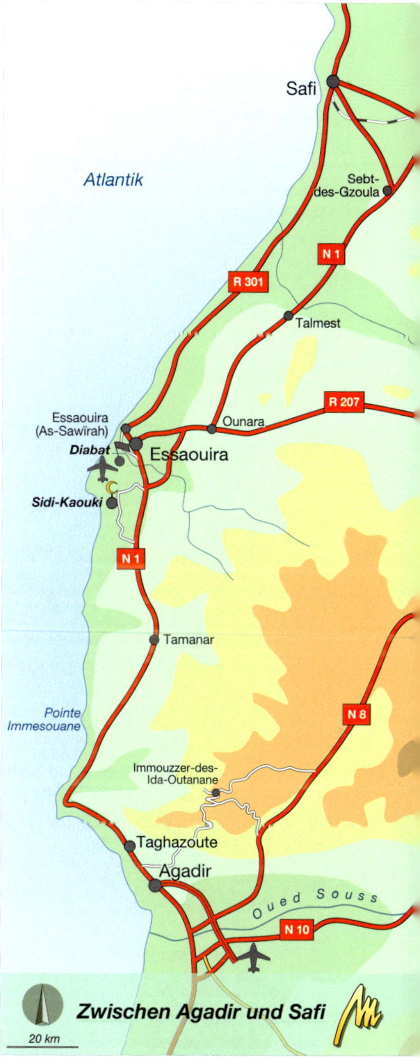

Deutsch. Rue Prince-Moulay-Abdallah/Ecke Rue du 29 Février.

• *Deutsches Honorarkonsulat* Rue de Paris, 6 Quartier Résidentiel, ✆ 028-841025.

• *Flüge* **Royal Air Maroc**, Av. Général Kettani/Ecke Bd. Hassan II. www.royalairmaroc.com.

• *Foto & CD* **Fuji Photo**, CDs brennen und

Fotolabor. Bd. Hassan II., im Oumlil-Komplex.

• *Internet* **Internet Swiss**, in der Einkaufspassage, Bd. Hassan II.

• *Kinos* Cinéma Rialto und Cinéma Salam zeigen Filme in französischer Originalversion.

• *Post* Mo–Fr 8.30–16 Uhr. Av. Prince Moulay Abdallah.

Taxi ✆ 028-827575.

• *Motorrad-/Fahrradverleih* Im Complexe Tafoukt, beim Hotel Almohades, sowie im Club Salam an der Rue Mohammed V.

• *Reiseagenturen* **Erg Tours**, mit großem Park an Allrad-Fahrzeugen, Landrovern u. a. Die Firma ist auch in Tafraoute tätig und bietet ein breites Programm an Touren in das Souss-Massa-Gebiet und bis nach Merzouga und Zagora. Der Geschäftsführer Mohamed Brahim spricht Französisch, Englisch und etwas Deutsch. Komplex Anzi 4, Av. Mohammed V. ✆ 028-841111 und 061-382790, www.ergtours.com.

Günstige Fly&Drive-Angebote bei den bekannten Pauschalreiseanbietern, u. a. unter www.agadir-ferien.de.

Übernachten (siehe Karte S. 199)

Die „Hotelszene" in Agadir – eines der größten touristischen Zentren Afrikas – ist nur in einer Auswahl beschreibbar. Die Konkurrenz in der 4- und 3-Sterne-Kategorie ist groß und sorgt für ständige Veränderung. Hinzu kommen die Neueröffnungen, die den neuesten Standard in ihrer Klasse präsentieren und andere Hotels zur Anpassung zwingen. Dieses Überangebot führt zu einem kundenfreundlichen Preis-Leistungs-Verhältnis. Zu berücksichtigen ist auch, dass es im Internet vor allem bei den etablierten deutschen Pauschalanbietern oftmals günstige Angebote gibt. Agadir-Spezialisten wie Thomas Kasan (www.agadir-ferien.de, in Deutschland ✆ 0170-6757870) bieten auf einem gut aktualisierten Portal stets etliche Angebote, die auch Rundtouren und Pkw-Verleih einschließen.

• *Clubs und Appartementhotels* ****** Rui Tikida Beach (28)**, als TUI-Vorzeige-Club hat diese Anlage seit ihrer Eröffnung viele Freunde gewonnen. Ausgewählte Freizeit- und Wellnessangebote, u. a. Golf-Navette zum Platz (Greenfeerabatt), nautische Station mit Katamaranen und Thalassotherapie-Zentrum. Die Begrünung der 1,2 ha großen Anlage ist vorbildlich, die Strandlage zählt zu den schönsten in Agadir. Ausgezeichnete Restaurants und exklusiv gestaltete Zimmer, Restaurants und eine gelungene Loungebar. DZ All-inclusive ab 222 €. Chemin des Dunes. ✆ 028-845400, www.agadirtikida.com.

****** Caribbeans Village Agador und Pueblo Tamlet (24)**, mit Argan-Spa- und Wellness-Anlage. Die insgesamt 11 ha große Clubanlage der Sahara-Gruppe mit vier Schwimmbädern ist auf Superlative ausgerichtet. Mit ständig neuen und erweiterten Aktivitäten, Animationsangeboten, Restaurants und Bars hat man die Wahl zwischen „Fun-Total" und „Retreat-Bereichen" im Pueblo Tamlet. Ab 600 DH/Person All-inclusive. Bd. 20 Août. ✆ 028-841471, www.groupesahara.com.

****** La Kasbah Cornelia Club (24)**, neues Hotel der Accor-Kette im französischen Clubstil. Wer den deutschen Club-Domänen entkommen und „All-Inclusive" mit exklusivem Touch verbinden möchte, findet in dieser architektonisch überzeugenden Anlage im Neo-Kasbahstil die neuesten Freizeitangebote. Im Baboo-Village für Kinder von 4–12 und im Junior-Club ab 12 Jahren erwartet die Kleinen ein großes Unterhaltungsprogramm. DZ All-inclusive für 1172 DH. Bd. du 20 Août. ✆ 028-840136, www.accor.com.

****** Agadir Beach Club (30)**, im Süden des Zentrums am Strand gelegene Anlage mit allem Komfort und großzügigem Setting. Großes Wassersportangebot, schöne Volleyballcourts, Tennisplätze und Golfplatztransfer. Gut besuchte Disco und Bars. DZ inkl. Frühstück 1200 DH. Chemin de l'Oued Souss. ✆ 028-844343, www.abc.ma.

Apart-Hotel Igoudar (26), kürzlich komplett neu gestaltete Anlage mit futuristischem Touch im Empfangs- und Restaurantbereich. Die Appartements mit Küche sind gut und geräumig gestaltet, die Poolanlage ist kaum frequentiert. Die Freizeiteinrichtungen der Sahara-Gruppe (das Caribbeans Village am Strand) können teilweise kostenfrei benutzt werden. Studios und Appartements ab 350 bzw. 420 DH/Tag. Chemin des Dunes. ✆ 028-840399, www.groupesahara.com.

Exklusives Hotel

Résidence Fleurie (18), ruhig gelegen in einer Appartement-Anlage. 40 Studios mit Balkon, Sat-TV und guter Ausstattung ab 350 DH; bis fünf Personen 600 DH. Rue de la Foire. ✆ 028-843624, residence-fleurie@menara.ma.

Résidence Sacha (16), sehr zentral gelegen, ca. 10 Minuten vom Strand. Es gibt ein kleines Schwimmbad. Zwei Personen 250 DH, bis fünf Personen 500 DH. Place de la Jeunesse. ✆ 028-841167, www.agadir-maroc.com.

Hotel Résidence Farah (17), Appartement-Hotel mit Restaurant und Bar. Preiswerte Studios mit Kochnische für zwei Personen ab 264 DH, bis fünf Personen 535 DH. Rue de la Foire. ✆ 028-842387, www.hotelresidencefarah.ma.

Résidence Tafoukt (20), zusammen mit dem gleichnamigen Hotel in einer größeren Anlage mit Geschäften und Restaurants gelegen, aber direkt am Meer. Geräumige Studios ab 513 DH (zwei Pers.), bis fünf Personen 700 DH. ✆ 028-840723, tafoukt_2@menara.ma.

• *Hotels* ***** **Sofitel Agadir**, neues Luxushotel der Accor-Kette in durchaus raffiniertem Kasbahstil. Riesiger Pool und großes Sportangebot, Tennis, Jetski u. a. DZ ab 2400 DH. In Baie des Palmiers, Bensergao. ✆ 028-820088, www.sofitel.com.

***** **Dorint (29)**, im Jahr 2000 eröffnetes Luxushotel der Dorint-Gruppe unter deutscher Leitung; sehr großzügiges Setting mit fünf Restaurants, Fitnesszentrum, Golfplatz und allen erdenklichen Extras. Thalassotherapie. DZ ca. 2500 DH. Bd. 20 Août. ✆ 028-824146, www.atlanticpalace-agadir.com.

**** **Hotel LTI Madina Palace (21)**, im maurischen Stil gebaute Anlage mit interessanten architektonischen Details, begrünten Patios und Pool mit Kaskade. Ca. 100 m vom Strand. Zahlreiche Restaurants, Gärten und Tennisplätze. DZ ab 1200 DH. Bd. 20 Août. ✆ 028-845353.

**** **Hotel Le Tivoli (27)**, wenige Minuten vom Chemin des Dunes; mit den üblichen Standards, attraktiven Preisangeboten und buntem Publikum; DZ inkl. HP für zwei Pers. 822 DH. Bd. 20 Août. ✆ 028-847649, www.hotel-letivoli.com.

**** **Jacaranda Beach (31)**, in Bensergao (Richtung Flughafen bzw. Al Madina Center) gelegenes erstes „Ökohotel" Marokkos – natürlich unter deutscher Leitung. Heißwasser für Pool und Hamam aus Solarenergie. Angenehme Zimmer mit guten Betten. Sehr gute Küche, auch vegetarische Speisen. DZ inkl. Frühstück ca. 1200 DH. ✆ 028-280316, www.jacaranda-hotel-agadir.com.

*** **Hotel Marhaba (8)**, Mittelklassehotel in panoramareicher Lage. Das an einer Seitenstraße der Av. Hassan II. gelegene Hotel liegt zentral und trotzdem ruhig und hat eine große deutsche Stammkundschaft. Schöne Gartenanlage mit Pool. DZ ab 400 DH, HP 250 DH/Person. ✆ 028-840670, www.hotel-marhaba.com.

*** **Hotel Mabrouk (25)**, freundliches kleines Hotel mit jungem Publikum. Tanzbar, Billardsaal und Sportangebote. DZ inkl. Frühstück 315 DH. Bd. 20 Août. ✆ 028-840606, www.hmabrouk.ma.

*** **Hotel La Tour du Sud (7)**, im Zentrum des Talborj-Viertels. Kürzlich eröffnetes Komforthotel mit großen DZ mit AC/TV. DZ 225 DH. Rue Allal Ben Abdallah 12. ✆ 028-822694.

Hotel Aferni (3), freundliches, familiär geführtes Hotel, 10 Fußminuten vom Strand. Schöner Pool, originelle Details im Gebäude. Für seine Klasse gutes Preis-Leistung-Verhältnis. Der Weckservice von der nahen Moschee wird von Frühaufstehern geschätzt. DZ ab 350 DH. Av. Général Kettani. ✆ 028-840330, hotelaferni@iam.net.

Hotel Sud Bahia (9), im 60er-Jahre-Stil gebaut; die Zimmer sind geräumig, die Gartenanlage mit Pool allerdings nicht besonders groß. DZ ab 230 DH. Ecke Bd. Hassan II./Rue des Administrations publiques. ✆ 028-840782, www.sudbahia.hotel.ma.

Hotel Petit Suède (6), etwas laut zur Straße, nach hinten besser. Aber die Terrasse und die guten Preise versöhnen. DZ inkl. Frühstück 244 DH, EZ 162 DH. Bd. Hassan II./ Ecke Av. Général Kettani, ✆ 028-840779.

Hotel El-Bahia (5), im Talborj-Viertel an einem kleinen Platz. Kleines Low-Budget-Hotel mit Charme und Lokalkolorit. DZ mit Bad ab 220 DH. Rue El-Mahdi-Ben-Toumert, ✆ 028-822724.

Hotel Najem (10), am Südrand des Talborj-Viertels. Ebenfalls gutes Low-Budget-Setting, Terrasse des benachbarten Cafés sehr angenehm. Einfache DZ mit Bad 120 DH. Rue de l'Entraide 20, ✆ 028-825466.

Essen & Trinken

Restaurant du Port (12), wie zu erwarten 100 % fischorientiert, mit Blick auf die Schiffsbewegungen an der Hafenzufahrt (nahe der Zollstation). Neues Restaurant mit großer Terrasse, täglich variierende Spezialitäten und gute Weinkarte. Menü ab 150 DH. Ca. 200 m hinter dem Zoll, ✆ 028-846080.

Le Cap Sud, angenehmes Restaurant mit fantastischer Aussicht. Gutes Preis-Leistungs-Verhältnis. Pikante Fischgerichte ab 120 DH. Les Dunes D'Or, ✆ 028-828500.

Jardin d'eau (23), Restaurant mit japanischem Garten und hübschem, teils etwas kitschigem Ambiente. Livemusik. Menü ab 200 DH. Bd. 20 Août, Tagadirt, ✆ 028-840195.

Miramar (1), seit vielen Jahren die Nummer eins der italienischen Restaurants. Renato Ratazzi, der Inhaber, hat hier eine der besten Weinkarten der Stadt zusammengestellt. Täglich hausgemachte Tagliatelle. Köstliche Dolci. Menü 250 DH. Bd. Mohammed V., ✆ 028-840770.

Jour e Nuit (14) war eines der ersten Strandrestaurants und ist immer noch ein beliebter Treffpunkt; große Karte, Preise noch passabel. Promenade de la Plage, ✆ 028-840610.

Shems Casino Restaurant (15), viel gelobtes, aber nicht ganz günstiges Restaurant mit kleiner und wechselnder Tageskarte und französisch-europäischer Küche. Menü ab 250 DH. Zwischen Bd. Mohammed V. und Promenade de la Plage, ✆ 028-821111.

Via Veneto, gute italienische Küche mit italienischen Klassikern und einigen Gemüsegerichten. Hauptgerichte ab 70 DH. Schattige Terrasse. Av. Hassan II., beim Vallée des Oiseaux, ✆ 028-841467.

Restaurant Les Arcades (4), im Talborj-Viertel. Gut besuchtes Restaurant mit Lokalkolorit und günstigen Gerichten. Zur Mittagszeit meist voll. Gute Couscousgerichte. Av. du Président Kennedy.

Pizzeria La Siciliana, große Auswahl an leckeren Holzofenpizzen ab 40 DH. Guter Service. Bd. Hassan II., nähe Gericht.

Mimmi la Brochette (2), vor allem zum Schauen und Verweilen. Das Essen hat sich in den letzten Jahren etwas verbesert. Gute Fischportionen und Fleischspieße ab 80 DH. Promenade de la Plage, ✆ 028-840387.

Fischstände am Hafen, direkt an der Hafeneinfahrt. Hier kann an langen Tischen in rustikalem, echtem Ambiente mit den Fischern gegessen werden. Der Fisch wird zum Grillen ausgewählt, der Preis vorher ausgehandelt. Gute Portionen unter 50 DH.

Jazz Restaurant (22), sehr belebtes Restaurant mit Livemusik im französischen Chanson-Stil. Wer nur zum Soundcheck kommt, nimmt einen Drink am späten Abend. Bd. 20 Août, Igoudar, ✆ 028-840208.

Übernachten

3 Hotel Aferni
5 Hotel El-Bahia
6 Hotel Petit Suède
7 Hotel La Tour du Sud
8 Hotel Marhaba
9 Hotel Sud Bahia
10 Hotel Najem
16 Résidence Sacha
17 Hotel Résidence Farah
18 Résidence Fleurie
20 Résidence Tafoukt
21 Hotel LTI Madina Palace
24 Caribbeans Village Agador und Pueblo Tamlot und La Kasbah Cornelia Club
25 Hotel Mabrouk
26 Apart-Hotel Igoudar
27 Hotel Le Tivoli
28 Rui Tikida Beach
29 Dorint
30 Agadir Beach Club
31 Jacaranda Beach

Essen & Trinken

1 Miramar
2 Mimmi la Brochette
4 Restaurant Les Arcades
12 Restaurant du Port
14 Jour e Nuit
15 Shems Casino Restaurant
22 Jazz Restaurant
23 Jardin d'eau

Cafés

13 Café-snack Ryiad Yacout
19 Patisserie Tafarnout

Nachtleben

11 Dreams

Dreams (11), Nachtclub und Disco und, wie es scheint, très en vogue. Eintritt frei, Getränkeverzehrkarten. Rue de Tawada, ✆ 028-828331.

• *Patisserien* **Patisserie Tafarnout (19)**, eine der besten Adressen am Platz. Sehr schön zum Frühstücken auf der Terrasse. Die Riesenauswahl an feinstem Gebäck im Glastresen wirkt wie aus dem Bilderbuch. Bd. Hassan II./Ecke Rue de la Foire.

Café-snack Ryiad Yacout (13), hervorragende Patisserie mit besten marokkanischen Crêpes, „Gazellen" und anderem Mandelgebäck. Auswahl an köstlichen Fruchtsäften. Die zum Verweilen angenehme Terrasse macht den Riad an Wochenenden zum beliebten Treffpunkt der Einheimischen. Rue 29 Février.

Sport

• *Reiten* Ist am Strand in ausgewiesenen Bereichen möglich sowie auf der 7 km langen Strecke vom südlichen Ende bis zum Oued Souss. Teilweise gut gepflegte Pferde verleiht stundenweise das Hotel Amadil.

Für mehrtägige organisierte Exkursionen an der gesamten Küste bis nach Essaouira (mit Übernachtung im Zelt, kleine Gruppen) sind die sehr professionellen Anbieter Reha und Abouda-Safar zu empfehlen (→ unten). In allen Ställen werden die Pferde artgerecht gehalten und gut gefüttert. Der Tradition entsprechend wird nur mit Berberhengsten gearbeitet, die sehr gut eingeritten, folgsam und geländesicher sind. Die „Fantasia-Reiterspiele" in Inezgane können besucht werden. Mehr zum Thema Reiten → Essaouira.

Abouda-Safar, marokkanisch-französisches Team, das auch große Gruppen und längere Touren in die Wüste organisiert. ✆ 066-780561 (Jawad Elwali) und ✆ 028-335531, www.abouda-safar.com.

Royal Club Équestre Agadir, an der Route d'Inezgane in Bensergao; ausgezeichnete Berberhengste, jedoch etwas teuer (150 DH/60 Min.). ✆ 028-333093.

Reha Horse Ranch, in Tarhazoute. Eine Stunde 80 DH, zwei Stunden 150 DH, ½ Tag 300 DH, ganzer Tag 550 DH. ✆ 028-847549, www.ranchreha.free.fr.

• *Fliegen* **Aéro Club d'Agadir**, beim Flughafen El Massira; hier kann man mitfliegen oder auch selbst fliegen. ✆ 028-839122.

• *Bootscharter* **Yachtclub Agadir**, im Hafen, ✆ 028-843708.

Maroc Diving Fishing, Sportfischen und Tauchen mit Motorbooten. Rue des Administrations Publiques. ✆ 028-840122.

Aftas Trip, im südlichen Mirleft. ✆ 066-026537, www.aftastrip.com.

• *Surf und Kite-Surf* Im Palm Beach Yacht Club des Palm Beach Hotels (unterhalb des Club Med, Mitte Grande Plage) können alle denkbaren Wassersportarten ausgeübt werden – von Jet Ski über Surfboards bis zu kleinen Segelbooten. Generell liegt das Preisniveau nur geringfügig unter dem deutschen Niveau, zumal mit importiertem, teurem Material gearbeitet wird. Rabatt bei mehrtägiger Nutzung möglich.

Vagues e Vents, an der Plage Oasis. Sehr professionell. ✆ 061-215746, www.kitesurfing-maroc.com.

Dynamic Loisirs, in Tamghart. ✆ 028-314655, www.dynamicloisirs.com.

Surfschule enDo surf, in Taghazoute, das Surfer-Domizil im Norden, ist professionell auf Wellenreiter eingestellt. www.endosurf.com und www.surf.de.md.

Surf-Club, von Bernd Schweigert geführt, bietet alles zum Thema Surfen, einschließlich Unterkünfte. ✆ 028-200022, www.agadir.de.

• *Tennis* Zählt in Marokko zu den beliebtesten Sportarten, jedes bessere Hotel bietet mindestens einen Platz. Platzmiete ab 150 DH, Trainerstunde ab 150 DH.

Royal Tennis, Club an der Av. Hassan II., ✆ 028-847754.

Club Valtur, Chemin de Oued Souss.

Academie Moundir, im Club La Kasbah Agadir, ✆ 028-840136.

• *Golf* **Du Solei**, Chemin des Dunes, 18-Loch-Platz, ✆ 028-337329.

Les Dunes, neue Anlage des Club Med mit 27 Löchern. Zehn Stunden kosten 2400 DH, eine Stunde 300 DH. In Bensergao, ✆ 028-834690, www.clubmed.com.

Royal Club de Golf, Platz ist etwas leichter zu spielen und kostet für 18 Löcher 200 DH/Std. Südlich bei Ait Melloul, ✆ 028-248551.

Sehenswertes/Einkaufen

Aghroud Ben Sergao: Die Medina von Agadir ist zwar nicht der orientalische Traum, zumal es sich um ein neues, 4,5 Hektar großes Handwerksdorf handelt. Beeindruckend ist jedoch die teilweise hier gefertigte ausgezeichnete Qualität von Schmuck, Töpfereiwaren, Schmiedearbeiten, Keramik, Teppichen und Lederwaren – zu Festpreisen. Das Verhältnis von Qualität und Preis sowie die interessante Präsentation der Herstellungstechniken überzeugen. Die Anlage der Medina ist architektonisch auch deshalb gelungen, weil sie eigentlich nicht nachahmt, sondern mit Phantasie neue Ideen umsetzt. Das vom Sizilianer Cocco Polizzi geplante Dorf vereint ein Amphitheater, Restaurants, Ausstellungsräume, einen botanischen Garten und Hotellerie. Die seit Mitte der 90er Jahre existierende Anlage wurde inzwischen sogar prämiert.

Anfahrt Richtung Tiznit, hinter der Anlage des Palais Royal. Shuttle-Service von allen großen Hotels zu der in 10 Min. erreichbaren Medina. ✆ 028-280253, www.medinapolizzi.com.

Souk Al Had, im Talborj-Viertel (am Ende der Rue Marrakech): Auf dem mehrere Hektar großen Souk gibt es so ziemlich alles von Lebensmitteln, kunterbuntem Schnickschnack und Handwerkserzeugnissen. Angebot und Preise sind ordentlich, und wer bestimmte Produkte halbwegs kennt, kann hier und dort unterschiedliche Qualitäten finden und mit etwas Verhandlungsgeschick bessere Preise erzielen. Da die Polizei einen Blick auf den Märkte wirft, sind auch vorsichtige Besucher auf diesem Lokalmarkt gut aufgehoben. Leider werden immer wieder große Gruppen durchgeschleust, was die Atmosphäre etwas beeinträchtigt.

In **Inezgane,** im Süden der Stadt, findet sich ein Gebrauchsmarkt mit viel Lokalkolorit. Im Gegensatz zu den rein touristischen Artisanat-Märkten kauft hier besonders die Lokalbevölkerung ein, und so ist der Markt vor allem zum Schauen ein Tipp. Hier findet sich von Eimern und Schuhen aus Autoreifen, bunt bemalten

Holzkästen (als Kleidertruhen geschätzt) und ultimativen Küchenhilfen „fabriqué en morocco" allerhand Nützliches und Unbekanntes.

Das **Ensemble Artisanal (EA),** Rue 29 Février, im Talborj-Viertel, hat sich leider durch ungünstige Mieten verkleinert. Dennoch bieten die noch vertretenen Geschäfte einen guten Einblick in der Herstellung von Schmuck, Lederwaren, Keramik oder dekorativen Arbeiten. Im **Complexe Artisanal Aroussat,** Lotissement Municipal, ebenfalls im Talborj-Viertel, gibt es eine große Auswahl an Schmuck, Edelsteinen und Mineralien sowie Teppichen zu passablen Preisen.

Uni-Prix ist der größte Supermarkt im Zentrum, die Dependance der **Metro** an der Umgehungsstraße Av. al Moun nach Westen bietet die bekannte Produktauswahl. Zwischen der Avenue Hassan II. und der Rue Marrakech finden sich sehr viele Geschäfte. Alkohol gibt es im Gegensatz zu anderen Städten Marokkos in vielen Geschäften mit Lizenz sowie in den oben erwähnten Supermärkten. Und wer die Stadt außerhalb des touristischen Glanzes erleben möchte, besucht am besten die nördlichen Stadtviertel bzw. das **Talborj-Viertel,** zumal die Preise vieler Waren in der Nähe des **Founty-Viertels** und im touristischen Viertel höher sind. Auch der **Fischmarkt** am Hafen (→ unten) bietet insbesondere in den frühen Morgenstunden Einblicke in das nicht-touristische Agadir. Wer mag, kann hier mit den Fischern deftige Mahlzeiten an einem Tisch teilen und allerhand unbekannte Gerüche, Geräusche und Situationen erleben.

Das **Vallée des Oiseaux (VO),** der kleine Vogelpark mit einigen Lamas, ist beliebt, doch klagen viele Besucher über die nicht artgerechte Haltung der Vögel. Wer diesen Eindruck teilt, kann das im Tourismusbüro kundtun.

🕐 Tägl. 9.30–12.30 und 14.30–18 Uhr. Eintritt 5 DH. Zwischen Bd. 20. Août und Bd. Hassan II.

Der **Jardin du Portugal** ist ein kleiner Park mit origineller Gartenarchitektur aus den 1960er Jahren und einem kleinen Café, in dem die Lokalmatadore ihrer Angebeteten Liebreizendes ins Ohr flüstern.

🕐 Tägl. 8–18 Uhr. Nördliche Rue Président Kennedy.

Kasbah, am Nordrand der Ville Nouvelle; zu erreichen vom Boulevard Mohammed V., ca. 2 km. Für einen Besuch der aussichtsreichen Kasbah hoch über der Stadt empfehlen sich die frühen Morgenstunden und der Abend. Weites Panorama.

🕐 Von Sonnenaufgang bis zur Dunkelheit.

Musée du Patrimoine Amazinghe, Museum für Volkskunde und Berberkultur, in der Ait-Souss-Passage. Das in gefälliger moderner Architektur platzierte Museum präsentiert eine große Sammlung an Schmuck, Teppichen und Gebrauchsgegenständen der Berberkultur, die in wechselnden Ausstellungen gezeigt werden. An der Kasse gibt es eine Liste mit Bezeichnungen der Exponate auch auf Deutsch.

🕐 10–19 Uhr. Eintritt 10 DH.

Der **Fischereihafen** ist frei zugänglich, dort werden vormittags Tonnen von Sardinen umgeschlagen. Sehenswert ist auch die **Werft,** in der Schiffe in traditioneller Bauweise gefertigt werden. Von der Rue Tawhad ca. 20 Min. zu Fuß.

Ausflüge von Agadir

Die ausgezeichnete Anbindung Agadirs erlaubt es, relativ schnell zu den Sehenswürdigkeiten in der Region zu kommen. Taroudannt, Ait Baha und der Nationalpark Souss Massa bzw. Sidi R'bat sind in einer Stunde erreichbar; Tiznit, Tafraoute und Guelmim, je nach Route, in zwei bis drei Stunden. Die unter Guelmim beschriebenen Routenvorschläge nennen einige Verbindungen. Und für viele Naturfans ist auch die Plage Blanche westlich von Guelmim einen Besuch wert.

Neben dem Souss-Nationalpark (Station der Zugvögel → Sidi R'Bat) ist der Khenif-Nationalpark (auch *Reserve Naila*) bei Akhfenir zu erwähnen. Dieser Park an einem Salzsee liegt südlich von **Tan-Tan** und ist ca. 260 km von Guelmim entfernt. Von Agadir ist Akhfenir an einem Tag zu erreichen, und die Strecke südlich von Guelmim hat mit ihrer wüstennahen, monotonen Vegetation besondere Reize, der für eine On-the-Road-Filmproduktion gutes Material liefern könnte.

Antoine de Saint-Exupéry: Fliegen, fliegen ...

Abwechslung von Agadir finden „On-the-road-Freunde" bei einer Fahrt in den Südwesten des Landes. Weit im Süden, ca. 200 km hinter Tan-Tan, zu erreichen über eine unendlich lange, schnurgerade Strecke durch nichts als Wüste, befindet sich der Militärstützpunkt Tarfaya. Während der französischen Besatzungszeit befand sich hier eine Station des Service Aéropostale. Antoine de Saint-Exupéry, fliegender Träumer und träumender Flieger der Aéropostale, verbrachte hier Ende der 20er Jahre mindestens zwei Jahre seines Lebens, woran auch ein Denkmal erinnert. Will man einigen Dokumenten Glauben schenken, fand er auch die Muße, seinen schriftstellerischen Phantasien nachzugehen. Da die Gegend eine großartige Gleichförmigkeit ausstrahlt, konnte sich der hier stationierte Pilot vermutlich unabgelenkt seiner Innenwelt zuwenden. Wer auf der Terrasse der ehemals französischen Kaserne von Tarfaya steht, kann sich in Gedanken in Saint-Exupérys „Südkurrier" einfühlen oder seine „Stadt in der Wüste" betreten.

Von Agadir nach Essaouira und Safi

→ Karte S. 195

Schon einen Katzensprung nördlich von Agadir befindet sich einer der reizvollsten Küstenabschnitte des Südens mit riesigen Buchten, rauen Felsküsten, kleinen Ortschaften und kilometerlangen leeren Stränden.

Seitdem in den 80er Jahren große Reiseveranstalter die Zementfabrik an der nördlichen Landstraße nach Essaouira bemängelten, wurden Hunderte von Palmen und Hecken gepflanzt, inzwischen ist der Stein des Anstoßes kaum noch sichtbar. Kaum sichtbar ist auch die einige Kilometer lange Anlage des saudischen Königshauses, das den Aufenthalt hier an der Atlantikküste schätzt. Nach 15 km gut frequentierter Küstenstraße ab Agadir ist **Tamrakht** erreicht – wegen der großen Bananenplantagen im Hinterland auch „Banana Village" genannt. Buntes Leben und Dorfatmosphäre ziehen die Gäste aus Agadir an. Während das nördlich gelegene Taghazoute weiter wächst, blieb die Küste in Richtung **Cap Rhir** von Bauvorhaben bislang verschont. Die westliche Erhebung des Hohen Atlas führt bis an das Cap heran, weshalb an dieser Wetterscheide oft stürmisches Wetter herrscht. Der eindrückliche alte Leuchtturm ist noch bewohnt, allmorgendlich werden die Gläser geputzt. Wer hier einen Stopp einlegt, kann sich vorstellen, dass dieser strategisch wichtige Ort schon in der Steinzeit besiedelt war – was zahlreiche prähistorische Funde in den letzten Jahrzehnten bestätigten.

Vision 2010

Mit großen Hoffnungen wird in den marokkanischen Medien über den Tourismus gesprochen, und sicher ist auch ein Prise Stolz im Spiel, wenn von dem touristischen Masterplan „Vision 2010“ die Rede ist. Im Jahr 2001 war es beschlossene Sache, alle nur denkbaren Anstrengungen zu bündeln, um innerhalb von 10 bis 13 Jahren die derzeit noch Meilen entfernte jährliche Besucherzahl auf 10 Millionen zu steigern. Tausende von neuen Arbeitsplätzen sollen damit geschaffen und der Tourismus als Schrittmacher für die wirtschaftliche Entwicklung des Landes genutzt werden. Mit Investitionen von 45 Milliarden Dirham (ca. 450 Mio. Euro) und einem Konsortium ausländischer Investoren sollen im Umkreis von Aida, Essaouira, El Jadida, Larache, Agadir und Guelmim sechs neue maritime Zentren mit Hotels, Villen und Appartementanlagen entstehen – mit über 100.000 Betten und 40.000 Arbeitsplätzen. Bleibt zu hoffen, dass die massentouristischen Fehlentwicklungen wie in Südspanien, Tunesien oder an der Costa del Sol (auf die mit Argusaugen geschaut wird) hier nicht wiederholt werden. Weitere Infos zum Thema unter www.planazur.ma sowie www.mogadoressaouira.com.

Immouzzer und das Belle Vallée

Die kleine Ortschaft mit den inzwischen berühmten Wasserfällen hat sich zu einem Tagesausflugsziel von Agadir entwickelt. Leider wird die kurvenreiche und enge Straße gut von Touristen genutzt – zur rechten Zeit kann sie dennoch ein Vergnügen sein.

Wer dem Besucherstrom (besonders in der Ferienzeit) entgehen möchte, startet am späten Nachmittag und erkundet die hübsche Gegend mit ihrem besonderen Klima am Abend und am frühen Morgen. Zu erreichen über den nördlich von Agadir gelegenen Ort Auria (ca. 12 km) oder über Tamrakht (15 km) sind es, je nach Route, etwa 50 km bis nach Immouzzer. Dabei durchquert man das vegetationsreiche Belle Vallée (auch „Paradise Valley“ genannt, nachdem hier in den 70er Jahren eine Menge Freaks alternative Ferien machten). Auch eine kleine Wanderung (Hinweisschild kurz vor Tifrit „Vallée du Paradis sentier pédestre“) ist möglich (→ Wanderung). Die Straße verlässt kurz nach Tifrit das Tal des Oued Tamrakht und öffnet nach einem Pass auf knapp 1000 m den Blick nach Westen. In Tifrit und dem nahen Aqsri gibt es einige Cafés und Übernachtungsmöglichkeiten.

• *Information* Auskünfte bei der Polizeikontrollstation an der (Berg-)Straße Richtung Marrakesch.

• *Verbindungen* Die Kollektivtaxis am Ortseingang fahren regelmäßig nach Agadir.

• *Übernachten/Essen & Trinken* **Hotel Tifrit**, in der Nähe der Wasserfälle von Aqsri, mit schöner Aussicht auf das Belle Vallée. Im Restaurant gibt es wenige, aber gute Gerichte. DZ 350 DH. ✆ 028-826024.

Restaurant/Hotel Amalou, gut besuchtes Ausflugslokal bei den Wasserfällen (im Ort linker Hand fahren, nach weiteren 3 km im Tal), das die zur Mittagszeit einströmenden Besucher der Wasserfälle verköstigt. Saubere Zimmer im 1. Stock (WC/Duschen im Flur) mit dem Charme einer deutschen Jugendherberge der 70er Jahre. Preis verhandelbar, DZ ab 150 DH. ✆ 061-530935.

**** **Hotel Cascades**, Luxusunterkunft am östlichen Ortsende von Immouzzer mit Panoramablick, Tennis, Pool und schöner Gartenanlage. Restaurant mit wenigen, aber guten Gerichten. Großzügige DZ 572 DH, EZ 462 DH. ✆ 028-826016, www.cascades-hotel.com.

Markt in Immouzzer

Café al Bassatine, in Aqsri, zwischen Aourir und Immouzzer. Die weithin gelobte Küche bietet eine der besten Tajines der Gegend – mit köstlicher Gewürzmischung, Mandeln und getrockneten Früchten. Der freundliche Besitzer ist Kenner der Region und weiß viel darüber zu berichten. Im Annex befindet sich eine Ölmühle. Gästezimmer sind in Planung. Unser Tipp. ✆ 028-826046.

Wanderung im „Vallée du Paradis"

Der kleine markierte Pfad ab dem Hinweisschild „Vallée du Paradis sentier pédestre" mit einem kleinen Parkplatz am Beginn ist von der Straße, ca. 2½ km vor Tifrit, sofort zu erkennen. Der Weg führt zunächst zum Fluss, dem Oued Tamarakht, dann flussaufwärts bzw. auf den Bergrücken von Tifrit (ca. 1½ Std. Laufzeit) und schließlich zum Ort Tifrit. Die Markierungen sind nicht überall gut sichtbar. Gleich zu Beginn sollte man sich Richtung Fluss halten und nach etwa 800 m und einem schönen Bassin am Fluss (meist reicht der Wasserstand zum Schwimmen – gute Wasserqualität) dem von Ziegen ausgetretenen Pfad zu den Felsen folgen (Markierung rote Pinselstriche). Nach weiteren 50 Min. Aufstieg über teilweise glatte Felsscheiben folgt Tifrit. Rückweg: Man kann auch auf der Straße zum Ausgangspunkt zurücklaufen.

Taghazoute

Der ehemalige Fischerort hat in den letzten Jahrzehnten alle Höhen und Tiefen einer schnellen touristischen Entwicklung durchlaufen. Morgens gehört der große Strand an der geschützten Bucht immer noch den Fischern, tagsüber den Sonnensuchern und Surfern, abends der Fußball spielenden Dorfjugend.

Gerade 20 km nördlich von Agadir, spricht das vor 20 Jahren von Surfern entdeckte Taghazoute (gesprochen „Tarazuut") immer noch ein sportliches und jüngeres Publikum an. Es gibt viele Stammgäste, die ohne Umweg hierher kommen und von

Agadir nur den Flughafen kennen. Auch bei (wilden) Campern ist die Gegend geschätzt, zumal sich immer noch Stellen finden, auf denen das Campen außerhalb der Sommermonate toleriert wird. Hinter Taghazoutes geschäftigem Zentrum liegt der kleine Hafen, der deutlich besser zu den Fischerhafen-Postkartenidyllen passt als der von Agadir. Aber wie lange noch? Leider sieht der touristische Masterplan für die Gegend bis zur 10 km nördlich gelegenen, ruhigen **Aghroud Plage** Tausende von neuen Gästebetten vor (→ Von Agadir nach Essaouira und Safi/„Vision 2010").

• *Information* Auskünfte bei den deutschsprachigen Anbietern → unten.

• *Verbindungen* Kollektivtaxis nach Essaouira bzw. Agadir; Bushaltestelle am südlichen Ortseingang. Von Agadir startet die Buslinie 60 nach Taghazoute stündlich am Bd. Mohammed V.

• *Übernachten/Essen & Trinken* Appartements bietet der Agadir-Spezialist **Thomas Kasan** (www.agadir-ferien.de). **Bernd Schweigert**, seit Jahren Veranstalter von Aktiv- und Surfurlaub in der Region, bietet umfangreiche Programme für Surfer (www.taghazout.de und www.surf.de.md).

Beide Veranstalter verfügen über eine gute Auswahl an Studios, Appartements und Häusern.

Die unten beschriebenen Unterkünfte sind ausgeschildert – Straßennamen und Hausnummern gibt es hier nicht.

Residenz Amouage, am südlichen Ortseingang. Gut ausgestattete Studios wochenweise für 2600 DH. ✆ 028-200006, www.residence-amouage.com.

Camping du Taghazoute, große Anlage in Meernähe mit Schatten spendenden Arganien. Der Platz ist oft überbelegt, es gibt Wasser- und Stromprobleme. Sanitäre Anlagen schlecht. Zelt für 2 Pers. 35 DH/Nacht.

Café de la Paix, im Zentrum; originelles, junges Straßencafé und lokaler Treff für alle möglichen Kontakte. Preiswerte Tajines.

Sable d'Or, am südlichen Ortseingang; Restaurant und Bar mit Alkohollizenz in großartiger Lage. Hauptgerichte ab 120 DH.

• *Außerhalb* **Auberge Imrouane**, von Süden kommend in Tamrakht; bei den Einheimischen beliebtes Restaurant und Hotel. Die Zimmer zum Innenhof wählen. DZ ab 120 DH. ✆ 028-314616.

Hotel Littoral, an der Hauptstraße von Tamrakht; etabliertes Hotel mit guter Küche und großer Terrasse. DZ inkl. Frühstück 230 DH. ✆ 028-314726, www.hotellittoral.com.

Villa Solaria, Maison d'hôtes in schweizerisch-marokkanischer Hand. Hübsch eingerichtete Studios und Ferienwohnungen (ab ca. 550 DH/Tag). Loc. Aourir, Tamrakht. ✆ 028-314768, www.addimaroc.com.

• *Sport* **Reha Pferderanch**, Richtung Norden, kurz vor Taghazoute auf einem Gelände rechter Hand; optimale Haltung, guter Service. Das Team kennt die Region sehr gut, professionelle Organisation von mehrstündigen oder mehrtägigen Ausflügen ins Hinterland inkl. Übernachtung und Essen. Reitstunde ab 80 DH. ✆ 028-847549, www.ranchreha.free.fr.

enDo-Surfschule, in Tamrakht; die von Deutschen geleitete, gut ausgestattete Schule bietet unterschiedliche Standards, Anfänger und Profis kommen gleichermaßen auf ihre Kosten. Die Schule ist von August bis Anfang Mai geöffnet, zwei Wochen VP mit Unterricht und Brett 510 €. ✆ 068-395124, www.endosurf.com und www.surfmarokko.de.

Immesouane

Wer sich die Frage nach der Entwicklung der Fischerei in Südmarokko und dem Leben in einem typischen Fischerort stellt, wird an diesem Ort in der Mitte zwischen Agadir und Essaouira Antworten finden.

Will man auch den Fischern ein modernes Zuhause mit Strom anstelle romantisch wirkender Hütten zusprechen, könnte man diesen Fischerort am Rand einer ausgedehnten Bucht fernab der Nord-Süd-Landstraße als ein Vorzeigeprojekt erfolgreicher Entwicklungsarbeit betrachten. Ein japanisch-italienisches Konsortium realisierte im Jahr 2003 das neue Ortsbild mit gut ausgestatteten Wohnungen für 400 Fischer: eine Wohnanlage in Hufeisenform, zum Hafen geöffnet mit Auktionshalle,

Meerrestaurant Les Vagues

Werkstatt für Bootsmotoren, Geschäften und Restaurant – nach Aussagen einiger Fischer eine sich gut tragende Kooperative. Gegen Mittag wird der Fisch für den Weiterverkauf nach Agadir versteigert, und es ist interessant, das Geschehen am Rand zu beobachten. Wer mehr über die Kooperative erfahren möchte, kann sich auf Französisch an die Verwaltung (Gebäude mit großer Antenne) oder vor Ort an die Fischer wenden.

In den letzten Jahren hat sich Immesouane zu einem Hotspot für Surfer entwickelt, in den Sommermonaten kommen auch viele Marokkaner. Da in den wenigen Unterkünften maximal 50 Betten zur Verfügung stehen, besonders bei längerem Aufenthalt rechtzeitig reservieren.

• *Information* In der Auberge Kahina; hier wird auch deutsch gesprochen.

• *Übernachten/Essen & Trinken* **Les Vagues**, kleines, originell eingerichtetes Restaurant/Bar mit Meerblick direkt über der Bucht (zu erreichen auch über das Geschäft im westlichen Abschnitt des Wohnkomplexes), Treffpunkt der Fischer; gute und preiswerte Tajines; auch gekaufter Fisch wird zubereitet.

Auberge Tsara, direkt am nördlichen Ortsausgang; vorwiegend von deutschen Surfern besuchte Einfachunterkunft mit ca. 20 Zimmern und Jugendherbergscharme. Duschen und Wasser für Brettsäuberung vorhanden. DZ 150 DH; im Saal mit zwölf Betten 50 DH. ✆ 028-820597, bijerch@web.de.

Camper-Parkplatz am östlichen Ortsausgang; spartanische sanitäre Einrichtung, aber sehr schöne Lage; 20 DH inkl. Auto.

Auberge Kahina, auch hier dreht sich alles um das Wellenreiten, auch Materialsupport. Relativ schmale, aber hübsche DZ mit kollektivem Bad ab 180 DH. ✆ 028-826032, www.kahina.free.fr.

Chez Bounar, Café, Bar und Austauschbörse der Surfszene. Einfache Zimmer am Strand ab 50 DH werden vermittelt. Snacks und Tajines zu passablen Preisen.

Wanderung von Immesouane zum Oued Tamakouirint

Eine Möglichkeit, die Bucht von Immesouane zu erkunden, ist eine 2-stündige Wanderung, die auch zu einer längeren Tour erweitert werden kann. Man läuft direkt an dem zunächst grobsteinigen Strand von Immesouane in südlicher Richtung. Nach ca. 2 km wird der Strand, besonders bei Ebbe, flach und fein. An der ersten Haussiedlung kann man eine Pause einlegen oder die Strecke wieder zurücklaufen. Der folgende Weg führt mindestens weitere fünf Stunden südlich zur Flussmündung des Oued Tamakouirint. Auf besseren Karten ist diese Mündung als Gouffre d'Agadir verzeichnet. Hier kann man im Freien übernachten und am nächsten Tag zurück- oder am Marabut des Dorfes Tidli vorbei zur Hauptstraße laufen. Von der Hauptstraße sind es ca. 6 km bis zur südlichen Abzweigung nach Immesouane, wo eine Piste zum Ort zurückführt.

Sidi Kaouki

Der kleine Ort ist eine interessante Alternative zu Essaouira, ohne ganz im Abseits zu sein. Gerade 25 km von der Stadt hat sich hier an einer der schönsten Buchten der Region ein Zentrum für Surfer, Reitfreunde und Naturliebhaber entwickelt.

Die nach Sidi Kaouki führende kleine Teerstraße passiert die für die Region typischen, in eine idyllische Hügellandschaft eingebetteten Arganienhaine. Der am nördlichen Ortsanfang gelegene Marabut des Heiligen Sidi Kaouki ist ein Blickfang – ein altes, festungsartiges, leuchtend weißes Haus am Strand, das dem Meer in stürmischen Wintern einigen Tribut gezollt hat; gelegentlich sind Frauen zu sehen, die den Heiligen mit der Bitte um Fruchtbarkeit anrufen.

In den letzten Jahren wurde der kleine Platz am Ortseingang verschönert, aus den ehemaligen improvisierten Buden sind etwas freundlicher ausschauende Imbisse und Cafés geworden, an der Promenade haben einige Hotels eröffnet.

• *Information* In der **Auberge de la Plage** wird deutsch gesprochen, die Inhaber sind Kenner der Region. Zudem gibt's im Café Étoile und auf dem Campingplatz Chez Omar gute Tipps zur Region.

• *Übernachten/Essen & Trinken* Die unten beschriebenen Häuser sind ausgeschildert.

Auberge de la Plage, am nördlichen Ortseingang; mit viel Liebe zum Detail betreiben Carina und Gabrielle ihre kleine Auberge mit kleinem Restaurant und Pferdeverleih für Reitfreunde, den fantastischen Meerblick gibts kostenlos dazu. Auch Randonnées werden organisiert. DZ 350 DH. ✆ 024-476600, www.kaouki.com.

Le Dauphin, ca. 300 m vom Platz am Ortseingang; ursprünglich gestaltete Pension und Bar mit Fischerromantik ganz nah am Meer. Ferhat kennt die Region hervorragend und macht mit seinen Gästen geführte Ausflüge. DZ inkl. Bad/Frühstück 300 DH, ohne 200 DH. ✆ 024-476732, www.hotel-kaouki.com.

L'étoile de Mer, ca. 500 m vom Platz, am südlichen Ortsende; älteste Cafébar und Maison d'hôtes mit origineller Einrichtung und schönen künstlerischen Details, Fundstücken aus dem Meer und Skulpturen. Mustaphas Café wird von den Kaoukis gern besucht. Die drei individuell gestalteten DZ kosten jeweils 250 DH. Auch zwei geräumige Appartements (ab ca. 250 DH) in der Nachbarschaft werden vermittelt. Unser Tipp! ✆ 024-472537.

La Pergola, das dritte Haus am Platz beim Ortseingang; Pension/Restaurant mit gutem Service, Zimmer mit Bad zu passablen Preisen (ca. 250 DH). ✆ 024-785831.

Villa Soleil, zwei Häuser neben La Pergola; ordentliche Zimmer mit Bad ab 400 DH. ✆ 024-472092, www.hotelvillasoleil.com.

Windy, etwa 300 m vom Platz am Ortseingang; geräumige Appartements mit kühlenden Steinmauern und einer Terrassen-Ausstattung, die den Stürmen von Sidi Kaouki standhält. Hier können Surfer auch problemlos überwintern, Tino Massaro bietet in solchen Fällen einen Preisnachlass. Mit Pool. Appartements ab 750 DH. ✆ 024-472279, www.windykaouki.com.

Camping Kaouki chez Omar, günstiger Platz am südlichen Ortsende; 15 DH/Person inkl. Auto.

Café Restaurant Lawana, ca. 600 m vom Platz am Ortseingang; kürzlich renoviertes Haus mit schöner Terrasse. Hervorragender gegrillter Fisch, Salate und Lasagne. ✆ 071-70411.

• *Außerhalb* Riad Dar Takaoucht, an der Straße, die von Sidi Kaouki südlich verläuft; Herberge des Künstlers Mohammed Boudarqa und seiner Familie. Mit viel künstlerischem Esprit gestaltete Zimmer für 2–5 Personen. Fantastischer Blick auf die Bucht von Sidi Kaouki. Wer Abgeschiedenheit und Naturnähe sucht, ist hier gut aufgehoben! Auch ist die Familie sehr bemüht, die Kultur der Berber zu ver-

Das phantasievolle Étoile de Mer

mitteln. DZ 250 DH; mit Frühstück und einer Mahlzeit 50 DH/Pers. extra. Ca. 5 km südlich vom Zentrum, dann beschildert auf der linken Straßenseite (Sandweg); ca. 300 m in den Dünen oberhalb der Straße, die von Sidi Kaouki südlich verläuft. ✆ 061-775242, www.riad-tifaouine.com.

Sehenswertes

La Maison de Boujemaa Lakhdar: Freunde des Künstlers und Historikers Boujemaa Lakhdar beschrieben in den 80er Jahren das Landhaus des Konservators als einen „Lieu Magique", einen magischen Ort. Daran hat sich bis heute nicht viel geändert. Zu seinen Lebzeiten hatte der Konservator des *Musée des Arts Populaires d'Essaouira* (bis 1989) eine große Leidenschaft für zeitgenössische Kunst und war begeisterter Sammler von künstlerisch seltenen Keramik-Fragmenten und markanten Objekten, die die Surrealisten mit dem Begriff „Objet trouvé" („gefundene Objekte") bezeichneten. Möchte man Lakhdars Œuvre mit einem Surrealisten vergleichen, so nennt Hajouba Moumad, die Witwe des Künstlers, spontan Max Ernst. Und tatsächlich zeigen viele Installationen und Objekte in dem nach eigenen Plänen gebauten Berberhaus durchaus eine Nähe zu dem großen deutschen Surrealisten. Das Haus mit ausgefallenen Details, Bögen, alten Holztüren und Kaminen erscheint als Skulptur, die sich in den alten Arganiengarten ausstreckt. Auch der Garten selbst sowie die Außenmauern des Hauses sind mit Zeichen und Chiffren versehen, deren Bedeutungsgefüge entschlüsselt werden will.

Maison de Boujemaa Lakhdar, ca. 12 km südlich von Essaouira; ein kleines Schild kurz vor der Abzweigung nach Sidi Kaouki (auf der gegenüber liegenden rechten Straßenseite) weist auf die zum Haus führende Piste. Von Süden kommend, befindet sich die Abzweigung rechts hinter dem Aéroport Essaouira. Tägl. 9–13 und 15–18 Uhr. Eintritt 10 DH. Falls das Haus geschlossen ist: ✆ 062-293493.

Atlantikküste

Marabut von Sidi Kaouki

Wanderung von Sidi Kaouki zur Maison Boudarqa

Parallel zu der langen Bucht von Sidi Kaouki verläuft in südlicher Richtung die inzwischen aphaltierte, aber kaum befahrene Straße nach Smimou. Die Strecke mit fantastischem Meerespanorama kann man in einer ca. 2-stündigen Wanderung erkunden. Ausgangsort ist das Café L'Étoile de Mer am südlichen Ortsende (s. o.), von wo nach etwa 5 km links die Abzweigung zum „Riad Dar Takaoucht" von Mohammed Boudarqa erreicht ist (→ Sidi Kaouki/Übernachten). Von dort sind es noch etwa 700 m zum Haus. Nach Vorbestellung kann man hier essen oder einfach nur das schöne Atelier (→ Foto S. 52) des Künstlers besuchen (✆ 061-775242).

Von hier lässt sich die Wanderung noch ausdehnen: Nach weiteren 50 Min. Laufzeit von der Abzweigung zur Maison Boudarqa erreicht man in dem südlich gelegenen fruchtbaren Tal eine Flussmündung in das Meer. Von der Straße biegt ein Maultierpfad Richtung Meer und führt in das Tal mit einem Netz von kleinen Wegen.

Weiterfahrt nach Agadir: von Sidi Kaouki auch möglich auf der landschaftlich sehr schönen, oben erwähnten Verbindungsstraße nach Smimou in südlicher Richtung.

Diabat

In dem kleinen Berberdorf unterhielt Sultan Sidi Mohammed Ben Abdallah seine Sommerresidenz, deren Ruinen in den weiten Dünen unterhalb des Ortes schon von weitem sichtbar sind. Sogar die mächtigen Mauern, in deren Schatten Ziegen und Schafe Schutz vor der Mittagssonne finden, zerfallen langsam. Ein großer Eukalyptus- und Mimosenwald festigt die Dünen und bildet einen Schutzgürtel gegen Sturm und Versandung.

Dieses intakte Dünengebiet, einige Kilometer südlich von Essaouira, wo sich bis heute nur ein paar Touristen, Esel und Ziegen die Hufe reichen, wird derzeit von belgischen und französischen Investoren zu einem Megaferienkomplex mit Hotels und Villen, Golf- und Freizeiteinrichtungen umgewandelt. Doch für wen hier Arbeitsplätze und Einkommen geschaffen werden, bleibt unklar, auch wenn versprochen wird, dass Diabat davon profitieren soll, wie Bakshir, ein kleiner Kioskbesitzer im Ort, erzählt. Die meisten hier lebenden Berberfamilien finden heute ihr Einkommen in der Fischerei oder arbeiten in Essaouira. Die Frauen treiben täglich Rinder, Schafe und Ziegen zum Grasen in den Wald. Doch von den vielen Jugendlichen sind 70 % ohne regelmäßiges Einkommen; einige verdienen mit geführten Pferde- und Kameltouren etwas Geld. Dagegen hat ein französischer Investor eine Station für Quads eröffnet, mit denen über den Strand und durch die Dünen getost werden kann – stinkende Vierräder contra sanfte Vierbeiner sozusagen.

• *Information* Im Ryad Kaleido (deutschsprachig) und im Hendrix Café.

• *Verbindungen* Mit dem Taxi oder zu Fuß in ca. 50 Min. zum Café Ocean Vagabond in Essaouira. Taxiservice bei Bachir (→ unten) und ✆ 077838381 (Aziz)

• *Trekking/Reiten* **Abouda-Safar**, Ranch an der Ostseite von Diabat; Stundenpreis 100 DH, bei längeren Ritten und Tagesausflügen wird großzügig Rabatt gewährt. Jawad Elwali. ✆ 066-780561, www.abouda-safar.com.

Chez Simou, ebenfalls an der Ostseite des Dorfs; kleine geführte Gruppen mit 2–4 Personen, Trekkings am Meer und nach Cap Sim. ✆ 077-54352.

Cap Sim Trekking, am Cap Sim; alles zum Thema Abenteuer in der Natur: Trekking und mehrtägige Exkursionen in die Region; die Veranstalter besitzen eine Ranch östlich des Ortes, Verabredungen dort oder im Hendrix Café. ✆ 062-201898, www.capessaouira.com.

Übernachten/Essen & Trinken

Maison d'hôtes Ryad Kaleido, Gästehaus mit rotbrauner Fassade, ovalem Patio und schöner Atmosphäre; künstlerisch nach Farbthemen gestaltete DZ, Bäder mit Tadelaktputz, die Korridore mit vielen bunten Glasmosaiken. Von der prächtigen Dachterrasse blickt man auf den Eukalyptuswald, das Meer, die Îles de Mogador und Essaouira. Die Besitzer Aziz und Simone veranstalten Workshops, z. B. Trommeln und traditionelle Musik. Große DZ ab 200 DH. App. 600 DH. Unser Tipp! ✆ 073-865593, www.ryadkaleido.com.

Auberge Tangaro, nach der Abzweigung von der Hauptstraße Agadir–Essaouira ca. 1 km in Richtung Diabat; Anlage im Bungalowstil mit Campingmöglichkeit. Für die Anlage ohne Strom etwas überhöhte Preise. DZ inkl. HP 800 DH. ✆ 024-784784.

Hendrix Café, am nördlichen Ortsende; in Sichtweite des Cafés befindet sich der ehemals königliche Palast, bereits in den 60er Jahren eine Ruine, in der Jimmy Hendrix und Folks es sich gut gehen und wilde Feste steigen ließen. Kleine Cafébar, deren wenige Quadratmeter Wandfläche mit Bildern von Gnaoui-Künstlern geschmückt sind. Wenn der stürmische Wind nicht die Tassen wegweht, kann man auch auf der Terrasse den Kaffee oder seine Tajine genießen. Husseins Dromedare sind meistens vor dem Café geparkt. Ritte in die Umgebung für 100 DH.

Hendrix Hotel, vier Häuser weiter südlich; Mina kocht gute Tajines, doch sollten mindestens 90 Min. für die Zubereitung gerechnet werden. Einige DZ ab 200 DH.

Chez Naima, vom Hendrix Café aus hinter der Moschee; kleine Privatunterkunft bei einer Berberfamilie in plüschig-buntem Ambiente. Zimmer ab 100 DH.

Chez Bachir, in der Ortsmitte; Getränkekiosk mit Haushaltswaren; der Inhaber ist auch Taxifahrer und führt Motorrad-Touren.

Chez Achmed, in der Ortsmitte; Kiosk mit Telefonbox und Gemüse-/Obstangebot.

• *Außerhalb in El Rhazoua* **Villa Damonte**, an der Straße 7 km südlich von Essaouira. Etwas verbautes Dar mit großem Patio und Pool. DZ 650 DH. ✆ 024-474732, www.net-tensift.com/damonte.

Belle de Mai, an der Hauptstraße, am nördlichen Ortseingang; kleine Pension mit einfachen Zimmern. Die Besitzerin serviert im kleinen Restaurant südfranzösische Speisen. DZ ab 210 DH. ✆ 024-472149, www.hotel-essaouira.com.

La Baoussala, von der Hauptstraße am nördlichen Ortseingang erste Querstraße rechts, dann ca. 2 km nach Westen (ausgeschildert); sehr ruhige und abseits gelegene Maison d'hôtes in einem ehemaligen Hamam in großem, schattigem Eukalyptuswald mit hübschem Garten. Viele künstlerische Details, etwa mit buntem Glas gestalteten Lichtschächte, schattige Terrassen und einer Architektur, die Hundertwasser gefallen hätte. Geräumige DZ mit Tadelaktbädern ab 600 DH. ✆ 024-474345, www.baoussala.com.

Arganölkooperative in Tidzi südlich von Sidi Kaouki

Arganöl – stärkt nicht nur das Immunsystem

Inschalla. Ein Lächeln liegt in den Augen von Halima. Inschalla – so Gott will – besiegelt Verträge, Vereinbarungen, Abmachungen, auch in den abgelegensten Flecken der arabischen Welt. Auch solche, die dort eher ungewöhnlich sind. Die Frauen, die sich hier, südlich von Essaouira, an der Südküste Marokkos, an diesem späten Frühlingstag vor einem weiß getünchten Haus mit einem Buchhalter treffen, haben die bürokratischen Hürden für ihre Arbeit genommen und starten mit einem Kleinkredit ihre Frauenkooperative. Ihr Ziel: kostbares Arganöl herstellen und damit ein von den Männern unabhängiges Einkommen erwirtschaften.

Halima, Mitte vierzig, leitet die siebenköpfige Kooperative und weiß, wovon sie spricht. Ihre Familie kultiviert seit Generationen die Arganien, dornige, immergrüne Bäume, die eine Barriere gegen die wandernden Dünen bilden. „Die Arganien stehen von jeher im Mittelpunkt unserer Arbeit, auch wenn in den letzten Jahren viele Frauen dieser anstrengenden Arbeit den Rücken gekehrt haben. Aber wenn wir Frauen uns zusammenschließen und gemeinsam Öl pressen, haben wir Aussicht auf sichere Einnahmen."

Viele Frauen akzeptieren die traditionellen Rollen nicht mehr, vor allem wenn sie alleinstehend sind, Kinder haben und Geld für den Unterhalt brauchen, sagt Halima, und kommt schnell auf ihr eigentliches Anliegen: „Wer für wenig oder gar keine Bezahlung auf dem Land arbeitet, muss sich den Männern unterlegen fühlen. Deshalb wollen wir unser Öl gemeinsam verkaufen und einen guten Vertrieb aufbauen."

Und so findet sich heute in Südmarokko zwischen Safi und Sidi Ifni eine steigende Anzahl von Frauenkooperativen, die in Gruppenarbeit die Früchte sammeln, die Kerne knacken, die gewonnenen Samen anrösten und anschließend in handbetriebenen Steinmühlen das kostbare Öl gewinnen. Neben der wirtschaftlichen Bedeutung ist die Kultivierung der Arganie Bestandteil der Berberkultur, die den Frauen, anders als im Islam, traditionell eigenständige Rollen zuschreibt.

Bark, Halimas Mann und fünf Jahre jünger als sie, ist Fischer. Sein Einkommen hat sich durch Überfischung im Meer in den letzten zehn Jahren halbiert, während die Lebensmittelpreise in Essaouira um mehr als das Doppelte gestiegen sind. „Wenn der Export von Arganöl in andere Länder ein regelmäßiges Einkommen bringen würde", meint er, während er sein altes Moped putzt, „könnten ganze Familien wie früher mithelfen, das Öl herzustellen, und es könnten junge Bäume gepflanzt werden." Auf die Frage nach der zu erwartenden Menge Öl gibt Halima dem Buchhalter eine offenbar ausweichende Antwort: „Je mehr Öl wir zu einem guten Preis verkaufen können, desto mehr Frauen werden sich an unserer Arbeit beteiligen, und umso mehr Öl werden wir produzieren."

In der Tat ist der Arganienbaum eine geradezu unerschöpflich vorhandene Baumart an den südlichen Hängen des Atlasgebirges, einem Areal von 800.000 Hektar Land, dessen Erträge nur zu einem Teil genutzt werden. Der Arganienbaum kann lange Trockenperioden überstehen, jedoch keinen Frost. Er ist immergrün, wird fünf bis acht Meter hoch und hat eine rissige Rinde, seine Zweige sind dornig. Die Früchte reifen im September und enthalten Kerne mit Samen, die eine fleischige Schale umgibt. Vormittags, wenn die Samen aus den Kernen geschlagen werden, entsteht in der Frauenkooperative ein fast musikalisches Geräusch unter dem Dach der kleinen Scheune.

Um das Öl zu gewinnen, wird der nussig-duftende Brei, der langsam aus der Mühle läuft, mit Wasser versetzt und so lange geknetet, bis das Öl sich absetzt. Das frische und kaltgepresste Arganöl hat die Farbe von frischem Pfefferminztee – und es ist hoch wirksam: Es senkt die Blutfette, verbessert die Durchblutung und stärkt das Immunsystem. Es enthält zu über 80 % lebenswichtige ein- und mehrfach ungesättigte Fettsäuren (Omega 6), Krebs hemmende D7-Sterolen, essentielle Linolsäure und Vitamin E. Neben dem Öl werden aus den nicht gerösteten Argan-Kernen kosmetische Produkte und Amalou, ein mit Honig gesüßtes und mit Arganöl vermischtes Mandelmus, hergestellt.

Ein Liter bestes Arganöl kostet in den Frauen-Kooperativen um die 200 DH. Die Qualität ist hier garantiert, während das auf Märkten für ca. 100 DH angebotene Öl nicht immer rein ist. In Tidzi kostet das mit italienischen Elektro-Pressen gewonnene Öl mehr als das steingepresste Öl in Tiguemine. Dabei ist die Qualität des in der Steinmühle gewonnenen Öls deutlich höher, die Empfindlichkeit aber auch größer. Eine Prise Salz im Öl sowie kühle und dunkle Lagerung helfen, die Haltbarkeit zu erhöhen.

Die traditionelle Produktion von Arganöl wurde auf der Terra-Madre-Ausstellung bedrohter Traditionen 2006 in Turin dokumentiert. Kontakt: Zoubida Charrouf, ✆ 037-682848, zcharrouf@menara.ma. Mehr Infos: www.targanine.com, www.argan-mogador.com, www.argane-maroc.com, www.tamounte.net.

• *Arganöl-Kooperativen* An der Strecke von Essaouira nach Marrakesch befinden sich nach ca. 15 km in Douar el Mssassa drei Frauenkooperativen, die besucht werden können: die Kooperativen **Assaisse, Tiguemine** und **Marjana**. An der Strecke von Essaouira nach Agadir findet sich nach ca. 30 km die Kooperative **Addigue Tidzi** in der gleichnamigen Ortschaft. Ebenfalls auf dem Weg nach Agadir, ca. 70 km hinter Essaouira, folgt die Kooperative **Amal** in Tamanar.

Ausflüge: Trekking und Reiten am Strand nach Sidi Kaouki

Für die landschaftlich sehr reizvolle Tour von Diabat sollte ein ganzer Tag Laufzeit (ohne Pausen ca. 5–6 Stunden) einkalkuliert werden. Wer in Essaouira startet, sollte nochmals 90 Minuten hinzurechnen.

Die ca. 20 km lange Strecke von Diabat nach Süden führt über einen weitgehend unberührten Küstenabschnitt nach Sidi Kaouki. Für die Wanderung empfiehlt es sich, vorzugsweise die Zeit des Niedrigwassers zu wählen, zumal es sich auf dem festen Strand besser läuft. Auf dieser Strecke finden sich kaum Spuren menschlicher Siedlungen, was den besonderen Reiz dieser Wanderung ausmacht – bis auf einige kleine Fischersiedlungen ist die Gegend völlig unbewohnt. Gelegentlich finden sich aus Treibholz zusammengeflickte Fischerhütten. Fischer sind zu beobachten, die hier ihre Netze auslegen, Algen suchen oder bei Ebbe Krustentiere und Seeigel aus den Steinen herausziehen. Meist sind sie schon von weitem zu erkennen, da hier Möven kreisen. Je nach Gezeit ist der Strandgürtel zwischen 200 und 500 m breit, hinter den Dünen befindet sich ein Gürtel mit Strandvegetation und Eukalyptushainen. Oberhalb des stürmischen **Cap Sim** liegt eine Berbersiedlung.

In Sidi Kaouki (→ oben) finden sich einige Strandrestaurants, dort kann auch übernachtet werden. Wer die Strecke nicht zu Fuß zurücklaufen möchte, findet in Sidi Kaouki Mitfahrgelegenheiten bzw. Kollektivtaxis.

Die **Assoziation Abouda-Safar** in Diabat veranstaltet Randonnées bzw. geführte Trekkings mit gut eingerittenen, geländeerfahrenen Berberhengsten nach Sidi Kaouki. Das Trekking dauert meist einen halben Tag; übernachtet wird in Zelten am südlichen Strand von Sidi Kaouki und am nächsten Tag zurückgeritten. Jawad Elwali, Diabat; ✆ 066-780561, www.abouda-safar.com.

Mimosenhaine bei Essaouira

Auf der Stadtmauer

Essaouira

Wer an einem der häufigen stürmischen Tage Holzspan durch die Luft fliegen sieht und im Hafen beim Bau der massiven Holzkutter zusieht, während einige Schritte weiter aus dem Bauch dieser archaisch wirkenden, aber seetüchtigen Kutter Unmengen von Fisch entladen werden, kann sich in Zeiten zurückversetzt fühlen, in der der gut befestigte Hafen ein nicht weniger buntes Gemisch an Seefahrern und Freibeutern aufnahm.

Etwas weiter bei der Fischauktionshalle drehen Scharen kreischender Möwen vor den leuchtendblauen, an Land gezogenen Fischerbooten ihre Kreise. Gleich dahinter die weiße Stadtmauer, gegen die der Atlantik peitscht. Fische in Holzkästen werden gut sortiert und mit Eis bedeckt in alle Richtungen getragen, und obwohl der Fang üppig scheint, gibt es kaum einen Fischer, der nicht von den Zeiten schwärmt, in denen ein Vielfaches aus dem Meer gezogen wurde. Nicht ohne Grund: Heute kreuzen nicht weit vor den marokkanischen Hoheitsgewässern internationale Hightech-Fangflotten aus Japan und der ganzen Welt und befischen die Meere mit viel zu engmaschigen Netzen.

Vielleicht ist Essaouira (77.000 Einwohner) die schönste Hafenstadt an der marokkanischen Atlantikküste. Im Vergleich zu den Industriehäfen im Norden hat die Fischerei immer noch einen provinziellen Charakter, und das Leben der Stadt verströmt etwas von jenem Charme, der nur noch wenigen mediterranen Häfen eigen ist. Die portugiesische Festungsarchitektur ist noch weitgehend erhalten, in der Medina findet sich ein geschäftiges Treiben der Handwerker, kleinen Händler und Kioskbesitzer. Das nachmittägliche Leben auf der Place Moulay el Hassan scheint sich immer noch gemächlich unter dem Schatten der prächtigen Araukarien-Fichten zu entfalten, während Kinder auf dem winddurchfluteten Platz Fußball spielen. Abends klappen hier in der Nebensaison um Mitternacht die Bürgersteige hoch, nur wenige Bars bleiben geöffnet.

Die Medina mit ihren Handwerksläden, in denen das duftende Thujaholz kunstvoll zu Tischen, Schränken und Accessoires verarbeitet wird, die Schmiedearbeiten, die nur hier gefertigt werden, und eine reiche kunsthandwerkliche und künstlerische Produktion zwischen Malerei, Holzskulptur und Einlegearbeiten verdichten sich zu einer ganz eigenen Atmosphäre. Der Tourismus – störend wirken nur die geballt einrückenden Gästegruppen – hat noch eine überschaubare Dimension, sieht man von den Wochenenden bzw. Juli und August ab, wenn die Städter hier ihre Ferien verbringen.

Die alten Dars und große Teile der vom Verfall bedrohten Medina werden langsam restauriert, auch die Mellah, das ehemalige jüdische Viertel, wird bald ein verändertes Antlitz zeigen. Es scheint, als würden viele Gäste von dem Angebot an kleinen, versteckten Riads, Maisons d'hôtes und Restaurants in der verwinkelten Medina gern Gebrauch machen. Lange bevor Künstler, Schriftsteller und das Kino, etwa Ridley Scott mit „Die Kreuzfahrer“, Essaouira entdeckten, hatte Orson Welles hier „Othello“ gedreht (1952) und das Living Theatre in den 70er Jahren legendäre Auftritte. Und schon Ende der 60er Jahre kamen Cat Stevens und Jimmy Hendrix (der sich von der Gnaoua-Musik inspirieren ließ → unten) und mit ihnen Schwärme der „Happy Flowerpeople“ ...

Geschichte

500 v. Chr. entdeckt durch den Karthager Hanno und bekannt geworden durch den großen Karawanenhandel seit dem 11. Jh., wurden im Hafen von Essaouira Sklaven aus dem Sudan und kostbare Waren gegen Güter aus dem Norden getauscht. Der arabische Chronist El Bekri berichtet von einem Hafen mit dem Namen *Amogdoul*, in dem der (mauretanische) Nubierkönig Juba II. eine Purpurmanufaktur gebaut hatte, um den kostbaren Farbstoff der Purpurschnecke an die Römer zu verkaufen. Im 15. Jahrhundert setzten sich die Portugiesen fest und begannen, die Stadt auszubauen – in dem Grundriss, der teilweise heute noch sichtbar ist. Mit dem Bau des portugiesischen Forts 1606 entwickelt sich Essaouira zum Zentrum europäischer Seefahrer und Kaufleute: Auf dem christlichen Friedhof am Bab Doukkala finden sich Gräber holländischer, nordischer und mediterraner Seefahrernationen, die in der Stadt Handelsniederlassungen unterhalten hatten. Doch waren es besonders die jüdischen Kaufleute und Händler, die den internationalen Handel voranbrachten; im 18. Jahrhundert stellten sie mit etwa 40 % die größte Bevölkerungsgruppe. Denn den Arabern war es untersagt, Güter wie Getreide mit Nicht-Arabern zu handeln, zudem waren sie in wirtschaftlichen Belangen im Umgang mit den Europäern wenig geübt. 1764 ließ der Alaouiten-Sultan Ben Abdallah einen neuen Hafen anlegen und vom französischen Architekten Theodore Cornut eine neue Stadt mit befestigter Hafenanlage verwirklichen. Dieser damals sehr viel beachtete Grundriss der Hafenstadt gab ihr ihren heutigen Namen: „Es-Saouira“, was soviel bedeutet wie „gut gezeichnet“. Gemeint war damit die sichere Befestigung nach außen und eine architektonisch funktionale Aufteilung nach innen. Bald verfügte die Stadt über Niederlassungen und Konsulate der nordischen Handelspartner, die hier Salz, Zucker, Öle, Datteln, Lederwaren, Thujaholz-Produkte, Schmuck und Handwerk sowie Waren des Karawanenhandels (als „Hafen von Tomboctou“) einkauften und

Die Portugiesen brachten nicht nur den weißen Stich auf die Mauern

Essaouira zum wichtigsten Handelsplatz am Atlantik machten. Der ausländische Nachwuchs wurde an einer englischen Schule (1785) unterrichtet. Die wirtschaftliche Blütezeit endete mit dem Niedergang des Karawanenhandels Ende des 19. Jahrhunderts, bald folgte die Besetzung des Landes durch französische Kolonialtruppen (ab 1912), und in der Folge der schnelleren industriellen Entwicklung der nördlich gelegenen Häfenstädte, mit denen Essaouira nicht mehr mithalten konnte.

Von der im 18. Jahrhundert größten Bevölkerungsgruppe, den jüdischen Kaufleuten und Händlern (10.000 von insgesamt 25.000 Bewohnern), sind inzwischen die meisten ausgewandert. Die berberstämmige und arabischstämmige Bevölkerung hat sich bis Mitte des letzten Jahrhunderts wenig durchmischt und ihre Traditionen gepflegt, während die Gnaoui, die Nachfahren der schwarzafrikanischen Sklaven, heute oft viel beachtete Künstler sind und auch im Ausland auf große Resonanz stoßen: Das längst international anerkannte Gnaoua-Worldmusicfestival im Juni zieht Gäste und Musiker aus aller Welt an.

Information/Verbindungen (siehe Karte S. 218/219)

• *Information* **Syndicat d'Initiative du Tourisme**, Rue du Caire 10, in einer Querstraße gegenüber vom Uhrenturm. Tägl. 9–18 Uhr. Gute Stadtkarten, Tipps zu Veranstaltungen und Ausflügen. Neben Französisch wird auch Englisch gesprochen. ✆ 024-783532, www.essaouira.com.

Nützliche Infos auch auf den **Websites**:
www.essaouira.com – Aktuelles und allgemeine Informationen zur Stadt
www.essaouiranet.com: Unterkünfte in der Stadt, Kultur und Riads.
www.mogador-essaouira.com: Infos zu einem Mega-Bauprojekt im Süden Essaouiras.

• *Verbindungen* **Supratours-Busse (51)** und Billetverkauf an der Ecke Av. Lalla Aicha/Place Bab Marrakech. www.oncf.ma.

Die **Gare routière** befindet sich in der Rue de 2-Mars, 600 m östlich der Medina. Hier starten die privaten Buslinien sowie die **Kollektivtaxis** ✆ 024-784764.

Nach Marrakesch täglich drei Supratours-Busse vom Bab Marrakech; vier CTM-Busse (www.ctm.co.ma.) sowie stündlich mit den Buslinien der Privaten; mehrmals täglich auch nach Casablanca (mindestens 4x, auch nachts), Agadir (10–15x tägl.) und Safi (6x tägl.).

- *Pferdekutschen* Auch in Essaouira lebt die alte Tradition, mit der Pferdekutsche in die Neustadt zu fahren. Die Kutschen starten an der Bab Doukkala. Preis verhandelbar, ab 20 DH für die ca. 40-minütige Fahrt.

Diverses

- *Autoverleih* **Wind Car (58)**, Abdellatif Bounar bietet bei 1 Woche Leihdauer 10 % Nachlass, ein Fiat Uno kostet damit nur 250 DH/Tag. Rue Princesse Lalla Amina. ✆ 024-472804 oder 061-347134.
- *Buchhandlung* **Aida (39)**, große Auswahl an Literatur in Englisch und Französisch zu Kunst und Kultur; auch aktuelle marokkanische und französische Autoren in französischer Sprache. Im hinteren Teil des Geschäfts eine große antiquarische Sammlung mit skurrilen Objekten, die aber nur Kaufinteressierten gezeigt wird. Rue de la Sqala, neben dem Eingang zum Taros-Café.
- *Fotografie* **PhotoLaboFlash**, Schnellphotolabor, CD-Service. Rue Abdall Ben Abdallah.
- *Reiseagenturen* **Marokko Aktiv Tours (55)**, der Spezialist für Appartements, bietet ein breites Angebot an Unterkünften. Rue Tensift 7. ✆ 024-473461, www.essaouiranet.com.

Kultur, Ausstellungen, Galerien

Alliance Franco-Marocaine (16), einige Häuser neben dem Museum „Sidi Ben Abdallah“. In einem frisch renovierten alten Palais gibt es neben Sprachkursen (Arabisch, Französisch) auch Kunstausstellungen, kleine Konzerte und Autorenkino. Das kleine Programmheft erscheint alle drei Monate. Empfehlenswert! Tägl. bis 20 Uhr. Rue Lalouj 9, ✆ 024-472593.

Musée Sidi Mohammed Ben Abdallah, Volkskunstmuseum, voraussichtlich bis 2008 geschlossen. Das interessante Dar besitzt eine schöne Auswahl an Musikinstrumenten und Dokumenten zur Geschichte der Gnaoua-Musik; dazu wird alter Berberschmuck der Region gezeigt sowie gewobene Stoffe, Keramik, Holzarbeiten, Teppiche aus dem nahen Tensift und Infotafeln zu den religiösen Bruderschaften der Stadt. Rue Lalouj.

Sonstiges

16 Alliance Franco-Marocaine
19 Galerie Tata
20 Atelier de Said
31 Alimama Intérieurs
34 Galerie La Kasbah
39 Librairie Aida
44 Galerie Damgaard
45 Dar Souiri
51 Supra Tours
55 Marokko Aktiv Tours
58 Wind Car

Cafés

6 Il Mare
12 Blue Note
15 Chez Othmane
30 La Triskalla
33 Chez Driss
37 Café de France
42 Baraka
43 Dolce Fredo
56 Ocean Vagabond

100 m

Essaouira

Dar Souiri (45), das hübsche Palais ist der wichtigste Veranstaltungsort der Stadt für Konzerte, Ausstellungen und anspruchsvolles Kino. Im April gibt es die Kammermusikwoche „Alizés", im Herbst eine andalusische Woche. Tägl. bis 20 Uhr. Rue du Caire.

AKAL ART, von der Kulturmanagerin Sadya Bairou geleitete Initiative, die Kunst mit kulturellen Ereignissen sowie sozialen und ökologischen Fragen verbindet. Rue Sidi el Ghazi 40. Aktuelle Projekte unter www.akal-art.org.

• *Galerien* **Galerie La Kasbah (34)**, Antiquitätengeschäft mit großem Patio und interessanten Objekten. Rue de Tétuoan.

Galerie Tata (19), interessante Auswahl an Berberschmuck. Inhaber Omar Jallali kennt alle Herkunftsregionen und berät kompetent. Auf dem Marché au Grains, am Anfang der Rue Souk Jdid.

Alimama Intérieurs (31), kleines Geschäft mit originellen Lampen und Kunsthandwerk. Produkte können auch verschickt werden. Rue de Tétuan 5.

Atelier de Said (20), Rue Ibn Toumert. Hier werden die traditionellen Gnaoua-Instrumente, die Gembris, gefertigt.

Galerie Damgaard (44), Av. Oqba ben Nafi. Tägl. 9–13 und 15–19 Uhr, ✆ 024-784446.

Chez Othmane, in einer Seitengasse der Sidi Med Ben Abdallah (→ Essen & Trinken/Restaurants). Rue Abdelaziz Fechtali 24. ✆ 068-419292.

Espace Othello, Rue Mohammed-Laya. Eine Reihe unabhängiger Künstler vermarkten ihre Werke hier selbst.

Übernachten (siehe Karte S. 218/219)

***** **Sofitel Mogador (53)**, architektonisch gelungener Neubau der Accor-Hotelkette. Spezialisiert auf Fitness (Innen- und Außenmeerwasserpool), Thalasso-Therapie und Surfen. DZ bei drei Tagen Mindestaufenthalt ohne Frühstück ab 980 DH/Person Bvd. Mohammed V. ✆ 024-479000, www.sofitel.com

Riad Mimounia (1), mit viel Aufwand im Riadstil neugebautes Hotel, etwas versteckt im jüdischen Viertel (Mellah) an der Meerseite. Traditionelle Steinmetzarbeiten und Mosaike schmücken Wände und Patio. Restaurant, Hamam mit Spa-Service, große Dachterrasse mit Bar. Geschmackvoll eingerichtete, große DZ, teils mit Meerblick. DZ inkl. Frühstück 850 DH. Rue d'Oujda 62. ✆ 024-785750/53, www.riad-mimounia.com.

Dar Loussia (49), kürzlich renoviertes Dar mit lichtdurchfluteten Räumen und sehr großem Patio, schöner Terrasse und wechselnden Kunstausstellungen. Zwei Schritte vom Glockenturm. DZ 800–1200 DH. Rue Ben Messaoud 4. ✆ 024-783756, www.dar-loussia.com.

Ryad Gyvo (47), von belgischem Paar geführtes großes Riad mit hohen Räumen gegenüber Dar Loussia. DZ und Studios ab 900 DH. ✆ 024-475102, www.riadgyvo.com.

Maison des Artistes (10), tatsächlich von Künstlerhand (Cyril Laneulle) gestaltet, mit persönlicher Note in familiärem Ambiente. Die Terrasse mit Meerblick zählt zu den schönsten in der Medina. Die wenigen Zimmer sind meist ausgebucht. DZ 1200 DH. Ecke Darb Lalouj/Rue Sqala. ✆ 024-475799, www.lamaisondesartistes.com.

La Casa del Mar (3), sehr schöne Maison d'hôtes mit Terrasse und Meerblick. Lichtdurchflutete, geschmackvoll gestaltete Zimmer mit kunstvollen Tadelakt-Bädern. DZ 600 DH. Rue D'Oujda 35. ✆ 024-475091, www.lacasa-delmar.com.

Hotel Smara (23), kleines Hotel in bester Lage, direkt an der Meerpromenade „Sqala de la Kasbah". Freundlicher Service. Die DZ ohne Bad sind seit Jahren preisstabil (je nach Lage mit Meeresrauschen 96 DH, mit Meerblick 156–210 DH), in einem Annex mit Küche (250–400 DH). Archane lässt das Frühstück mit frischem Orangensaft (18 DH) auch auf der großen Terrasse mit Blick auf die Sqala servieren. Rue Sqala, ✆ 024-475655.

Dar Al Bahar (2), ebenfalls mit Meerblick, einige Schritte hinter Maison des Artistes. Kleinere DZ ab 700 DH. Rue Touahen 1. ✆ 024-476831, www.daralbahar.com.

Hotel El Fath (40), auch gutes Restaurant. Zimmer mit Meeresrauschen 300 DH, mit Meerblick 500 DH. Rue Sqala 6. ✆ 024-474492, www.essaouiranet.com/hotelelfath.

Dar Loulema (38), feines Riad mit einer der besten Terrassen zum Hafen und zur Sqala. Freundlicher Service. Schöne Zimmer und Badezimmer ganz in Tadelakt. DZ ab 790 DH. Rue Souss 2. ✆ 024-475346, www.riadloulema.com.

Hotel Restaurant Château Mogador (57), 30er-Jahre-Architektur direkt am Meer, sehr schön renoviert. Der Inhaber Ashim spricht Englisch. Bar mit Internet. Ordentliche Zimmer mit Sat-TV, vom oberen Stockwerk schöner Ausblick. DZ 280 DH bei mindestens vier Tagen, ansonsten 300 DH. Rue Princesse Lalla Hassna 18. ✆ 024-476900, www.chateaumogador.com.

Madada Mogador (46), altes Haus einer Kaufmannsfamilie, das entkernt und mit einem Tick New-Age neu gestaltet wurde. Die Inhaberin Christine Dadda hat alle Zimmer individuell gestaltet, einige haben fantastischen Meerblick. Die große Dachterrasse ist ein idealer Frühstücksort. DZ ab 100 DH. Rue Youssef el Fassi 5. ✆ 024-475512, www.madada.com.

Lalla Mira (35), von der Deutschen Felicitas Christ renoviertes Hotel mit eigenem Hamam und hervorragender Bio-Küche – im Süden Marokkos eine kleine Sensation. Z. B. gibt es leckeren Ziegenkäse aus dem 50 km entfernten Mescala, wo auch das hauseigene Gemüse angebaut wird. DZ ab 690 DH. Rue d'Algérie. ✆ 024-475046, www.lallamira.ma.

Hotel Cap Sim (24), in einer Querstraße zur Sqala. Relativ großes Hotel mit einfachen Zimmern. Dachterrasse mit Blick auf die Medina. DZ 260 DH, ohne Bad 160 DH. Rue Ibn Rochd 11, ✆ 024-785834.

Hotel Al Arboussas (18), schräg gegenüber der Post. Freundlicher Service, viel Lokalkolorit. Zimmer mit Blick auf die Fußgängerzone. Ordentliche Zimmer ab 250 DH. Rue Lalouj 24, ✆ 024-472613.

Hotel Majestic (17), gegenüber der Alliance Française. Von der Dachterrasse gute Aussicht auf die Medina. Funktionelle Zimmer mit und ohne Bad ab 130 DH (EZ 70 DH); mit Dusche und weitem Ausblick in der oberen Etage 250 DH. Rue Lalouj 40, ✆ 024-474909.

Hotel Tafraoute (29), etwas gesichtsloses, aber geräumiges Hotel nicht weit vom Glockenturm. Zimmer 2006 renoviert. Geräumige EZ 150 DH, DZ 250 DH. Rue de Marrakech 7, ✆ 024-4736276.

Hotel Andalous (5), nahe Busbahnhof. Ordentliche Zimmer mit TV. EZ 150 DH, DZ 250 DH, jeweils inkl. Frühstück. Bd. Moulay Idriss 47, ✆ 024-472951.

Hotel Al Marjane (7), eine Straße hinter dem Andalous. Etwas einfacher, aber sauber. DZ 100 DH, EZ 80 DH ohne Bad. ✆ 024-476691.

Dar el Qdima (32), in einer Seitenstraße hinter dem Bab El Menzeh. Angenehme Zimmer, schöne Dachterrasse, freundlicher Service. DZ 350 DH. Rue Malek Ben el Morahhal 4. ✆ 024-473858, www.darqdima.com.

Hotel Al Madina (25), altes Riad (Ende 18. Jh.) mit Zimmern zum begrünten großen Innenhof. DZ 640 DH. Rue Attarine 9. ✆ 024-475907, www.riadalmadina.com.

Riad mit hellem Patio

Hotel Souiri (28), preiswertes, gruppenfreundliches Travellerhotel. Unterschiodliche Kategorien mit (und ohne) Bad: EZ 220 DH (95 DH), DZ 310 DH (150 DH), Triple 375 DH (225 DH), jeweils inkl. Frühstück. Rue Attarine 37. ✆ 024-475339.

Riad Malaika (14), leicht verstecktes Riad, von der schönen Place Chrib Atai zu erreichen. Der freundliche Besitzer kümmert sich persönlich um die Gäste. Faire Preise. DZ 350 DH. Rue Zayane 17. ✆ 024-473861, riadmalaika@yahoo.fr.

Dar Al Alouna (9), frisch renoviertes Dar in fröhlichen Bonbonfarben, daher auch Maison des Couleurs getauft. In deutscher Regie, trotzdem noch etwas unprofessioneller Service. DZ 900 DH. Rue Touahen 66. ✆ 024-476172.

Villa Garance (13), leicht verstecktes Dar mit schöner Ausstattung, großer Dachterrasse und einigen lichtdurchfluteten

Zimmern. DZ ab 350 DH. Rue Eddakhil 10. ✆ 024-473995, www.essaouira-garance.com.

Dar Nafoura (26), großzügiges, kürzlich restauriertes Dar mit vier Etagen und hellen, ruhigen Räumen mit Tadelakt-Verputz und schönen Badezimmern. Von der Dachterrasse überblickt man die gesamte Medina. DZ ab 460 DH. Rue Ibn Khaldim 30. ✆ 024-472855, www.darnafoura.com.

Lunetoile (4), kleines B&B; die englische Besitzerin Suzan lebte zuletzt in Zimbabwe, dem Interieur ist das anzumerken. Unterschiedlich große DZ ab 300 DH. Am Ende der Av. Sidi Mohammed Ben Abdallah, in der Mellah. ✆ 024-474689 und 061-880340.

Chez Tamou (21), B&B mit Blick zum Patio des Restaurants und einer Terrasse. Zwei private Zimmer, ab 100 DH; bei längerem Aufenthalt Preisnachlass. Die Vermieterin arbeitet in dem kleinen Geschäft gegenüber dem Restaurant. Rue Ibn Toumert, über Restaurant Beldy. ✆ 074-501410.

• *Dünenviertel* Die Hotels im Dünenviertel befinden sich am südlichen Ende der Stadt, ca. 2 km vom Zentrum entfernt, zwischen Bd. Mohammed V. und der südlichen Zubringerstraße nach Essaouira. Die Hotels sind einen Katzensprung vom südlichen Strand entfernt und leicht zu finden; Vorteile sind die relative Abgeschiedenheit und Strandnähe.

Hotel Borj Mogador, freundliches Hotel am Rand des Dünenviertels mit komfortablen Zimmern (TV), gutem Service und passablen Preisen. EZ 200 DH, DZ 300 DH. Bd. Al Aqaba 504. ✆ 024-783108, www.hotel-borjmogador.com.

Villa Sarah, kleinste Pension im Dünenviertel mit guten Preisen. DZ ab 260 DH. Im Annex gibt es geräumige Appartements ab 550 DH. ✆ 024-475391, www.essaouiranet.com/ventdesdunes.

Villa Flora, große, gut ausgestattete Zimmer mit individuellen Terrassen. DZ inkl. Frühstück 600 DH. ✆ 024-473946, www.essaouira-villa-flora.com.

Ocean Blue, eher kleine Zimmer mit Seebad-Atmosphäre. DZ 260 DH, EZ 210 DH. Av. Moulay Ali Chrif 67 (Quartier Dunes), ✆ 024-472324

Riad Zahra, freundliches Ambiente mit großen Zimmern und Patio. Neubau im Riadstil, Dachterrasse mit Meersicht, schöner Pool. Gutes Preisleistungsverhältnis. DZ 450 DH, EZ 350 DH. Quartier des Dunes 90. ✆ 024-474822, www.riadzahra.com.

Villa Quieta, palastartiges Ambiente mit großem Empfangssaal und geräumigen Zimmern. Vorwiegend wohlbetuchte französische Klientel. Einige günstige Zimmer zu 400 DH, sonst ab 865 DH. Bd. Mohammed V. 86. ✆ 024-485004, www.villa-quieta.com.

Camping Sidi Magdoul, am Rand des Dünenviertels beim Leuchtturm. Etwas kleine, von Mauern umgrenzte Anlage, 200 m zum Meer. Person 12 DH, Zelt 15 DH, Auto 10 DH. ✆ 024-472196.

Essen & Trinken, Bars & Cafés (siehe Karte S. 218/219)

Fisch im Freien (48) wäre die einfachste Bezeichnung für die Fischgrillstände vor dem Hafen. Sie befanden sich als improvisierte Version bis 2003 näher am Hafen und sind jetzt – mit Festpreisen – in ein Ensemble von überdachten Terrassen um den kleinen Park am Hafen integriert. Es gibt reichlich Auswahl an frischen Fischen, wobei der Blick entscheidet. Wer sich dem köstlichen Duft der Grillstände zu sehr nähert, kann nicht mehr widerstehen. Menge und Preis vorher aushandeln. Frisch gegrillter Fisch ab 50 DH, Portion gegrillter Sardinen noch zu unschlagbaren 15 DH. Zum Nachtisch gibt's an den drei blauweißen Buden nebenan frischen Orangensaft.

Taros (41), französische und marokkanische Küche. Große Dachterrasse mit Blick bis zum Hafen; tagsüber Café, abends Barbetrieb. Leider haben die Preise seit einigen Jahren angezogen und an das Flair des einstigen Literaturcafés erinnern nur die gefüllten Bücherregale. Menüs ab 150 DH. Reservierung nötig, bei viel Betrieb mind. 50 Min. Wartezeit rechnen. Place Moulay el Hassan. ✆ 024-476408, www.taroscafe.com.

Chez Sam (54), eine Institution, in der schon Jimmy Hendrix für Aufregung sorgte. Im Inneren sieht es aus wie auf einem alten Dampfer. Die Preise für Fischgerichte sind nach wie vor moderat. Gute Weine. Am Wochenende schnell überfüllt. Am südlichen Ende des Hafens. ✆ 024-476238

Le Coquillage (52), die Nummer zwei in Sachen Fisch. Ebenfalls nettes Ambiente, etwas teurer als Chez Sam. Alkohollizenz. Reichhaltige Menüs 90–250 DH. Bab al Marsa, hinter dem Zoll, vor der Bootswerft. ✆ 024-476655.

Patio (27), deutlich bessere Auswahl und mehr Rafinesse als im Coquillage – mit einer Prise Nouvelle Cousine bei den Fischgerichten. Antoine und seine Frau haben das Lokal mit einer feinen Bar (Alkohollizenz) sehr individuell in Purpurrottönen gestaltet. Menü ab 200 DH. Montag Ruhetag. Rue Moulay-Rachid. ✆ 024-474166.

La Licorne (11), Cusine Marocaine mit einem Hauch französischer Finesse. Tolles Ambiente. Küche schließt zeitig. Gute Auswahl marokkanischer Weine. Menü ab 120 DH. Rue Sqala 26. ✆ 024-473626.

Il Mare (6), Restaurant an einem der besten Aussichtspunkte der Sqala mit großer Terrasse. Im traditionellen Holzofen brutzeln knackige Pizzen. Große Auswahl an Fischgerichten. Alkohollizenz. Menüs ab 150 DH. Rue Yamen Sqala 43. ✆ 024-476417.

Le 5 (50), Restaurant und Lounge. Fischgerichte und französische Küche à la carte ab 90 DH. Dienstag Ruhetag. Rue Ben Messoud, ✆ 024-784726.

Chez Othmane (15), in einer Seitengasse der Sidi Med Ben Abdallah. In diesem Galerie-Restaurant würden sich Adepten des Action Painting wohlfühlen, zumal jeder freie Quadratmeter mit der „wilden" Malerei ausgefüllt ist. Der Galerist hat mehr Stil als die meisten Off-Galeristen in Berlin und nimmt sich auch Zeit, über die Kunst zu sprechen. Die Gerichte sind gut und reichhaltig. Rue Abdelaziz Fechtali 24. ✆ 068-419292.

La Triskalla (30), das erste makrobiotische Restaurant in Südmarokko in ansprechendem Ambiente. Teilweise biologische Produkte und viele kleine Köstlichkeiten aus Südfrankreich – Crêpes, Gemüsequiches, Reiskuchen, Brot mit Kichererbsenmehl und eine große Auswahl an feinen Nachspeisen. Alles zu fairen Preisen. Albans und Saids Küche wurde bereits von einer Jury prämiert. Unser Tipp! Rue Touahen/Ecke Rue S. B. Daou. ✆ 024-476371, www.latriskalla.skyblog.com.

Beldy (22), sympathisches Restaurant mit angenehmer Einrichtung und traditioneller Küche zu passablen Preisen. Gute Fischspieße 90 DH. Rue Ibn Toubert, ✆ 024-476712.

Restaurant Chems (36), bis vor wenigen Jahren kochte Joussefs Mutter in einer Miniküche im Viertel. Jetzt serviert sie ihre Pastilia mit Fisch in dem kleinen gemütlichen Restaurant, das mit den Bildern von Joussef geschmückt ist. Feine Menüs ab 60 DH. Rue Malek Ben el Morahhal, ✆ 024-473178.

Il Gabbiano (8), nahe der Post. Marokkanische und italienische Küche. Recht preiswert, angenehm für Raucher. Rue Touahen 67, ✆ 065-024035.

Sanddünen oder Augen ...

• *Bars und Cafés* **Il Mare (6)**, Bar mit (fast täglicher) Livemusik, zum Beispiel Gnaoua-Fusion → Essen & Trinken, → Kasten S. 224.

Taros (41), mit Cocktailbar und allen Schikanen auf der riesigen Terrasse → Essen & Trinken.

Baraka (42), auch Bar und Livemusik (von April bis September Do–Sa). Großer Patio. Mittags und abends Gerichte à la carte bzw. ein reichhaltiges Buffet (150 DH). Rue Mohammed el Gorry, kurz vor Bab Marrakech. ✆ 024-473561.

Blue Note (12), neue Bar an der Rue Lalouj, angenehmes Setting. Unter den Gästen immer eine Handvoll Youngster, die selbst Musik machen. Rue Lalouj.

Café de France (37), als eines der ältesten Cafés der Stadt mit eben dem Flair eines betagten französischen Straßencafés. Drinnen schaut „mann" Fernsehen, draußen Touristen. Place Moulay el Hassan.

Dolce Fredo (43), Gelateria Italiana mit dem besten Eis am Platz. Place Moulay el Hassan.

Chez Driss (33), feinste französisch-marokkanische Patisserie seit 1928. Gegenüber vom Tresen auch ein kleiner Patio zum Sitzen und Genießen. Ausgezeichneter Kaffee. Place Moulay el Hassan, nahe Av. Ben Abdallah.

Ocean Vagabond (56), Strandcafé am südlichen Strand. Entspanntes Ambiente, schöne Strandliegen. Feine Mittagskarte mit wechselnden Gerichten (50–100 DH). Bd. Mohammed V.

Die Gnaoua-Musik: Pur oder Fusion?

Die Gnaoua-Musik zählt auf den internationalen Worldmusic-Festivals zu den erfolgreichsten Exportartikeln Südmarokkos. Die ursprünglich rein rituelle Musik war eher monoton und repetitiv und wird mit zwei Instrumenten gespielt: einer dreisaitigen Geige, genannt „ghambri“ bzw „gembri“, deren Klangkörper auch als Trommel dient, sowie der „qarqarba“, einem kastagnettenähnlichen Instrument aus Metall. Heute werden diese Klänge im Rausch des Gnaoua-Worldmusicfestivals auch mit aktuellen Klängen der europäischen Musikszene „fusioniert“. Aufnahmen finden sich in lokalen Musicshops in allen erdenklichen Varianten. Empfehlenswert sind vor allem die Mitschnitte der jährlichen Festivals.

Die Gnaoua-Musiker sind Haretin (→ Wissenswertes A–Z) und kamen durch den Sklavenhandel mit Schwarzafrika nach Essaouira. Vor allem Sudan, Mali und Ghana werden als Herkunftsländer genannt. Es heißt, dass von den nach Essaouira verschifften Sklaven jene ein Bleiberecht in der Stadt erhielten, die ihre Musiktradition am besten wiedergeben konnten. Eine religiöse Auslegung bezeichnet die Gnaoua als Nachfahren von Bilal, einem äthiopischen Sklaven, den der Prophet Mohammed befreite und zum Muezzin machte.

Vergleichbar mit der reichen handwerklichen Tradition in der Thujaholz-Verarbeitung (→ Thujaholz-Schreiner und Gnaoui-Maler) wurde auch die Musik der Gnaoui nicht nur überliefert, sondern weiterentwickelt und verfeinert. So ist die Gnaoua-Musik für die einen belebender musikalischer Rhythmus, während sie für die anderen rituelle Bedeutung hat, wie besonders die bei Festen in Szene gesetzten, begleitenden tranceartigen Tänze (mit kreisenden, ausholenden Bewegungen) verdeutlichen. Gesang bzw. Sprechgesänge stimulieren dabei zusammen mit einem monotonen Klangrhythmus tranceartige Bewusstseinszustände, die beispielsweise helfen, Kontakt mit einer „kranken“ Person aufzunehmen und sie von „falschen Denkweisen“ zu befreien. Oftmals treffen die Musiker dann im Haus der Betroffenen zusammen und spielen und tanzen die ganze Nacht, um mit monotonen Sprachformeln – es gibt unzählige Lieder mit Hunderten von Strophen – die Geister zu besänftigen, die ein Ungleichgewicht in der kranken Person geschaffen haben. Diese Begegnungen, „lila nuit“ genannt, sind ein nachtfüllendes Programm. Neben dem Gesang und den zwei wichtigen Instrumenten (s. o.) kommen gelegentlich noch die *qanum* (Zither), die einsaitige Ziegenkopfgeige *(rebab)*, die *oud* (Laute), die *nira* (Flöte) und Rahmentrommel oder *Djambe* zum Einsatz. Übrigens haben sich die Rolling Stones (im frühen Album „The Pipes of Pan“), Pharao Sanders, Randy Weston und Jimmy Hendrix von Begegnungen mit den Gnaoua-Musikern immer wieder inspirieren lassen.

Infos über die Veranstaltungen des jährlich in der zweiten Junihälfte stattfindenden Gnaoua-Worldmusicfestivals (Konzerte, Happenings, Kunst) unter ✆ 024-783532, www.festival-gnaoua.co.ma sowie a3festival@menara.ma.

Bunte Auswahl in der Medina

Einkaufen

Die Medina der Stadt ist ein Einkaufsparadies. Vielseitiges Kunsthandwerk, Malerei, Thujaholzverarbeitung, die Raffiaprodukte (Taschen, Schuhe), dekorative farbige Haiks (große, auf dem Webstuhl gefertigte Decken), Schmuck sowie aus Kupfer- bzw. Eisenblechen hergestellte Lampen ... – in der Medina reihen sich zahllose Geschäfte, die dekorative Einrichtungsgegenstände, Gewebtes, Geschnitztes und Geschmiedetes verkaufen. Ein Spaziergang auf der großen Achse zwischen Bab el Menzeh nach Norden zum Bab Doukkala präsentiert alle Facetten der lokalen und überregionalen handwerklichen Produktion. Auch die Rue Sidi Mohammed Ben Abdallah ergänzt dieses Angebot. Zwar hat die große Nachfrage nach billigen Souvenirs die Qualität gedrückt, doch finden sich bei genauem Hinschauen immer noch qualitativ hochwertige Produkte. Auch lohnt es, sich in den schmalen Gassen (hier sind die Mieten günstiger) einen Überblick zu verschaffen.

Im **Ensemble Artisanal** beim Bab Marrakech arbeiten Thujaholz-Schreiner, Schmuckschmiede und weitere kunsthandwerkliche Anbieter. Beispielsweise Silberschmiede, die Schüler anlernen, sich bei der Arbeit über die Schulter schauen lassen und Schmuck zu guten Festpreisen produzieren.

Neben dem Fischdirektverkauf am Hafen gibt es in der Innenstadt westlich der Rue Mohammed Zerktouni einen weiteren **Fischmarkt.** Gleich im Anschluss folgt der **Gemüsemarkt** im Souk Jdid. Gewürze und Naturaromen bzw. traditionelle Heilmittel und Tinkturen werden hier offen angeboten. Man sollte aber besser nicht von den dekorativen Pyramiden kaufen, sondern aus den Gläsern in den Regalen (→ Kapitel Essen & Trinken/Die Souks).

Sehenswertes

Das Treiben im Hafen zu beobachten, ist beinahe zu jeder Tageszeit spannend. Der Fischfang wird vormittags und gelegentlich auch nachmittags gelöscht, die **Fischauktion** findet vormittags statt (Halle aux Poissons). Die etwa 600 Meter lange **Festungsmauer,** die **Sqala,** ist heute eine angenehme Flaniermeile, der mit Zinnen geschmückte höhere Teil wird gern zum Plaudern und Beobachten bestiegen. Im Süden schließt der alte Festungsturm, die Bastion Sud, an der Sqala du Port an. Tägl. 8.30–12 und 14.30–18 Uhr, Eintritt 10 DH.

Auf der Mauer stehen bis heute etliche flämische, portugiesische und spanische Kanonen aus dem 16./17. Jahrhundert. Orson Welles drehte hier Anfang der 50er Jahre Szenen seines später prämierten „Othello". Dahinter erstreckt sich die Place Moulay el Hassan mit sympathischen Cafés und Restaurants, auf der alljährlich in der zweiten Junihälfte das Gnaoua-Worldmusicfestival stattfindet. Am Ende des Platzes findet sich linker Hand eine kleine Gasse beim Eingang zum Taros-Café, die zunächst direkt unterhalb der Stadtmauer und bald auf die Mauer führt.

Besonders an der Südseite der Stadtmauer und den massiven Torbögen an der **Avenue Oqpa ben Nafi** lässt sich der Stil der Festungsbauten im französischen Vauban wiedererkennen. Auffallend sind auch die maurisch geprägten schmalen Gassen und Bogengänge, die weiß gekalkten Häuser und teilweise tunnelartigen Wege, die zur nördlichen Bastion führen und auf denen bei Gefahr die Soldaten schnell ab- oder zugezogen werden konnten. Unterhalb der Sqala bzw. der nördlichen Bastion befinden sich zahlreiche Thuja-Ateliers, Galerien und Handwerksbetriebe. Die als UNESCO-Weltkulturerbe anerkannte Medina selbst unterscheidet sich in ihrem strengen geometrischen Grundriss und den weit geöffneten Straßen von anderen weniger strukturierten Medinas. Im Nordosten Richtung Bab Doukkala befindet sich die **Mellah,** das einstige jüdische Viertel. Viele der bis Ende der 60er Jahre verlassenen Häuser werden inzwischen restauriert und umgebaut. Wer sich auf die besondere Atmosphäre in diesem Viertel einlässt, kann besonders nachts eindrückliche Impressionen sammeln.

Die südlich der Strandpromenade vorgelagerten **Îles de Mogador**, in den letzten Jahrhunderten zur Gefängniskolonie ausgebaut, spielten schon in der frühen Geschichte der Stadt eine besondere Rolle. Von hier stammen die seltenen Purpurschnecken, die bereits Juba II. (50 v. Chr. bis 24 n. Chr.) in einer Manufaktur verarbeiten ließ, um ihren kostbaren Farbstoff zu gewinnen und nach Rom zu exportieren. Die Befestigungen und Bastionen aus Naturstein wurden von Sultan Ben Abdallah zum Schutz des Hafens Ende des 18. Jahrhunderts angelegt. Mit einem Fernglas sind die mächtigen Mauern mit ihren Kanonen gut zu sehen. Auf der Insel befinden sich außerdem Reste eine römischen Villa mit Thermen, die die Natur langsam überwuchert. Seit den 90er Jahren sind die Inseln Naturschutzgebiet und Lebensraum für Kormorane, Wanderfalken und andere Zugvögel. Eine Bootsfahrt zur Bucht der Insel – die Insel selbst darf nicht betreten werden – dauert ca. 1 Std.

Bootsfahrt zu den Îles de Mogador Ciel et Mer im Hafen, Fahrten ab 11.30 Uhr mehrmals täglich, ✆ 024474618.

Die alte **portugiesische Kirche** (Église Portugaise) ist die einzige christliche Kirche in Marokko – ein klarer Verweis auf die religiöse Toleranz der alten Hafenstadt Essaouira. Gottesdienst sonntags um 10 Uhr. Rue Ibn Zohr.

Der **christliche Friedhof** befindet sich beim nördlichen Stadttor Bab Doukkala; hier sind noch viele Gräber von Kaufleuten aus Holland, England, Deutschland und Frankreich erhalten, die hier im 18. Jahrhundert lebten; die Zahl der zu dieser Zeit in Essaouira ansässigen Europäer wird auf mehrere Tausend geschätzt.

Thujaholz-Schreiner und Gnaoui-Maler

Ein Spaziergang unterhalb der Sqala in Essaouira führt durch würzigen Duft, der frisch geschnittenem Zedernholz gleicht. In den Werkstätten der ehemaligen Boots- und Lagerräume der Sqala wird auf kleinstem Raum das knorrig-harte Thujaholz verarbeitet, das beim Sägen, Drechseln und Schnitzen seinen ätherischen Duft verbreitet. Aus dem Stamm und den raren Wurzelknollen des Baums werden Möbel, Tische, Kästen und allerhand dekorative Kleinobjekte hergestellt. Dabei gelingt es den geschickten Schreinern immer wieder, die hübschen Strukturen des Holzes herauszuarbeiten. Äußerst zeitintensiv sind die kostbaren Einlegearbeiten mit hellem Zitronenholz, Elfenbein, Silber, Kupfer, Kamelknochen oder Perlmutt, die mit Gummiarabicum behandelt werden und so ihre geschmeidige und samtig glänzende Oberfläche erhalten. Die interessantesten Werkstätten befinden sich unterhalb der Sqala de la Ville bis zur Bastion Nord (dem alten Munitionslager) und in der oberen Rue Lalouj.

Wer sich in der Medina auf Spurensuche nach den freien Künstlern und Gnaoui-Malern begibt, etwa in der Galerie Damgaard (→ Kultur, Ausstellungen, Galerien), stellt schnell fest, dass die Künstler sich nicht auf einen Ausdruck festlegen, sondern recht vielseitig sind und neben verspielten Bildern auch der figurativ-wilden Gestik des Action Painting oder der Ironie der Pop-Art huldigen. In ihre Arbeiten fließen heute auch europäische Strömungen ein und machen sichtbar, wie Ideen von Süd nach Nord und wieder zurück wandern. Die berühmtesten Vertreter dieser heute längst etablierten und auch im Ausland anerkannten Kunst sind Mohammed Tabal, Mostafa el Hadra oder Azzedine Sanana. Dabei zeigt ihre Kunst auch Parallelen zum musikalischen Ausdruck ihrer Gnaoua-Freunde: kraftvoll, quicklebendig, wendig und reich an tiefgründiger Symbolik.

Thujaholzverarbeitung

Strand und Meer

Essaouira besitzt einen der längsten Strände der Region – Sonnenanbeter können sich neben der Bucht vor allem hinter der Mündung des Oued Igrounzar ausbreiten. Da die Bucht mehr Schutz vor der Strömung bietet als der südliche Strand, ist das Schwimmen hier etwas sicherer. An den südlichen und meist menschenleeren Abschnitten hinter der Flussmündung hat sich ein neuer Treffpunkt der Kite-Surfer gebildet.

Sport

Windsurfen: Essaouira bietet ein reiches Sportangebot. Nachdem die Surf-Fans aus dem südspanischen Cadiz in den 80er Jahren hier gestrandet sind, hat sich viel bewegt – die beiden etablierten Ausrüster Fanatic und Mistral haben ein veritables Angebot aufgebaut. Allgemeiner Treffpunkt, Hotspot und Servicestation ist die Mistral-Bar am südlichen Strandende mit dem anliegenden Parkplatz. Hier ziehen die Wellenreiter, Kite-Surfer und Surfer ihre Runden, springen über die Schaumkappen des brausenden Atlantiks und genießen die nachmittägliche Brise mit oft bis zu sieben Windstärken. Beliebt ist auch der über Diabat erreichbare Hotspot, etwa 3 km südlich der Mündung des Oued Igrounzar gelegen.

Ocean Vagabond, Café mit Strandflair und originellem Ambiente. Wechselnde Mittagskarte, abends geschlossen. Im angrenzenden **Mistral-Club** werden bestes Equippement, Surfboards und Kitesurf verliehen (ab ca. 200 DH/Tag. Bd. Mohammed V., ✆ 070-523854 (mobil).

Café Fanatic, Windsurfschule, nahe dem Hotel Sofitel. Auch hier dreht sich alles um das Surfen. Materialsupport vom gleichnamigen Hersteller (Fanatic). Vom gut besuchten Café schöner Blick auf die Strandpromenade. Bd. Mohammed V., ✆ 024-473856.

Reiten: Abouda-Safar in Diabat bietet mehrtägige, gut organisierte Exkursionen mit Übernachtung im Zelt an der gesamten Küste von Agadir bis nach Essaouira an. Der Tradition entsprechend wird nur mit Berberhengsten gearbeitet, die gut eingeritten, folgsam und geländesicher sind. Fantasia-Reiterspiele können in Inezgane besucht werden.

Abouda-Safar, Jawad Elwali, Diabat. ✆ 066-780561, www.abouda-safar.com.

Wandern: Der Strand von Essaouira bis nach Sidi Kaouki ist ca. 22 km lang und mit Pferden von Diabat (in Essaouira sind keine Pferde am Strand erlaubt) in ca. vier Stunden zu erreichen, zu Fuß sollte man ungefähr 6 Stunden rechnen (→ Diabat). Auch in nördlicher Richtung kann man am Strand entlanglaufen. Vom Bab Doukkala fährt bzw. läuft man über den zum Meer parallel verlaufenden Bd. d'Industrie durch das Industriegebiet bis zur Sardinen-Konservenfabrik Samara. Dort links Richtung Meer. Hinter der Sardinenfabrik findet zudem ein Sonntag-Souk statt; während der Woche verkaufen hier eine Reihe von Secondhand-Händlern Möbel und Trödel. Auch in der an den Souk anschließenden Barackensiedlung wird die ganze Woche mit Trödel gehandelt; einige Künstler haben hier kleine Ateliers.

Ausflüge von Essaouira

Souk in Hadra, an der Straße nach Marrakesch (ca. 30 km) – dieser Sonntag-Souk ist Treffpunkt der berberischen Bevölkerung. Neben landwirtschaftlichen Produkten aus dieser fruchtbaren Region werden Gebrauchsgegenstände, Vieh und Kleider feilgeboten. Wer mit dem Esel kommt, darf den Eselparkplatz benutzen. Ende April gibt es ein dreitägiges Moussem mit Fantasia-Reiterspielen.

Wolkenstimmung in Essaouira

Wanderung zur Kasbah von Caid Ahmed Ben Abdallah Khoubbane: Von Essaouira erreicht man auf der Hauptstrecke nach Marrakesch nach 32 km hinter dem Ort Ounara die Abzweigung nach **Khemis Meskala.** Die verbleibende, kaum befahrene Strecke kann man zu Fuß oder mit dem Fahrrad zurücklegen (und mit dem Taxi zurückfahren). Bis nach Meskala sind es von der Abzweigung der Hauptstraße 17 km. Die Strecke führt über eine weite, sanfte Hügellandschaft, die kurz vor Meskala schöne Panoramablicke bietet. In Meskala selbst gibt es am Donnerstag den großen, sehenswerten Wochensouk. Ca. 800 m südlich befindet sich die private Kasbah. Monsieur Ahmed Ben Abdallah Khoubbane und seine Familie bewohnen noch heute das Anwesen und bieten kleine Führungen an. Die im maurischen Stil gebaute Anlage gruppiert sich um einen prächtigen, symmetrischen Garten, von dem nach vier Seiten einfach gestaltete Räume abzweigen. Historische Fotos dokumentieren die gute Verbindung zum alaouitischen Königshaus, und bald wird klar, dass es sich bei den Khoubbanes nicht um einen Clan handelt, der in den 50er Jahren mit dem berüchtigten Glaoui Pascha kooperierte (→ Geschichte). Um eine kleine Unterstützung für den Unterhalt der Anlage wird gebeten.

Küstenstraße nach Dar-Caid Hadji bzw. Safi: Die erste große Bucht nördlich von Essaouira ist **Moulay-Bouzerktoun,** ein Surfertreff (ca. 20 km). Es folgt **Souira Kèdima,** ein unscheinbarer Fischerort mit Lokalkolorit und sehr einfachen Restaurants kurz vor Safi (ca. 65 km). Die zuvor passierte Bucht bei Dar-Caid Hadji ist für Wanderungen und Birdwatching gut geeignet.

Arganöl-Kooperativen: Auf der Strecke nach Marrakesch befinden sich nach etwa 15 km in Douar el Mssassa die drei Frauen-Kooperativen Assaisse, Tiguemine und Marjana, die besucht werden können (→ Diabat/Arganöl).

Maison de Boujemaa Lakhdar, 12 km südlich von Essaouira → Sidi Kaouki.

Weiterfahrt nach Safi

Von Essaouira nach Safi sind es je nach Strecke etwa 130 oder 150 km. Die landschaftlich reizvollere Küstenstraße ist kürzer, doch die seit Jahren geplanten Reparaturarbeiten lassen auf sich warten, das mittlere Drittel der Küstenstraße hat immer noch viele Schlaglöcher. Dagegen ist die stärker frequentierte Straße im Inland gut befahrbar.

Safi

Einige (angenehme) Überraschungen bietet die kleine Hafenstadt an dem seit der Antike besiedelten Naturhafen all jenen, die sich von den Makeln der Neuzeit nicht irritieren lassen. Safi ist heute ein bedeutender Industriehafen, hier werden vor allem Phosphate veredelt und umgeschlagen, wie bei bestimmten Wetterlagen eindeutig zu riechen ist.

Auch die Sardinenverarbeitung mit großen Fabriken vor der Stadt sorgt nach wie vor für viele Arbeitsplätze, bis Mitte der 80er Jahre war Safi sogar der weltweit größte Sardinenfischereihafen. Die Hafenanlagen im Norden teilen sich in einen Fischerei- und einen Industriehafen; im ersteren finden frühmorgens die Auktionen statt.

Doch Safis intime Medina versöhnt die Besucher, die zunächst nur die hässliche Peripherie gesehen haben – die Altstadt ist vom Tourismus noch weitgehend unberührt. Über verwinkelte, lebhafte Gassen führt der Weg zur hoch über der Medina gelegenen portugiesischen Festung, in der heute ein weithin bekanntes Keramikmuseum untergebracht ist. Keramik ist in Safi ein bedeutendes traditionelles Gewerbe, im Töpferquartier gibt es Objekte in guter Qualität, das Atelier Serghini Ahmed wurde für seine Keramik sogar mehrfach international ausgezeichnet. Hotels gibt es nur wenige, einige Schritte neben der Rue du Souk/Rue Bir Anzarane und der Grande Mosquée erstrecken sich ruhige Wohnviertel. Die großzügig angelegte Ville Nouvelle befindet sich südöstlich der Medina.

Geschichte

Im 11. Jahrhundert vom arabischen Seefahrer und Geographen Mular el Bekri erstmals erwähnt, entwickelte sich Safi schon früh zu einem bedeutenden Hafenort. Etwa 400 Jahre später verschifften die Portugiesen von hier aus Sklaven und Waren aus Schwarzafrika und brachten die Stadt 1508 ganz unter ihre Kontrolle. In den folgenden 33 Jahren bauten sie bis zu ihrem Abzug einen starken Befestigungsring, eine Festungsanlage am Meer sowie die als „Kechla" bezeichnete Festung hoch über der Stadt. Von hier aus organisierten sie ihre Beutezüge bis nach Marrakesch, was Begehrlichkeiten der Sultane weckte. Wie in Essaouira blühte auch in Safi der Handel mit den europäischen Seefahrernationen, wobei neben Portugiesen und Franzosen auch Dänen, Holländer und Engländer mitmischten. Ab Ende des 18. Jahrhunderts liefen Essaouira, Agadir und die nördlichen Häfen Marokkos der Stadt den Rang ab. 1893 schlug der damalige König Hassan I. sogar einen deutschen Vizekonsul vor, um die wirtschaftlichen Beziehungen zu Deutschland auszubauen, was jedoch am wirtschaftlichen Abschwung wenig änderte. Ab 1930 entdeckte die französische Kolonialmacht reiche Phosphatvorkommen bei Youssoufia, die ersten Fischkonservenfabriken wurden gebaut.

Reisepraktisches

• *Information* **Syndicat d'Initiative (10)** in der Av. de la Liberté. Tägl. 8.30–12 und 14.30–18.30 Uhr.

• *Verbindungen* **Züge** vom Bahnhof im Süden der Stadt nach Casablanca und Marrakesch (Anschlussverbindungen in Benguerir). Der **Busbahnhof** befindet sich in der Av. Président Kennedy. Mehrmals tägl. Busse nach Casablanca, Marrakesch, Agadir.

• *Post* Mo–Sa 8.30–16 Uhr, Place de l'Indépendance.

• *Übernachten* **Hotel Atlantide (8)**, prächtiges Hotel im Art-déco-Stil der 30er Jahre in der Ville Nouvelle. Die Zimmer mit Meerblick (vorbestellen!) sind sehr hübsch, die Terrasse und großen Salons des Hotels sind stilgerecht restauriert. Ab 330 DH. Unser Tipp! Rue Chaouki. ✆ 024-462160.

Hotel Assif (9), Neubau mit angenehmer Architektur und komfortablen Zimmern mit Balkon. DZ ab 260 DH. Av. de la Liberté. ✆ 024-621862, www.hotel-assif.ma.

Hotel Anis (7), kleine hübsche Unterkunft im maritimen Stil der 70er Jahre. Geräumige DZ mit Bad 160 DH (drei Pers. 220 DH, vier Pers. 320 DH). Rue de la Falaise. ✆ 024-463078.

Hotel Essaouira (3), gleich zu Beginn der Medina erste Gasse rechts. Sympathisches Travellerhotel mit originellen architektonischen Details. DZ ohne Bad 80 DH. Rue Ibn Bassine, ✆ 024-464809.

Hotel Majestic (4), wenige Schritte vom Château de la Mer am Eingang der Medina. Etwas laut, aber ordentlich geführt. Funktionale DZ 70 DH. Rue des Remparts, ✆ 024-464011.

• *Essen & Trinken* **Restaurant Ryad du Pêcheur (1)**, ca. 300 m hinter der Abzweigung zum Hafen, Richtung Norden. Allein der Patio mit den exotischen Pflanzen und Panoramasicht ist schon einen Besuch wert. Und wer die köstlichen Fischgerichte probiert hat, kommt wieder. Ausgezeichnete Küche, Tajine 70 DH, Fischsuppe 40 DH. Rue de la Crète. Unser Tipp! ✆ 024-610291.

Restaurant Serghini (2), an das gleichnamige Atelier angrenzend; netter, kleiner Garten und wechselnde Gerichte zu passablen Preisen. Rue des Forgerons, am Bab Chabaa.

Restaurant de la Poste (5), im 1. Stock neben Café de la Poste. Französische Küche und Fischgerichte zu guten Preisen. Place de l'Indépendence.

Café M'Zoughen (6), zu Beginn der Fußgängerzone. Café mit Lokalkolorit, guter Patisserie und Fruchtsäften. Place de l'Indépendance.

Sol Safi (8), Bar und Nachtclub mit Lokalkolorit beim Hotel Atlantide. Schöne Terrasse hoch über der Stadt. Rue Chaouki.

Einkaufen

Die Keramik aus Safi ist im ganzen Land bekannt. Am Ende der Rue Bir Anzarane findet sich ein belebter Vorplatz mit Händlern, die vor allem Keramik verkaufen. Hier, direkt vor zwei leuchtenden Marabuts, beginnt das sich den Hügel entlang ziehende **Töpferviertel,** das größte Marokkos. Die archaischen Brennöfen (man kann hier den gesamten Herstellungsprozess bis zum Lasieren beobachten) und Ateliers der einige hundert Köpfe zählenden Bewohner erstrecken sich über einige hundert Meter. Auch in der neuen Passage zu Beginn des Viertels (von der Rue Forgerons aus) findet sich ein Dutzend Geschäfte mit breitem Angebot.

Das **Atelier Serghini Ahmed (2)** (Rue des Forgerons, am Bab Chabaa) ist eines der ältesten Keramikateliers der Stadt und bietet eine immense Auswahl an Geschirr und dekorativen Tellern. Die **Caverna Ali Baba** im Hinterhof des Ateliers zeigt kostbarste edle Vasen – von Meister Hamid geschaffene, blau-silberstichige Großobjekte, die meist ins Ausland exportiert werden und wie die Objekte des Ateliers Serghini ebenfalls international prämiert wurden (✆ 024-446577).

Sehenswertes

Das **Château de la Mer** ist vom oberen Ende der Place de l'Indépendance bzw. über eine kleine Unterführung gegenüber der Place Sidi Boudhab zu erreichen. Seine exponierte Lage lässt die strategische Bedeutung der Festung noch heute erkennen. Das Château wurde zu Beginn des 16. Jahrhunderts von den Portugiesen gebaut, mit mächtigen Kanonen bestückt und diente dem portugiesischen Stadtkommandanten als Residenz.

Tägl. 9–12 Uhr und 14.30–18.30 Uhr. Eintritt 10 DH.

Etwa 500 m südlich der Festung steht der mit einem hübschen, grün lasierten Pyramidendach geschmückte Marabut des Schutzheiligen der Stadt, **Sidi M'Hamed Salah** (1150–1234). Gleich zu Beginn des Souks befindet sich linker Hand eine Gasse, die zum **Musée de Safi** führt. Das kleine private Museum wird von dem Künstler und Historiker Abdelaziz Moudden geführt. Die Exponate präsentieren sehr schön die traditionellen Berufe, Tradition und Folklore sowie Handwerk und Landwirtschaft der Region. Der letzte Raum dokumentiert die Wirtschaft der

Gegenwart von der Phosphorgewinnung bis zur Sardinenverarbeitung. Historische Fotos und Informationen ergänzen die kleine sorgfältig aufgebaute Sammlung.

Ⓘ Musée de Safi tägl. 9–13 und 15–19 Uhr. Eintritt 10 DH.

Auch die **portugiesische Festung** (16. Jh.) hoch über der Medina, die **Kechla,** lohnt den Weg. Die kunstvollen holländischen Renaissancekanonen wurden von Moulay Zidan auf seinen Kriegszügen erbeutet und hierher geschafft. Die von Mohammed Ben Abdallah 1780 gebaute Anlage beherbergt heute das **Musée de la Céramique.** Die landesweit größte Keramiksammlung zeigt auch Stücke aus Meknès und Fès. Sehenswert sind die in einer speziellen Lasurtechnik gefertigten großen alten Vasen aus Safi.

Ⓘ Musée de la Céramique tägl. 8.30–12 und 14.30–18 Uhr.

Die **Medina** wird von einer mächtigen Stadtmauer geschützt, die noch teilweise aus portugiesischer Zeit stammt und im Süden von der eleganten Avenue Moulay Youssef abgeschlossen wird. Diese breite Straße führt in die französische **Neustadt** mit Rathaus, Verwaltung und prächtigen Villen mit großen Gärten. Die Mitte der **Place Mohammed V.** schmückt eine monumentale *gemauerte Tajine,* ein Werk des Künstlers Abdelaziz Moudden, das vor einigen Jahren anlässlich eines großes Fests – es wurden Sardinen für 20.000 Menschen zubereitet – geschaffen wurde.

Quer durch die Medina führt die Rue Bir Anzarane, die nach ca. 100 m rechts durch einen Bogengang zur **Grande Mosquée** führt. Eindrücklich sind die zwei mächtigen asiatischen Ficusbäume am Rand der Moschee. Hier befand sich früher der Eingang zum Mittelschiff der portugiesischen Kathedrale (1519), die über 20 Jahre hier stand und nach dem Abzug der Portugiesen wieder abgerissen wurde. Eine Reise in diese Vergangenheit kann man ein paar Schritte hinter der großen Moschee machen. Die prächtige, im manuelinischen Stil gebaute Kapelle mit schönem Rippengewölbe, die **El-Kanissa Elbourtoglia** (Capelle portugaise), ist gut erhalten; der schöne Raum diente lange Zeit als Hamam.

Ⓘ El-Kanissa Elbourtoglia tägl. 9–12 und 14.30–18.30 Uhr, aber unregelmäßig geöffnet. Eintritt 10 DH.

Restaurant mit Meerblick in Safi

Im Ammeln-Tal

Tafraoute und der Süden

Die Region erstreckt sich südlich der fruchtbaren Souss-Ebene am Oued Souss, der vorbei an Taroudannt bei Inezgane in den Atlantik mündet. Die panoramareiche R 105 von Agadir über Biougra, Ait-Baha und Tafraoute und nach Tiznit über den Col du Kerdous (R 104) bietet vielseitige Impressionen von dieser fruchtbarsten Region des Südens. Je weiter man auf der N 10 nach Osten fährt, umso weiter zieht sich die Vegetation zurück, bis schließlich das Hochplateau des Anti-Atlas bei Taliouine erreicht ist. Dabei ist der vom Cap Rhir (nördlich von Agadir) nordöstlich verlaufende Hohe Atlas eine Wetterscheide und öffnet die Souss-Ebene zum Atlantik in einem spitzwinkligen Dreieck, das nach Süden vom Anti-Atlas begrenzt ist. Am östlichen Rand der Souss-Ebene befindet sich das Vulkanmassiv des 3300 m hohen Djebel Siroua.

In der fruchtbaren Region am Anti-Atlas-Gebirge erscheinen im Frühjahr die grünen Bänder aus Palmenhainen, Getreidefeldern und Obstbäumen wie eine Fata Morgana, und bald versteht man, warum die Oasen entlang der Flüsse in alter Zeit als Sinnbilder des himmlischen Paradieses galten.

Tafraoute

Das kleine wirtschaftliche Zentrum des Ammeln-Tals, eine der fruchtbarsten Gegenden im Süden Marokkos, liegt inmitten von Felsenlandschaften aus rosafarbenem Granit in einem der schönsten Täler des Anti-Atlas.

Die auf etwa 1000 Höhenmetern gelegene Region ist von der Bergkette des Djebel Lekst (bis 2350 m) nach Norden begrenzt, weitere Berge um den Adrar Mqorn (2340 m) schließen das Tal nach Westen ab und schaffen so in dem 20 km von Osten nach Westen verlaufenden Ammeln-Tal ein spezielles Mikroklima. Entlang des von vielen Quellen und Flüssen gespeisten Oued-Massa-Tals gedeihen auf fruchtbaren Feldern Mais und lila blühende Hirse; von besonderer Qualität sind auch Oliven, Aprikosen, Äpfel und Mandeln, die zu köstlichen Süßspeisen verarbeitet werden. Wenn im Februar nördlich des Tizi-n-Test-Passes am Hohen Atlas noch kalte Winde und Niederschläge für winterliches Klima sorgen, genießt die Region um Tafraoute (5500 Einwohner) bereits mildere Temperaturen, die die Mandelbäume zum Blühen bringen – wie ein unsichtbarer Schleier liegt ihr Duft dann über dem Blütenmeer der Bäume. Während im Frühjahr das saftige Grün der Oasen hervorsticht, folgen überdurchschnittlich heiße, trockene Sommer. Im Herbst schließlich fallen im Gegensatz zu anderen Regionen des Südens vereinzelt Niederschläge, die dazu beitragen, dass sich die Pflanzenwelt nach den heißen Monaten wieder erholen kann.

Besonders wenn man von den kahlen Steinwüsten im Norden, von den Hochplateaus um Ouarzazate oder Midelt kommt, also vom mächtigen Atlasgebirge, wird dieser unvergessliche Kontrast spürbar. In der Region um Tafraoute erlebt man besonders in den Abendstunden Lichtphänomene, die die bizarren Bergformationen aus rotem Granit zum Leuchten bringen. Die schnell aufziehende Dämmerung lässt schließlich die alten Speicherhäuser, hier Agadire genannt, im Schatten der mächtigen Bergformationen des Ammeln-Tals verschwinden.

In der Region um Tafraoute leben die Ammeln, ein Stamm der Schlöh-Berber. In der Sommerzeit finden sich viele Menschen dieses traditionsreichen Stammes in Tafraoute und den umliegenden malerischen Dörfern des Ammeln-Tals ein. Paul Bowles Bemerkung, die Menschen seien im Orient im „Frieden mit sich selbst", geht auf seine langen Aufenthalte bei den Berbern, unter anderem bei den Ammeln, zurück, wo er vermutlich auch das Material für seinen legendären Roman „Himmel über der Wüste" sammelte.

• *Verbindungen* Busse halten gegenüber der **Afriquia-Tankstelle**, Kollektivtaxis etwas weiter westlich an der Hauptstraße, wo auch die Busbilletts verkauft werden. Die meisten Busse fahren über Tiznit nach Agadir, ansonsten über Ait-Baha; die Kollektivtaxis ab 6 Uhr auf beiden Strecken. Für die interessante Strecke nach Igherm (Taroudannt) braucht es etwas Geduld, bis die Mitfahrer zusammen sind. Alternative: Plätze zukaufen.

• *Information* Auskünfte zu Touren, Guides und Fahrradvermietung bei der **Agentur Erg-Tours (6)**, Place Mohammed. ✆ 028-801368, www.tafraout-aventure.com sowie www.ergtours.com.

Houssine Laroussi arbeitet als geprüfter Tourguide für Erg-Tours. ✆ 061-627921.

Übernachten/Essen & Trinken

**** **Hotel Amandiers (11)**, großzügige Anlage mit hübschem Pool und 70er-Jahre-Charme, damals als staatliches Hotel vom König höchstselbst eingeweiht. Das Besondere ist vor allem die einzigartige Lage auf einem Felsvorsprung mit Blick auf die Djebel-Lekst-Bergkette und das unterhalb gelegene Tafraoute. Pool, gute Küche. DZ ab 770 DH. Rue Colline. ✆ 028-800008, hotellesamandiers@menara.ma.

Hotel Salam (5), frisch renoviertes Mittelklassehotel nahe des Souks, mit Blick auf die Moschee (um 5 Uhr auch hörbar); inzwischen mit weiteren Extras und renovierten Räumen. Saubere DZ mit Bad voraussichtlich 250 DH. Place du Souk. ✆ 028-800026.

Hotel Tafraoute (9), Dachterrasse mit Blick auf das Zentrum und den Souk. DZ ab 120 DH. Place Moulay Rachid. ✆ 028-800060.

Hotel Tanger (1), nahe der Bushaltestelle. Einfach und funktional. Zimmer ohne Bad 100 DH. Zimmer zur Terrasse am besten. Rue du Oued. ✆ 067-033073.

• *Außerhalb* **Maison d'hôtes Oumesnat** (Maison traditionelle) in Oumesnat; Khalid, Mostapha und Rachid betreiben ihr Gästehaus mit viel Freude, das Feedback der Gäste ist entsprechend begeistert, zumal die meisten das erste Mal in einem Agadir übernachten. Die Zimmer sind einfach. Frühstück und die anderen Mahlzeiten werden auf der Terrasse serviert. DZ inkl. Frühstück 300 DH. Unser Tipp! Reservierung nötig. ✆ 066-917768 und 918145, maisondhote@gmail.com.

• *Essen & Trinken* **Hotel Amandiers (11)**, traditionelle Küche zu passablen Preisen. Ausgezeichnete Tajines mit Mandeln und Pflaumen, leckere Kuchen und Nachspeisen. Alkohollizenz. Rue Colline.

Restaurant Étoile d'Agadir (10), Travellertreff mit TV-Untermalung. Das Essen ist ordentlich, leider sind die Tajines schnell verspeist. Besser rechtzeitig bestellen. Place Marche Verte.

Restaurant Étoile d'Sud (3), auch von Campern und Gruppen frequentiertes großes Restaurant mit hübschem Garten. Küche wurde wieder etwas besser. Menü ab 80 DH. Place Étoile.

Restaurant Marrakech (4), wegen der günstigen und guten Küche ebenfalls bei Travellern beliebt. Tajines immer noch ab 30 DH; auch gute Gemüsetajines. Beim Souk.

Einkaufen/Märkte

Sehr bekannt sind die Babouches, meist aus dünnem Ziegenleder handgefertigte, spitz zulaufende arabische Pantoffeln (vor allem für Frauen). Die Berber-Babouches dagegen sind aus Rindsleder und enden rund, womit sie den nordischen Pantoffeln näher stehen. Ockergelb ist für die Männer reserviert, Rot für die Frauen. Verkauft und gefertigt werden sie auf dem Mittwochssouk (Place du Souk) sowie in den oberhalb des Souks gelegenen Schuhläden. Ein gutes Paar kostet im **Magazin d'Babouches (7)** 60 bis 80 DH. Der Mittwochssouk ist ein großes Ereignis für die Landbevölkerung, die hier ihre Produkte verkauft: Gemüse, Fleisch, Obst und Gewürze – und jede Menge Kleider vom Wühltisch.

Eine Reihe von kleinen und mittleren Geschäften mit Kunsthandwerk findet sich an der Place de la Marche Verte und nördlich des Tagessouks bei der Place Al Khamis. Ausgefallene Teppiche (Kelims aus allen Regionen, Hochzeitsteppiche der Nomaden und die in Europa als „Berber" bezeichneten Langhaarwollteppiche aus Schafs- und kostbarer Kamelhaarwolle) gibt es in zwei großen Teppichläden, der **Maison**

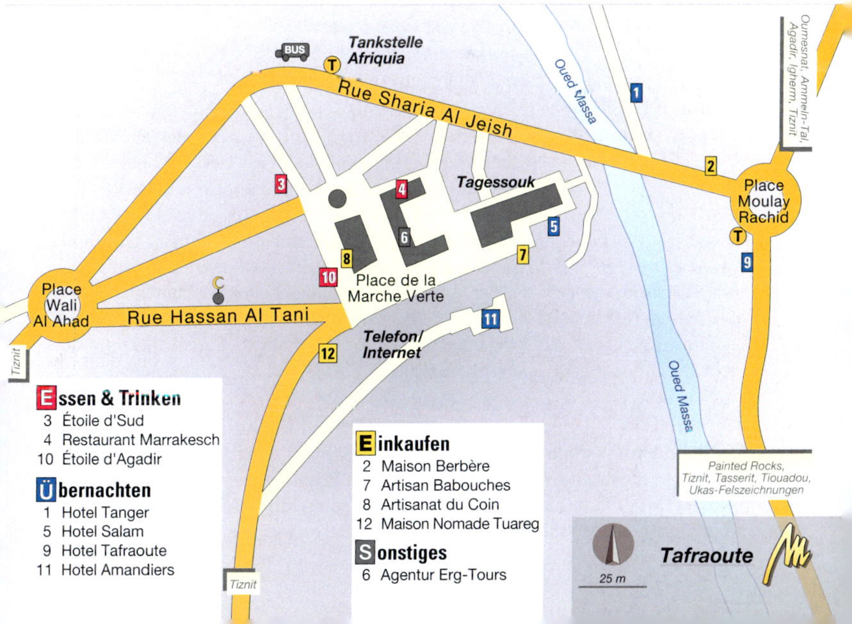

Berbère (2) und der **Maison Nomade Tuareg (12)**; letztere zählt zu den größten Teppichgeschäften im Süden, steht für hohe Qualität und liefert den Traumteppich auch zuverlässig nach Europa (Kooperativen für Teppiche aus fair gehandelter Produktion → Tazenakht). Im **Artisanat du Coin (8)** (Place du Souk) schließlich gibt es phantasievolle Ketten, Ringe und Anhänger mit Berbermotiven in allen Preislagen (Festpreise); die Objekte aus Familienproduktion haben inzwischen einen guten Namen und dokumentieren auch den Zeitgeschmack der Frauen, zumal hier nicht ausschließlich für Europäer gearbeitet wird, sondern auch für marokkanische Besucher.

Sehenswertes

Die Region ist für ihre rosafarbenen bizarren Granitformationen, wie z. B. „Chapeau du Napoleon“ oder „Le Clown“, bekannt und eignet sich hervorragend zum Wandern, Biken und Trekken. Wer hier einige Tage bleibt, dem erschließen sich faszinierende Naturphänomene wie das rötliche Glühen der Berge während der Dämmerung. Die hier ansässigen Berberstämme gelten als fortschrittlich, aufgeschlossen und in wirtschaftlichen Dingen als sehr erfolgreich – wie auch die schön renovierten Häuser oder ansehnliche Neubauten zeigen. Und so durchquert man oft scheinbar verlassene Dörfer, die jedoch gut erhalten sind. In der Region besonders sehenswert sind die zahlreichen **Agadire,** mit kunstvollen Portalen und Zinnen versehene, mehrstöckige Speicherburgen aus Stampflehm. Ihre Portale schmücken Pilaster, vertikale und horizontale Bänder mit Dreiecken, Quadraten, Kreisen sowie fein geschnitzte schwere Türen (→ Maison traditionelle in Oumesnat).

Die bekannteste Felsformation von Tafraoute, der **Chapeau du Napoleon,** findet sich in Richtung Aguerd-Oudad, ca. 2½ km südlich der Stadt. Von hier sind es weitere 4 km (nach 400 m Straße rechts auf einer Piste weiter – es ist ratsam von hier zu Fuß zu gehen) bis zu den nächsten, allerdings von Menschenhand veränderten Felsformationen in einer vollkommen verlassenen Steppe: Es handelt sich um die **Painted Rocks** des belgischen Land-Artisten Jean Vérame, der hier 1983 einige Tonnen Farbe auf die markanten Felsformationen pinselte, ein Werk, über dessen Bedeutung man streiten kann. Die Einheimischen jedenfalls freuen sich über ihre bemalten Steine, deren Farbe aber langsam verbleicht.

Die **Maison traditionelle in Oumesnat** (5 km Richtung Ait-Baha, vom Kreisel bei der Stadtverwaltung ausgeschildert) ist eine private Initiative. Die Speicherburg in Familienbesitz wurde geschickt instand gesetzt und dient seit 1983 als kleines Lokalmuseum. Einer der Söhne führt durch die drei Stockwerke mit alten landwirtschaftlichen Gerätschaften, Werkzeugen und Einrichtungsgegenständen. Europäischen Bauernhäusern ähnlich, wurden auch hier die Tiere im Erdgeschoss gehalten, die Vorratsräume, der Schlafbereich bzw. die Terrasse mit dem angrenzenden großen Wohnraum befanden sich darüber. In den Vorratsräumen wurden Mandeln, Getreide, Öl, Arganien und anderes eingelagert, im Keller befand sich der Ofen für die Brotherstellung. Wer mehr über die lokalen Traditionen erfahren möchte, bekommt bei einem Tee auf der Terrasse (herrlicher Fernblick!) ausführliche Antworten.

Wanderungen

Wanderung von Oumesnat nach Tazoulte (ca. 2 Std.): Ausgangspunkt der kleinen Wanderung, die einen schönen Einblick in das Ammeln-Tal vermittelt, ist die *Maison traditionelle* in Oumesnat (→ oben). Die Wanderung führt auf einem Pfad am Berg entlang in westlicher Richtung nach Tazoulte. Besonders die aus Stampflehm und

Felssteinen gebauten Agadire bzw. Speicherburgen sind hier teilweise noch erhalten, ebenso zwei alte Argan-Ölpressen in eingebrochenen Kellern; die Anlagen mit ihren von Pilastern geschmückten und mit Schieferornamenten besetzten Portalen sind eine architektonische Besonderheit. Der Weg führt durch Arganien- und Olivenhaine vorbei an einer Moschee, Wasserreservoirs, Kanälen, Mandelbaumhainen und parzellierten Gärten. Für den Rückweg kann man an der südlich gelegenen Hauptstraße ein Taxi anhalten oder dieselbe Strecke zurücklaufen.

Wanderung von Tamaloukt nach Tagdicht: Tamaloukt liegt an der Straße, die von der Kreuzung nach Tafraoute das Ammeln-Tal in westlicher Richtung durchquert. Etwa 5 km von der Kreuzung der Regionalverwaltung des Ammeln-Tals entfernt, führt von dieser Straße in Tamaloukt eine Abzweigung rechts nach Tagdicht. Hier kann geparkt werden. Von hier schlängelt sich der Weg über 6 km den Berghang hoch, bis der hinter einem Bergvorsprung liegende Ort erreicht ist – mit fantastischen

Panoramablicken in das Ammeln-Tal. Als sportliche Einlage ist die für Autos wiederhergestellte Piste auch mit dem Bike zu machen.

Wanderung von Tafraoute nach Tazzeka: Die Wanderung führt parallel bzw. unterhalb der südlich nach Tiznit verlaufenden R 104 durch einen besonders vegetationsreichen Talabschnitt. Sehenswert in Tazzeka sind einige alte Agadire im Zentrum, im südlich von Tafraoute gelegenen Afella sind es die für die Region typischen mächtigen Rundfelsen, die den Ort malerisch einrahmen.

Mit dem Fahrrad zu Oasen, verträumten Ortschaften und verlassenen Kasbahs

Von Tafraoute nach Tasserit bis Tiouadou (Route A, ca. 40 km): Der erste Teil der Tour zieht sich von Tafraoute in Serpentinen zum auf 1400 m gelegenen Tasserit. Diese erste Etappe von 20 Kilometern bis Tasserit kann man auch mit einem der Kollektivtaxis zurücklegen, die regelmäßig Waren transportieren. Weiter geht es von Tasserit in östlicher Richtung nach Taghaoute (ca. 7 km). Hier beginnt eine Schotterstraße, die nur noch mit geländegängigen Autos, Bikes oder zu Fuß zu erreichen ist. Die Bauern transportieren hier ihre Waren noch auf Eselsrücken. Weiter in Richtung Ait Mansour geht es nun vorbei an Dattelpalmenfeldern im Flusstal sowie an einigen Schluchten und steilen Felswänden unterhalb des Djebel Tililt (1742 m) über die alten Weiler Tizarkine und Tinguelcht nach Tiouadou.

Die Oase um Tiouadou ist zwar gut bewirtschaftet, doch scheint die kleine Ortschaft wie das nördlich gelegene Tizarkine mit seiner alten Kasbah kaum bewohnt. Einige Frauen, Kinder und Männer meist älterer Jahrgänge sind auf den Feldern zu sehen. Viele der hier lebenden Familien bekommen Geld von den Vätern, die in Marrakesch oder Agadir beschäftigt sind, während die Frauen auf dem Feld, im Dattelpalmenhain oder im Haus arbeiten.

Von Tiouadou über Tasserit nach Tafraoute (Route B, ca. 50 km): Im 6 km südlich von Tiouadou gelegenen Souk el Had bevölkern abends die Arbeiter den Ort, die in den Erzminen arbeiten. Von hier ist ein Ausflug nach Ukas (siehe unten) möglich, doch sollte man mit dem Bike für die Hin- und Rückfahrt auf schlechter Straße mindestens 4 Std. einkalkulieren; für diesen Fall bietet es sich an, in Tiouadou zu übernachten.

Hinter Tiouadou ist die über Imlal führende Piste spannend: Sie verläuft auf schmalem Weg an der Schlucht von Ait Mansour entlang. Hier ist es ratsam, bei Gegenverkehr vorsichtig an der Hangseite zu fahren; Felswände und -abhänge liegen spürbar nah am Weg, was den Reiz dieses Streckenabschnitts ausmacht. Nach den Wintermonaten ist die Straße oft durch Unwetter unterbrochen, doch zu Fuß oder mit dem Bike ist sie meist passierbar. Von Tiourit, dem letzten Ort der Schlucht, braucht es Kondition, um das hoch gelegene Tasserit zu erreichen (ca. 7 km).

• *Fahrzeiten* Für die Ostroute von Tasserit bis Tiouadou ca. ein Tag inkl. Pausen. Die westlich verlaufende Strecke von Tiouadou nach Tasserit (ca. 30 km) und weiter nach Tafraoute (ca. 20 km) braucht etwas mehr Sitzfleisch, ist aber ebenfalls an einem Tag zu schaffen (→ Karte „Region Tafraoute").

• *Übernachten/Essen & Trinken* In der Gite d'etappe in Tiouadou, Mohammed Sahnoun, ✆ 028-800547; Vermittlung auch über die Agentur Erg-Tours in Tafraoute.

Bei Ukas: Straßen für Ziegen und 4x4

Tour von Tasserit über Taghaoute nach Tiouadou und zurück nach Tafraoute: Diese anspruchsvolle Tour ist mit dem Fahrrad in zwei Tagen gut machbar und lässt sich mit einer Übernachtung in Tiouadou kombinieren; es bietet sich an, bei der Agentur Erg-Tours in Tafraoute das Kartenmaterial zu studieren oder einen Guide zu nehmen. Wer die Tour nach Tiouadou in kürzerer Zeit machen möchte, kann die Strecke mit einem 4x4-Fahrzeug an einem Vormittag zurücklegen und am Nachmittag die südlich von Souk el Had (ca. 15 km) gelegenen **prähistorischen Felszeichnungen von Ukas** besichtigen; die Agentur Erg-Tours in Tafraoute bietet hierfür eine Randonnée mit 4x4-Fahrzeug als Rundtour an (→ „Mit dem Fahrrad zu Oasen“, → Karte „Region Tafraoute“).

Weiterfahrt

Über den Col-du-Kerdous-Pass nach Tafraoute und Taroudannt → Tiznit/Weiterfahrt nach Tafraoute, Taroudannt, Guelmim.

Von Tafraoute über Igherm nach Taroudannt

Die ca. 140 km lange Strecke von Tafraoute nach Taroudannt auf der kürzlich erneuerten Asphaltstraße verläuft zwischen den Ausläufern des Anti-Atlas und dem Südrücken des Hohen Atlas und bietet damit schöne Ausblicke. Nach der Hälfte der Strecke werden die letzten Bergrücken nach Norden überquert, das gesamte Souss-Tal ist von der hohen Straße zu überblicken. Durchzogen von Zitrusfrucht- und Gemüseplantagen durchfährt man die wohl fruchtbarste Region des Südens und gelangt an der Kasbah de Freja auf die Anschlussstraße nach Taroudannt. Eine Alternative ist die Piste linker Hand ca. 10 km vor Taroudannt. Sie führt zu der **Kasbah von Tioute** (Schild), dann über einen Nebenarm des Souss auf die Hauptstraße Agadir–Ouarzazate und nach wenigen Kilometern nach Taroudannt.

Von Tafraoute über Igherm, Taliouine, Tazenakht nach Agdz

Die Route von Tafraoute nach Agdz (ca. 270 km) ist eine gute, bequem zu befahrene Asphaltstraße. Viele Streckenabschnitte sind reich an eindrücklichen Panoramablicken. Die wechselnden Lichtsituationen besonders früh morgens, abends und bei Teilbewölkung bewirken an den tiefgrauen Bergformationen bizarre Effekte. Die Straße nach Igherm erreicht nach viel Kurven und ca. 80 km die Abzweigung nach **Tasguent** (bei Tiguermine, beschildert), mit über 100 Räumen und sechs Stockwerken einer der mächtigsten Agadire, der ganz aus Felssteinen gebaut wurde. Die 30-Minuten-Fahrt auf schlechter Piste lohnen sich, auch wenn der Agadir nicht von innen zu besichtigen ist. Es heißt, dass der große Familienclan über die weitere Nutzung als Maison d'hôtes im Streit liegt, zumal finanzkräftige Unterstützung von Investoren versprochen ist. Immer wieder begegnet man Frauen und Hirten mit Ziegenherden, die in Höhlen Unterschlupf finden. Schroffe Bergketten und sanfte Hügel vor dem südlichen Ausläufer des Hohen Atlas bestimmen das Bild, bis die Ebene von **Talioune** erreicht wird, die der Djebel-Siroua-Gebirgszug umgibt. Hinter Talioune steigt die Straße kontinuierlich an. Weiter nach Osten gelangt man schließlich über mehrere Pässe auf ein wüstenartiges Hochplateau, das noch von Nomaden bewohnt wird und das Einzugsgebiet der Ait Quaouzguil ist, ein Berberstamm, der Teppiche produziert. Die Region von **Tazenakht** ist von besonderen geologischen Formationen geprägt, auf dem Weg nach Tazenakht bzw. Agdz gibt es zahlreiche Gelegenheiten, Fossilien und Mineralien an Verkaufsständen zu bewundern. Unendliche Weite, kerzengerade Straßenabschnitte über viele Kilometer – und weit entfernt Nomadenzelte mit Ziegenherden. Die einsamen Straßen mit Blick auf die Silhouetten der ineinander geschobenen Bergketten des Hohen Atlas gäben besonders in der Dämmerung einen perfekten Drehort für Wim-Wenders-Filme – die Welt zwischen „Himmel und Steinwüste" ist ein Erlebnis für sich.

Taliouine

Die Stadt des Safrans liegt in 1100 m Höhe rund 120 km östlich von Taroudannt. Umgeben von Djebel-Siroua-Gebirge und Anti-Atlas ist Taliouine neben den bekannten Destinationen in der Region von Ouarzazate für Bergtrekking und Randonnées ebenfalls geeignet.

Besonders in der Hochsaison zwischen April und Juli ist die Region eine Alternative zum touristisch stark besuchten Draa-Tal. Geologisch Interessierte finden hier ausgefallene Gebirgsformationen. Die große Kasbah der Stadt wurde in den 1970er Jahren als vermeintliche Hochburg der Glaoui-Anhänger aufgegeben. Die Regierung zwang damals

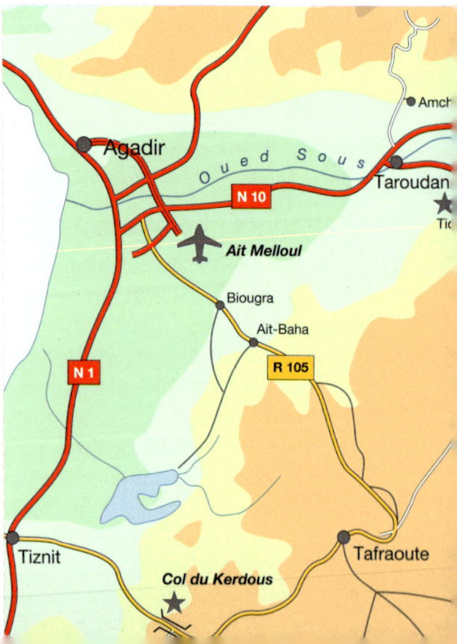

die Bewohner der Kasbah, eine große Gemeinschaft, sich andernorts niederzulassen. Heute wohnen nur noch wenige Alte hier, die Mauern zerfallen langsam.

- *Information* Auskünfte zur lokalen Geschichte erteilen die Besitzer der unten beschriebenen Hotels.
- *Verbindungen* Busse halten unter anderem im Zentrum nahe der Post sowie kurz hinter der Auberge Le Safran, Kollektivtaxis weiter unterhalb im Zentrum.
- *Übernachten/Essen & Trinken* **Auberge Le Safran**, am Ortsausgang nach Süden rechter Hand. Mit seiner Sachkenntnis über den Safrananbau und die Geschichte des kleinen Ortes, einem umfangreichen Angebot an Trekkingtouren in die Umgebung und bis in die Wüste ist der Besitzer Mahmoud Mohiydine unser Tipp für einen mehrtägigen Aufenthalt. Mit Begeisterung vermittelt Mahmoud seine Erfahrungen und organisiert individuelle Randonnées. Gute DZ mit Bad ab 140 DH, die Zimmer nach hinten mit Blick auf die Kasbah. ✆ 028-534046, www.auberge-safran.fr.fm.

Auberge Souktana, vom Zentrum 1½ km Richtung Süden. Freundliches Hotel des marokkanisch-französischen Paars Ahmed und Michele; im kleinen Restaurant gibt es gute und frische Gerichte. Die Besitzer haben ein sehr angenehmes Ambiente geschaffen und bieten ebenfalls ein breites Angebot an geführten Touren (Tour 480 DH pro Tag und Person). Auch Fahrradverleih. Große DZ ab 220 DH. ✆ 028-534046, Souktana@menara.ma.

Auberge Askaoun, gegenüber der Auberge Souktana. Etwas einfacheres Hotel, das Restaurant ist auch bei den Einheimischen beliebt, die hier günstig speisen. DZ mit/ohne Bad ab 80 DH. ✆ 028-534017.

Hotel Ibn-Toumert, direkt bei der Kasbah; von Gruppen frequentiertes staatliches Hotel mit der Atmosphäre eines Ostberliner Hotels der 60er Jahre; für die Ausstattung etwas überteuert. DZ ab 500 DH. ✆ 028-534126.

Sehenswertes

Die **Coopérative du Safran** befindet sich an der Hauptstraße, kurz vor dem Hotel Le Safran. Ständige Ausstellung mit Fotos und Tafeln zum Safrananbau sowie Verkauf von Safran. Der **Souk** findet montags statt (Place du Souk). Auch ein Rundgang an der **Kasbah** oberhalb der Hauptstraße ist lohnenswert; Parkmöglichkeiten oberhalb der Kasbah.

Der in eine Felswand gebaute **Agadir von Ifri** ist auch ohne das Kartenmaterial der Hotels gut zu finden – er liegt ca. 13 km in östlicher Richtung (ausgeschildert) und kann mit einem Wächter besichtigt werden.

Eine Farbe, die Appetit macht: Safran

Montags ist der Tag des Souks in Taliouine. Und besonders zwischen Oktober und März ist der Markt Treffpunkt für die Safranbauern aus der Region. Der hier gehandelte Safran ist von hoher Qualität, und viele Bauern verkaufen nur so viel, wie sie unbedingt müssen, um andere Güter kaufen zu können – Safran ist eine Art zweite Währung. Der Kauf des teuersten Gewürzes der Welt, für das 150.000 Blüten gezupft werden müssen, um schließlich ein Kilogramm Blütenpollen zu erhalten, ist daher mit Vorsicht anzugehen und Vertrauenssache.

Safran – das teuerste Gewürz

Auch auf vielen anderen Märkten wird Safran angeboten. Die getrockneten Pollen des *Crocus sattivus* sind jedoch oft gefälscht. Die roten Fäden werden mit Öl bedampft, um den Safran schwerer und damit teurer zu machen. Oder es werden einfache Blütenfäden der Calendula oder Färberdistel untergemischt. Im alten Persien wurden Safranfälschern die Finger abgehackt, im Mittelalter wurden sie öffentlich verbrannt. Kein Wunder, da in dieser Zeit Safran sogar mit Gold aufgewogen wurde. Abgeleitet vom arabischen za'fran „gelb sein", wusste schon der Prophet Mohammed um den Wert dieses Gewürzes. In den Suren heißt es: Die Erde des Paradieses wird mit reinstem Pulver aus Moschus und Safran bedeckt sein. Passagen des Koran und kostbare Handschriften wurden mit Safran-Tinte verfasst.

Die Safrankrokusse mit ihren typischen hellvioletten Blüten blühen nicht im Frühling, sondern im Herbst und werden bis zu 15 cm groß. Genau in der Mitte befinden sich die leuchtend-roten, dreischenkligen Blütenfäden, die wenige Millimeter breit und bis zu drei Zentimeter lang sind und die ganze Farbe und Würze des Safrans enthalten. Safran liebt kargen Wüstenboden, heiße Sommer und kalte Winter. Den Sommer über ruhen die Zwiebeln des Safrankrokus' 20 Zentimeter tief in der trockenen Erde und werden im September gelegentlich bewässert. Aus einer Zwiebel wachsen bis zu sechs Blüten, und bereits nach wenigen Jahren müssen neue Zwiebeln gesetzt werden. Die Ernte ab Ende Oktober erfolgt seit Jahrtausenden auf dieselbe Weise. Die Blüten müssen frühmorgens gepflückt und noch am Tag der Ernte gezupft werden. Denn in der heißen Sonne vertrocknen die Blütennarben schnell und verlieren ihr Aroma. Beim Pflücken arbeiten die Frauen und Männer also gegen die Zeit. Die Blüten öffnen sich nur ein einziges Mal wenn sich – wie in der persischen Dichtung beschrieben – der Himmel bei Sonnenaufgang safrangelb färbt.

Ebenso wichtig wie das Pflücken ist die Trocknung. Nur in gut getrockneten roten Narben findet sich das leicht bittere Safranaroma. Zerreibt man eine Narbe des Crocus sattivus, entsteht der unverwechselbare aromatische Duft und die Farbe, die in wenigen Sekunden ein Glas Wasser einfärbt. Duft, Farbe sowie dieser kurze Test von zwei bis drei Fäden im Wasser erlauben es, die Echtheit des Safrans festzustellen.

Die ätherischen Öle, die den intensiven Geruch und den leicht bitteren Geschmack des Safrans erzeugen, haben einen verdauungsfördernden, krampflösenden und den Kreislauf anregenden Effekt. Das im Safran enthaltene Karotinoid Crocin ist jedoch kein Garant für echtes Safranpulver, zumal auch Kurkuma (Safran heißt auf Hebräisch karkom) diese Substanz enthält. Auch reichen kleine Mengen von Safranpulver, ein Paprikapulver (Harissa) zu aromatisieren (Küchentipp!), was viel günstiger ist. Zum Färben von Pasta, Milchprodukten oder Backwaren eignet sich Safran ebenfalls. Wer mehr über Safran wissen will: In Taliouine kann man bei einem Tee mit Safran einiges zum Thema erfahren ...

Ausflüge

Die Südregion des **Djebel Toubkal** (bis Mezguemnat je nach Piste mind. 80 km) ist auf einem weiten Netz von Pisten erreichbar. Der sehr viel näher gelegene **Djebel Siroua** ist Ausgangspunkt für eine Reihe lokaler Trekkingtouren; erreichbar ist er über eine Piste, die zunächst Richtung Ighil, dann nach Annamer, Akhfamane, Tamgout, Atougha und zur Ortschaft Siroua führt.

Das von Taliouine nördlich gelegene **Askaoun** ist ebenfalls über Pisten zu erreichen und wird von den Local Guides als Startpunkt für Trekkingtouren genutzt. Tourenangebote für mehrtägiges geführtes Trekking gibt es in der Auberge Le Safran sowie in der Auberge Souktana (→ Übernachten).

Tazenakht

Der 600-Einwohner-Ort besteht aus nicht viel mehr als einigen Straßen und windumfegten Kreuzungen. Vor allem der Handel mit Teppichen, die die hier ansässigen Berberstämme weben, hat in den letzten Jahren ein wenig Leben nach Tazenakht gebracht.

Nachdem einige Reisemedien über die Teppichkooperative des Schweizers Wilfried Stürzers berichteten, hat die steigende Nachfrage nach Teppichen aus fairer Produktion weitere Kooperativen ins Leben gerufen. Im alten Ortsteil am Ostrand kann man in einigen privaten Häusern den Frauen beim Weben zusehen.

• *Information* Auskünfte zur Region in der Teppichkooperative Espace Taznakht (→ unten).

• *Verbindungen* Haltestelle für Busse nach Agadir–Ouarzazate bzw. Agdz sowie Kollektivtaxis an der zentralen Kreuzung.

• *Übernachten/Essen & Trinken* **Zenaga Taznakhte**, très simple, aber viel Lokalkolorit, freundlicher Service und passable Küche, Restaurant sehr preiswert. Abends spielt Hamid gelegentlich Gitarre. Funktionale DZ ohne Bad ab 100 DH. Place du Souk, ✆ 024-481032.

Taghdoute, etwas bessere Ausstattung als im Zenaga Taznakhte; das Restaurant hat einen guten Ruf und serviert ausgezeichnete Tajines. DZ mit Bad inkl. Frühstück ab 150 DH. Place du Souk, ✆ 024-481393.

• *Einkaufen* Wer sich für diese bedeutende Teppich-Herkunftsregion interessiert, findet in den unten beschriebenen Kooperativen kompetente Beratung. Im alten Ortsteil von Tazenakht am Ostrand kann man auch einige Haushalte besuchen, in denen die Teppiche gewebt werden.

Espace Taznakht pour le développement de l'environnement et des arts populaires, eine tatsächlich der lokalen Entwicklung dienende Teppich-Kooperative mit Festpreisen, von denen ein kleiner Teil an gemeinschaftliche Projekte geht. Am östlichen Ortsausgang. www.espacetaznakht.com.

Coopérative des Tapis Berbères, am westlichen Ortseingang; auch hier gute und wenig aufdringliche Beratung; die Auswahl ist beträchtlich, ebenso der Preisunterschied zu vielen Geschäften in Marrakesch; die Preise lassen sich um ca. 10–20 % herunterhandeln. Av. Hassan II. www.cooperativetapistaznakhte.com.

Teppichkunst aus Tazenakht – Tradition der Berber

Maghreb al aqsa – die eigenständige Knüpftradition im „äußersten Westen" beruht auf der uralten Tradition der Berber. Lange Zeit unbeachtet, kam es Anfang der 90er Jahre zu einer „Neuentdeckung" dieser textilen Tradition Marokkos. Das außergewöhnliche Design, in Farbe, Form und Symbolik auf das Notwendigste reduziert, verdichtet sich zu einem minimalistischen Ausdruck, der dem Kunstverständnis der Moderne entspricht. Auf diese „Neuentdeckung" folgten ausgedehnte Forschungen und wissenschaftliche Diskussionen, deren Ergebnisse schließlich zu den beiden Konferenzen der ICOC (International Conference on Oriental Carpets) 1995 und 2001 in Marrakesch führten – die bis dahin kaum bekannten Berber-Teppiche und -Textilien rückten ins Licht des internationalen Kunst- und Kulturinteresses.

Für den Süden Marokkos waren es vor allem die antiken Teppiche und Textilien aus dem Gebiet rund um den schneebedeckten Djebel Siroua, die ob ihrer herausragenden Qualität hohe Wertschätzung erfuhren. 20 Berberstämme rund um den Djebel Siroua schlossen sich zum Zweck der gemeinsamen Verteidigung zur Konföderation der Ait Ouaouzguit zusammen. Gemeinsam mit dem südlich angrenzenden Stamm der Zenaga vertreten sie die wesentliche Teppich- und Textiltradition des Südens. Neben den repräsentativen Teppichen gibt es vor allem fein gearbeitete Textilien (Wickeltücher, Gürtelbänder, Schuhe) für besondere Anlässe sowie die Flachgewebe für den täglichen Gebrauch, wie Decken, Provianttaschen, Futtersäcke und Satteldecken. Glanzreiche, seidige Wolle, die Magie der Symbole aus vorislamischer Zeit und die brillanten Farben charakterisieren diese Textiltradition.

Die Moderne, die via Satellit und Fernsehen selbst die entlegenen Dörfer der Berber erreichte, führte in den letzten Jahrzehnten zu einer stetigen Veränderung der traditionellen Werte. Die Individualität der für den persönlichen Bedarf hergestellten Einzelstücke wird heute ersetzt durch neue Produkte, die ausschließlich für den Handel hergestellt werden.

Kurt Rainer

Der Historiker Kurt Rainer hat sich mit der Region um Tazenakht eingehend beschäftigt und die Teppichproduktion der Berberstämme erforscht: Tasnacht Teppichkunst und traditionelles Handwerk der Berber Südmarokkos. Adeva Verlag, www.culture-and-more.com.

Tipp: Der Wochensouk in Tazenakht, der bedeutendste Wochenmarkt der Region, erlebt heute eine Renaissance; die in den letzten Jahren neu gegründeten Kooperativen bieten eine breite Palette „moderner" Teppiche und Flachgewebe in unterschiedlichen Qualitäten.

Von Tiznit über Guelmim nach Sidi R'bat

Tiznit

Die von mächtigen gut erhaltenen Stadtmauern umgebene Medina der 60.000-Einwohner-Stadt und die große Place Méchouar sind über die Bab el Aouina bzw. die Bab Oulad Jarrar schnell erreicht. In einem der Cafés des von Arkaden gesäumten Platzes lässt sich der Puls des geschäftigen Tiznit fühlen.

Leicht gelangt man durch die engen Gassen in nördlicher Richtung zur Source Bleu und zur Grande Mosquée. Ihr Anfang des 20. Jahrhunderts gebautes, mit hölzernen Querstangen versehenes Minarett erinnert an die Lehmmoscheen von Mali. Der Überlieferung nach sollten die Stangen den Seelen der Toten als „Starthilfe" zum Flug ins Jenseits dienen. Weit über die Region hinaus bekannt ist Tiznit durch den hier gefertigten Silberschmuck. Die kleinen Läden und Kooperativen in der Medina bieten qualitätvolle moderne, chiadmische (nordmarokkanische) und berberische Stücke an. Ein Besuch der Stadt lohnt besonders am Donnerstag, wenn der Wochenmarkt stattfindet; dann kommen auf dem großen Souk Menschen der ganzen Umgebung zusammen, um hier ihre Produkte anzubieten.

Teppichgeschäft in Tiznit

Wie Taroudannt war auch Tiznit ein bedeutender Umschlagplatz der Karawanen. Hier tauschte die Bevölkerung seit Generationen ihre kunstvoll gefertigten Waffen, Messer und Schmuckarbeiten. Bevor unter Moulay el Hassan Ende des 19. Jahrhunderts ein Befestigungsring um die Stadt gebaut wurde, bestand Tiznit lediglich aus 10 Kasbahs. 1912 gelang es El Hiba, die Saharanomaden und große Teile der Bevölkerung des Souss gegen die Franzosen zu mobilisieren. El Hiba ließ sich zum Sultan ausrufen, seine Truppen wurden aber im selben Jahr von französischen Truppen geschlagen, die Region wurde besetzt. Auch nach dem Abzug der Franzosen 1956 blieb Tiznit Garnisonsstadt – jetzt als Stützpunkt für den Westsahara-Krieg.

• *Information* Auskünfte in den Hotels und Cafés an der Place Méchouar.

• *Verbindungen* **Gare routière** für die privaten Busse an der Route de Tafraoute außerhalb der Stadt; große Drehscheibe in Richtung Laayoune: täglich 4x nach Guelmim und Tan-Tan sowie jeweils 2x nach Laayoune, Dakhla, Tafraoute, Agadir.

CTM-Busse und Kollektivtaxis starten von der **Place Méchouar**.

Supratours-Büro ebenfalls an der Place Méchouar. ✆ 028-862329, www.ctm.co.ma.

• *Übernachten/Essen & Trinken* **** **Idou Tiznit (6)**, großzügiges Hotel mit Restaurant, Bar und Pool. Traditionelle, harmonische Einrichtung, freundlicher Service. Menü ab 150 DH. EZ 375 DH, große DZ 550 DH, jeweils inkl. Frühstück. Empfehlenswert die Zimmer zum Innenhof. Av. Hassan II. ✆ 028-600333, www.idoutiznit.com.

Hotel Paris (7), am Kreisel zum Zentrum. Das kleine Restaurant hat einen guten Ruf und wird gern von der Lokalbevölkerung besucht. Die Zimmer sind sauber, zur Straße aber etwas laut. DZ 164 DH. Avenue Hassan II., ✆ 028-862865.

Hotel Mauritania (8), preiswertes, einfaches Travellerhotel; EZ 60 DH, funktionale DZ 80 DH. Bd. Bir Anzarane. ✆ 028-862072.

Des Touristes (3), freundliches Hotel ganz am Rand der Place Méchouar – und damit der geringste Lärmpegel der Hotels an diesem Platz. Die Atmosphäre ist familiär, die Söhne des Besitzers Hassan stehen den Gästen mit Tipps für die Stadt zur Seite. DZ ab 80 DH. ✆ 028-862186.

Hotel Atlas (4), très simple, aber mit Lokalkolorit und großem Restaurant mit TV. Funktionale DZ 70 DH. Place Méchouar.

Hotel Des Amis (5), wie Hotel Atlas, aber weniger Betrieb, da ohne Restaurant. Funktionale DZ 60 DH. Place Méchouar.

Amulette aus Silber

Tiznit ist bekannt für hochwertigen Silberschmuck und bis heute, wie vor hundert Jahren, als die geschickten Kunstschmiede der Stadt noch reich verzierte Gewehre und Messer mit Silberapplikationen fertigten, ein Zentrum dieses alten Handwerks. Und wie einst kommt das Silber dafür aus den Minen von Askouan in der Provinz Taroudannt. Doch Waffen werden nur noch in kleiner Stückzahl als Dekorationsstücke oder für Fantasia-Reiterspiele verkauft, davon leben könnte hier niemand mehr. Ganz anders ist das mit dem Silberschmuck. Die von den jüdischen Juwelieren, den Begründern der Schmiedekunst zur Perfektion entwickelten Gold- und Silberziselierarbeiten sowie den typischen Tiznit-Schmuck gibt es bis heute. Etwa die überall in Marokko getragenen, in allen Größen und Gewichten erhältlichen dreieckigen Amulette aus Silber, Klemmen, die Kleider und Schals zusammenhalten und die je nach Qualität, ob mit Edelsteinen, Glasperlen, Perlen oder kostbaren Einlagen bestückt, auf die soziale Stellung ihrer Trägerin hinweisen. Es gibt Stücke, die aus über 500 Gramm reinem Silber geschmiedet sind und Museumswert besitzen.

Wer qualitativ guten Silberschmuck untersucht, erkennt fein gearbeitete, homogene Lötnähte und ziselierte Flächen mit geringem Zinngehalt, die wie ein mikroskopisches Blumenbeet in voller Blüte wirken. Doch gibt es in Tiznit wie andernorts auch Berberschmuck, der nur alt wirkt. Ein über viele Jahre getragenes echtes Schmuckstück zeigt jedoch andere Gebrauchsspuren (etwa abgetragene Ecken) als durch schlechte Lagerung und Wetter korrodierter Silberschmuck.

Sehenswertes/Rundgang

Auf einem Spaziergang über die **Place Méchouar** zur **Rue Tasuq el Khemis** mit ihren vielen Seitengassen lässt sich die Medina gut erkunden. Die großen sechs Stadttore in die Medina – Bab el Aouina, Bab Oulad Jarrar, Bab el Djedid, Bab

Targua, Bab el Khemis und Bab Aglou – sind noch gut erhalten, ebenso die 62 Bastionen der Stadtmauer.

Die der als Heilige verehrten **Lalla Fatima** gewidmete Quelle, die **Source Bleu** nahe der großen Moschee, entspringt unterirdisch, nur ein hässliches Betonbecken findet sich hier. Die Legende erzählt, dass die Gründerin der Stadt an diesem Ort starb, an dem dann die Quelle hervorsprudelte. Einen Besuch dagegen lohnt die Grande Mosquée mit ihrem um 1910 neu gebauten Minarett, auch wenn sie nur von außen zu besichtigen ist.

Die von jüdischen Silber- und Goldschmieden begründete Tradition der Schmuckherstellung wird in Tiznit weitergeführt. Viele Kunstschmiede haben sich nahe der

„Rivière" bzw. der Rue Tasuq el Khemis (hier verlief früher ein Fluss an der Straße) und der nördlichen Medina angesiedelt. Mit ein wenig Geduld finden sich nach wie vor ausgefallene ziselierte Schmuckarbeiten zu guten Preisen (keine Festpreise). Gute Qualität gibt es auch in der Manufaktur **Trésor du Sud (1)** und der Kooperative **Perle du Sud (2).** Weitere Schmuckhändler finden sich in der schnell zu erreichenden neuen Passage im Süden der Place Méchouar.

Sidi Moussa d'Aglou

17 km von Tiznit liegt der Badeort Moussa d'Aglou direkt am Meer. Das ehemalige Fischerdorf bekam inzwischen mit tat- und finanzkräftiger Unterstützung von Investoren aus Agadir eine schicke Strandpromenade und einige Cafés im mediterranen Stil – und dazu eine ultramoderne Beleuchtung, die selbst in Südspanien der letzte Hit wäre.

• *Übernachten/Essen & Trinken* *** **Aglou Beach**, am Ortseingang von Moussa d'Aglou rechter Hand. Die große Hotelanlage mit gut geführtem Restaurant passt sich gut in das strukturell verbesserte Ortsbild ein. Das Restaurant ist auch bei den Tizniti beliebt. Geräumige DZ inkl. Frühstück 350 DH. ✆ 028-866196, agloubeach@hotmail.com.

Häuser und Appartements (zwischen 200–500 DH) mit Meersicht unterhalb des Aglou-Beach vermitteln Rachid, ✆ 066-917903, und Lahassane Amenssag, ✆ 067-646984.

Camping, gleich hinter dem Aglou-Beach. Leider sind Ausstattung und sanitärer Bereich immer noch mangelhaft. 2 Pers. inkl. Zelt 30 DH.

Weiterfahrt nach Tafraoute, Taroudannt, Guelmim

Sowohl die Routen nach Tafraoute als auch nach Taroudannt sind relativ wenig befahren und von großer landschaftlicher Schönheit. Während Tafraoute über drei relativ gut beschilderte Teilstrecken leicht zu erreichen ist, braucht es für die Landstraße nach Taroudannt eine gute Straßenkarte. Richtung **Taroudannt** in Ait-ou-Mribete (ca. 30 km) rechts nach Ait-Baha (ca. 20 km) abbiegen; ab der Kreuzung östlich von Ait-Baha weitere 34 km nach Taroudannt (ausgeschildert).

Nach **Tafraoute** gibt es zunächst die südliche, gut befahrene Strecke über den Col du Kerdous mit seinem bekannten Hotel am Pass (ca. 54 km). Die zweite Möglichkeit führt ohne Passüberquerung und nahezu ohne Verkehr über Anezi von Süden in das Ammeln-Tal – eine Strecke mit weitgehend reicher Vegetation und im zweiten Abschnitt mit sehr hübschen Ortschaften. Die dritte Streckenvariante schließlich verbindet Ait-Baha mit Tafraoute und bietet sich eigentlich nur für eine Anfahrt aus Richtung Agadir an.

Übernachten **** **Hotel Kerdous**, km 54, Route de Tiznit à Tafraoute; besonders in den Morgen- und Abendstunden wunderschönes Panorama. Das Hotel gehört inzwischen zur Kenzi-Gruppe und kommt jetzt dem 4-Sterne-Komfort näher. DZ ab 800 DH. ✆ 028-862063, www.hotelkerdous.com.

Von Guelmim nach Foum-Zguid und Zagora

Das 40 km von Guelmim nordöstlich gelegene **Bou-Izakarn** ist Drehscheibe für die große West-Ost-Verbindung parallel zur algerischen Grenze. Bou-Izakarn ist damit Ausgangspunkt für die mit normalem Pkw gut befahrbare Strecke nach **Tata** (250 km) und bis **Foum-Zguid** (390 km) Reizvoll ist der Panoramablick bis zum Meer auf dem Weg von Bou-Izakarn zum Tizi-n-Mighert-Pass, 25 km nördlich an der Strecke nach Tiznit.

Lohnenswert ist **Amtoudi** bzw. die zum UNESCO-Weltkulturerbe vorgeschlagene **Id Aissa Kasbah,** ca. 105 km östlich von Bou-Izakarn; die Kasbah wird an einigen

Tagen bis zum Nachmittag von geführten Gruppen aus Agadir besucht (bisher Freitag bis Montag), was die Ruhe des Ortes leider etwas beeinträchtigt. Für den Aufstieg vom Parkplatz zur Kasbah sollte man etwa 50 Min. rechnen. Am Rand der sehr schönen Oase von Amtoudi befinden sich die sogenannten **Sources d'Amtoudi,** kleine Quellbäder, in denen man auch schwimmen kann (ausgeschildert). Eine Wanderung auf den Pfaden am Flussbett kann man Richtung Norden auch zur Tageswanderung ausdehnen. Dieses Gebiet wird von den Ait Oussa Berbern bewohnt, die bis heute ein halbnomadisches Leben führen (→ Wissenswertes A–Z/Transhumanz).

Die wenig frequentierte Strecke von **Bou-Izakarn** nach **Foum-Zguid** führt durch eine vorsaharische Steppe zu einigen Ortschaften wie Taghjicht, Aicht Herbi und **Icht,** die an Oasen entstanden und in denen bis heute noch ein recht ursprüngliches Leben geführt wird. Bei den Unterkünften ist wenig Komfort zu erwarten, auch im größeren Tata sind überhöhte Preise bei schlechter Qualität die Regel. Von **Icht** (120 km von Bou-Izakarn) ist das nahe **Foum-el-Hassan** (4 km) mit einigen Felszeichnungen leicht zu erreichen (Abzweig hinter der Ortschaft rechts). In Icht und Foum-el-Hasssan befinden sich einige nicht besonders gut erhaltene Ksars, die dennoch einen gewissen Charme ausstrahlen. Eine wirtschaftlich etwas besser gestellte Oasensiedlung ist **Akka** (85 km von Icht) mit den Überresten einer früheren jüdischen Siedlung (Mellah). Im wenig einladenden Café Tammdoult gibt es Informationen/Guides zu den Felszeichnungen bei Akka. Die kurz vor Akka am ausgetrockneten Flussbett des Oued Akka verlaufende Palmeraie erstreckt sich parallel zur Straße nach **Imitek.**

In **Tata** (ca. 75 km von Akka) mit seiner berber- und beduinenstämmigen Bevölkerung und einem sehenswerten Souk (Donnerstag) ist wegen der Nähe zu Algerien die Militärpräsenz besonders stark. Im nahen **Tazzert** (11 km südlich) findet sich eine fast verlassene ehemalige jüdische Siedlung. In **Tissint** (70 km von Tata, Polizei-Straßenkontrollen) können die Straßenstrapazen in einem fantastischen See (2 km östlich hinter dem Ort) am Wasserfall abgespült werden. In **Foum-Zguid** (76 km von Tissint), wo sich ansonsten die Wüstenfüchse gute Nacht sagen, kann man in der lokalen Kooperative einiges über die prächtigen Teppiche und die Kultur der Berberstämme der Region erfahren; allein der Souk am Donnerstag ist einen Besuch wert und lohnt den strapaziösen Weg.

Zweiter Versuch nach Amtoudi

An der Hauptstraße von Bou-Izakarn nach Tata steht ein verwitterter, verbeulter Wegweiser, auf dem kaum noch lesbar „Amtoudi" steht. Das war vor einer Stunde. Ich rechne beim angestrengten Fahren nach: Laut Hinweisschild sind es 26 Kilometer bis Amtoudi. Da ich mich durch die Steine und das Geröll nur im Schritttempo bewegen kann, komme ich bald zum Ergebnis, wie lange diese Höllenfahrt dauern wird: mindestens zwei Stunden – wenn nicht länger. Als ich das Abenteuer gerade aufgeben, wenden und Richtung Guelmim weiterfahren will, hört die Schotterpiste auf und mündet wieder in eine Teerstraße. Und als ich an freundlich winkenden Soldaten vorbeifahre, weiß ich auch, dass ich diesen Weg kurz zuvor schon einmal genommen habe. Ich war hübsch im Kreis gefahren.

Ich muss in Souk Tnine Nouadai einen Abzweig übersehen haben. Und richtig: An einer engen Durchfahrt zwischen zwei Gebäuden finde ich tatsächlich an der Hauswand den handschriftlichen Hinweis auf Amtoudi. Darauf hatte ich bei meiner ersten Fahrt durch den Ort nun wirklich nicht geachtet. Auf der nun folgenden Straße, die – wie man mir später erzählt – schon seit drei Jahren durchgängig geteert ist, geht es in rascher Fahrt in den Felsenkessel von Amtoudi, über dem auf einem hohen Berg der mächtige und berühmte Agadir als zinnenbewehrter Getreidespeicher steht.

Amtoudi liegt in einer tiefen Schlucht, in die kaum die Sonne fällt. An ihrem Eingang und Ausgang stehen hoch oben zwei Speicherburgen. Um die größere – Id Aissa – zu entdecken, muss ich schon genauer hinsehen, um zu erkennen, was aus Felsen und was von Menschenhand ist. Die aus gestampftem Lehm errichteten Außenmauern mit zwei wehrhaften Türmen an den Ecken sind von gleicher Farbe wie der Felsen, auf dem sie gebaut wurden. Auf diese Speicherburg, eine der ältesten in Marokko, brachten die Bewohner der Umgebung ihre Habseligkeiten, und hierher flüchteten sie, wenn feindliche Horden ihr Land überfielen.

Die Schlucht von Amtoudi wird von einem Oued durchflossen, der die große Palmenoase bewässert, die gleich hinter den Häusern des Ortes beginnt und sich bis zum Fuß des Felsens hinzieht, auf den sich hoch oben die zweite Speicherburg, der „Agadir Aglaoui" klammert. Das Gezwitscher unzähliger Vögel begleitet mich, als ich immer weiter in die Oase hineinlaufe. Die Sonne dringt kaum durch das dichte Palmendach, und ich habe in diesem Dämmerlicht, eingehüllt in warme Luft und den schweren Duft der Mandelblüten, das Gefühl, mich in einem geheimnisvollen Garten zu befinden.

Der Historiker und Autor Rolf-Dieter Venzlaff bereist Marokko seit über 20 Jahren. Kontakt: www.rolfs-reisen.de.

Von Foum-Zguid führt eine reguläre Straße nach **Tazenakht:** ca. 100 km auf der R 111 und über den 1600 m hohen Tizi-Taguergoust-Pass. Im 7 km nördlich von Foum-Zguid gelegenen M'Hamid beginnt die Piste nach **Zagora,** die nur mit 4x4-Fahrzeug zu erreichen ist (weitere ca. 120 km – siehe Zagora/Weiterfahrt).

Auch die Nord-Route nach **M'Hamid** über die **Zaouia Sidi Abed en Nebi** (ca. 150 km und nur mit 4x4 sowie Guide machbar) bedeutet „Wüste total".

• *Übernachten/Essen & Trinken* **Hotel Amtoudi**, in Amtoudi; funktionales Hotel mit leicht überteuerten Preisen, die man aber herunterhandeln kann. In der angegliederten **Campinganlage** (Zelt mit Auto 40 DH) befindet sich ein Restaurant. DZ ohne Bad 320 DH. ✆ 028-789394.

Restaurant Ondiraitlsud, vor Amtoudi, ausgeschildert. Originelle Unterkunft mit sehr freundlichem Service und guter Küche. Die Besitzer kennen die Region und vermitteln zuverlässige Guides. Übernachtet werden kann im Zelt (60 DH) oder im DZ mit Bad (150 DH). ✆ 028-789414.

Hotel de la Renaissance, in Tata, ausgeschildert; funktionell-kalte, aber saubere Unterkunft. DZ 150 DH. Av. des Far, ✆ 028-802225.

Auberge Iriki, in Foum-Zguid, ausgeschildert; Küche und Service gut. Der Inhaber handelt mit interessanten Objekten aus der Region. Angeblich nur HP für 200 DH/Person. ✆ 028-800500.

• *Einkaufen* **Teppich-Kooperative** in Foum-Zguid, ausgeschildert; gute Qualität, passable Preise; mit etwas Glück werden auch alte Teppiche aus der Region gezeigt. Unser Tipp.

Guelmim

Die Stadt an diesem südlichsten Ausläufer des Anti-Atlas war einst ein wichtiger Markt der Großkarawanen aus Mauretanien, sogar aus dem Senegal und dem Sudan – oft campierten hier über 10.000 Kamele. Besucht wurde der legendäre Markt bis zur Zeit des französischen Protektorats auch von den Sahara-Nomaden vom Stamm der Regùibat, den „hommes bleus", die sich wie die mauretanischen Tuareg in blaue Gewänder kleiden.

Diesem Mythos der Marktstadt, den Elias Canetti in „Die Stimmen von Marrakech" literarisch verewigte, verdankt Guelmim, heute Garnisonsstadt, immer noch viele

Kamelmarkt in Guelmim

Besucher. Doch heute kommen die meisten Marktteilnehmer nicht mehr mit Kamelen, sondern mit alten Landrovern auf kaputten Straßen aus den Off-Regionen, wo sie via Parabolantenne an den Segnungen der Gegenwart zumindest virtuell teilhaben. Einen Eindruck von diesem Handelsplatz mit dem gewissen archaischen Flair vermittelt der Kamelmarkt noch heute, auch wenn die Käufer mittlerweile eher schwarze oder helle Chechs (knöchellange, geschlossene Wollumhänge) tragen. Im westlichen Teil des Markts riecht es nach Dung und Heu, wenn sich Hunderte von Ziegen, Schafen, Kamelen und gelegentlich, ebenfalls in Herden auftretend, die Bustouristen allsamstäglich versammeln. Letztere vermeidet man am frühen Morgen.

• *Information* **Délégation du Tourisme (1)**, tägl. 9–16.30 Uhr. Av. Mohammed VI. ✆ 028-872911. Travellertalk am ehesten im **Café Ali Baba (4)** in der Medina.

• *Verbindungen* **Gare routière** und **Kollektivtaxis** an der Av. Agadir, etwa 500 m vom Zentrum an der alten Route nach Sidi Ifni. Nach Tan-Tan täglich 2x, nach Dakhla 4x, nach Laayoune 5x.
Die CTM-Busse starten an der gegenüber liegenden Haltestelle.

• *Übernachten/Essen & Trinken* **Au Rendez-vous des Hommes Bleus (2)**; zwar sind hier keine „Blauen Menschen" zu sehen, trotzdem freundlicher Service, sauber und komfortabel. Kürzlich fertiggestelltes Hotel, Zimmer mit AC, Bad und Dusche. EZ 274 DH, DZ 330 DH. Av. Hassan II. 447. ✆ 028-772821.

Hotel Salam (3), ältestes Hotel am Platz; das Essen im Restaurant (Menü 85 DH) wurde etwas besser. Gute Zimmer mit WC und Balkon, DZ 150 DH. Av. Youssef Ibn Tachafine, ✆ 028-872057.

Sehenswertes

Vom Zentrum der Neustadt, der Place Bir Anzarane und ihrer modern wirkenden Moschee, verlaufen zahlreiche Straßen an die Peripherie. In der Avenue Prince befindet sich der **mauretanische Souk**, schräg gegenüber vom **Tagessouk** mit prächtig leuchtenden Stoffen, die meterweise verkauft und in Heimarbeit vernäht werden. Die Mauretanier und Schwarzafrikaner sind hier in der Mehrheit. Im Südwesten befindet sich hingegen der ältere Teil der Stadt mit einem kleinen Kasbah-Viertel.

Der Marabut von Sidi Al Ghazi, dem Schutzpatron der Stadt, befindet sich hinter der Place Hassan II.; im Juni findet hier für den Heiligen ein großer Moussem statt. Den Marabut erkennt man an dem Dach mit dunkelgrün gebrannten, leuchtenden Ziegeln. Wie groß die kulturelle Nähe zur Westsahara ist, vermittelt ein kleiner Spaziergang zur **Medina** am Oued Oum im Südwesten bzw. bis zum Ende der Rue Mohammed V.

Ausflüge

Station Thermale Abaynou: Das schwefelhaltige Thermalbad an der Straße nach

Sidi Ifni (11 km) wurde in den letzten Jahren nach dem Motto „bien équipée", gut ausgestattet, erheblich umgebaut, hat dabei aber eher verloren als gewonnen. Ein Vorteil, von dem man sich an gewissen Tagen überzeugen kann, ist allerdings das Ausbleiben sandhaltiger Winde.

Tägl. 18–21 Uhr für beide Geschlechter. Eintritt 75 DH. 028-872892, www.abaynou-guelmim.com.

Fort Bou-Jerif: Wäre das ca. 60 km westlich von Guelmim gelegene Fort im Großraum Agadir, würde man es für ein marokkanisches Disneyland halten. Da das 1935 von einem verrückten Franzosen in eigener Regie gebaute Fort aber vollkommen verlassen liegt, lohnt der Besuch. Vor allem, um von hier in einer weiteren Etappe die **Plage Blanche** (weitere 20 km) zu erkunden. Übernachtung im eigenen Zelt, im Nomadenzelt oder in komfortablen DZ ab 250 DH.

Anfahrt Von Guelmim 1 km hinter dem südlichen Ortsende die ausgeschilderte Straße linker Hand. 072-130017, www.fortboujerif.com.

Hinter der Plage Blanche beginnt die Wüste

Plage Blanche: Marokkos angeblich längster Strand (über 50 km) ist ein Paradies für Strandsegler, aber auch zum Erkunden zu Fuß einen Besuch wert: Die Dünen der Wüste verlaufen bis zum Strand, und der ist tatsächlich von feiner weißer Struktur! In dieser unendlichen Weite kann man fantastische Lichtsituationen erleben, mit entsprechender Ausrüstung ein paar Tage in wirklicher Abgeschiedenheit genießen – und bald zwischen hundert verschiedenen Windtönen unterscheiden. Tipp für Strandsegler: Die Strecke abfahren (mit eigener Ausrüstung oder in Agadir leihen) und in zehn Jahren von diesem Rausch träumen – falls die Regierung mit ihrem touristischen Master-Plan tatsächlich ihr Megaprojekt mit einigen zigtausend Gästebetten an der Plage Blanche verwirklicht haben sollte. Ab Fort Bou-Jerif ausgeschildert.

Sidi Ifni

Eigentlich ist Sidi Ifni nicht viel mehr als ein marokkanischer Ferienort, der von den Städtern im Sommer besucht wird. Eine Ausnahme sind die Traveller und Camper, die die Stadt in den letzten Jahren entdeckt haben. Eindrücklich ist die reiche, von den Spaniern gestaltete Art-déco-Architektur um die Place Hassan II.

Das Leben der Kleinstadt verläuft beschaulich, wie ein abendlicher Blick auf eines der Straßencafés an der Avenue Hassan II. bestätigt. Im etwa 2 km weiter in Richtung

Süden gelegenen Hafen kommt allerdings am Spätnachmittag Leben auf, wenn der Fang der zurückkehrenden Fischerboote verladen wird.

Die von den Spaniern im 15. Jahrhundert gebaute Stadtfestung wurde in zahlreichen Konflikten immer wieder attackiert und beschädigt und schließlich von den Berbern eingenommen. Nach dem Krieg gegen Spanien wurde sie 1860 wieder abgetreten und von den Spaniern bis zum 30. Juni 1969 besetzt gehalten. Anlässlich dieses Jahrestags findet alljährlich Ende Juni ein Moussem mit Fantasia-Reiterspielen und eine einwöchige Festwoche statt.

- *Information* Die Brüder Aya im **Café Nomad** (→ unten) sind Kenner der Region und geben gern Auskunft.
- *Verbindungen* Privatbusse starten gegenüber dem Souk nahe der Av. Sidi M. Abdallah, CTM-Busse in der Av. Mohammed V. Der Parkplatz der Kollektivtaxis liegt im Nordosten.

Ein kleines Internetcafé liegt an der Verbindungsstraße zwischen Place Hassan II. und der Av. Hassan II.

Übernachten/Essen & Trinken

** **Hotel Bellevue (5)**, das Hotel mit einem Hauch 70er-Jahre-Flair liegt direkt an der Felskante, die riesige Terrasse über den Felsen ähnelt einer breiten Schiffskommandobrücke. Schönes Restaurant, aber etwas überteuert. EZ 140 DH, DZ ab 184 DH; zudem auf der Dachterrasse fünf DZ, die früher dem Personal zustanden und etwas kleiner sind, deshalb nur 110 DH. Place Hassan II. ✆ 028-875072.

* **Suerte Loca (2)**, sympathisches Travellerhotel mit preiswerten Zimmern und kleinem Restaurant mit phantasievoller Küche, betrieben von Ayad und seiner französischen Frau. Ausgezeichnetes Menü ab 60 DH. DZ mit (ohne) Dusche/WC 170 DH (110 DH). Bd. Moulay Youssef. ✆ 028-875350, suerteloca36@yahoo.com.

Ait Baamrane (1), kleines Hotel direkt am Strand neben dem Camper-Platz. Extrasauber. DZ mit Bad 226 DH.

Camping El Barco (3), zwischen Steilhang und Meer; ein Geheimtipp unter Campern, die absolute Meernähe suchen und bei tobender Brandung gut schlafen können. Von winterflüchtigen Franzosen gern frequentiert. Toiletten und Duschen recht sauber. 2 Personen plus Zelt 60 DH/Tag. Rue de la Plage, ✆ 028-780707.

Café Restaurant Nomad (4), von den Brüdern Abdallah und Brahim Aya betriebenes Musikcafé mit ausgezeichneter Küche. Gelobt werden die reichhaltigen Tajines und Fischgerichte. Im Café finden sich regelmäßig junge Musiker zusammen, ein regionales Musikfestival zur Musik der Sahraouis bzw. Nomaden ist in Planung. Vermietet wird ein kleines, gut ausgestattetes Haus gegenüber dem Café für ca. 150 DH/Tag. Rue Moulay Youssef. ✆ 062-173308, Nomadland22@hotmail.com.

Hotel Restaurant Ère Nouvelle (7), freundlicher Ort mit Lokalkolorit, angenehme Ein-

richtung, gute Gemüseküche. Preiswerte DZ ab 80 DH. Av. Sidi Mohammed Abdallah. ✆ 028-875298.

• *Außerhalb* **Auberge Café Restaurant Legzira**; sympathisches, von Abdul Sarkoukou geführtes Strandhotel (Abdul arbeitete in Deutschland) – ein Traum für Strandträumer. Die Speisen wurden leider etwas teurer, sind aber immer noch gut, besonders die Tajines mit Fisch (80 DH). Wer hier ausgehungert vom Wandern ankommt, sollte gleich bestellen, da es meist eine Stunde dauert, bis die Tajine fertig ist. DZ ohne Bad ab 150 DH. Plage du Legzira, ✆ 028-780457.

Chambre de Plage, neben dem Strandcafé von Legzira; zwei sehr einfache DZ, ein Appartement mit Dusche/WC. Auskunft bei Brahim im Café Nomad. ✆ 070-802422.

Albergo de la Plage, ein weiteres Stranddomizil, einige Kilometer weiter nördlich von Legzira – das Hotel liegt allein in einer Bucht. DZ etwas teuer (350 DH), aber komfortabel. ✆ 028-719056, www.albergodelaplage.com.

• *Einkaufen* **Souk** am Sonntag südlich der Av. Hassan II.

Ifni Image chez Abdelaziz (6), kleines Geschäft schräg gegenüber vom Rathaus hinter dem Internetcafé zwischen Place Hassan II. und Av. Hassan II. Hier werden Foto-CDs gebrannt und Fotolaborarbeiten erledigt; gute Musikauswahl und künstlerisch interessante große Schwarz-Weiß-Abzüge ergänzen das Angebot. Place Hassan II. 4. ✆ 061-828639.

Sehenswertes

Das alte Stadtbild in der westlichen Oberstadt wurde in den letzten Jahren teilweise wiederhergestellt, besonders die reiche von den Spaniern gestaltete Art-déco-Architektur um die Place Hassan II. hat von der Sanierung sehr profitiert – der Platz zeugt bis heute von dieser zumindest wirtschaftlich blühenden Zeit. Dagegen verfällt das **ehemalige spanische Schatzamt** (rechts vom Hotel Bellevue) auf fast schon symbolische Weise; auch dieses Gebäude wurde wie die meisten Häuser an der nach Süden verlaufenden Avenue Sidi Mohammed im Stil des seit 1910 aus Spanien gekommenen Art déco gebaut. Auch das alte, inzwischen stillgelegte Kino einige Schritte weiter zeigt mit seiner klaren, geometrisch gegliederten Fassade den Stil dieser Zeit. Direkt gegenüber der Place Hassan II. mit ihrem hübschen kleinen Park liegt das **Rathaus,** daneben die **königliche Residenz.** Der Stadtstrand ist häufig ein beliebter Treffpunkt, hier wird geplaudert, spaziert und vielerorts Fußball gespielt. An ruhigen Tagen ist das Meer auch zum Schwimmen geeignet, man sollte die Strömung allerdings im Auge behalten: Normalerweise peitscht die Brandung heftig gegen die Felsen unterhalb der Oberstadt.

Wanderung von Sidi Ifni zum Strand von Legzira

Eine herrliche Möglichkeit, den Strand von Legzira zu erreichen, ist eine etwa zweistündige Wanderung von Sidi Ifni (ca. 7 km). Allerdings muss sichergestellt sein, dass die Flut zurückgeht bzw. die Ebbe beginnt, da sonst das Meer bis an die Felsküste brandet und es nicht möglich ist, diese schöne Wanderung zu unternehmen (aktuelle Gezeiteninfos bei der Stadtpolizei).

Startpunkt ist beim Marabut am nördlichen Strandabschnitt des Ortes, von hier läuft man in Richtung Norden. Die mächtigen Felsformationen, unter denen man hindurchlaufen kann, finden sich ab etwa 1 km vor Legzira. Die 500 m breite Bilderbuchbucht ist noch kaum erschlossen. Wer sich länger in der Bucht aufhalten will, sollte mit Bus oder Taxi auf der Hauptstraße nach Sidi Ifni zurückfahren, da die Flut den Rückweg möglicherweise bereits versperrt. Die Piste von der Auberge von Legzira führt nach 300 m direkt zur Hauptstraße (von dort ca. 9 km zurück bis Sidi Ifni). An der Hauptstraße kann man ein Kollektivtaxi für den Rückweg nehmen.

Sonntags am Strand von Legzira

Ausflug/Weiterfahrt nach Sidi Ouarsik und Guelmim

Für einen Ausflug zum ca. 18 km entfernten Fischerdorf Sidi Ouarsik verlässt man die Avenue Hassan II. in südlicher Richtung auf einer Piste, die ebenfalls über **Foum-Assaka** nach **Fort Bou-Jerif** und **Guelmim** führt (und von Guelmim auch als Rundtour über die Aphaltstraße nach Sidi Ifni und zurück gefahren werden kann). Diese Route, insgesamt 140 km bis nach Guelmim, ist allerdings recht anspruchsvoll und nur mit 4x4-Fahrzeug und einem ortskundigen Fahrer zu bewältigen, zudem kann sie von Sandstürmen verweht und damit nur schlecht erkennbar sein. Weite Abschnitte der Strecke verlaufen an der Küste, die sehr abwechslungsreich zwischen Flussmündungen, Felsstürzen und an ausgedehnten Strandabschnitten entlangführt. Die Strecke nach Sidi Ouarsik lässt sich auch mit dem Kollektivtaxi zurücklegen. Informationen auch für 4x4-Randonnées im Café Nomad sowie im Café des Hotels Suerte Loca (→ Übernachten).

Mirleft

Die verträumte, in eine weiche Hügellandschaft eingebettete Ortschaft 35 km südlich von Sidi Ifni besteht nur aus ein paar Straßenzügen. Reizvoll sind die blau und gelb getünchten Fassaden an der Hauptstraße. Das Hauptereignis in Mirleft ist der kleine Wochensouk am Montag.

In den letzten Jahren haben sich in Mirleft etliche Wahlmarokkaner aus Frankreich niedergelassen, die hier vornehmlich Hotels führen. Ein schöner Kolonnadengang führt durch die kleine Geschäftsstraße des Ortszentrums mit einigen hübschen Cafés, einer Galerie und kleinen Hotels mit Restaurants. Der erste Strand liegt 10 Fußminuten entfernt in Sichtweite, ein weiterer, sehr hübscher Strand etwa 2 bis 3 km südlich. Einen kleinen Eindruck davon liefert die ins Netz gestellte Seite www.mirleft360.com.

• *Verbindungen* Busse und Kollektivtaxis halten an der zentralen Kreuzung, Taxis auch auf der Place Centrale. Verbindungen nach Tiznit und Sidi Ifni mehrmals täglich.

• *Übernachten/Essen* ** **Hotel Restaurant Atlas**, unter den Arkaden der kleinen Geschäftsstraße. Angenehmes, von der Französin Benedict und ihrem marokkanischen Mann geführtes Hotel. Das Haus aus den 60er Jahren wurde in ziemlich heruntergewirtschaftetem Zustand übernommen und mit viel Liebe zum Detail renoviert, ohne dabei den Grundriss zu verändern. Auf der großen Terrasse mit Blick über Mirleft lässt es sich gut aushalten. Im Angebot sind Koch-, Surf- und Yogakurse. Das Restaurant wird als bestes am Platz gelobt. DZ 200 DH. ✆ 028-719309, www.atlas-mirleft.com.

Hotel Mirleft, kleines, von dem Deutschen Raphael Meisch geführtes Hotel mit phantasievollen Zimmern und ockerfarbenen Korridoren. Auf der grünen Terrasse kann auch gefrühstückt werden. DZ ab 220 DH. Links an der Straße nach Sidi Ifni. ✆ 028-719024.

Kasbah Tabeloukt, exklusives, im Kasbahstil kürzlich fertiggestelltes Hotel in Meernähe am südlichen Strand, ca. 4 km Richtung Sidi Ifni. DZ ab 1500 DH. ✆ 024-387567, nicolearbousset@yahoo.fr.

*** **Les 3 Chameaux**, am nahen Berghang östlich des Zentrums; ausgefallenes, geschmackvoll eingerichtetes Hotel mit großer Terrasse und Panoramablick; feines Restaurant; individuell gestaltete Zimmer und Suiten (ab 200 DH). ✆ 028-719187, www.3chameaux.com.

• *Muschelzucht* Die **Assoziation Tafouine** betreibt eine Muschelzucht. 46 Frauen und einige Männer sind an dem Fair-Trade-Projekt beteiligt. Das Projekt wurde auf der Terra-Madre-Ausstellung bedrohter Traditionen (unter dem Patronat von Slow Food) 2006 in Turin vorgestellt. Kontakt: Moulay Elouassifi. ✆ 066-021965 (mobil). Weitere Infos im Hotel Restaurant Atlas.

• *Souk* Montag an der Place du Souk.

• *Post/Bank* Filialen an der Hauptstraße.

• *Wandern* Der Strand von Sidi Abdallah, 2–3 km südlich des Ortes, ist der schönste Strand im Raum von Mirleft.

Ein Paradies nicht nur für Vögel: Nationalpark Souss-Massa

Sidi R'bat und Parc National de Souss-Massa

Das Fischerdörfchen am Ende einer langen Piste war vor einiger Zeit noch ein Tipp unter zivilisationsmüden Europäern. Inzwischen haben auch die Marokkaner den vom Tourismus weitgehend verschonten Fleck am Rand des Parc National de Souss-Massa entdeckt.

Sidi R'bat liegt oberhalb einer 2 km langen Bucht, die im Nordosten mit teilweise hübsch dekorierten, parzellierten Felshöhlen abschließt; sie werden von den Fischern des Ortes zum Aufbewahren der Netze und Angeln genutzt. Einige Fischer bessern ihr Einkommen mit dem Verkauf von frisch zubereitetem Fisch auf. Leider ist Sidi R'bat inzwischen das (Vormittags-)Ausflugsziel eines Reiseveranstalters aus Agadir; ab Nachmittag jedoch strahlt der Ort wieder seine ursprüngliche Atmosphäre aus. Sehenswert ist der Marabut ganz am Südende des Strandes (ca. 1 Std. zu Fuß).

Parc National de Souss-Massa: Der etwa 800 m südwestlich von Sidi R'bat gelegene Nationalpark ist ein ökologisches Kleinod, das auch direkt von Agadir einfach zu erreichen ist. Der Park befindet sich im Mündungsgebiet des Oued Massa und des Oued Souss – allerdings sind die Flüsse aufgestaut und erreichen nur in regenreichen Zeiten das Meer. Der 34.000 Hektar große Park liegt in einer klimatischen Zone, die gemäßigt-warmes und trockenes Wüstenklima vereint. Der Kanarenstrom sorgt dabei durch das Aufeinandertreffen mit der heißen Inlandsluft für hohe Luftfeuchtigkeit. So entwickelte sich an den Dünen ein großer Pflanzenreichtum. Im Frühjahr erstrahlt der Park in einem Blütenmeer von Strandginster, Wildblumen und Margeriten. Der etwa 3 km lange Sandweg entlang des Ufers wird bis auf Sonntage (Schulklassen) kaum besucht. Die Guides des Parks (Hassan, Mohammed und andere) sind ausgezeichnete Kenner dieses außerordentlichen Mikrokosmos und verstehen es, die Besucher für die hier lebenden, zum Teil endemischen Vogelarten zu begeistern – neben Ibis und Wassereule wurden mehr als 200 verschiedene Arten gezählt! Auch Kormorane und Flamingos sind, je nach Jahreszeit, keine Seltenheit. Leider wird ein mit EU-Mitteln bereits teilfinanziertes Projekt (Schutzgebietsmanagement mit kontrolliertem Tourismus) von der marokkanischen Bürokratie bis jetzt nicht fortgesetzt.

Neben dem einzigartigen Naturpark lockt der mehrere Kilometer lange Strand, an dem sich die wenigen Besucher schnell verlieren. Wer in Sidi R'bat eine Übernachtung einlegt, kann das Naturreservat gleich am frühen Morgen besuchen – besonders in den Morgenstunden und in der Abenddämmerung ist der Park ein eindrückliches Erlebnis.

• *Anfahrt zum Parc National* Von der Hauptstraße Agadir–Tiznit, ca. 35 km südlich von Agadir, führt in Had-Belfa eine Abzweigung rechts nach Sidi R'bat. Nach der Ortschaft Sidi Ouassai folgt eine ausgeschilderte Piste geradeaus zum Park bzw. nach Sidi Bnazarn, während rechter Hand eine weitere Piste in Sidi R'bat endet (kleinere Pisten bis auf eine nördliche Piste führen teilweise parallel zum Ort). In dem Fischerdorf gibt es einen 500 m langen Fußweg, der zum östlichen Eingang des Parks führt.

• *Übernachten* In Sidi R'bat ist ein kleiner **Campingplatz** geplant; zudem gibt es einige Privatunterkünfte sowie eine – allerdings überteuerte – Luxusunterkunft.

Chez Abdoulrahman, ganz einfache Zimmer in einem Haus oberhalb der Straße zum Hotel Ksar Massa (bei der großen Antenne) in Meernähe. Brahim, der Bruder von Abdoulrahman, spricht deutsch. Mahlzeiten nach Absprache. Die Gäste werden auf Wunsch in Had-Belfa an der N 1 oder in Massa, dem größten Ort der Gegend, mit dem Kollektivtaxi abgeholt. DZ ab 100 DH. Zudem im angrenzenden Haus ein schönes Appartement, das ein Hamburger Journalist vermietet. ✆ 062-287635.

*** **Hotel Ksar Massa**, in den Dünen unterhalb des Ortes gelegene Luxusherberge mit Restaurant, das vom französischen Publikum geschätzt wird. Für den Standard überhöhte Preise. Menü ab 150 DH, DZ ab 1400 DH. ✆ 061-280319, www.ksarmassa.com.

• *Frauenkooperative* In der Ortschaft **Jouabre** am Souss, westlich von Massa (Info auch in der Municipalité von Massa) werden von der Frauenkooperative Tamraght-Worgh Ziegen gezüchtet und Käse produziert. Das Projekt wurde 2006 auf der Terra-Madre-Ausstellung bedrohter Traditionen in Turin vorgestellt. Kontakt: Amara Malika, ✆ 064-203600.

Register

Tanger
Ceuta (span.)
Rabat
Casablanca
Marokko
Ausschnitt Südmarokko
Marrakesch
Agadir
Lanzarote
Fuerteventura
Algerien
Westsahara
(von Marokko annektiert)

Atlantik
Lanzarote
Sidi Ifni
Guelmim
Plage Blanche
N 1
El-Ouatia
Tan-Tan
Oued Drâa
Dar-Chebika
Sidi-Akhfenir
R 101
Tarfaya
N 1
Abatteh
M'Sied
Tah
El Hagounia
As-Sakn
Westsahara
(von Marokko annektiert)
Dakhla
Laâyoune
Smara